História de um Livro

MARISA MIDORI DEAECTO

História de um Livro

A Democracia na França, de François Guizot (1848-1849)

Prefácio
Carlos Guilherme Mota

Posfácio
Lincoln Secco

Ateliê Editorial

Dados Internacionais de Catalogação na Publicação (CIP)
(Câmara Brasileira do Livro, SP, Brasil)

Deaecto, Marisa Midori
    História de um Livro: A Democracia na França, de
François Guizot (1848-1849) / Marisa Midori Deaecto.
– 1. ed. – Cotia, SP: Ateliê Editorial, 2021.

    ISBN 978-65-5580-032-6

    1. Democracia 2. Direito Constitucional 3. Guizot,
François, 1787-1874 4. Paris (França) – Civilização
I. Título.

21-59624   CDD-944.04

Índice para catálogo sistemático:

1. Revoluções do Século XIX e Romantismo: História 944.04
Aline Graziele Benitez – Bibliotecária – CRB-1/3129

Direitos reservados à

Ateliê Editorial
Estrada da Aldeia de Carapicuíba, 897
06709-300 – Cotia – SP
Tel.: (11) 4702-5915
www.atelie.com.br | contato@atelie.com.br
facebook.com/atelieeditorial | blog.atelie.com.br

Printed in Brazil 2021
Foi feito o depósito legal

Para István Monok,
Elsa e Frédéric Barbier,
pelas viagens, bibliotecas e livros.

Para meu pai, Kenji Deaecto,
por tudo.

Na escrita também existem muitos segredos. Nada nunca se perde, independentemente do que possa aparecer no momento, e o que é deixado de fora sempre será visto e fortalecerá o que permaneceu no interior.

ERNEST HEMINGWAY, 1961.

[...]
Sol

A culpa deve ser do sol que bate na moleira
O sol que estoura as veias
O suor que embaça os olhos e a razão
E essa zoeira dentro da prisão
Crioulos empilhados no porão
De caravelas no alto-mar

Tem que bater, tem que matar, engrossa a gritaria
Filha do medo, a raiva é mãe da covardia
Ou doido sou eu que escuto vozes
Não há gente tão insana
Nem caravana
Nem caravana
Nem caravana do Arará

Chico Buarque, *Caravanas*, 2017.

Sumário

Prefácio

Carlos Guilherme Mota*

> *Um espectro ronda a Europa, o espectro do Comunismo. Todas as potências da velha Europa aliaram-se numa sagrada perseguição a esse espectro, o Papa, o Czar, Metternich, Guizot, radicais franceses e policiais alemães.*
>
> KARL MARX E FRIEDRICH ENGELS,
> *Manifesto Comunista*, 1848.

É muito raro, na Historiografia brasileira, defrontarmo-nos com autores que se disponham a se aventurar em águas internacionais profundas, talvez porque em certas culturas os critérios de excelência sejam altíssimos. E, descontadas as exceções, levados a sério.

Anteriormente, a historiadora Marisa Midori Deaecto já nos brindara com livros que se tornaram clássicos, em especial *O Império dos Livros. Instituições e Práticas de Leitura na São Paulo Oitocentista* (São Paulo, Edusp, 2019), tendo com ele recebido o Prêmio Jabuti (2012) e o Prêmio Sérgio Buarque de Holanda, da Fundação Biblioteca Nacional (2011). Marisa comparece agora com estudo altamente desafiador, erudito, importante. Trata-se de *História de um Livro:* A Democracia na França, *de François Guizot (1848-1849)*, obra/ensaio de autoria desse célebre político francês liberal, historiador e publicista que atuou na vida política francesa e

* Carlos Guilherme Mota, historiador, Professor Emérito da FFLCH-USP e Professor Titular de História da Cultura da Universidade Presbiteriana Mackenzie.

europeia na primeira metade do século XIX. Militante orleanista, tornou-se referência no campo do Direito Constitucional, consoante os princípios vitoriosos na Revolução de Julho (1830).

De confissão protestante, Guizot lutava pela reconciliação das igrejas cristãs.

François Pierre Guillaume Guizot nasceu em Nîmes, em 1787. Os avós eram pastores. Em 1794, o pai, jurista, foi guilhotinado após se lançar no movimento federalista, em meio às lutas entre *montagnards* e *girondins*. A família então se transferiu para Genebra, onde Guizot completou os estudos. Em 1805, ingressou na Faculdade de Direito da Sorbonne, chave de acesso para os salões parisienses, em particular, o círculo de Suard, diretor do jornal *Le Publiciste*. Em 1814, tornou-se o titular da cadeira de História Moderna. Iniciou a carreira política sob o regime da Restauração, no gabinete de Talleyrand, porém, após o assassinato do Duque de Berry, que marcou a ascensão dos *ultra* ao poder, tornou-se um opositor virulento ao rei Bourbon. Datam dessa época os escritos mais contundentes sobre o governo representativo, donde o interesse pelo modelo inglês, que se torna inspiração para a defesa do *juste milieu* francês. Nessa época, publicou *História da Revolução na Inglaterra* (1826-1827, 2 vols.) e *Curso de História Moderna* (1829-18320, 6 vols.), que compreendia os volumes sobre História da Civilização Europeia e Francesa, com várias reedições revistas e ampliadas pelo autor.

Em sua carreira política, Guizot foi Ministro da Instrução Pública, tendo criado, em 1834, na Faculdade de Direito de Paris, a Cátedra de Direito Constitucional. Para sucedê-lo indicou o constitucionalista italiano Pellegrino Rossi, que publicou o curso de Direito Constitucional em vários volumes (Paris, 1866).

Guizot foi ainda, por breve período, Primeiro-Ministro da França, de 19 de setembro de 1847 a 23 de fevereiro de 1848. Ele faleceu em Val-Richer, na Normandia, muito distante das agitações parisienses, em 1874.

Se, em *O Império dos Livros*, a abordagem é abrangente e diacrônica, agora, do ponto de vista metodológico, a Historiografia se enriquece com a abordagem concentrada no tempo e em um único objeto: a edição de *De la Démocratie en France*, gestada no final de 1848 e publicada em janeiro de 1849.

Com efeito, a autora desvenda, enquanto historiadora e crítica da cultura, novas perspectivas para o labor histórico e historiográfico. E o faz em dois planos, em larga medida conjugados. No campo monográfico estritamente acadêmico-científico, ao focalizar como objeto, e com máximo rigor, um único *livro* em suas múltiplas dimensões: técnica, bibliográfica, historiográfico-ideológica, histórico-social, mercadológica, contextual, política. E, no plano metodológico, por aplicar abordagem inspirada, rigorosa e inovadora na percepção dos impactos dessa obra na crítica e na vida propriamente político-cultural europeia e americana, considerando seus contextos históricos nacional e internacional.

O leitor dessa tese universitária, apresentada para obtenção do título de Livre-Docente na USP, ao terminar o percurso analítico da autora, desde as razões da escolha do livro a ser examinado, passando pelo exame técnico minucioso de sua fatura, e o estudo detalhado que envolveu a vida, as ideias e a produção do autor-personagem, o ideólogo Guizot, seus editores, distribuidores, comerciantes, os críticos e finalmente os leitores, terá a dimensão correta, completa e complexa do que significa o objeto-livro, em especial um livro desse pequeno porte, escrito ao sabor das marés, correntes e contracorrentes do pensamento da época. Ou seja, um objeto sem dúvida diferenciado, entendido pela autora como síntese de múltiplas determinações.

A análise dos palcos dos acontecimentos e as repercussões do livro de Guizot é primorosa, acompanhando-o tanto na Europa como nos Estados Unidos e reverberações no Brasil.

A autora percorreu e pesquisou nos países abrangidos pela obra de Guizot, onde contra-atuaram pensadores e militantes do nível de Proudhon, por certo a mais destacada figura do socialismo francês. E lança a historiadora uma discreta e nada sutil nota de fim de capítulo, em que nos faz recordar que, "meses antes da Revolução de Fevereiro, o Ministro Guizot mandara perseguir e expulsar de Paris vários socialistas estrangeiros, dentre eles Karl Marx e sua família" (p. 74, nota 64).

Um dos pontos altos de sua análise é o manejo sofisticado dos autores, sobretudo de especialistas na História do Livro (Frédéric Barbier, Robert Darnton) e meu saudoso mestre Jacques Godechot, entre tantos outros. Mas também no plano conceitual, o rigor de Marisa é exemplar: tome-se como exemplo o conceito-chave de sociedade civil, pedra de toque do pensamento liberal, ou da aproximação de Guizot com Alexis de Tocqueville:

Ao denunciar a "idolatria democrática", Guizot faz coro com o credo liberal, em cuja cartilha a representação democrática, sob a forma do sufrágio universal e a expansão dos meios de formação da opinião pública, constitui o principal elemento de desestabilização da política, da sociedade e da economia de uma nação. Noutros termos, da ordem burguesa.

E completa a historiadora:

O povo – escreve Guizot, em evidente inspiração tocqueviliana – tem sozinho o direito ao império; e nenhum rival, antigo ou recente, nobre ou burguês, pode ser admitido a compartilhar com ele o poder.

Em nota, registra:

É interessante observar que Guizot desfere apenas a Proudhon uma crítica aberta e nominal... No que toca a crítica à propriedade, talvez o estudo mais importante tenha sido o de Proudhon, sendo por isso notável a hostilidade de nosso autor, Guizot...

Além do estudo dos autores-personagens, registre-se o cuidado da autora com os conceitos-chave, como o de *sociedade civil*. Ao discutir a inspiração tocquevilliana na elaboração de *La Démocratie en France*, mostra a historiadora que "é na política francesa, em que o autor passou de protagonista a espectador, que ele faz seu mergulho mais radical":

Não se trata pois, de um arrazoado histórico sobre os destinos do governo e a democracia no curso do século. Ao reafirmar sua posição como doutrinário, Guizot toma posse de "conceitos e categorias analíticas que estão na ordem do dia, tais como classe, sociedade, Estado, representação, poder", com vistas na construção de uma plataforma política para seu partido. *La Démocratie en France*, como dirá mais tarde um jornalista, representa seu retorno e o de seus correligionários à cena política.

Por fim, o estudo de Marisa Midori Deaecto permite-nos compreender não apenas os dilemas mas a ambiguidade essencial do liberalismo:

Vimos que François Guizot reconhece a vitória do Terceiro Estado e da burguesia como uma herança irrevogável da Revolução. Mas ele teme o povo. O inimigo comum, contra o qual ele exorta as classes proprietárias e os setores liberais, é o socialismo. Na França, a república, o sufrágio, a supremacia do operariado, o sentimento antirreligioso, o afrouxamento dos valores familiares num só termo, é o socialismo. Nele está a raiz de todo o mal. Nele está o assalto à propriedade, conquista sagrada do homem (pp. 73-74).

E, ao fornecer a chave para se compreender o livro e seu autor, a autora alerta, já na abertura inicial de sua análise:

> Para levar adiante sua luta, Guizot não poupará energias. A construção do livro na arena editorial e política francesa mas, também, internacional, é a prova mais eloquente de todo o seu esforço para atingir nos flancos seus leitores (p. 74).

Em suma, ao restabelecer o elo entre os homens e os livros, a partir da trajetória política de François Guizot, em um momento particularmente crítico, em meio às Revoluções que balançaram a Europa em 1848, a autora lança luz sobre o retrato de uma grande figura do Oitocentos. Em poucas palavras: um liberal conservador, constitucionalista e presbiteriano.

Introdução

Ce que nous voulons, c'est, d'une part, mieux appréhen-
der un titre d'autant plus méconnu qu'il est connu et, de l'au-
tre, faire fonctionner l'appareil exploratoire. La monographie
nous permet une approche aussi précise que possible, mais elle
ne prend tout son sens que de son environnement plus large,
dont le chercheur la construit le reflet.

Admirable nature morte, l'histoire du livre devient, par le
biais du reflet, une porte ouverte sur le monde.

FRÉDÉRIC BARBIER*

* "O que pretendemos é, de um lado, melhor apreender um título tão mal conhecido, quanto mais se torna conhecido e, de outro, fazer funcionar o aparelho exploratório. A monografia nos permite uma abordagem tão precisa quanto possível, mas ela não se investe de todo o seu sentido senão a partir de um ambiente mais amplo, cabendo ao pesquisador de o construir como se fosse um reflexo.

"Admirável natureza morta, a história do livro se torna, pela via do reflexo, uma porta aberta para o mundo" (Frédéric Barbier, *Histoire d'un Livre. La Nef des Fous de Sébastien Brant*, Paris, Éditions des Cendres, 2018, p. 13).

"Cada livro tem sua história", diz um grande amigo e editor. Mas as histórias que se podem contar sobre um livro são fruto de motivações diversas e guardam uma relação muito próxima com a natureza do "biografado".

Frédéric Barbier se voltou para a história de um clássico da Renascença, *A Nave dos Loucos* (*Das Narrenschiff*), de Sebastian Brant (1458-1521). Publicado em alemão em 1494, na Basileia, a obra será vertida para o latim, em 1497 e, a partir daí, ela ganha o século, em diferentes traduções e versões, observando-se, inclusive, a conversão dos versos em prosa e a inserção de novas (e diferentes) ilustrações. Para Barbier, interessava compreender os processos de produção e de circulação da obra no contexto da revolução de Gutenberg. Por se tratar de um livro no qual texto e imagem se comunicam, parecia claro que o autor perdera o domínio sobre a obra já no primeiro ato de composição da página, afinal de contas, ao combinar as xilogravuras, portanto, o trabalho de dois artistas, ficava evidente a interferência sobre o manuscrito.

No plano da circulação, o estudo demonstra que por volta de 1500 o mercado livreiro já demonstra seus primeiros componentes de desregulação. O potencial de reprodutibilidade da imprensa torna o texto suscetível a cópias raramente reconhecidas pelo impressor do original e, muito menos, por seu autor. Para além do problema relativo à propriedade intelectual e, dir-se-ia, editorial *avant la lettre*, o que se evidencia nessa nova conjuntura da história das mídias é a sua capacidade de acelerar o tempo e encurtar as distâncias. "Em apenas algumas semanas", observa o autor,

[...] o livro publicado na Basileia é reproduzido em Nuremberg, as edições, contrafações, e reedições se encadeiam em um ritmo certo e, mesmo diante da dificuldade de colocar em evidência certos fenômenos, é possível prever, no plano de fundo, a intervenção de um novo ator, o mercado, ou seja, aquele do público dos anônimos[1].

Deve-se, ainda, notar que, em 1550, a *"Nef* vai de Lübeck a Burgos e sua difusão se estenderá até a América espanhola"[2].

Também os circuitos do livro dizem muito sobre a sua recepção. Em um primeiro momento, o leitorado de Sebastian Brant parece corresponder bem ao horizonte de expectativa do autor e do editor, dentro do quadro geográfico de sua difusão, ou seja, o Sacro Império. O que está em jogo, nesse momento, é a leitura de uma obra de cunho moralista, que se apresenta, segundo a retórica do tempo, como o espelho do mundo. Um novo circuito, devotado mais ao livro do que ao texto, coincide com a emergência das grandes coleções principescas, o que faz da *Nef* um objeto cobiçado por bibliófilos. Mas a obra será reinventada como símbolo de identidade nacional, como monumento da literatura germânica, donde o papel de um artista do porte de Albert Dürer (1471-1528) nesse processo de consagração editorial.

Essas temporalidades estão longe de ser rigidamente demarcadas. Existem, é claro, alguns pontos de clivagem, sobre os quais o historiador pode se apoiar. Por exemplo, um primeiro tempo de difusão e recepção se coloca em consonância com esforços do autor e do editor no sentido de fazer acontecer o livro, enquanto um segundo tempo se insere, como assinalamos, no momento de organização das bibliotecas principescas e reais, ou seja, a partir do século xvi. Mas não é exatamente quando uma germanística ganha corpo, em pleno espírito da Renascença?[3]

De fato, a vida de um livro não está circunscrita a um marco cronológico, pois uma vez que ele ganha o mundo, diferentes temporalidades e sistemas de interesses conferem novos sentidos à sua existência. Tal aspecto se torna flagrante no século xx e, agora, no limiar do novo século. Da mes-

1. Frédéric Barbier, *Histoire d'un Livre*, p. 168.
2. *Idem, ibidem.*
3. Não se surpreenda o turista ao se deparar com exemplares, em diferentes edições, de *Das Narrenschif* na loja de *souvenirs* de um castelo às margens do Reno.

ma maneira que *A Nave dos Loucos* (ou dos *Insensatos*, segundo a tradução brasileira) se fez conhecida entre os leitores de Michel Foucault, nos anos de 1960[4], o interesse pela história do livro, na perspectiva de Frédéric Barbier, reveste-se de outro significado: não o de uma loucura tomada como patológica, mas a de uma insanidade coletiva, tomada como normal, em uma Europa à deriva.

Passemos a outro caso paradigmático. Ao escrever a biografia da célebre *Encyclopédie* de Diderot e D'Alembert, o historiador Robert Darnton mergulha no universo tonitruante do Iluminismo francês, antessala dos cataclismos de um velho mundo que encontrou seu juízo final em 1789. Nesse caso, o autor se volta para uma empresa editorial sem paralelos naquele tempo – e, talvez, ainda nos dias atuais – em que editor e autor definiram seus papéis em um campo intelectual que apenas se afirmava em meio a práticas tradicionais da República das Letras. As negociações com o Estado, em um regime que previa e acirrava os instrumentos de censura, os tratos com papeleiros e impressores, considerando o caráter monumental do empreendimento, o uso efetivo de um sistema transnacional de subscrições, que devia contar não apenas com a adesão voluntária dos signatários a um sistema de pensamento, mas também com a força e a manipulação da opinião pública, pela propaganda, enfim, todas essas estratégias destinadas à construção da *Encyclopédie* fizeram escola no mercado editorial da época[5].

E se esses estudos constituem balizas metodológicas importantes para a realização desta pesquisa, eles também deixaram claro que o libelo *De la Démocratie en France*, publicado por François Guizot (1787-1874), em janeiro de 1849, está muito longe de se equiparar a essas obras maiores da cultura europeia. As duas, aliás, premonitórias do fim do mundo, ou, pelo menos, de uma ordem do mundo, tal como se apresenta *Das Narrenschiff* às vésperas da Reforma (1517) e a *Encyclopédie*, como já dito, na antessala da Revolução (1789).

Sobre a fortuna de *Démocratie*, que prevaleça a ideia inicial: todo livro tem sua história. E todo livro possui uma trajetória própria, que se encerra

4. Michel Foucault, *Folie et Déraison. Histoire de la Folie à l'Âge Classique*, Paris, Plon, 1961; *História da Loucura na Idade Clássica*, São Paulo, Perspectiva, 1964; Sebastian Brant, *A Nau dos Insensatos*, São Paulo, Octavo, 2010.
5. Robert Darnton, *L'Aventure de l'Encyclopédie (1775-1800). Un Best-seller au Siècle des Lumières*, Préface d'Emmanuel Le Roy Ladurie, Paris, Perrin, 1982.

nele mesmo, cujo testemunho se revela nas centenas de exemplares que subsistem à força do tempo e à ação dos homens, embora não se possa sempre perseverar sobre a possibilidade de construção de uma narrativa a partir de cada um desses registros. É bem verdade que alguns exemplares identificados durante a pesquisa abriram novas janelas de investigação, tanto no que diz respeito às cobiçadas marcas de proveniência, quanto aos não menos requeridos traços de leitura. Mas essa é uma outra história.

Afinal de contas, como temos insistido, a biografia de um livro se revela sob diferentes prismas.

Em primeiro lugar, é preciso considerar a estatura intelectual do autor e sua posição de destaque no campo político de seu tempo. Tal perspectiva convida a uma reflexão sobre as múltiplas conjunturas de um livro, desde o momento da escrita até a sua construção no mercado editorial. Ocorre que essas conjunturas extrapolam, no tempo e no espaço, as fronteiras do próprio livro, o que torna o estudo monográfico, como o que ora se propõe, imagem refletida de uma totalidade muito mais complexa. *De la Démocratie en France* chama a atenção pelo contexto político de seu lançamento, a saber, a Revolução de 1848, na fase conservadora. Outrossim, sua história editorial interessa em virtude das múltiplas conjunturas e geografias em que se inscreve, nesses tempos concentrados e nervosos das revoluções europeias.

O LIVRO. TEMPORALIDADES. GEOGRAFIAS

Como assinala Pierre Rosanvallon, a obra de François Guizot se insere em um conjunto mais amplo de livros esquecidos, senão, pouco lidos e, seguramente, não reeditados na França atual. Todavia, esse grupo formado por historiadores, pensadores, ideólogos e homens de Estado teve uma presença notável na cena política francesa – e, sem dúvida, entre os intelectuais de outras partes do globo conectados com os eventos políticos daquele país – no período de 1789 a 1870. É o que se pode inferir da leitura das "obras de Guizot, Thiers, Cousin, Rémusat, Royer-Collard, Mignet, Augustin Thierry, Ballanche, Bonald, para enumerar somente alguns nomes entre os mais célebres"[6]. Um conjunto, enfim, que conforma duas gerações de es-

6. Pierre Rosanvallon, *Le Moment Guizot*, Paris, Éditions Gallimard, 1985, p.12.

critores, de intelectuais e de políticos que tiveram um papel importante no fenômeno então batizado por Madame de Staël como *rumeurs publiques*.

Uma primeira geração de escritores que se debruçaram sobre a Revolução de 1789 se consagrou em meio ao calor dos acontecimentos e alguns de seus escritos sobreviveram ou se inspiraram nos novos rumos tomados pela política francesa sob a Restauração. Nesse quadro cronológico devem-se incluir as contribuições de Madame de Staël (1766-1817), *Considérations sur la Révolution Française,* com três edições, 1818, 1826 e 1845[7], e a obra de François Mignet (1796-1884), *L'Histoire de la Révolution Française,* publicada em 1824. Menção especial deve ser feita aos manuscritos de Antoine Barnave (1761-1793), cuja edição póstuma será publicada apenas em 1847[8].

A esses nomes, soma-se uma nova geração de intelectuais que, *grosso modo*, apresenta-se como os filhos do Terror e do Consulado. Referimo-nos a François Guizot (1787-1874), Alphonse de Lamartine (1790-1869), Louis Adolphe Thiers (1797-1877), Augustin Thierry (1795-1856) e Jules Michelet (1798-1874), entre outros escritores que completaram suas formações sob a Restauração e se consagraram após a Revolução de 1830. Alexis de Tocqueville (1805-1859) é ligeiramente mais jovem do que Thiers e está há quase uma geração atrás de Guizot. Mas seu nome deve ser lembrado, posto ter saído de sua pena o modelo interpretativo que lançou luz sobre a questão da democracia, ou seja, aquela parte destinada à igualdade, em 1789, cuja bandeira será revivida durante as Jornadas de 1848[9].

7. Madame de Staël, *Considérations sur la Révolution Française,* Oeuvre présentée et annotée par Jacques Godechot, Paris, Tallandier, 1983, p. 32. A primeira edição foi intitulada *Considérations sur les Principaux Événements de la Révolution Française* (Ouvrage posthume, publié en 1818 par M. le Duc de Broglie et M. le Baron de Staël). Uma segunda edição revista e aumentada será publicada em Paris, por Treuttel e Würtz, em 1826; a terceira edição saiu em Paris, pela Charpentier, em 1845. Em 1818, o escrito foi vertido do francês para o alemão por A. W. Schlegel e publicado na coleção de "obras póstumas" da autora, sob os cuidados do Duque de Broglie (1790-1827) e do Barão de Staël (Madame de Staël, *Betrachtungen über die vornehmsten Begebenheiten der französischen Revolutio,* ein nachgelassenes Werk. Herausgegeben dem Herzog von Broglie und von dem Freiherrn von Staël. Aus dem Französischen mit einer Worerinnerung von A. W. Schlegel, Heidelberg, Mohr und Winter, 1818).

8. Joseph Barnave, *Introduction à la Révolution Française,* texte établi sur le manuscrit original et présenté par Fernand Rude, Paris, A. Colin, 1960.

9. Parece exato dizer, como assumem os biógrafos de François Guizot, que *De la Démocratie en France* tem inspiração tocquevilliana, embora o livro *A Democracia na América,* de Alexis de Tocqueville, sirva de contraexemplo em solo francês. Outros livros seguirão o mesmo modelo, tais como *Democracia na Suíça, Democracia na Alemanha...* e assim por diante. Como observa Domenico Losurdo, democracia se torna uma palavra de ordem, na medida em que a participação

Dentre os nomes citados, Thiers e Guizot gozaram de notável prestígio e poder durante o reinado de Luís Filipe (1830-1848). As duas carreiras políticas, juntas, constituem por si uma síntese no mínimo ruidosa dos principais acontecimentos que marcaram a história francesa no século XIX. Porém, enquanto Thiers tem presença ativa no campo político até o fim da vida – lembremos que ele foi o carrasco da Comuna de Paris e se consagrou como presidente do primeiro governo provisório que daria início à III República – Guizot teve fôlego político mais curto.

Pode-se afirmar, em linhas gerais, que essa geração conformou a plêiade da historiografia romântica francesa, tendo alimentado seu espírito sob os influxos de 1789 e vivenciado outras duas revoluções, a de 1830 e de 1848. Segundo o historiador Sébastien Charléty:

> Era o tempo em que Louis Blanc e Michelet publicaram um e outro, quase no mesmo dia (6 e 13 de fevereiro de 1847), o primeiro volume de suas *Histórias da Revolução*. Estes livros seguiram de perto os cinco primeiros volumes de *História do Consulado e do Império*, que Thiers fizera aparecer em 1845, no qual, como em sua *História da Revolução*, ele reabilitava os fundadores de uma nova França... No mesmo ano, Lamartine lança, golpe após golpe, em três meses, de 20 de março a 15 de junho, os oito volumes da *História dos Girondinos*... o livro produz nas almas a revolução que, elevadas ao cume onde o poeta as conduziu, elas a esperam, elas a desejam como conclusão legítima de sua exaltação[10].

Eric Hobsbawm observaria, passados dois séculos da Revolução de 1789, que foi justamente esta "escola histórica da Restauração, a de Guizot, Thiers, Mignet" que definiu o "modelo burguês da Revolução". Porém, "quando a ação se tornou novamente factível, alguns preferiram permanecer em seus estudos"[11]. Ou no campo da reação, como a brochura em análise

da vida política é reivindicada pelas massas, na segunda metade do Oitocentos. Mas também uma abstração, cada vez mais distante da política praticada pelos liberais (Domenico Losurdo, *Democracia ou Bonapartismo*, trad. Luiz Sérgio Henriques, São Paulo/Rio de Janeiro, Ed. Unesp/ Ed. UFRJ, 2004).

10. Apud *La Révolution de 1848*, Exposition Organisée par le Comité National du Centenaire, Paris, Bibliothèque Nationale, 1948, p. 65.

11. Eric Hobsbawm, *Ecos da Marselhesa. Dois Séculos Revivem a Revolução Francesa*, São Paulo, Companhia das Letras, 1996, p. 43.

nos permite assinalar. Sabemos, todavia, que esta geração não resistiu à vaga revolucionária de 1870 e aos republicanos, vitoriosos, que a sucederam.

No caso de Guizot, esse esquecimento é flagrante. Seu nome não figura nos grandes dicionários biográficos e nos manuais escolares republicanos. A imagem do grande historiador da história da civilização é ofuscada pela do ministro derrotado em 1848. São recorrentes as menções ao episódico "Enrichissez-vous", frase que teria proferido em um discurso contra o sufrágio universal, sob a alegação de que ao vincular o direito ao voto à propriedade, o Estado estimulava o trabalho e o enriquecimento[12]. Além disso, o "À bas Guizot" proferido nas ruas, quando o povo pediu a cabeça do ministro austero, durante a Jornada de 23 de fevereiro de 1848, será repetido nos livros didáticos franceses à profusão, de 1870 a 1940[13].

E se o esquecimento de François Guizot está francamente vinculado aos sucessos da República francesa[14], pode-se dizer que a fortuna da brochura em análise se realizou de janeiro a junho de 1849, ou seja, na fase crepuscular dos impulsos revolucionários. Dir-se-ia que essa história se inscreve no intervalo temporal que demarca a ascensão e queda de um *best-seller*, se a colocação não soasse por demais dramática e piegas. Não vamos reproduzir a cronologia das revoluções que demarcaram a Primavera dos Povos, mas

---

12. "Enrichissez-vous par le travail, par l'épagne et la probité" [Enriquecei pelo trabalho, pela economia e a probidade], teriam completado seus partidários, diante da avalanche de críticas, caricaturas e panfletos que a menção a essa frase, associada à defesa do voto censitário, ou mesmo à corrupção dos hábitos burgueses, mereceu. No entanto, não se conhece bem o contexto dessa colocação, que teria sido pronunciada em Lisieux ou em Saint-Pierre-sur-Dives, seu reduto eleitoral, na Normandia, entre 1842 e 1846. Importa observar que "na realidade, é toda a política econômica do gabinete Guizot que se coloca em causa por meio dessa interpelação feita ao acaso, mas que se tornou célebre" (Gabriel de Broglie, *Guizot*, Paris, Perrin, 1990, pp. 335-336).

13. Françoise Dutour, "Guizot, entre Oubli et Notoriété dans les Manuels d'Histoire", em *Guizot, un Parisien dans le Pays D'Auge*, Exposition, Lisieux, Musée d'Art et d'Histoire de Lisieux, 2006, pp. 39-41.

14. Não se deve atribuir esse esquecimento apenas aos fatores políticos. Todo um sistema de pensamento fundado por aquela geração nascida no final do século XVIII também encontrará seu termo durante a III República. No Brasil essa mudança de referencial é patente, como observa João Cruz Costa e José Murilo de Carvalho, dentre outros especialistas. A República brasileira nasce dentro do espírito do Positivismo, relegando ao passado as doutrinas liberais fundadas sob o influxo do racionalismo ilustrado (cf. Harald Höffding, *Histoire de la Philosophie Moderne*, tome 2, 3. éd., trad. de l'Allemand par P. Bordier, Paris, Félix Alcan, 1924; João Cruz Costa, *Contribuição à História das Ideias no Brasil*, Rio de Janeiro, José Olympio, 1956; José Murilo de Carvalho, *A Formação das Almas: O Imaginário da República no Brasil*, São Paulo, Companhia das Letras, 1990).

é preciso observar que a publicação do livro se dá entre a vitória de Luís Napoleão Bonaparte (1808-1873) para a presidência, anunciada em 20 de novembro de 1848 e a consagração do partido da ordem, ou seja, dos conservadores, que se tornam majoritários na Assembleia Legislativa, após a eleição de maio de 1849. A vitória conservadora e a derrota de François Guizot no pleito eleitoral encerram o destino de *Democratie* na França, mas não em outros países. Por outro lado, tratar-se-ia, a considerar apenas a conjuntura política, de mais um panfleto antirrevolucionário, antissocialista, anticomunista e antidemocrático, dentre milhares de outros panfletos que circularam na Europa, não fosse seu autor o ex-todo-poderoso-Ministro de Luís Filipe. Nessa circunstância, exilado em um subúrbio de Londres.

Além disso, a história de *Démocratie* se torna reveladora de uma conjuntura editorial verdadeiramente espetacular. Afinal, Paris se convertera, desde os tempos da *Encyclopédie*, ou antes, na grande capital do livro e da imprensa[15]. Causa impressão, ainda nos dias atuais, o grau de profissionalismo e comprometimento entre autor e editor nesse período de consolidação do mercado editorial francês. Não se trata apenas de abordar a qualidade do papel, o desenvolvimento técnico das gráficas, o apuro artístico das tipografias, a capacidade produtiva que se traduz em altas tiragens, a prática contratual, mas também as relações interpessoais e o papel do capital na construção simbólica do livro. E os jornais... sempre os jornais a promover autores, forjar debates, manipular a opinião, por meio de coalisões nem sempre claras nas quais o *parti pris* político não raro se articula com interesses materiais.

Ocorre que Paris atua, também, como a capital internacional do livro. A rede é ampla e vai de Lisboa a Leipzig; atinge o Império Austríaco, por meio de comissários bem relacionados com editores-livreiros germânicos e franceses; atravessa o oceano e estende seus tentáculos na América: Nova York, Cidade do México, Rio de Janeiro, Buenos Aires. As redes do livro se apoiam, veremos, no desenvolvimento dos meios de transporte e dos sistemas de comunicações, outrossim, no sistema de créditos. Tudo concorre, enfim, para o êxito internacional de uma edição bem planejada desde o seu ponto de partida. Ou seja, aos aspectos positivos de constru-

---

15. *Paris: Capitale des Livres. Le Monde des Livres et de La Presse à Paris, du Moyen Âge au XXe Siècle*, sous la direction de Frédéric Barbier, Paris, PUF, 2007.

ção do livro, relacionados à figura de um político e autor consagrado no meio editorial de seu tempo, somam-se os dispositivos de um mercado forte e bem organizado.

A história de *Démocratie* se faz, nesse sentido, no tempo curto e nervoso das revoluções, da mesma maneira que ela percorre espaços geográficos diversos e estruturas mais resistentes às transformações. Ao analisar a difusão dessa brochura e, na medida do possível, sua recepção em sociedades tão distantes, quanto diferentes, como, por exemplo, o Rio de Janeiro e Breslau, devemos assumir que as inquietações e os horizontes de expectativas de seus agentes mudam conforme o solo histórico sobre o qual repousam[16].

E se, como observa Espagne, "a recepção de uma teoria se mede, principalmente, pela cronologia das traduções"[17], podemos inferir, por extensão, que em uma mesma conjuntura os espaços se tornam variáveis altamente relevantes para se medir os significados e as formas de apropriação de um livro. Pois não se trata apenas de observar as diferenças linguísticas – mesmo porque, não se procedeu a um exame detalhado das versões do texto em outras línguas – mas de captar as estratégias de construção do livro em um dado ambiente ou conjuntura histórica[18]. Afinal de contas,

---

16. Os autores que se voltaram para a problemática da recepção da Revolução Francesa no Brasil perceberam bem essas assimetrias no tempo e no espaço. Elas podem ser apreendidas em manifestações várias, desde questões relacionadas às práticas de leituras, até a produção de livros e panfletos que expressavam uma consciência anticolonial, embebida nos princípios Ilustrados. "Há que distinguir, finalmente, a história das áreas coloniais daquela das áreas metropolitanas. Na base de qualquer processo desencadeado em áreas coloniais, a Revolução trouxe, no transcorrer de todo o processo, a marca insuperável da situação colonial. O homem, o ser *colonial*, participou das transformações já contaminado pela determinação mencionada. Nessa medida, a Revolução nessas áreas obedece a estímulos e busca metas que não têm modelos correspondentes claros em áreas da Metrópole. Até pelo contrário, certos movimentos revolucionários liberais coetâneos guardavam em seu bojo características que se opunham rigorosamente ao sentido da Revolução para as áreas coloniais. No caso do sistema colonial português, sabe-se, por exemplo, que a Revolução de 1820, além de liberal, era também recolonizadora" (Carlos Guilherme Mota, *A Ideia de Revolução no Brasil e Outras História*, São Paulo, Editora Globo, 2008, p. 53; Katia M. de Queirós Mattoso, *Presença Francesa no Movimento Democrático de 1798*, Salvador, Editora Itapuã, 1969; *A Revolução Francesa e Seu Impacto na América Latina*, organizado por Osvaldo Coggiola, São Paulo, Nova Stella/Edusp/CNPq, 1990).

17. Michel Espagne, *Les Transferts Culturels Franco-Allemands*, 2. éd., Paris, PUF, 2010, p. 251.

18. Michel Espagne observa, por exemplo, que a recepção de Fichte (1762-1814), na França, ocorre em chaves diferentes, conforme os intelectuais ou as *coteries* que se apropriam de seus escritos. Para Edgard Quinet, o filósofo alemão se apresenta como o próprio espírito da Convenção, enquanto nos anos da Monarquia de Julho, "a referência a Fichte consistia, precisamente, em refutar

todo o esforço destinado à tradução e edição de *Démocratie* foi compreendido, neste estudo, como uma estratégia não isenta de apropriação e publicização de uma ideologia.

BREVE EXPLORAÇÃO TOPOGRÁFICA

O primeiro capítulo se volta para as questões relacionadas à escrita do livro. O manuscrito de *Démocratie en France* estava perdido no mar de papéis que compõem o fundo patrimonial de François Guizot, no Arquivo Nacional da França. Trata-se, portanto, de documento inédito. É difícil descrever esse momento único de epifania quando, após meses de buscas e de dúvidas, pude, enfim, tê-lo em minhas mãos, diante de meus olhos. Mas, então: "O que fazer com um manuscrito?", passei a perguntar, como quem repete seu mantra pessoal. "Um manuscrito se publica", respondiam meus amigos. Essa perspectiva não foi de todo descartada. É claro que uma edição crítica e traduzida não escapa ao meu horizonte de expectativas. Todavia, este corresponde a um novo projeto.

O que se buscou recuperar, nesse capítulo inicial, foi o tempo e o espaço da escrita de um livro. A empresa estava longe de corresponder às minhas leituras e ao terreno já bastante pisado da história das ideias e dos livros. Mas a análise que ora se apresenta foi escrita em Paris, entre as consultas ao arquivo, as leituras na biblioteca da École Normale Supérieure e as caminhadas que conduzem o transeunte da emblemática rue d'Ulm aos desvãos do velho Quartier Latin. Em um desses passeios, folheei uma revista relativamente antiga, que repousava sobre uma bancada de livraria, disposta na calçada e, para minha surpresa, havia um artigo de Julia Kristeva que parecia querer dialogar comigo[19]. A análise se voltava justamente para os significados do texto, da intertextualidade e de sua relação com o livro. O mantra – "O que fazer com um manuscrito?" – naquele momento, adquiriu novo sentido, pois o primeiro sinal acabara de se revelar! É por esse motivo que a análise do manuscrito, ainda que não tenha perdido de

a herança revolucionária em proveito do espiritualismo". Victor Cousin e seus discípulos devem ler e difundir o filósofo alemão, por meio de suas traduções, nessa mesma chave espiritualista (*Les Transferts Culturels Franco-Allemands*, pp. 250-254; "Transferências Culturais e História do Livro", *Livro. Revista do Núcleo de Estudos do Livro e da Edição*, n. 2, pp. 21-34, 2012).

19. Julia Kristeva, "Le Texte Clos", *Langages*, Paris, vol. 3, n. 12, pp. 103-125, 1968.

vista a questão inicial, ou seja, lê-lo em função de uma cadeia produtiva que busca recuperar a história do livro do autor ao leitor – ou, da escrita à leitura – ganha contornos singulares ao se dedicar à tessitura do escrito no tempo do texto e no espaço do livro. Tais aspectos serão retomados no capítulo seguinte, quando se coloca lado a lado o manuscrito, a prova tipográfica e o contrato de edição. Nesse ponto, a questão sofre um deslocamento, pois interessa observar em que medida autor, editor e tipógrafo se relacionam no processo de construção do livro e concorrem, dadas as suas intervenções, para a construção dos sentidos.

Destarte, as questões levantadas no segundo capítulo se destinam a identificar e a confrontar os profissionais do livro. A figura do autor será analisada a partir de aspectos biográficos de François Guizot, que nos permitam compreender seu lugar no campo editorial parisiense. Afinal de contas, a biografia de um livro também se constrói em função do lugar do autor e do editor no mercado livreiro. Pois, como observa Robert Estivals, se não basta apreender o circuito do livro de forma diacrônica, a partir de uma visão idealista do autor (como o criador, o deus *ex machina*)[20], não se deve de todo modo duvidar de seu capital simbólico e de sua importância para a formação do público leitor.

Além disso, a documentação compulsada – basicamente, correspondências pessoais, que dão conta do processo de redação do livro, o contrato editorial, a já referida prova tipográfica, o catálogo do editor e um exemplar da edição *princeps* francesa, que nos permitiu uma primeira abordagem, apoiada nos pressupostos da bibliografia material – demonstra que, pelo menos no caso da produção de *Démocratie*, autor e editor determinaram, cada qual em seu domínio, os caracteres essenciais da brochura. E, embora essas fontes levantem indícios sobre os leitores vislumbrados pelo autor e pelo editor, o problema da recepção se mantém, ainda, como uma incógnita.

No terceiro capítulo partimos de duas edições consolidadas, a saber, a parisiense, sob os cuidados do livreiro-editor Victor Masson, e a londrina, saída sob a chancela do editor John Murray, para testar seu potencial de difusão na Europa e na América – embora, nesse continente, os resultados da pesquisa não foram tão alvissareiros. Em "O Livro Ganha o Mundo",

---

20. Cf. Robert Estivals, "Création, Consommation et Production Intellectuelles", em Robert Escarpit, *Le Littéraire et le Social*, Paris, Champs/Flammarion, s.d., pp. 9-42.

a geografia das Revoluções de 1848 serve como plano de fundo para uma cartografia editorial de *Démocratie*. O que, no início, afigurou-se como um estudo sobre a extensão do debate político em torno da democracia e do sufrágio universal, nas diferentes conjunturas que se desenhavam durante a vaga revolucionária, converteu-se em um estudo sobre as redes do livro no espaço europeu. Pudemos, então, constatar que o mercado editorial perpassa as fronteiras nacionais e funciona dentro de uma rede bastante ativa de livreiros, editores, comissários, contrabandistas, contrafatores e financistas, de tal maneira que a biografia do livro se vê "abalada" diante da composição de um quadro muito mais abrangente de traduções e cópias[21].

Do conjunto de 46 edições impressas em países estrangeiros – excetuando-se, evidentemente, a edição de John Murray, contratada diretamente com o autor – participam em maior número as contrafações belgas (em francês) e as traduções alemãs, o que pode ser interpretado a partir de diferentes chaves: do ponto de vista do capital simbólico do autor, constatamos que François Guizot participa daquele mesmo circuito forte da literatura francesa, consolidado no mercado editorial europeu. Tal aspecto evidencia a força de uma produção intelectual que alçara seu primeiro voo no Século das Luzes, o que fez do francês um idioma internacional, dominado nos círculos letrados e no meio diplomático; por outro lado, as traduções alemãs apontam para uma outra tendência do mercado editorial, organizado em função das nacionalidades, ou das identidades locais e regionais, o que faz das traduções uma estratégia de valorização dessas identidades e, ao mesmo tempo, de acesso a um público mais amplo. Deve-se, também, considerar o papel que a língua alemã desempenha entre as elites cultas situadas nessa outra Europa além-Reno, onde a brochura de Guizot teve notável penetração[22].

21. Todo o capítulo foi tecido a partir do levantamento das edições estrangeiras, em francês e em traduções, publicadas apenas no ano de 1849 – portanto, logo após o lançamento do livro em Paris e em Londres.
22. O estudo de Daniel Baric se apresenta de modo exemplar nesse debate que coloca a questão das línguas nacionais em uma perspectiva a um só tempo política, cultural e intercultural. Ele demonstra, por exemplo, que entre setores da elite croata, da segunda metade do século XIX – lembremos que a Croácia integra o Império Austríaco e se rebelará, durante as Primavera dos Povos, na luta por sua independência – há uma evidente distinção entre a língua falada, o croata, e a língua culta, o alemão (Daniel Baric, *Langue Allemande, Identité Croate. Au Fondement d'un Particularisme Culturel*, Paris, Armand Colin, 2013).

O levantamento das edições colocou em evidência a relação do pesquisador frente às novas tecnologias de informação. De fato, seria inimaginável o acesso a tantos catálogos de bibliotecas internacionais sem o recurso da internet. Mas, ao mesmo tempo, essa experiência demonstrou que, como toda navegação, também nesse caso o uso de uma bússola é imprescindível. Em primeiro lugar, devemos assumir, ao contrário do que reza o senso comum: nem tudo está *online*! Pois, na medida em que as referências apareciam, aumentavam os por quês. Além disso, o historiador do livro não pode prescindir da posse do objeto. Durante muito tempo a história do livro foi tomada como uma vertente da história cultural, de tal modo que, enquanto o livro se apresentava como um objeto de investigação, as fontes de pesquisa se mantinham restritas a um *corpus* relativamente conhecido, de manuscritos e textos impressos que davam conta da presença do objeto em diferentes esferas da sociedade. Porém, não se interrogava diretamente o livro e seus caracteres materiais. Veremos, mais adiante, que o esforço de conhecer e descrever algumas das edições levantadas foi recompensador, pois, no limite, através desse procedimento pudemos identificar e comparar os caracteres distintivos das brochuras estrangeiras, em relação à parisiense. No fim das contas é possível afirmar, com clareza: sim, o livro é uma forma expressiva![23]

Os três últimos capítulos se destinam à problemática da recepção de *Démocratie*. Por se tratar de um título que se situa no momento derradeiro da carreira política de François Guizot, também ele passou pelo processo de esquecimento. Sua obra maior se situa no plano da história da civilização francesa, europeia e, principalmente, da história inglesa. Os escritos políticos foram relegados ao segundo plano. Logo, os estudiosos de Guizot apenas mencionam muito ligeiramente *De la Démocratie en France* e, com frequência, a associação entre o autor e o escrito se dá em uma época ruim. É praticamente unânime a avaliação de que o livro decepciona, pois suas premissas se prendem ao passado. Talvez um único autor, como veremos no primeiro capítulo, tenha ensaiado uma leitura original e positiva, mas suas hipóteses restam difusas, tanto quanto seus argumentos[24].

23. D. F. McKenzie, *Bibliografia e Sociologia dos Textos*, trad. Fernanda Veríssimo, São Paulo, Edusp, 2018 [1. ed. fr. 1999], pp. 21-48.
24. A análise se valeu, basicamente, da obra já citada de Pierre Rosanvallon, a qual se apresenta como o melhor estudo do pensamento político de François Guizot. Alain Encrevé propõe, como

Primeiramente, a análise se detém sobre a correspondência passiva de Guizot, na perspectiva de identificar seus primeiros leitores, entre aqueles que se ocuparam do manuscrito, mas, também, os receptores dos primeiros exemplares impressos. O fundo patrimonial da família é imenso e a coleção de cartas endereçadas ao nosso autor, infindável. Também seu acesso é dificultado por procedimentos burocráticos que demandam tempo, pois além da permissão dos herdeiros, deve-se contar com a celeridade dos funcionários responsáveis por sua guarda no Arquivo Nacional. Há, ainda, a questão do suporte: algumas cartas podem ser lidas diretamente sobre o papel; outras, apenas em microfilme; algumas podem ser fotografadas ou reproduzidas; outras, apenas copiadas. No final dessa batalha, é bem provável que muitas cartas tenham sido relegadas ao esquecimento. Porém, a amostragem não deixa de ser bastante significativa, como o leitor poderá conferir no quarto capítulo.

A imprensa se situa em um outro nível de análise da recepção do livro. Ela será abordada na segunda parte do capítulo 4 e no capítulo 5. Nesse ponto, foi preciso resgatar a história do periodismo francês, sua relação com a política e com os partidos políticos, pois interessava conhecer o grau de capilaridade desses jornais em toda a França. Tal procedimento se fez necessário porque, desde o início, a questão não repousava apenas sobre o que disseram os jornalistas, mas, quem (e quantos) eram os leitores dos jornais. Portanto, pareceu-nos fundamental averiguar o potencial de persuasão dos articulistas, pelo menos em termos quantitativos. Devido ao número de artigos levantados e de brochuras que igualmente comentaram o texto de Guizot, nossa exposição foi dividida em duas seções: na primeira, evidenciam-se as opiniões dos partidários do autor; na segunda, coloca-se em tela os artigos que provocaram, no mínimo, alguma polêmica em relação ao texto.

"A Travessia Atlântica" da brochura será objeto do sexto e último capítulo. Na primeira parte, há um esboço dos aspectos da presença de

dissemos, uma primeira incursão à brochura *De la Démocratie en France*, buscando, inclusive, articular este escrito com outros textos e discursos do autor. Gabriel de Broglie é o autor da biografia contemporânea mais bem documentada, o que se justifica, muito provavelmente, pelo fato desse ilustre descendente do Duque de Broglie, amigo e correligionário de Guizot, ter tido acesso a documentos de família e a todos os papéis pertencentes ao fundo Guizot, hoje depositados no Arquivo Nacional. Laurent Theis é responsável pelos conteúdos do *site* François Guizot e por uma bela biografia, escrita em tom ensaístico, que muito nos inspirou. Considerando a quantidade de referências aqui citadas e, também, porque elas serão referenciadas no curso dos capítulos, não vamos reproduzir a referência completa de todos os títulos nesta nota.

François Guizot no meio literário brasileiro, a partir de notícias veiculadas nos jornais, de citações em livros, cartas, memórias, enfim, das fontes e livros consultados. Em seguida, a questão se desloca para as condições de produção e de difusão da edição traduzida e endereçada ao público brasileiro. A exemplo dos capítulos anteriores, há um diálogo estreito entre a imprensa e o livro. O que faz todo sentido no caso brasileiro, considerando que o texto de *Democracia* será apresentado ao leitor sob a forma de folhetim, antes de sua publicação em livro.

Finda a jornada, talvez se torne oportuno recuperar, nessas linhas, aquela percepção herdada de Lucien Febvre, segundo a qual toda a história é a história do presente. A história do livro e, particularmente, o estudo monográfico, ao tentar iluminar o espaço ao seu redor, busca igualmente projetar alguma esperança sobre questões que se mostram por demais obscuras aos olhos dos contemporâneos. No quadro político atual, diante de uma reação conservadora aparentemente orquestrada em todo o mundo e que nos atinge, de forma direta e impiedosa, a democracia se tornou uma palavra de ordem. Ela expressa tanto o elo perdido com um passado que ainda não pôde ser precisamente situado – afinal de contas, quando fomos democráticos? – quanto uma utopia, em um tempo de tantas distopias. O debate se torna mais espinhoso quanto se misturam duas noções: democracia e sufrágio universal[25]. Nesse aspecto, Guizot tinha toda razão. Naquele distante 1848, à Revolução dos Povos, seguiu-se, na França, a vitória esmagadora, por sufrágio universal, de Luís Napoleão Bonaparte à presidência da República. Sem dúvida, um longo retrocesso, coroado por um golpe. *Malgré tout*, o historiador sabe que há sempre o tempo das Revoluções.

---

25. De acordo com o decreto de 5 de março de 1848, o sufrágio universal se referia aos homens de nacionalidade francesa, maiores de 21 anos, de posse de seus direitos civis e políticos. O direito ao voto excluía, portanto, as mulheres, mas também os militares, os detentos, os clérigos e os argelinos. A eleição legislativa marcada para 23 de abril de 1848, sob o novo sistema, revelou uma nova paisagem, tanto em Paris, quanto na província, a crer na descrição de Alexis de Tocqueville, eleitor e candidato a uma cadeira na Assembleia, por sua cidade natal: "na manhã da eleição, todos os eleitores, ou seja, toda a população masculina maior de 21 anos, reuniu-se diante da igreja. Os homens puseram-se em fila, dois a dois, seguindo a ordem alfabética; eu quis me colocar no lugar correspondente ao meu nome, porque sabia que nos países e nos tempos democráticos é preciso ser posto no comando do povo e não se pôr a si mesmo. Ao fim da longa fila vinham em cavalos de albardas ou em charretes os achacados ou doentes que quiseram seguir-nos; só permaneceram em suas casas as crianças e as mulheres; éramos ao todo 170" (Alexis de Tocqueville, *Lembranças de 1848. As Jornadas Revolucionárias em Paris*, trad. Modesto Florenzano; notas Renato Janine Ribeiro, São Paulo, Companhia das Letras, 1991, pp. 112-113).

CAPÍTULO I

Escrever a *Democracia na França*

———✦◦✦———

> *[...] il faudrait soutenir qu'un écrivain ne peut, ni traiter deux fois, dans des ouvrages différents, certaines parties d'un même sujet, ni citer lui-même, dans un de ses ouvrages, quelques passages de ce qu'il a écrit dans un autre ouvrage ; ce qui est évidemment insoutenable.*
>
> FRANÇOIS GUIZOT, 1851*

> *Guizot ne faisait pas de ratures, il citait Racine par coeur.*
>
> LAURENT THEIS, 2017**

* "[...] seria necessário sustentar que um escritor não pode nem tratar duas vezes, em obras diferentes, certas partes de um mesmo assunto, nem citar a si próprio, em uma de suas obras, algumas passagens do que ele escreveu em outra obra; o que é evidentemente inaceitável." Resposta de Guizot ao editor Didier, frente a acusão de que o autor reproduzia passagens de seu *Essais sur l'Histoire de la France* (Paris, Charpentier, 1842; 1. ed., Paris, Jean-Louis Brière, 1823), nos dois volumes de *Histoire des Regimes Représentatifs en Europe* (Paris, Didier, 1851) (a*pud* Laurent Theis, "François Guizot et ses Éditeurs", *Bulletin de la Société de l'Histoire du Protestantisme Français,* Genève/Paris, Droz, 2013, tome 159, p. 666).

** "Guizot não fazia rasuras, ele citava Racine de cor." Conferência de Laurent Theis, proferida na Société de l'Histoire du Protestantisme Français, Paris, 20 de janeiro de 2017.

NOTA EXPLICATIVA

As citações em francês serão traduzidas no corpo do texto e transcritas em versão original na nota de rodapé correspondente, apenas neste capítulo. Reproduziremos apenas a versão original relativa ao livro em estudo. Por se tratar de uma seção que busca retraçar a escrita do autor, pareceu necessário demonstrá-la na íntegra. No entanto, a reprodução de todas as citações da tese em versão bilíngue resultaria em um volume exageradamente grande.

U m volume in-8º, encadernado em papel-cartão carmim, apresenta em caracteres dourados a seguinte inscrição [1]:

M. GUIZOT
De la Démocratie
en France

Na folha de rosto, a rubrica "(1848)"[1], anotada de próprio punho pelo autor, sugere que ele concluíra a escrita simultaneamente à assinatura do contrato, ou seja, em dezembro de 1848. Outros escritos indicam, aliás, que não estava de todo excluída a possibilidade de um lançamento ainda naquele mês[2].

Uma etiqueta do arquivo adverte o leitor sobre o conteúdo do livro [1]. Lê-se, em seguida, a transcrição de uma passagem do texto, extraída do segundo capítulo, primeiro parágrafo, do original autógrafo. Afinal, os leitores já familiarizados com o texto hão de reconhecer que sua estrutura foi ligeiramente alterada:

O caos se esconde hoje sob uma palavra: *democracia*. Tal é o império da palavra *democracia* que nenhum governo, nenhum partido ousa viver, e não o crê poder viver, sem inscrever esta palavra sobre sua bandeira... É esta a bandeira

---

1. Notemos que o caráter "circunstancial" que se imprime ao libelo se anuncia no uso da data de publicação como subtítulo.
2. O contrato de edição data de 20 de dezembro de 1848, conforme veremos no capítulo 2, p. 97.

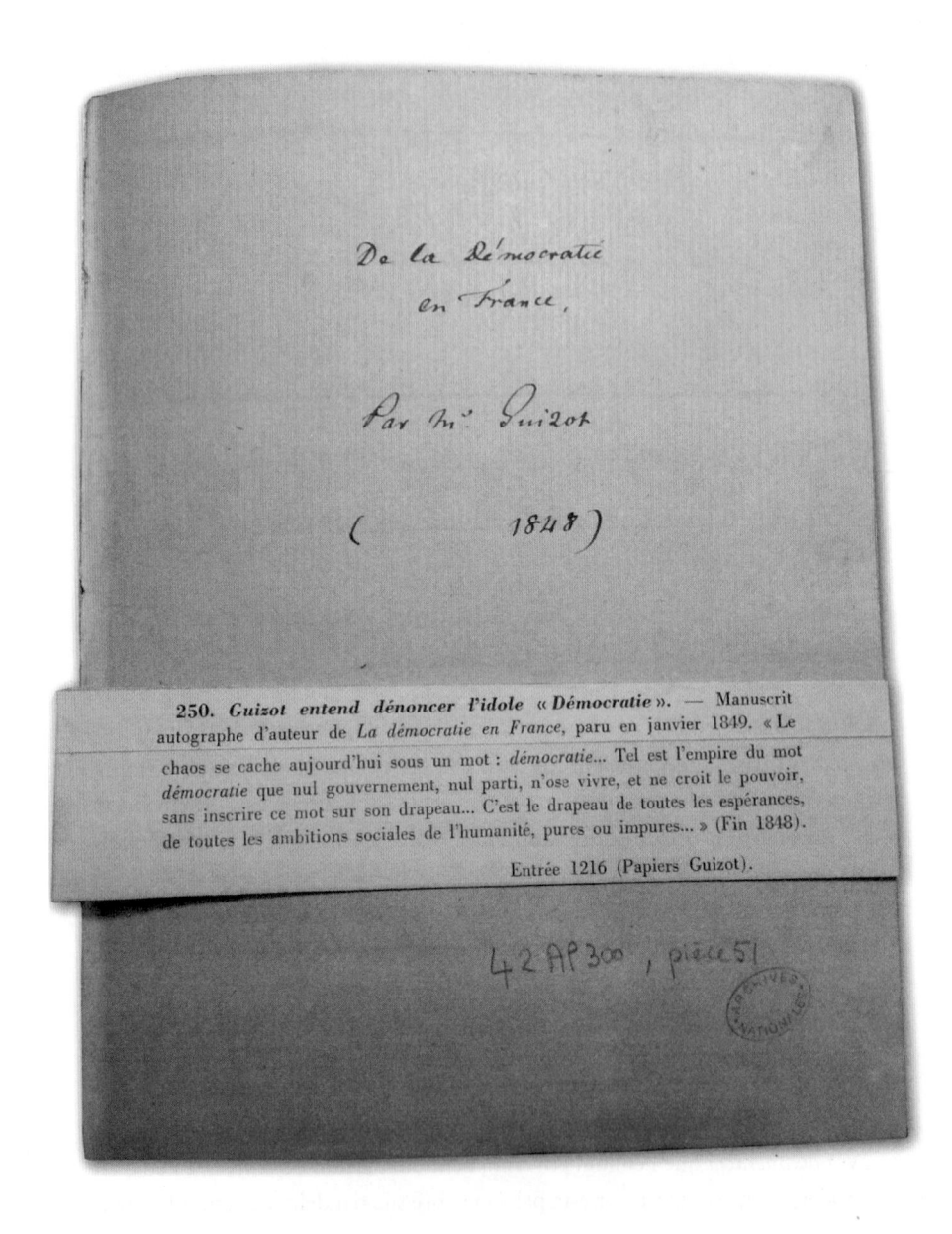

De la Démocratie
en France,

Par M.r Guizot

(1848)

250. *Guizot entend dénoncer l'idole « Démocratie ».* — Manuscrit autographe d'auteur de *La démocratie en France,* paru en janvier 1849. « Le chaos se cache aujourd'hui sous un mot : *démocratie...* Tel est l'empire du mot *démocratie* que nul gouvernement, nul parti, n'ose vivre, et ne croit le pouvoir, sans inscrire ce mot sur son drapeau... C'est le drapeau de toutes les espérances, de toutes les ambitions sociales de l'humanité, pures ou impures... » (Fin 1848).

Entrée 1216 (Papiers Guizot).

42 AP 300, pièce 51

1. *Guizot pretende denunciar o ídolo "Democracia".* Manuscrito autógrafo do autor de *De la Démocratie en France,* publicado em janeiro de 1849 (AN, MS. 42AP389).

de todas as esperanças, de todas as ambições sociais da humanidade, puras ou impuras... (Fim de 1848)[3].

Por essas descrições preliminares, conclui-se que o conteúdo desse caderno não poderia ser mais auspicioso para o historiador do livro e da literatura política produzida na primeira metade do século XIX. Ele guarda uma dessas fontes raras sobre as quais o historiador pode se apoiar para reconstituir o fio do pensamento de um autor, desde as primeiras anotações, o primeiro plano de redação, as rasuras, os vaivéns argumentativos, as imagens retidas, os esquecimentos... até o momento da leitura de um texto fechado, mas que ainda não parece suficientemente pronto[4].

No final de 107 folhas (mais sumário), somos convidados a percorrer os caminhos de criação de *De la Démocratie en France* palavra após palavra, linha após linha, parágrafo após parágrafo, página após página. Durante o percurso, o autor nos permite entrever as pausas, as hesitações e uma pontuação cuidadosamente marcada, como quem espera fazer da pena sua voz e, do escrito, um discurso. O que não nos surpreende, considerando se tratar do original autógrafo de um jurista que atraíra multidões em suas conferências como catedrático dos cursos de História da Civilização da Europa e da França, ministrados na Sorbonne, durante a Restauração[5].

Ao manuscrito autógrafo, que doravante consideraremos como o original do autor[6], somam-se alguns escritos de última hora, registros, enfim,

---

3. "Le chaos se cache aujourd'hui sous un mot: *démocratie*... Tel est l'empire du mot *démocratie* que nul gouvernement, nul parti, n'ose vivre, et ne croit le pouvoir, sans inscrire ce mot sur son drapeau... C'est le drapeau de toutes les espérances, de toutes les ambitions sociales de l'humanité, pures ou impures... (Fin 1848)" (AN, MS. 42AP389).

4. Não é demasiado lembrar que a escrita nasce de uma ação concreta, do latim *scribere*. Logo, é apenas por uma metáfora que o texto, que tem sua origem no verbo *texere* (= tecer) surge como produto do gesto da escrita. Não menos importante é a associação que se faz entre a tessitura e a comunicação, como sugere recente estudo de Lilian Amadei Sais, "Vestes que Falam. A Tecelagem e as Personagens Femininas dos Poemas Homéricos", *Revista Criação & Crítica*, n. 15, pp. 7-19, São Paulo, 2015.

5. "Encontramos igualmente nesse livro sua habitual claridade de exposição, fundada em afirmações apresentadas com um número preciso de elementos" (Alain Encrevé, "Guizot et La Démocratie en France", em Robert Chamboredan (org.), *Guizot: Passé-Présent*, p. 141).

6. Tomaremos a definição clássica de *original do autor*: "Original – em editoração – é o termo que define qualquer texto manuscrito ou produzido mecanicamente (datilografado, digitado ou, até mesmo, já impresso), destinado à composição tipográfica. É o texto definitivo entregue à editora pelo autor para ser editado" (Plinio Martins Filho, *Manual de Editoração e Estilo*, Campinas/ São Paulo/Belo Horizonte, Editora da Unicamp/Edusp/Editora da UFMG, 2016, p. 24).

feitos em papel fino e ligeiramente mais estreito. São observações e emendas apresentadas em oito folhas de uma escrita serrada, porém, inteligível. O que é bem compreensível, supondo-se que esse material se destinava ao editor, ou compositor. Além disso, uma outra folha foi inserida no início do texto, antecipando o primeiro capítulo, dir-se-ia, à guisa de Apresentação – pois não existe, propriamente, nem uma Apresentação, nem um Prefácio anunciados de forma explícita. Algumas edições estrangeiras adotarão esses parágrafos introdutórios como uma pré-textual[7] ou um paratexto[8] bem demarcados. Voltaremos a essa questão.

Uma prova tipográfica do livro acompanha o maço de folhas manuscritas. Ela conforma, por sua natureza peculiar, um segundo conjunto documental inserto no mesmo volume. Dispondo lado a lado o original manuscrito (com as emendas ao texto e as inserções feitas no início e no final do maço de folhas) e a cópia tipográfica, nota-se que esta última continha praticamente todas as alterações efetuadas pelo autor. De fato, o manuscrito autógrafo se apresenta como "o texto definitivo entregue à editora"[9]. Uma nota de Guizot escrita sobre a capa da prova tipográfica reforça essa constatação:

---

7. Prefácio e Apresentação "são os componentes que antecedem o conteúdo essencial da obra. A maioria dos originais vem apenas com o nome do autor e o título do volume, não contendo as demais laudas iniciais, denominadas pré-textuais, que o livro deve ter" (*idem*, p. 37). Ainda segundo o mesmo autor, o Prefácio "é um texto em geral escrito por outra pessoa com reconhecida competência ou autoridade em determinada área" (*idem*, p. 58), enquanto a Apresentação ou Introdução "é sempre escrita pelo autor" (*idem*, p. 59). No original em análise, é possível imaginar que o autor tenha inserido algumas palavras iniciais, à guisa de Apresentação ou Introdução para atualizar o texto após a eleição presidencial, mas também para atender a sugestões de amigos, para os quais convinha se prevenir diante de possíveis rumores de que o livro vinha como uma forma de vingança pessoal contra aqueles que o derrubaram do Ministério.

8. A percepção desses elementos se torna importante na medida em que, de um lado, como pré-textuais, eles conformam as diferentes etapas de construção do livro. Outrossim, na medida em que são exortados as funções e os múltiplos significados de cada uma dessas partes num conjunto mais amplo, passamos a nos apoiar na noção de paratexto, ou *seuil*. Na acepção de Gérard Genette: "[...] para nós o paratexto é aquilo por meio de que um texto se torna livro e se propõe como tal a seus leitores, e de maneira mais geral ao público" (*Paratextos Editoriais*, Cotia, Ateliê Editorial, 2017, p. 9). Mais adiante, explica o autor: "[...] o paratexto compõe-se, pois, empiricamente, de um conjunto heteróclito de práticas e de discursos de todos os tipos e de todas as idades que agrupo sob esse termo, em nome de uma comunidade de interesse, ou convergência de efeitos, que me parece mais importante do que a diversidade de aspecto" (*idem*, p. 10).

9. Plinio Martins Filho, *Manual de Editoração e Estilo*, p. 24.

Pronto para a impressão após uma correção atenta.

Guizot[10].

Mas se essa cópia manuscrita permite ao investigador melhor conhecer as etapas sucessivas de revisões e de alterações realizadas na estrutura original do texto, tal como ela seria encaminhada ao editor, ela levanta questões não menos importantes, embora de difícil solução no estágio atual das pesquisas. Teria havido outras cópias sobre as quais nosso autor se debruçou com a mesma atenção e a mesma severidade? Quantas tentativas frustradas, passagens censuradas, frases desconexas, projetos fracassados não teriam precedido essa última versão do manuscrito?

Sabemos que o processo de escrita demanda amiúde uma série de procedimentos "pré-redacionais" e, embora eles assumam até mesmo a função de um gesto ritual que varia de autor para autor, pode-se, com alguma margem de segurança, mapeá-los, ou pelo menos apontar algumas de suas etapas, sob a forma de: planos, roteiros, projetos; notas de leitura ou da documentação compulsada; e rascunhos, que testemunham o desenvolvimento de conteúdos primitivos, concebidos durante o desenho de um plano ou roteiro de escrita[11]. Infelizmente, esses "pré-escritos" do livro não foram arquivados. Ou, pelo menos, não foram identificados.

Cabe igualmente perguntar até que ponto Guizot consentia atender aos conselhos de seus leitores, entre amigos e partidários que acompanhavam de perto as manobras do ex-Ministro exilado. E se as circunstâncias políticas e editoriais teriam deixado marcas na sua escrita. Nesse caso, é preciso ler a documentação à luz das condições externas que atravessaram tanto o processo de redação, quanto o de leitura desse autor naturalmente convertido em primeiro leitor e crítico. Por fim, não seria impossível que a consulta a sua correspondência – ou, pelo menos, a uma fração do conjunto, considerando o mar de escrita que ainda está por ser desbravado nos

---

10. "Bon à tirer après une correction attentive. Guizot" (AN, MS. 42AP389).

11. O arquivamento do original manuscrito e da prova tipográfica testemunha, por si próprio, um gesto muito peculiar aos escritores do final do século XVIII e início do XIX, ou seja, da geração de Guizot, que consiste numa forma de sacralização do manuscrito e de toda sorte de traços que tornam possível a documentação do processo de criação, num só termo, do gênio criador (*Brouillons d'Écrivains*, sous la direction de Marie Odile Germain et Danièle Thibault, Paris, BNF, 2001, pp. 1-3).

arquivos franceses e estrangeiros – possibilite a compreensão do que denominamos aqui, na falta de um termo menos fluido, de "espaço do texto"[12].

Para dar concretude a essa descrição e às questões que a crítica documental levanta, tomemos o manuscrito, buscando compreender as preocupações que moveram nosso autor no curso da redação e da finalização do texto para fins de publicação. Em seguida, passemos a limpo as emendas ao texto, mas também aquelas redigidas em folhas de rascunho e insertas no maço principal; olhemos de perto os pequenos retoques, as rasuras, os acréscimos, as correções e, quando possível, as censuras praticadas no manuscrito autógrafo; finalmente, cuidemos do plano de redação. Nesse percurso, tentamos acompanhar alguns passos de Julia Kristeva, para quem

> [...] o texto se torna, então, uma produtividade, o que quer dizer: 1. Sua relação com a língua na qual ele se situa é redistributiva (*destructivo-constructivo*), por conseguinte, ele é abordável através de categorias lógicas, antes que puramente linguísticas; ele é uma permuta de textos, uma intertextualidade: no espaço de um texto vários enunciados, tomados de outros textos, cruzam-se e se neutralizam[13].

Tentemos, então, compreender na tessitura do livro o tempo e o espaço em que ideias, textos e intertextos se conectam, contradizem-se, reconstroem-se.

ALGUMAS MUDANÇAS INDISPENSÁVEIS

Dez dias antes da publicação oficial do livro *De la Démocratie en France*, François Guizot se mostra curiosamente apreensivo e impaciente no preparo da versão inglesa[14], pois estava previsto um lançamento simultâneo ao evento parisiense. Pelo menos, é o que sugere a leitura da carta endereçada à amiga e tradutora inglesa Sarah Austin, cuja transcrição reproduzimos na íntegra:

---

12. Julia Kristeva, "Le Texte Clos", *Langages*, vol. 3, n. 12, p. 103, Paris, 1968.
13. *Idem, ibidem.*
14. Curiosamente, porque Guizot conhecia bem, como autor experimentado, todos os trâmites e até mesmo as emoções de véspera do lançamento de um livro.

Kettivington Park, Domingo, 31 de dezembro de 1848

My dear Mistriss Austin,

Envio-lhe as provas que acabo de ler. Estou surpreso de não encontrar nelas as principais mudanças que eu lhe transmiti, entre outras, a reunião dos três primeiros capítulos em um só. Essas mudanças são indispensáveis. Eu as fiz por minha própria conta sobre as provas, ou as indiquei quando não me senti em condições de as realizar. Queira por favor completar o meu trabalho.

Retoquei o parágrafo que a senhora havia inserido logo no início do primeiro capítulo. Não o considero necessário. É melhor entrar no assunto mais bruscamente e falar os nomes próprios.

Recebi seu pequeno bilhete sobre a frase que a preocupa a respeito dos salários. Não me apego a nenhuma frase e lamento seus escrúpulos. Elimine, então, as palavras que lhe pareçam chocantes, se possível for, para fechar o parágrafo. Ou, pelo menos, coloque uma nota que se adeque à sua opinião. Devo confessar, francamente, que no fundo eu não compreendo seu escrúpulo. Gostaria que pudéssemos discutir sobre esse assunto. De todo modo, temos necessidade de reler, juntos, as novas provas que nos serão enviadas, a mim e a senhora. Há uma série de observações e seria excessivo discuti-las por carta, e, no entanto, elas não são sem importância. Retorno a Brompton depois de amanhã, terça. Terei, logo em seguida, alguns compromissos. Mas a partir de sexta-feira que vem, 5 de janeiro, às 4 horas, estarei à sua disposição. Poderia vir a Londres, ou prefere que eu vá a Cambridge? É necessário concluir o trabalho com urgência.

Meus amigos se apressam para que se realize em Paris a publicação entre 6 e 10 de janeiro. É preciso que se a faça no mesmo dia em Londres, e que a divulgação tenha lugar no mesmo dia, nas duas cidades. Pelo menos foi o que me disseram no que toca às suas leis editoriais.

Temos necessidade, a senhora, eu e o Sr. Murray [John Murray, editor londrino], de nos concentrar neste aspecto e de não perder um só dia. Mil desculpas por lhe colocar, dessa forma, a espada nos rins. Eu preciso contar com sua bondade, com sua amizade e com seu talento de tradutora. O que eu gostaria, de fato, é que pudéssemos ter, em janeiro, a senhora, o Sr. Murray e eu, uma última conversa já com a brochura completamente impressa e corrigida.

Uma vez mais mil desculpas e mil amizades tão afetuosas quanto sinceras,

Guizot.

P.S.: Queira, ao reenviar ao Sr. Murray as provas revistas e completadas pela senhora, pedir-lhe que me envie, o mais depressa possível, as novidades[15].

A citação é longa, porém, seu conteúdo constitui um testemunho precioso (e raro) das questões que inquietavam o autor no processo de construção do livro. Deve-se considerar, primeiramente, o papel de Sara Austin[16] nesse momento difícil da vida política e pessoal de nosso personagem, o que a torna a um só tempo tradutora de seus escritos e confidente. Notemos que ele se dirige a *Mistriss* [*Misstress*] Austin de forma muito respeitosa e formal, de acordo com as convenções epistolares da época. Todavia, há certas passagens que denunciam o trato íntimo estabelecido entre os dois, o que se exprime sob a forma de demandas, confidências e embates apenas consentidos em uma relação de franca amizade.

Na missiva, a escrita e a versão para o inglês de *Democratie* constituem o objeto comum do "diálogo" estabelecido entre Guizot e *Mistriss* Austin, embora tenhamos acesso a apenas um ponto de vista. Logo no início, o autor protesta o possível descuido de sua interlocutora com relação às revisões que ele anotara na prova que lhe foi encaminhada. A "reunião dos três primeiros capítulos em um só" se apresenta, nesses termos, como uma dessas "mudanças indispensáveis" que ele mesmo, movido pela surpresa e, possivelmente, pela impaciência, prestou-se a fazer no original inglês por conta própria. Vale adiantar que a alteração na estrutura dos capítulos, a qual resultou na reunião dos três primeiros, com algumas revisões

---

15. Lettres de Guizot à Sarah Austin, AN, MS. 42AP34.
16. Sarah Austin (1793-1867), nascida Sarah Taylor, foi uma linguista, estudiosa do latim, italiano, alemão e francês. Casou-se, em 1820, com John Austin (1790-1859) e teve uma única filha. A residência da família, situada em Queen's Square, Westminster, reunia amiúde algumas figuras de proa do meio conservador londrino, tais como James Alderson e sua filha Amelia Opie, Henry Crabb Robinson, o banqueiro Samuel Gurney e James Mackintosh. John Stuart Mill registrou sua estima por Sarah, dirigindo-se sempre a ela pelo título de *Mutter* (mãe). Jeremy Bentham também fazia parte de seu círculo de amizade. Dedicou-se durante toda vida a trabalhos de tradução, sendo os mais expressivos aqueles de autores alemães, dentre eles, *History of the Popes* (1840), de Leopold von Ranke, calorosamente elogiado por Lorde Macaulay e Henry Hart Milman. De Guizot, verteu para o inglês o libelo em questão e *Pourquoi la Révolution d'Angleterre a-t-elle Réussi? Discours sur l'Histoire de la Révolution d'Angleterre*, 1850 (*Why Was the English Revolution Successful? A Discourse on the History of English Revolution*, London, David Bogue, 1850).

e omissões, havia sido preparada no original francês e encaminhada ao editor parisiense[17].

Outras questões tocam diretamente o conteúdo do texto, em passagens que parecem ter desagradado à tradutora, por razões que fogem a nossa compreensão – e, aparentemente, a do autor.

Logo após a leitura do primeiro parágrafo, *Mistriss* Austin acrescenta algumas considerações, ao que tudo indica, buscando relativizar a menção direta a figuras que pautaram a política francesa, desde a Revolução de 1789. Não se pode negar, é fato, o tom profundamente triste[18], diríamos, pessimista, que Guizot imprime à escrita, logo no início da brochura. No entanto, o que compreendemos como tristeza e pessimismo, aparece justificado pelo autor como uma retórica bem refletida, sob o argumento de que: "É melhor entrar no assunto mais bruscamente e falar os nomes próprios". De fato, se considerarmos que Guizot faz de seu libelo uma plataforma para o retorno do partido orleanista à arena política, só podemos compreender os nomes evocados no início do livro como o recurso estilístico de um escritor que busca despertar no leitor o gosto amargo de memórias vividas ou registradas na história. A Revolução Francesa era o fantasma que o sufocava e o atemorizava, desde a primeira infância[19].

Infelizmente, não podemos conhecer as ponderações da tradutora, pois suas cartas não foram encontradas e a versão inglesa reproduz fielmente o texto francês. Cumpre, inclusive, assinalar que a tradução não vem assinada, como sói ocorrer em edições estrangeiras. Tampouco Guizot parece ter se preocupado em minimizar o impacto negativo que a passagem provocara em sua fiel leitora, pois tanto o original, quanto a prova tipográfica em francês não apresentam nenhuma marca de revisão no parágrafo inicial.

---

17. É possível que a entrega do manuscrito tenha sido realizada no ato de assinatura do contrato, em Brompton, 20 de dezembro (cap. 2). Em todo caso, Masson não demora mais de três dias para compor uma brochura, como ele anuncia em carta para Génie, a propósito da composição do capítulo introdutório, inédito, para a reedição do primeiro tomo de *La Révolution en Angleterre* (Lettre à M. Génie de Victor Masson, 17 décembre 1848, AN, MS. 42AP320).

18. "É evidente que ele também fala dele próprio nessa frase, o que se pode facilmente compreender. Todavia, não se deixa dominar pela melancolia e, numa mudança de raciocínio, até levanta a esperança de um retorno aos seus afazeres políticos" (Alain Encrevé, "Guizot et *La Démocratie en France*", p. 139).

19. Segundo Laurent Theis, ele falava pouco sobre a Revolução Francesa, mas não deixava de nela pensar.

Desse modo, só podemos apresentar uma única versão do texto, tal qual publicada na primeira edição francesa e em sucessivas traduções:

> Mirabeau, Barnave, Napoleão, La Fayette, mortos em seus leitos ou no cadafalso, em suas pátrias ou no exílio, em dias muito distantes e bem diferentes, morreram todos com um mesmo sentimento, um sentimento profundamente triste. Eles viram suas esperanças malogradas, suas obras destruídas. Eles duvidaram do sucesso de suas causas e de seus futuros[20].

A passagem faz supor que Guizot, ele mesmo, inclui-se entre os artífices de uma história malograda. E, para fechar com chave de ouro sua linha de raciocínio, o autor lança um falso problema, cuja resposta, obviamente, não é difícil adivinhar:

> A revolução francesa está então destinada a gerar apenas dúvidas, descontentamentos e a acumular apenas ruínas sobre seus triunfos?[21]

Mais adiante, Guizot volta a retorquir com energia outra possível contrariedade da tradutora, agora, "sobre a frase que a inquieta com respeito aos salários". Não há indicações seguras quanto ao trecho que gerou o seu evidente aborrecimento. Também nesse ponto, a edição inglesa não traz nenhuma nota que pudesse relativizar a assertiva, buscando adequá-la à opinião da tradutora. Porém, entre as colocações possíveis, uma em especial poderia bem enrubescer uma leitora tomada por certos escrúpulos, mesmo que essa divergência se fundasse mais no estilo do que na essência das afirmações. Sobre a natureza da desigualdade social fundada no trabalho, argumenta o autor, fazendo uso de fórmulas pouco originais, porém, expostas com notável clareza:

20. "Mirabeau, Barnave, Napoléon, La Fayette, morts dans leur lit ou sur l'échafaud, dans la patrie ou dans l'exil, à des jours très éloignés et très divers, sont tous morts avec un même sentiment, un sentiment profondément triste. Ils ont cru leurs espérances déçues, leurs œuvres détruites. Ils ont douté du succès de leur cause et de l'avenir" (François Guizot, *De la Démocratie en France*, p. 7).
21. "La révolution française est-elle donc destinée à n'enfanter que des doutes et des mécomptes, à n'entasser que des ruines sur ses triomphes?" (AN, MS. 42AP389).

Nas outras profissões, em que o trabalho é sobretudo material e manual, também nesses casos há situações diversas e desiguais. Alguns, pela inteligência e boa conduta, consolidam um capital e entram na via do conforto e do progresso. Os outros, ou limitados, ou preguiçosos, ou desregrados, mantêm-se na condição estreita e precária das existências fundadas unicamente sobre o salário[22].

A passagem denuncia o *parti pris* de nosso autor e, vale dizer, de sua *coterie*. Na realidade, a depreciação do trabalhador assalariado vem na esteira da discriminação e consequente impedimento da participação política das mulheres e dos intelectuais despossuídos, tal como ela se expressa em Sieyès (1748-1836) e Constant (1767-1830), estendendo-se até o fim do século XIX, quando a expansão do sufrágio conduzirá Le Bon (1841-1931), entre outros publicistas, a retomar a ideia clássica da "multidão 'criança'", incapaz de discernir o bom do mal no destino de uma nação. Segundo Domenico Losurdo:

> [...] a psicologia das multidões – vimos o termo aparecer em sentido pejorativo já em Luís Napoleão – que surge no final do século XIX, num momento em que o sufrágio universal se impôs ou está se impondo, é herdeira direta da psicologia da multidão "criança" que se desenvolve e afirma num período histórico no qual ainda dominava a discriminação censitária[23].

Detalhes relacionados ao lançamento das edições francesa e inglesa ocupam igualmente Guizot no momento em que redige a missiva. Sabemos que a essa altura dos acontecimentos ele já encaminhara o original ao editor francês e, possivelmente, já trabalhara sobre a prova tipográfica – que não foi datada! Mas esqueçamos, por um instante, as questões relacionadas à publicação em Paris e às publicações estrangeiras subsequentes, as quais serão objeto dos capítulos posteriores. Olhemos, com mais vagar, "as mu-

---

22. "Dans les autres professions, là où le travail est surtout matériel et manuel, là aussi il y a des situations diverses et inégales. Les uns, par l'intelligence et la bonne conduite, se créent un capital et entrent dans la voie de l'aisance et du progrès. Les autres, ou bornés, ou paresseux, ou déréglés, restent dans la condition étroite et précaire des existences fondées uniquement sur le salaire" (François Guizot, *De la Démocratie en France*, p. 76).

23. Domenico Losurdo, *Democracia ou Bonapartismo*, trad. Luiz Sérgio Henriques, São Paulo/Rio de Janeiro, Ed. Unesp/Ed. UFRJ, 2004, p. 87.

2. Detalhe do manuscrito, no qual se evidenciam as folhas de papel de rascunho onde o autor escreveu o Prólogo ao livro e o restante do caderno, correspondente ao miolo do original.

danças indispensáveis" que foram objeto de preocupação de Guizot, sob a forma de revisões, omissões e alíneas anotadas no manuscrito autógrafo e na prova tipográfica francesa.

O ESPAÇO DO TEXTO

Ouso crer que não se encontrará nada nesse escrito, absolutamente nada, que carregue a marca de minha situação pessoal. Na presença de tão grandes coisas, aquele que não é capaz de se abandonar à própria sorte, mereceria ser para sempre esquecido... Eu apenas pensei na situação de meu país. Quanto mais eu penso, mais me convenço de que seu grande mal, o mal que está no fundo de todos esses males, que mina e destrói seus governos e suas liberdades, sua dignidade e sua alegria, é o mal que eu ataco, a idolatria democrática.

A chegada do Sr. Luís Napoleão Bonaparte à presidência da República será, contra esse mal, um remédio eficaz? O futuro nos dirá. O que eu digo hoje, após a eleição de Luís Napoleão Bonaparte, eu o diria igualmente, sem nada mudar, se o General Cavaignac tivesse sido eleito. Não é a nenhum nome próprio que se endereçam as grandes verdades sociais; é à sociedade ela mesma[24].

François Guizot constrói com estas palavras uma das passagens mais emblemáticas de seu *De la Démocratie en France*. A nota foi escrita em uma folha de rascunho, semelhante àquelas encartadas no final do manuscrito. Mas, nesse caso, ele faz uso do *recto* e *verso* de um mesmo pedaço de papel, o que infelizmente prejudica a leitura da outra face, tratando-se muito

---

24. "J'ose croire qu'on ne trouvera rien dans cet écrit, absolument rien, qui porte l'empreinte de ma situation personnelle. En présence de si grandes choses, quiconque ne s'oublierait pas soi-même mériterait d'être à jamais oublié. Je n'ai pensé qu'à la situation de mon pays. Plus j'y pense, plus je demeure convaincu que son grand mal, le mal qui est au fond de tous ses maux, qui mine et détruit ses gouvernements et ses libertés, sa dignité et son bonheur, c'est le mal que j'attaque, l'idolâtrie démocratique.

"L'avènement de M. Louis Napoléon Bonaparte à la présidence de la République sera-t-il, contre ce mal, un remède efficace? L'avenir nous l'apprendra. Ce que je dis aujourd'hui, après l'élection de M. Louis Napoléon Bonaparte, je le dirais également, sans y rien changer, si le général Cavaignac avait été élu. Ce n'est à aucun nom propre que s'adressent les grandes vérités sociales; c'est à la société elle-même" (AN, MS. 42AP389, prova tipográfica, pp. 1-3).

Ao comparar o manuscrito com o texto impresso, constata-se que o autor fez revisões muito ligeiras, a maior parte concentrada na pontuação. O texto final apresenta períodos mais curtos, ou seja, ele é mais pausado.

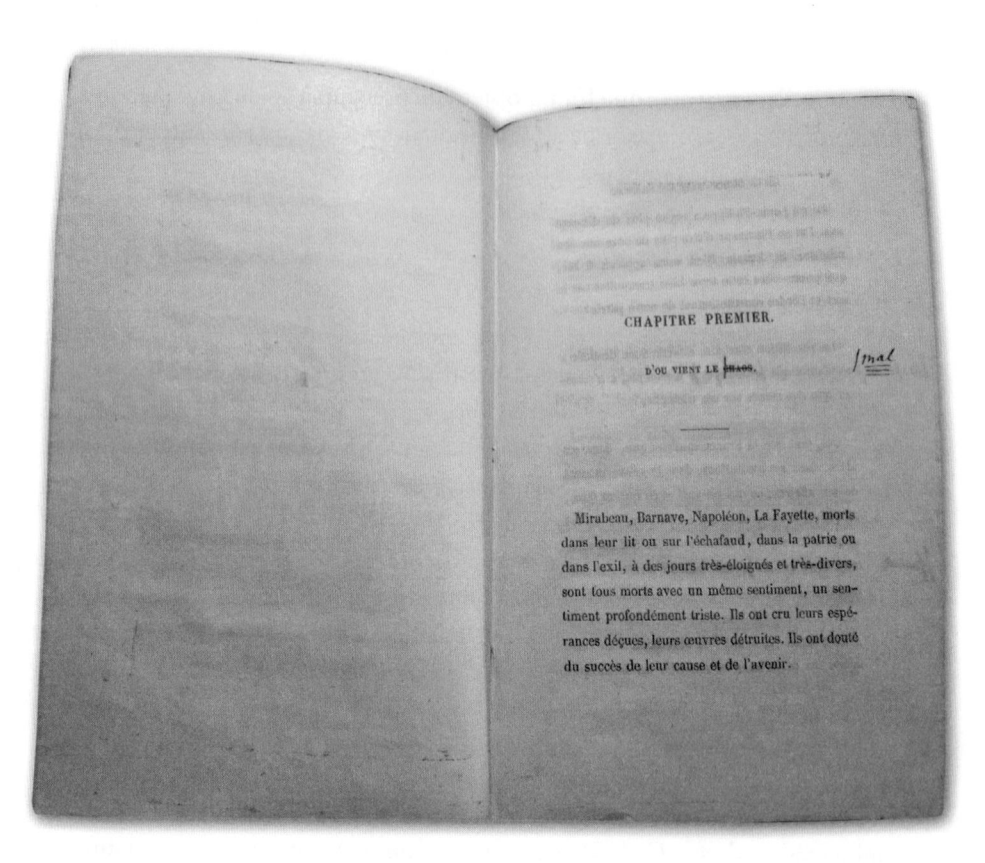

3. Detalhe do primeiro capítulo da prova tipográfica, onde o autor troca a palavra *chaos* [caos] por *mal* [mal], como na versão publicada.

provavelmente dos primeiros rabiscos daquilo que viria a ser o *press release* da edição. A parte mais importante, porém, perfaz apenas dois parágrafos que serão impressos em uma seção própria, ocupando a função de Prólogo ou Apresentação. Nesse espaço o autor logra resumir, de forma magistral, as circunstâncias pessoais e políticas que o lançaram à cena pública naquele inverno de 1849.

Embora não possamos advogar sobre a consciência do escritor quanto ao efeito que suas palavras viriam a provocar na opinião parisiense e internacional, é preciso assumir, como veremos mais tarde, que os leitores não se mostraram de forma alguma insensíveis às intenções do ex-Ministro exilado. Pelo contrário, esse Prólogo se tornou a chave para a construção simbólica da figura do autor e do livro no momento da publicação.

Neste tópico, vamos nos deter sobre as intervenções realizadas por Guizot durante a escrita e a revisão do texto. Uma visão de conjunto do escrito, a partir de suas ideias-força, será apresentada logo em seguida.

A maior parte das alterações observadas no original manuscrito se concentraram no redesenho do primeiro capítulo, "D'où Vient le Chaos"[25]. Aliás, a palavra *chaos* será substituída por *mal*, uma mudança de última hora, feita na prova tipográfica.

Se se compara o desenvolvimento do original com as emendas insertas ao fim, observa-se que o autor basicamente reuniu os textos dos três primeiros capítulos em um só. *Basicamente*, pois há omissões e acréscimos importantes, os quais devem ser esmiuçados mais à frente. Guizot transcreve todo o conteúdo do capítulo nas primeiras folhas de rascunho, ou porque precisasse reler, na íntegra, a nova versão, ou porque desconfiasse da perícia do compositor, sendo, nesse caso, mais seguro apresentar uma redação integral, a confiar em emendas no corpo do manuscrito. Contudo, ao final da transcrição, o autor propõe novos ajustes, sob a forma de supressões e alíneas que serão igualmente elencadas nas folhas subsequentes.

Para tornar compreensível nossa exposição, todas as emendas serão reproduzidas e comentadas de acordo com a estrutura original do livro. Ou seja, a ordem do discurso prevalece sobre a ordem das revisões nas folhas de rascunho.

De modo geral, as emendas guardam uma relação com o estilo ou com a ordem dos argumentos; mas elas também podem dialogar com a conjuntura política parisiense.

Olhemos de perto a primeira passagem revista:

[Do original manuscrito – Capítulo 1, f. 1, parágrafo 2]:
O Rei Luís Filipe reinou por mais de dezessete anos. Eu tive a honra de ser por mais de onze anos seu ministro. ~~O General Cavaignac governa hoje a~~

---

25. Não vamos insistir sobre revisões menores, de natureza sintática e estilística que não comprometem o conteúdo ou a fluência do texto. Na fatura total da escrita, podemos concluir e, talvez, o leitor terá essa mesma impressão ao final da exposição, que Guizot não fez uso de muitas autocensuras, pelo menos no documento que temos em mãos. Quando Alain Encrevé observa que François Guizot certamente não utilizou freios no gesto da escrita, o que desagradou a muitos de seus correligionários, essa imagem pode ser aqui interpretada tanto no sentido figurado, como pretende o autor, quanto no sentido literal, ou seja, de uma escrita sem muitas rasuras e hesitações (Alain Encrevé, "Guizot et *La Démocratie en France*", p. 135).

~~República~~*. Se, amanhã, Deus nos chamar até Ele, deixaremos esta terra tranquilos, sob a fortuna e a ordem constitucional de nossa pátria?

* [na margem do original autógrafo] (ou, bem, em caso de um acontecimento): O General Cavaignac governava ontem a República[26].

Antes de avançarmos sobre outras intervenções, insistamos um pouco mais na figura do General. Nasceu Louis-Eugène Cavaignac em Paris, no 23 *vendémiaire*, ano XI da Revolução. Filho de Jean-Baptiste Cavaignac, regicida da Convenção e irmão do político republicano Godefroy Cavaignac. Formou-se pela Escola Politécnica e fez uma carreira militar brilhante na campanha da Argélia. Sob o governo revolucionário de 1848, recebeu a patente de general de divisão e o cargo de governador da então colônia francesa. Assumiu a pasta do Ministério da Guerra durante o governo da comissão executiva, de 5 de maio a 24 de junho, quando a Assembleia o aclamou chefe do poder executivo. Foi sob seu comando que se assistiu ao massacre das Jornadas de Junho, nos dias 24, 25 e 26[27]. Tais acontecimentos fizeram do "príncipe de sangue", como ficou conhecido no meio proletário, o pivô da reação orquestrada entre os republicanos moderados. Esta se estendeu até a eleição presidencial de 10 de dezembro, cujos resultados foram divulgados apenas no dia 20. Para a surpresa de muitos, Luís Napoleão Bonaparte saiu vitorioso, tendo recebido 5 434 000 votos contra 1 448 000 de General Cavaignac. Cumpre assinalar que os candidatos de esquerda tiveram uma participação pífia no pleito: Ledru-Rollin, 370 000, Raspail, 37 000 e Lamartine, 18 000 votos.

26. "Le Roi Louis Philippe a régné plus de dix-sept ans. J'ai eu l'honneur d'être plus de onze ans son ministre. Le Général Cavaignac gouverne aujourd'hui la République*. Si, demain, Dieu nous appelait à lui, quitterions-nous cette terre bien tranquilles, sur le sort et l'ordre constitutionnel de notre patrie? * [na margem do original manuscrito] (ou bien, en cas d'événement): Le Général Cavaignac gouvernait hier la République" (f. 1).
27. Nas palavras de Engels: "Tal foi a primeira jornada da revolução de junho, nesse dia sem precedente nos anais revolucionários de Paris. Os operários parisienses combateram totalmente sozinhos contra a burguesia armada, contra a guarda móvel, a guarda republicana organizada e contra as tropas de linha de todas as armas. Eles sustentaram a luta com uma bravura sem precedentes, que não tinha paralelo senão na brutalidade de seus adversários, igualmente sem precedentes. Somos tomados pelo sentimento de indulgência por um Hüser, um Radetsky, um Windischgraetz, quando vemos a maneira como a burguesia de Paris se entrega, com um verdadeiro entusiasmo, à matança organizada por Cavaignac" (publicado originalmente em *Neue Rheinische Zeitung*, 28 juin 1848, n. 28, pp. 1-2. *Les Luttes de Classes en France (1848-1850)*, par Karl Marx. Suivi de *Les Journées de Juin 1848*, par Friedrich Engels, Paris, Éditions Sociales, 1968, p. 60).

É nesse ponto de uma revolução agonizante que flagramos Guizot a burilar a escrita de seu libelo.

Na primeira versão Guizot não conhece ainda o resultado eleitoral, mas ele escreve uma nota preventiva à margem do texto, propondo uma mudança de tempo verbal: de "governa hoje" para "governava ontem". A fórmula "governava ontem" será reiterada na transcrição do capítulo. Porém, mais adiante, ele retomará essa mesma passagem, agora, com a seguinte diretiva:

> 1º (na página 1, cap. 1º, no lugar do segundo parágrafo que começa por: O rei Luís Filipe, e termina por: do que nós fizemos, deve-se colocar o parágrafo seguinte):
>
> O Rei Luís Filipe reinou por mais de dezessete anos. Eu tive a honra de ser por mais de onze anos seu ministro. Se, amanhã, Deus nos chamar até Ele, deixaremos esta terra tranquilos, sob a fortuna e a ordem constitucional de nossa pátria?
>
> A revolução francesa [...] (como no manuscrito)[28].

A omissão do republicano Cavaignac prevalece, tanto quanto a do período em que ele encabeçou o governo provisório. Tal comportamento sugere não se tratar simplesmente de uma alteração formal, que consiste em empregar o imperfeito no lugar do presente do indicativo. Da mesma forma que evita menções diretas aos eventos que marcaram a vaga revolucionária de fevereiro a junho de 1848, ele não parece tão indiferente ao resultado eleitoral como deixa entrever nos parágrafos introdutórios ao livro.

Menos evidente, embora compreensível, é seu *parti pris* em relação a Bonaparte, a crer no comentário endereçado a Piscatory[29], em 10 de dezembro (exatamente no dia da eleição):

28. "(à la page 1ère, chape 1er, au lieu du second paragrafe qui commence par: Le roi Louis Philippe, et fini par: de ce qui nous avons fait, il faut mettre le paragrafe suivant):
"Le Roi Louis Philippe a régné plus de dix-sept ans. J'ai eu l'honneur d'être plus de onze ans son ministre. Si, demain, Dieu nous appelait à lui, quitterions-nous cette terre bien tranquilles, sur le sort et l'ordre constitutionnel de notre patrie ?
"La révolution française ... (comme dans le manuscrit)" (AN, MS. 42AP389, f. 2).
29. Théobald de Piscatory (1800-1870) foi um helenista fervoroso. Na juventude, ele dividiu os amores de Dorothée de Courlande com Talleyrand. Teve duas filhas dessa relação. Sua carreira política se projetou nos tempos da Monarquia de Julho, quando se elegeu deputado pelo Partido Conservador. Nos anos de 1840, Guizot, então Ministro das Relações Estrangeiras, enviou-o em

Meu primeiro impulso era o de dizer, como vós, um candidato para nós; eu prefiro estar com um amigo vencido do que com um inimigo vencedor. Hoje eu não digo nada. Mas eu acredito em Luís Napoleão. Parece-me impossível que duas imprudências semelhantes àquela do Papa na França[30] e das pensões aos assassinos[31] não derrubem o General Cavaignac. Eu o reprovo pelos dois erros. Pensei demais em meu partido, assim como em meus adversários. Eu contei demais com a eficácia da boa política e não pude prever com justeza o quanto a má seria má [...][32].

Para Guizot, o General Cavaignac era a própria encarnação da República: na figura de seu pai, tal como ela se manifestara, vitoriosa, em 1789; na sua própria figura e na de seu irmão mais velho, quando eles empunharam a bandeira republicana nas Jornadas de Julho de 1830. Em 1848, todavia, Guizot se cala e se torna apenas um espectador distante dos fatos. Em Paris, Cavaignac será aclamado pela burguesia liberal como "o Washington francês", ao consolidar sua fama de herói republicano por ter "salvo" a República da revolta operária de junho e do perigo vermelho[33].

Enquanto isso, Luís Napoleão Bonaparte representava "um passo fora da República"[34].

missão à Grécia, onde ele se tornou conselheiro do rei, particularmente durante a Revolução de 1843. Após a Revolução de 1848, ele atuou de forma enérgica no campo conservador, como membro do grupo monarquista da rue de Poitiers e, como deputado, apoiou a campanha do exército francês contra os revolucionários em Roma, a Lei Falloux, de 1850, que consistiu em uma revisão e, em certo sentido, extensão da Lei Guizot (1833), para o ensino francês, e a reforma eleitoral de 31 de maio de 1850, que buscava restringir o direito de voto aos eleitores com endereço fixo há mais de três anos.

30. Guizot faz referência ao convite de asilo em Paris que Cavaignac fizera ao Papa Pio IX, "expulso de Roma pela revolução nacional e democrática que certamente se inseria no espírito de 1848". No entanto, continua Agulhon, este preferiu "a hospitalidade mais classicamente reacionária do rei de Nápoles" (Maurice Agulhon, *1848, O Aprendizado da República*, São Paulo, Paz e Terra, 1991, p. 98).

31. O autor estaria, a propósito, referindo-se à abertura de crédito oferecida pelo aliado de Cavaignac, na Assembleia, como uma forma de apaziguar o operariado rebelde durante as Jornadas de Junho? Difícil precisar o sentido da frase, mas não nos surpreenderia se Guizot se referisse aos insurrectos da "Revolução de Junho", como ficou conhecido o evento, como assassinos (ver *Proclamation Annonçant l'Ouverture d'un Crédit de 3 Millions au Ministère de l'Intérieur, pour Secourir les Ouvriers de Paris*, Par Jules Sénard, Paris, le 25 juin 1848).

32. Lettre de François Guizot à M. Piscatory, 10 décembre 1848, AN, MS. 42AP389).

33. Domenico Losurdo, *Democracia ou Bonapartismo*, p. 115.

34. Ao amigo Croker, ele escreve: "Eu acredito na vitória de Luís Napoleão Bonaparte e estou firmemente decidido a desejá-la. Cavaignac é a República, Luís Napoleão é um passo fora da

E se é verdade que sua opinião em nada se alteraria diante do resultado eleitoral, o que parece justo, pois as mudanças textuais realizadas de última hora não atingem a avaliação que faz da conjuntura francesa, não é menos verdade que a perspectiva da eleição presidencial por sufrágio universal direto reacendia em seu espírito o desejo de uma *viradeira* à moda francesa, ou seja, monárquica e constitucional. Embora ele não ouse explicitá-la em seu libelo.

Segundo Gabriel de Broglie, não se tratava exatamente de nutrir simpatia por Bonaparte, mas de uma espécie de salvo-conduto posto em prática, com vistas a um plano mais ousado, a saber, o restabelecimento da monarquia parlamentar por meio da fusão dos Bourbon com os Orléans. Luís Filipe (1773-1850), exilado na Inglaterra, faria a ligação entre as duas casas, com o apoio do partido orleanista e de alguns legitimistas[35]. Entre Luís Napoleão e Guizot fora então selado um acordo de cavalheiros que não sobreviveria, no entanto, ao golpe de 2 de dezembro de 1852.

Diante desse quadro, a crítica à idolatria democrática tem sua origem no próprio "fato democrático"[36], que se realiza sob a forma da representação direta. Donde o desdém com que o autor comenta entre os amigos o resultado eleitoral. É o que lemos noutra carta endereçada a *Mistriss Austin*:

República [...]. O período bonapartista será importante e, talvez, longo" (Lettres de Guizot à J. W. Croker, 18 novembre 1848 et 16 juillet 1849, British Library, *apud* Gabriel de Broglie, *Guizot*, p. 397).

35. Após o falecimento do rei exilado, em agosto de 1850, a campanha se manteve. Um comitê formado por conservadores fusionistas, presidido pelo Duque de Broglie e com o apoio do jornal *L'Assemblée Nationale*, será montado na rue des Pyramides, em Paris. Concorreram para a manutenção e o fortalecimento desse órgão os legitimistas Berryer, Pastoret, Falloux e os orleanistas Duchâtel e Montalivet. Uma comissão de revisão constitucional será formada por Guizot, Dufaure e Tocqueville. Atento para essas manobras e temendo a força de uma reação conservadora unificada, Bonaparte mantém relações fraternas, embora, indiretas com Guizot, as quais serão correspondidas com igual teor. Um golpe eminente e inesperado do "príncipe-presidente" enfraquecerá, todavia, qualquer tentativa de restituição de uma monarquia parlamentar. A oposição aberta de Guizot ao Império virá sob a imagem deveras inquietante que o historiador evoca no artigo publicado em 30 de julho de 1852: "Cromwell Sera-t-il Roi?" (Gabriel de Broglie, *Guizot*, pp. 395-399).

36. A expressão "fato democrático" situa a transição da palavra democracia do campo da ideia, ou das instituições jurídicas, para o campo sociopolítico, portanto, da experiência democrática, tal como ela se revela no século XIX (Simone Goyard-Fabre, *O Que É Democracia?*, São Paulo, Martins Fontes, 2003, p. 197).

My dear Mistriss Austin,

[...] Diga-me quando deseja que eu lhe envie a última parte de minha *Dé-mocratie*. De acordo com o que me escrevem de Paris, devemos nos apressar para fazê-la aparecer na França após as eleições *de não importa qual presidente que espera a República*, ou seja, perto do fim do mês.

Brompton, 11 de dezembro de 1848[37].

Interessa acentuar que, na perspectiva de Guizot, a "idolatria", ou o "império" da palavra democracia é a matriz de todo o caos, senão, a origem da "guerra social" que paira sobre a França. Em outra passagem revista, escreve:

2ª (nesse mesmo Chap. 1ª, após o parágrafo que começa em: Tal é o império da palavra democracia e termina por mais alto e mais longe, deve-se intercalar *alínea* os dois parágrafos seguintes):

Ideia fatal que subleva ou fomenta incessantemente a guerra no meio de nós, a guerra social!

É preciso extirpar essa ideia. A paz social é o seu preço. E, com a paz social, a liberdade, a segurança, a prosperidade, a dignidade, todos os bens, morais e materiais, que só ela pode garantir[38].

Essa mesma imagem de uma França mergulhada no caos, incapaz de discernir o bem do mal, ou o verdadeiro do falso, será evocada pelo autor logo no início do texto, precisamente, no quinto parágrafo. Retomando a ordem do discurso, cumpre lembrar que esse capítulo se destina a apontar a origem do caos/mal social. E, como vimos no parágrafo anterior, a matriz de todo o problema é o "império da palavra democracia", sendo o sufrágio universal sua face perversa[39].

---

37. AN, MS. 42AP3 [grifos nossos].
38. "(dans ce même Chap.e 1er, après le paragraphe qui commence par: Tel est l'empire du mot dé-mocratie, et fini par plus haut et plus loin, il faut intercaler *alinea* les deux paragraphes suivants:):
    "Idée fatale, qui soulève ou fomente incessamment la guerre au milieu de nous, la guerre sociale (f. 10).
    "C'est cette idée qu'il faut extirper. La paix sociale est à ce prix. Et avec la paix sociale, la liberté, la sécurité, la prospérité, la dignité, tous nos biens, moraux et matériels, qu'elle peut seule garantir" (f. 8).
39. Rosanvallon observa notável regularidade no discurso de Guizot, antes e depois da Revolução de Fevereiro. É como se o período do exílio não tivesse servido para nenhum tipo de análise, mediada pelos fatos, que apresentasse força o bastante para causar nele qualquer tipo de inflexão

Dessa forma, prossegue Guizot:

[Ms. Capítulo 1, f. 1, parágrafo 4]:
Sim, a França tanto sofrerá que, nas suas ideias, nas suas instituições, no governo de seus interesses, o que é *verdadeiro*, o que é *falso*, o que é *honesto* e o que é perverso, o que é possível e o que é *quimérico*, o que é *salutar* e o que é funesto se mantêm misturado e confundido[40].

Registremos, agora, o parágrafo suprimido, que viria na sequência da citação anterior:

[Ms. Capítulo 1, f. 2, parágrafo 1]:
Pois, nessa confusão ímpia, o que é *falso*, o que é perverso, o que é *quimérico*, o que é veneno destrói ou corrompe o que é *verdadeiro*, *honesto*, possível, *salutar*. O bem e o mal estão sempre e por todas as partes um ao lado do outro nesse mundo, mas não para reinar ou viver juntos. É necessário que eles se separem. Quando Jesus Cristo disse: "Não podeis servir a Deus e a Mammon", ele o disse tanto às nações quanto a cada homem[41].

O autor faz alusão ao célebre "Sermão da Montanha", extraído do *Evangelho Segundo São Mateus*, na passagem em que se apresenta a oposição entre Deus e o dinheiro (6:24): "Ninguém pode servir a dois senhores. Com efeito, ou odiará um, ou amará o outro, ou se apegará ao primeiro e desprezará o segundo. Não podeis servir a Deus e ao Dinheiro". No lugar

ideológica. Lembra o autor um discurso proferido por Guizot, na Câmara, em 26 de março de 1847, portanto, quase um ano antes da queda do regime: "'O princípio do sufrágio universal é em si mesmo tão absurdo que nenhum de seus partidários ousa aceitá-lo e defendê-lo completamente'. Garnier-Pagès lhe respondeu: 'Seu dia há de chegar', ao que replicou Guizot: 'Não haverá dia para o sufrágio universal'" (*apud* Pierre Rosanvallon, *Le Moment Guizot*, p. 129).

40. "[Chapitre 1er, f. 1, paragraphe 4]: Oui, tant que la France souffrira que, dans ses idées, dans ses institutions, dans le gouvernement de ses affaires, ce qui est *vrai* et ce qui est *faux*, ce qui est *honnête* et ce qui est pervers, ce qui est possible et ce qui est *chimérique*, ce qui est *salutaire* et ce qui est funeste demeurent mêlés et confondus" (f. 1).

41. "[Chapitre 1er, f. 2, paragraphe 1]: Car, dans cette confusion impie, ce qui est *faux*, ce qui est pervers, ce qui est *chimérique*, ce qui est poison détruit ou corrompt ce qui est *vrai*, *honnête*, possible, *salutaire*. Le bien et le mal sont toujours et partout l'un près de l'autre en ce monde, mais non pour vivre et régner ensemble. Il faut qu'ils se séparent. Quand Jésus Christ a dit: 'Vous ne pouvez servir Dieu et Mammon' il l'a dit aux nations aussi bien qu'à chaque homme" (f. 2).

de "dinheiro", como vemos na versão da *Bíblia de Jerusalém*, Guizot evoca o nome de Mammon, uma figura demoníaca, ou entidade que personifica o dinheiro e a ganância. Essa fórmula ainda persiste nas bíblias protestantes e permanece pouco conhecida no mundo católico[42]. É provável que as repetições, tanto da imagem bíblica, quanto das palavras, tal como elas aparecem grifadas nas duas citações, tenham sido consideradas excessivas, logo, retiradas.

Deve-se ponderar que as imagens bíblicas são muito recorrentes não apenas nesse texto, mas em outros trabalhos de sua autoria. Aliás, os escritos de seu tempo foram fortemente marcados por imagens contrastantes, donde a recorrência aos maniqueísmos que reforçam a luta do bem contra o mal, da ordem contra o caos, da paz contra a guerra... embora seu programa apareça sintetizado sob a forma de um oximoro, ou uma colisão ilógica que consiste em propor que as classes proprietárias empunhem suas armas em uma "guerra social" pela "paz social". Ressalte-se, outrossim, que as imagens religiosas não seriam poupadas nesse ambiente intelectual profundamente laico e materialista. Paradoxo que não escapa a Guizot, ao afirmar, com uma ponta de ironia:

> Fala-se muito em cristianismo e no Evangelho, pronuncia-se frequentemente o nome de Jesus Cristo. A Deus não agrada que eu demore meu pensamento por tanto tempo nessas profanações, mistura abjeta de cinismo e hipocrisia[43].

Certamente, a crítica se endereça aos democratas e socialistas, os *démosoc* de Paris, os quais, como bem aponta Agulhon, não se constrangiam em afirmar sua "religiosidade" e a evocar, "sem hesitação", as figuras de Deus,

---

42. "Jesus, como Rabi judeu, combatia o império e seu discurso de riquezas. Para tanto, em suas parábolas, explicava de um modo que as pessoas pudessem entender. Mammon era um termo hebraico que significava avareza e também a deidade mesopotâmica das riquezas, combatida pela lógica judaica como falsos deuses. Goethe também apresenta Mammon com ambos significados, enquanto crítica. Benjamin, ao analisar *Fausto*, utiliza o termo Mammon para se referir aos males do capitalismo" (Octavio Barduzzi da Costa, "Não Podeis Servir a Deus e a Mammon. Considerações sobre Filosofia do Capitalismo em Walter Benjamin e suas Críticas sobre a Sociedade Burguesa", *Cadernos Walter Benjamin*, n. 17, Anpof, jan. 2017, p. 63).

43. "On parle beaucoup de christianisme et de l'Évangile, on prononce souvent le nom de Jésus--Christ. À Dieu ne plaise que j'arrête longtemps ma pensée sur ces profanations, mélange hideux de cynisme et d'hypocrisie!" (François Guizot, *De la Démocratie en France*, p. 130).

ou de Jesus Cristo[44]. Mas não faz Guizot uso de semelhantes imagens em seu texto? Não foi exatamente ele quem se referiu à campanha democrática como uma forma de idolatria? Ora, não poderia haver pecado mais grave na consciência de um protestante como Guizot do que o da adoração às imagens. Idolatrar a democracia significa, portanto, profanação das mais graves para a qual suas palavras se apresentavam como um remédio.

As últimas intervenções são apresentadas sob a forma de alíneas, com a indicação do início e do final do parágrafo onde se deve inserir a intervenção. É o que vemos nas citações seguintes:

(no antigo Capítulo 8, agora 6, após o parágrafo que termina com as palavras: "que é ela mesma a condição indispensável da harmonia e da paz social", deve-se colocar *alínea* o parágrafo seguinte):

E não é apenas no topo do Estado e no governo central, é sobre toda a face do país, tanto na condução de suas questões locais, quanto de suas questões gerais, que estes princípios devem presidir à organização do poder. Fala-se muito em centralização, em unidade administrativa. Ela rendeu imensos serviços à França. Nós guardaremos muito de suas formas, de suas regras, de suas máximas, de suas obras; *mas o tempo da soberania passou.* Hoje ela não basta às necessidades dominantes, aos perigos prementes da nossa sociedade. E não se trata apenas do centro, mas, hoje, a luta se encontra por todos os lados. Atacadas por todas as partes, é preciso que a propriedade, a família, todas as bases da sociedade sejam por todos os lados defendidas.

E é preciso muito pouco para as defender, *apenas de funcionários e de ordens vindas do centro, ainda que sustentadas por soldados. É necessário que por todos os lados os proprietários, os chefes de família, os guardiães naturais da sociedade* estejam dispostos no dever e nas medidas de sustentação de sua

---

44. Segundo Agulhon, a burguesia protestante parecia "naturalmente voltada para o *orleanismo liberal* ou para a república moderada". Tendência que se observa ainda nos dias atuais. Trata-se de um fator importante na cisão entre liberais conservadores e socialistas no meio burguês, embora a questão religiosa, ainda viva, manifeste-se de forma bem mais sutil. Porém, basta uma visita à prestigiosa Société d'Histoire du Protestantisme Français, situada no 7ème *arrondissement*, ou seja, em um *quartier* tradicionalmente burguês de Paris, para que os contrastes se pronunciem. Pelo menos, foi este o aprendizado que tiramos em nossa incursão pelo pequeno mundo dos herdeiros de Guizot (Maurice Agulhon, *1848. O Aprendizado da República*, pp. 122-123). Sobre os discursos religiosos e suas matrizes na Revolução de 1848, ver Franck Paul Bowman, *Le Christ des Barricades*, Paris, Éditions du Cerf, 2016 [1987].

causa, fazendo seus deveres, que eles tomem sua parte, uma parte efetiva de ação e de responsabilidade, no manejo de seus interesses locais como de seus interesses gerais, na sua administração como no seu governo. Por todas as partes o poder central deve hastear a bandeira da paz social; em nenhum momento ele deve sustentar sozinho esse fardo.

Eu falo sempre baseado na hipótese de que é a uma sociedade livre que eu me dirijo e de que se trata de um governo livre; é sob os governos livres que a paz social exige todas estas condições; *evidentemente, elas não se aplicam ao regime do poder absoluto.*

(A sequência conforme o manuscrito)[45].

Notemos que na passagem "o tempo da soberania passou" há um jogo de palavras interessante: o tempo da soberania é o tempo das monarquias absolutas. Esse tempo já passou. Mas o autor não qualifica a palavra soberania, antes, ele recorre ao bom senso de seu leitor. No entanto, por não vir qualificada, o leitor pode ser igualmente conduzido a pensar, movido pelo bom senso – e pelos fatos – que é igualmente passado o tempo da soberania popular. Essa ideia se reforça mais adiante, quando Guizot evoca a hipótese de que ele se dirige a uma sociedade livre, pois, "evidentemente",

---

45. "I. (dans le Chapitre autrefois 8, maintenant 6, après le paragraphe qui se termine par les mots: 'qui est elle-même l'indispensable condition de leur harmonie et de la paix sociale' il faut placer *alinéa* le paragraphe suivant:
"Et ce n'est pas seulement au sommet de l'État et dans le gouvernement central, c'est sur toute la face du pays, dans la conduite de ses affaires locales comme de ses affaires générales, que ces principes doivent présider à l'organisation du pouvoir. On parle beaucoup de la centralisation, de l'unité administrative. Elle a rendu d'immenses services à la France. Nous garderons beaucoup de ses formes, de ses règles, de ses maximes, de ses œuvres; *mais le temps de sa souveraineté est passé.* Elle ne suffit plus aujourd'hui aux besoins dominants, aux périls pressants de notre société. Ce n'est pas au centre seul, c'est partout qu'est aujourd'hui la lutte. Partout attaquées, il faut que la propriété, la famille, toutes les bases de la société soient partout fortement défendues.
"Et c'est trop peu pour les défendre *que des fonctionnaires et des ordres venus du centre, même soutenus par des soldats. Il faut que partout les propriétaires, les chefs de famille, les gardiens naturels de la société* soient mis en devoir et en mesure de soutenir sa cause en faisant ses affaires, qu'ils aient leur part, une part effective d'action et de responsabilité, dans le maniement de ses intérêts locaux comme dans son gouvernement. Partout le pouvoir central doit tenir le drapeau de l'ordre social; nulle part il ne peut à lui seul en porter tout le fardeau.
"Je parle toujours dans l'hypothèse que c'est à une société libre que je m'adresse et d'un gouvernement libre qu'il s'agit; c'est sous les gouvernements libres que la paix sociale exige toutes ces conditions; *évidemment elles ne s'appliquent point au régime du pouvoir absolu.*
"(La suite comme dans le manuscrit)" (grifos meus, ff. 9-10).

suas premissas "não se aplicam ao regime do poder absoluto". Se considerarmos que não é o absolutismo de Estado, tampouco sua emulação – pois estamos distantes do fatídico 2 de dezembro – que estão em xeque nesse momento, mas "o império da palavra democracia", a insensatez do sufrágio, ou, em termos tocquevillianos, o poder da maioria contra uma minoria de homens bem-nascidos e aptos para governar, as palavras "soberania" e "poder absoluto" adquirem novos contornos, muito mais apropriados às circunstâncias políticas de seu escrito.

Para tornar palpável a crítica de Guizot (e de seus correligionários) ao sufrágio universal masculino, é possível que a sua tradução em números esclareça o problema que se coloca e o quadro de incertezas que o novo sistema gerou. O pleito de 10 de dezembro de 1848 representou um salto de 250 mil para sete milhões de eleitores[46]. O sistema eleitoral francês sofreu poucas modificações durante a Monarquia de Julho. A lei de 19 de abril de 1831 foi votada após dois meses de debates parlamentares calorosos e, embora tenha prevalecido o princípio da propriedade, houve uma redução de 300 para 200 francos de contribuições diretas para o direito ao voto, enquanto que o direito de elegibilidade baixou de 1000 para 500 francos. Ou seja, para cada 170 franceses, apenas um participava da vida política. Essa situação esteve longe de garantir uma composição parlamentar majoritária para Luís Filipe, da mesma forma que, tanto quanto as lutas por uma imprensa livre e pela liberdade de manifestação – a lei de censura passara a vigorar desde 1835 – a bandeira do sufrágio universal foi sustentada pelos republicanos até sua vitória, em fevereiro de 1848. Além disso, o comportamento eleitoral tornara-se uma incógnita difícil de equacionar. Prova-o a eleição de 20 de dezembro, como bem demonstrariam os analistas do futuro, desafiados como foram a desenhar e compreender o mapa eleitoral da turbulenta Segunda República francesa[47].

46. Às vésperas do golpe, teria dito o presidente Luís Napoleão Bonaparte a Tocqueville: "Acreditais que, depois de ter sido eleito por seis milhões de votos, quereria um sistema eleitoral que me daria somente quatro milhões?" Ele comenta sua contrariedade à reforma eleitoral de 31 de maio de 1850, que subordinava o direito ao voto à residência fixa comprovada. Isso impedia, pelo menos, três milhões de operários a votar, dado o seu caráter itinerante (Alexis de Tocqueville, *Lembranças de 1848*, pp. 278-279).
47. Ver A. J. Tudescq, *L'Élection Présidentielle de Louis Napoléon Bonaparte, 10 Décembre 1848*, Paris, Armand Colin, 1965.

É nesse ponto que se evidencia o conteúdo programático de Guizot. A luta contra a idolatria democrática que assola o país, conduzindo-o ao caos, deve ser liderada pelas classes proprietárias, "os guardiões naturais da sociedade", detentores dos valores tradicionais, a saber, a família, a religião e a propriedade. Notemos que nesse parágrafo Guizot não hesita em conclamar as classes proprietárias para uma reação armada, uma guerra em nome da paz social. Inspirado na figura de Washington[48], escreve:

> Quando era necessário escolher oficiais para o corpo de tropas que se formavam nos diversos Estados, Washington dirigia para todos a seguinte recomendação: "Escolham os *gentlemen*; são os mais confiáveis e os mais capazes"[49].

Tal perspectiva será reforçada no capítulo seguinte, em trecho igualmente reformulado pelo autor, ora transcrito:

> (No capítulo 9, agora, 7, após o parágrafo que se termina com estas palavras: mais segurança do que embaraços, deve-se colocar *alínea* o início do parágrafo seguinte):
> Um dia, quando estivermos perto da necessidade de agir, luz indispensável a quem quiser fazer mais do que colocar os princípios da ação, haverá que buscar por quais meios práticos o espírito de família, o espírito político e o espírito religioso podem ser convenientemente defendidos e desenvolvidos no nosso país. Hoje, eu não contribuo senão com uma só palavra. Não se negocia com as grandes potências morais como [sequência do original manuscrito] com auxiliares remunerados e suspeitos.
> (A sequência conforme o manuscrito) [f. 11][50].

---

48. Em 1839 Guizot se dedicara, com afinco, à edição de discursos e textos reunidos do estadista americano, a ser publicada por Charles Gosselin – editor da primeira parte de *De la Démocratie en Amérique*, de Tocqueville (1835). Para esta publicação, ele preparou uma "Introduction sur l'Influence et le Caractère de Washington dans la Révolution des États-Unis d'Amérique". A obra virá a luz em seis volumes, em 1840. Em 1842, o mesmo editor publicará o texto de Guizot em um pequeno volume à parte (ver François Guizot, *Washington*, Présentation et notes de Laurent Theis, Paris, Perrin, 2017).

49. "Quand il y avait des officiers à choisir pour les corps de troupes qui se formaient dans les divers États, Washington adressait partout cette recommandation: 'Prenez des *gentlemen*; ce sont les plus sûrs, comme les plus capables'" (François Guizot, *De la Démocratie en France*, p. 38).

50. "(Dans le chapitre autrefois 9, maintenant 7, après le paragraphe qui se termine par ces mots : plus de secours que d'embarras, il faut placer *alinéa* ce commencement du paragraphe suivant):

O discurso sobre a origem do mal, embora revestido de uma retórica persuasiva e recheada por largas considerações históricas, vai pouco a pouco se desvelando em um ataque direto contra a revolução e "os inimigos" da França, a saber: os anarquistas, os socialistas, os comunistas e o proletariado[51], "auxiliares remunerados e suspeitos".

Em vários aspectos, o arrazoado de Guizot se aproxima daquele formulado por Tocqueville mais de uma década antes, após sua experiência americana, de modo que o leitor não demora a compreender a razão de ser do título tocquevilliano que ele imprime em sua brochura. Ao denunciar a "idolatria democrática", Guizot faz coro com o credo liberal, em cuja cartilha a representação popular, sob a forma do sufrágio universal e a expansão dos meios de formação da opinião pública, constitui o principal elemento de desestabilização da política, da sociedade e da economia de uma nação. Noutros termos, da ordem burguesa.

> O povo – escreve, em evidente inspiração tocquevilliana – tem sozinho o direito ao império; e nenhum rival, antigo ou recente, nobre ou burguês, pode ser admitido a compartilhar com ele do poder[52].

Em *Démocratie* sobreviveu o espírito do "Enrichissez-vous" de um Ministro poderoso. Porém, ao apontar a origem do mal e os inimigos da ordem (leia-se, burguesa), nosso autor busca denunciar o espectro que ronda pela Europa e que não demorou a fazer ecoar, numa Paris inflamada pela revolução, o eloquente "À bas Guizot!"

"Un jour, quand nous serons près de la nécessité d'agir, lumière indispensable à qui veut faire plus que poser les principes d'action, il y aura à rechercher, par quels moyens pratiques, l'esprit de famille, l'esprit politique et l'esprit religieux peuvent être convenablement affermis et développer dans notre pays. Aujourd'hui, je n'ajoute qu'un mot. On ne traite pas avec les grandes puissances morales comme [suite du manuscrit] avec des auxiliaires soldés et suspects.
"(La suite comme dans le manuscrit)" [f. 11].

51. É interessante observar que Guizot desfere apenas a Proudhon uma crítica aberta e nominal. Embora ele ainda faça algumas reservas quanto à lucidez do socialista francês em meio às campanhas republicanas e sufragistas. No que toca a crítica à propriedade, como dirá um jornalista à época do lançamento da brochura, *Démocratie* guarda uma relação direta com o livro de Thiers, *De la Propriété* (Paris, Paulin; Lheureux & Cie. Éditeurs, 1848). Retomaremos essa questão.

52. "Le peuple, dit-on, a seul droit à l'empire; et nul rival, ancien ou récent, noble ou bourgeois, ne peut être admis à le partager avec lui" (François Guizot, *De la Democratie en France*, p. 107).

Temos acompanhado a maneira como Guizot faz da *Démocratie* – grafada, de forma recorrente, com a inicial maiúscula e sublinhada no manuscrito – o nó górdio de todo o problema gerado pela Revolução de 1789. Evidentemente, as reivindicações de 1848 figuram em sua memória como um espectro daquele fantasma da infância.

Porém, nesse texto de inspiração tocquevilliana, é na política francesa, em que o autor passou de protagonista a espectador, que ele faz seu mergulho mais radical. Não se trata, pois, de um arrazoado histórico sobre os destinos do governo e da democracia no curso do século. Ao reafirmar sua posição como doutrinário, Guizot toma posse de conceitos e de categorias analíticas que estão na ordem do dia, tais como classe, sociedade civil, Estado, representação, poder..., com vistas na construção de uma plataforma política para seu partido. *De la Démocratie en France*, como dirá mais tarde um jornalista, aponta para o seu retorno e o de seus correligionários à cena política.

O texto é escrito em primeira pessoa. Em termos linguísticos, o enunciador "eu" explicita o sujeito do enunciado e, a partir dessa operação, ele se apropria do "aqui" (espaço) e do "agora" (tempo) da enunciação, estabelecendo, desse modo, um pacto direto com o enunciatário (leitor)[53]. O esquema emprestado da linguística torna o historiador mais sensível a algumas marcas textuais que não deixam dúvidas quanto aos procedimentos fortemente persuasivos de que Guizot faz uso em sua argumentação.

No exórdio, nosso autor estabelece, em tom dramático, o princípio que move sua escrita: o de ser fiel à verdade, por meio de um julgamento neutro e independente de suas condições pessoais. Tal perspectiva se apresenta sob o peso de uma autocensura: "Ouso crer que não se encontrará nada nesse escrito, absolutamente nada, que carregue a marca de minha situação pessoal"[54]. Ao mesmo tempo, ele elucida para o leitor o inimigo que pretende atacar: "a idolatria democrática" e, na esteira, as revoluções que têm, na França, "destruído seus governos, sua dignidade e sua alegria"[55].

53. Cf. José Luiz Fiorin, *Linguagem e Ideologia*, 5. ed., São Paulo, Ática, 1997.
54. François Guizot, *De la Démocratie en France*, p. 1.
55. *Idem*, p. 2.

A narrativa é eivada de ilustrações, hipérboles, antíteses... o que certamente amplia o efeito dramático e pedagógico do discurso. Uma ordem do manuscrito se impõe pela leitura do sumário e, na tentativa de fazer representar o novo arranjo, foram dispostos, lado a lado, na Tabela 1, a estrutura do manuscrito e a da prova tipográfica.

Ao final da leitura dos quatro primeiros capítulos do manuscrito, é possível afirmar que Guizot tinha a intenção de fazer uma brochura pequena e organizada a partir de tópicos temáticos curtos. Porém, no curso da escrita as partes tomaram formas diversas, o que nos leva a crer que, finalmente, o rearranjo inicial dos capítulos se tornou necessário para o equilíbrio entre as partes da argumentação na estrutura geral do livro[56].

De acordo com o percurso apresentado no original manuscrito: o primeiro capítulo ocupa as folhas 1, 2 e uma linha da folha 3; o segundo, a folha 4 e três linhas da folha 5; o terceiro capítulo se prolonga das folhas 6 a 9. Trata-se da passagem mais retocada de todo o livro, na qual o autor disserta sobre as origens "do império da palavra democracia".

Com base nesse novo arranjo, os quatro primeiros capítulos foram redesenhados a partir de dois blocos temáticos bem costurados: no primeiro, o autor expõe um arrazoado sobre a natureza da democracia e do que entende como a idolatria democrática; enquanto no segundo ele se debruça sobre o governo no regime democrático. De acordo com suas próprias orientações:

> Colocar na sequência desse cap°. o Capítulo que era o 4º e que se torna assim o segundo, sob o título: do governo na democracia, no lugar de: qual é a missão do governo na democracia [f. 6][57].

O quarto capítulo (agora, 2º) se estende das folhas 10 a 19. A partir desse ponto, o autor parece ter acertado a mão e encontrado seu ritmo: o

---

56. O equilíbrio nas partes equivale ao equilíbrio da narração, ou "justa medida", segundo a lição de Aristóteles: "O que fica bem aqui não é nem a rapidez, nem a concisão, mas a justa medida. Ora, a justa medida consiste em dizer tudo quanto ilustra o assunto, ou prove que o fato se deu, que constituiu um dano ou uma injustiça, numa palavra, que ele teve a importância que lhe atribuímos" (Adilson Citelli, *Linguagem e Persuasão*, São Paulo, Ática, 2004, p. 12).
57. "Placer à la suite de ce Chape. le Chapitre qui était le 4.e et qui devient ainsi le second, sous ce titre: du gouvernement dans la démocratie, au lieu de : quelle est la mission du gouvernement dans la démocratie".

Tabela 1. Mapeamento do manuscrito. Plano de Redação*

Manuscrito*			Prova tipográfica-Primeira edição		
Cap.	Títulos	Folhas	Cap.	Títulos	Páginas
	[Cartão com título dourado]			[Capa com título impresso]	
	Título autógrafo do autor			[Olho]	
				[Verso do olho]: – direito de impressão – lugar de impressão	
				Folha de rosto	
	[emenda]	[recto]		[Advertência do autor]	1-3
	[Ilegível]	[verso]		–	4-5
1	Plus de chaos	1-3	1	D'où vient le chaos/mal**	7-15
2	D'où vient le chaos	4-5			
3	À quoi le mot démocratie doit son empire	6-9			
4	Quelle est la mission du gouvernement dans la démocratie	10-19	2	Du gouvernement dans la démocratie	19-30
5	De la République démocratique	20-30 [+25 bis]	3	De la République démocratique	33-47
6	De la République sociale	30-40 [-35]	4	De la République sociale	51-67
7	Quels sont les éléments réels et essentiels de la société en France	45-70 [+66 bis]	5	Quels sont les éléments réels et essentiels de la société en France	71-101
8	Conditions politiques de la paix sociale en France	71-86	6	Conditions politiques de la paix sociale en France	105-125
9	Conditions morales de la paix sociale en France	87-103	7	Conditions morales de la paix sociale en France	129-149
10	Conclusion	104-107	8	Conclusion	153-157
	Table des matières	108		Table des matières	159
	[emenda]: Capítulo 1	1-6			

[emenda]: 1º, 2º	[recto (a)]	
continua	[verso (a)]	
[emenda]: alínea cap. 6	[recto (b)]	
continua	[verso (b)]	
[emenda]: alínea cap. 7	[recto (c)]	
		Fechamento do volume cartonado

* Transcrevemos em itálico o texto manuscrito e em caracteres redondos a versão impressa na prova tipográfica.
Fonte: AN, MS. 42AP389

capítulo 5 (3) ocupa 12 folhas; o 6º (4º), 11; o 7º (5º)[58], que é o mais extenso, perfaz 27 folhas. É nesse momento que o narrador adota uma postura reativa, ao propor, logo no início do parágrafo:

> O primeiro passo para sair desse caos onde nós nos perdemos, é reconhecer e aceitar francamente os elementos, todos os elementos reais e essenciais da sociedade, tal qual ela é feita hoje na França.
> [...]
> A família; a propriedade, em todos os seus gêneros, terra, capital, ou salário; o trabalho sob todas as suas formas, individual ou coletivo, intelectual ou manual; as situações que os homens criam e as relações que entre eles se estabelecem, a família, a propriedade e o trabalho: esta é a sociedade civil[59].

Daí em diante, o autor resgata os valores dos elementos essenciais da sociedade francesa, destacando a hierarquia presente no interior de cada um deles. Ora, não é preciso um esforço de leitura muito intenso para se concluir que a prática democrática, exercida sob o sufrágio universal, nivela a sociedade por baixo, ao igualar seus diferentes elementos e ao romper com

58. As indicações entre parênteses se referem à ordem dos capítulos após a revisão.
59. "Le premier pas à faire pour sortir de ce chaos où nous nous perdons, c'est de reconnaître et d'accepter franchement les éléments, tous les éléments réels et essentiels de la société, telle qu'elle ele est faite aujourd'hui en France. [...]
"La famille; la propriété, dans tous ses genres, terre, capital ou salaire; le travail sous toutes ses formes, individuel ou collectif, intellectuel ou manuel; les situations que font aux hommes et les rapports qu'amènent entre eux la famille, la propriété et le travail: c'est là la société civile" (François Guizot, *De la Démocratie en France*, pp. 71-72).

Chap.e 4.
Quelle est la mission
du gouvernement
dans la démocratie.

Il y a des hommes que cette lutte n'inquiète point. Ils ont pleine confiance dans la nature humaine. Selon eux, laissée à elle-même, elle va au bien. Tous les maux de la société viennent des gouvernemens qui corrompent l'homme en le violentant ou en le trompant. La liberté, la liberté en toutes choses, et pour tous. Presque toujours elle suffira à éclairer ou à contenir les volontés, à prévenir le mal ou à le guérir. À côté de la liberté, un peu de gouvernement, le moins possible, pour réprimer le désordre extrême et matériel.

D'autres ont, pour se rassurer contre le triomphe du mal dans l'homme et dans la société, un moyen plus décisif. Il n'y a, disent-ils, point de mal naturel et nécessaire, car nul penchant humain n'est mauvais en soi; il ne devient tel que parcequ'il n'atteint pas le but auquel il aspire. C'est un courant qui déborde, ne pouvant couler. Que la société soit organisée de telle sorte que tous les instincts de l'homme y trouvent chacun sa place et sa

4. Início do quarto capítulo, após a fusão dos três primeiros.

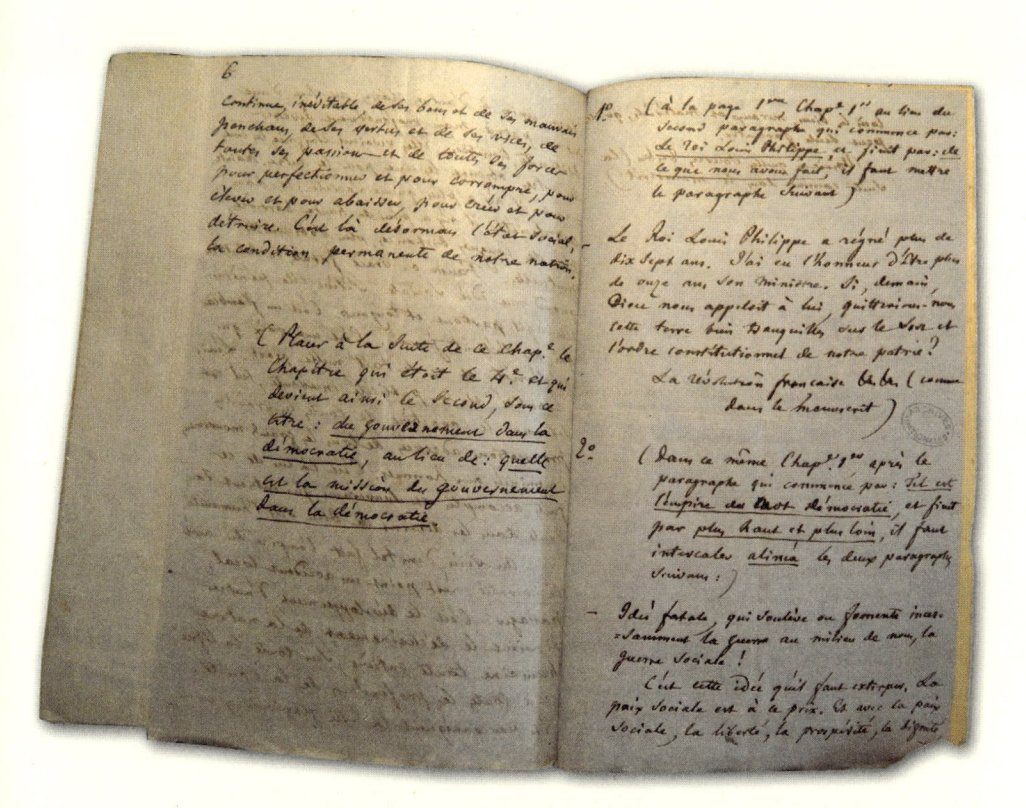

5. Emendas apresentadas em papel de rascunho, após o corpo principal do texto,
contendo a versão completa. Notemos que o autor transcreve boa parte
das passagens e suas respectivas alterações.

as hierarquias. Porém, não é possível superar as contradições inerentes a
cada um desses elementos, o que explica o estado de guerra social em que
se encontra a França.

As seções seguintes conformam o que na estrutura argumentativa corresponde à peroração. Nos três últimos capítulos, o autor evoca as condições morais e políticas para a paz social. Como temos observado, tanto
do ponto de vista social, moral ou político, o inimigo comum da sociedade
francesa não era definitivamente a democracia. Tanto quanto os regimes
políticos que sobrevieram ao absolutismo e à ascensão do Terceiro Estado,
também a democracia era uma herança irrevogável. Seguindo o raciocínio
de Guizot:

Nós tentamos um pouco de todas as coisas, da república, do império, da monarquia constitucional. Recomeçamos agora nossas tentativas. A que atribuir essa má sorte? Hoje, sob nossos olhos, nos três maiores Estados do mundo, esses três mesmos governos, a monarquia constitucional na Inglaterra, o império na Rússia e a república na América do Norte, duram e prosperam. Teríamos nós o privilégio de todas as impossibilidades?[60]

Novamente, não é difícil adivinhar o conteúdo de sua reposta. Sim, o governo estável é impossível, qualquer que seja seu sistema, tanto quanto o gozo da liberdade. No reino das impossibilidades, encontra-se o "culto idólatra da democracia"[61]. Ou seja, a herança democrática de 1789.

E por que essa herança democrática destrói as bases morais e políticas da sociedade francesa, a saber, a família, a religião e a propriedade? Para responder a essa questão, é preciso ler nas entrelinhas.

A democracia é sinônimo de igualdade. A igualdade permitida e aceita é aquela que nivela os homens perante a unidade das leis e a igualdade dos direitos. Segundo Guizot, esse é o espírito da Revolução que se deve preservar. O resto, é anarquia. Outrossim, a igualdade se funda nos valores morais da família e da religião, o que torna todos os homens iguais perante a Deus. E a igualdade se vale do direito e o respeito à propriedade, na medida em que esse direito habilita a expressão das qualidades individuais, intrínseca a cada homem.

A democracia é também liberdade. E a liberdade, para nosso autor, é a expressão da paz social. A luta pela liberdade dos Estados Unidos moldou as bases de sua república democrática. Mas o que é bom para a sociedade americana, não se aplica à sociedade francesa. Tal distinção, inevitável a seus contemporâneos, só pode ser compreendida à luz da História. Vejamos. A república democrática se funda no consenso entre as classes, e esse foi garantido nos Estados Unidos porque a luta – ele jamais nomeia

---

60. "Nous avons essayé de toutes choses, de la république, de l'empire, de la monarchie constitutionnelle. Nous recommençons nos essais. À quoi nous en prendre de leur mauvais sort? De nos jours, sous nos yeux, dans trois des plus grands États du monde, ces trois mêmes gouvernements, la monarchie constitutionnelle en Angleterre, l'empire en Russie, la république de l'Amérique du Nord, durent et prospèrent. Aurions-nous le privilège de toutes les impossibilités?" (François Guizot, *De la Démocratie en France*, p. 154).

61. Insistamos sobre este aspecto: a crítica desse doutrinário de formação protestante recai sempre sobre a "idolatria democrática" ou "culto à idolatria democrática" (*idem*, *ibidem*).

a experiência americana de revolução – que ali se travou se deu em nome de um objetivo comum, a saber, a independência. Em contrapartida, há séculos a França havia decantado suas classes tradicionais, de tal sorte que a Revolução de 1789 só fez aprofundar as feridas e as dissensões entre "nobreza e Terceiro Estado, aristocracia e democracia, burguesia e operários, proprietários e proletários"[62].

Desse modo, as reivindicações (parcialmente) vitoriosas da Revolução de 1848 se apresentam como a expressão mais brutal de uma guerra social que tem suas raízes mais profundas nas contradições reveladas durante a crise de 1789. Tal qual a igualdade, a liberdade só pode ser conquistada na França após o restabelecimento da ordem, ou seja, por meio de um governo forte e sábio, que promova o consenso entre as classes e o equilíbrio da sociedade civil. E isso só se conquista mediante o respeito às liberdades individuais e às hierarquias.

A democracia é fraternidade. E a fraternidade está nas virtudes que "abundam nas famílias", tanto quanto "os bons sentimentos em seus corações". A fraternidade é a expressão de uma sociedade igualitária e livre, onde todos os homens são iguais perante as leis e podem usufruir livremente de seus direitos individuais. Contra as loucuras mais insanas, Guizot dirige suas palavras derradeiras:

> Que todas as forças sãs da França se unam, então, para combatê-las. E isso não é muito, isso é o quanto basta, para que não seja tarde demais. Unidos no trabalho, elas se dobrarão mais de uma vez sob seu fardo, e a França terá ainda necessidade que Deus a proteja para se salvar[63].

Finalmente, contra quem é preciso lutar? Vimos que François Guizot reconhece a vitória do Terceiro Estado e da burguesia como uma herança irrevogável da Revolução. Mas ele teme o povo. O inimigo comum, contra o qual ele exorta as classes proprietárias e os setores liberais, é o socialismo. Na França, a república, o sufrágio, a supremacia do operariado, o senti-

---

62. "noblesse et tiers état, aristocratie et démocratie, bourgeois et ouvriers, propriétaires et prolétaires" (François Guizot, *De la Démocratie en France*, p. 35).
63. "Que toutes les forces saines de la France s'unissent donc pour le combattre. Ce n'est pas trop, et il ne faut pas que ce soit trop tard. Unies dans l'œuvre, elles plieront plus d'une fois sous le fardeau, et la France aura encore besoin que Dieu la protège por se sauver" (*idem*, p. 157).

mento antirreligioso, o afrouxamento dos valores familiares, num só termo, a guerra social, é fruto do socialismo[64]. Nele está a raiz de todo o mal. Nele está o assalto à propriedade, conquista sagrada do homem.

Para levar adiante sua luta, Guizot não poupará energias. A construção do livro na arena editorial e política francesa (mas, também, internacional) é a prova mais eloquente de todo o seu esforço para atingir nos flancos os seus leitores.

---

64. Embora a figura mais proeminente do socialismo francês seja Proudhon, como vimos anteriormente, lembremos que, meses antes da Revolução de Fevereiro, o Ministro Guizot mandara
perseguir e expulsar de Paris vários socialistas estrangeiros, dentre eles Karl Marx e sua família.

CAPÍTULO 2

A Construção do Livro

———◆—●—◆———

La fabrication du livre, en l'ensemble qui s'épanouira, commence, dès une frase. [...] À mon tour, je méconnais un volume, si je ne puis, sciemment, imaginer tel motif en vue d'un endroit spécial, page et la hauteur, à l'orientation de jour la sienne ou quant à l'œuvre.

STHÉFANE MALLARMÉ (1842-1898)*

* "A fabricação do livro, no conjunto que se desvanecerá, começa a partir de uma frase. [...] Da minha parte, se não posso, conscientemente, imaginar tal motivo em vista de um lugar especial, a página e a altura, até a orientação de seu dia ou quanto à obra" (Sthéfane Mallarmé, *Quant au Livre*, préface de Lucette Finas, Tours, Farrago-Léo Scheer, 2003, p. 57).

Vimos, no capítulo anterior, que a escrita é fruto de um exercício intelectual intenso, em que se materializam a tessitura do original manuscrito e os gestos cotidianos de observar, analisar e expor as ideias. Ocorre que a mão do autor trabalha sob pressões diversas, as quais se traduzem em protocolos de escrita mais ou menos conhecidos ou, pelo menos, discerníveis. Compõem esse universo de escolhas e de coerções infinitas: a seleção de palavras ou de imagens; a busca do estilo compatível com o gênero narrativo sobre o qual se opera; a adequação da estrutura textual à extensão da obra que se intenta realizar; além de operações não menos complexas que demarcam todo o processo de revisão e finalização do texto. Não se pode tampouco ignorar as múltiplas coerções inerentes ao campo literário e político, para retomar um conceito caro a Pierre Bourdieu, com suas hierarquias e expectativas, que fazem do texto, desde a forma manuscrita, como veremos mais adiante, objeto de debates e ponderações[1].

Todavia, é preciso questionar em que medida esses procedimentos garantem ao autor uma função ativa na construção do livro.

O debate é espinhoso. Notemos, de modo sintético, que a questão adquire contornos novos nas décadas de 1960-70, quando há um deslocamento radical da figura do Autor para a do Leitor. É bem verdade que esses questionamentos surgiram, na França, como uma reação à história e à crítica literária de perspectiva lansoniana, ou seja, tal como era praticada

---

1. Cf. Pierre Bourdieu, "Champ Intellectuel et Projet Créateur", *Les Temps Modernes*, n. 246, pp. 865-906, nov. 1966; "Pierre Bourdieu. Séminaires sur le Concept de Champ, 1972-1975", Introduction de Patrick Champagne, *Actes de la Recherche en Sciences Sociales,* vol. 200, n. 5, pp. 4-37, 2013.

pelo eminente professor da Sorbonne, Gustave Lanson (1857-1934), para quem a compreensão de um texto, ou de uma obra, passava pelo entendimento da vida e das intenções do autor. Do ponto de vista anglo-saxão, o questionamento do Autor teria surgido praticamente no mesmo período, tanto pelo *new criticism*, quanto pela *analitycal bibliography*. Em ambos os casos, atribuía-se o sentido do texto ao leitor, que o realizava por meio de procedimentos técnicos de decodificação dos signos, ou da organização dos mesmos em sua forma material[2].

Um balanço dessas vertentes analíticas viria a lume em 1990, quando Roger Chartier retoma a questão autoral a partir de uma conferência proferida por Michel Foucault, sob o título "Qu'est-ce qu'un Auteur?"[3] A escolha não poderia ser menos eloquente do ponto de vista do *parti pris* defendido por Chartier. Distante dos radicalismos que movimentaram o Quartier Latin no simbólico 1968 e de suas reverberações por todas as partes, esse balanço se apresenta bem como expressão de um *juste milieu* conceitual e teórico. Embora estivesse fora de dúvida a importância do deslocamento da produção do sentido do Autor para o Leitor, naquele confronto agora ultrapassado com a escola lansoniana, não haveria mais razão para se deslocar totalmente a "função autor" do livro. A riqueza do diálogo, ou ajuste de contas, consiste justamente na reflexão que se abre sobre o peso das condicionantes históricas na construção do autor e nos mecanismos que ativam suas atividades e funções, sejam eles de natureza jurídica, repressiva ou material[4].

---

2. Roger Chartier, "Figuras do Autor", *A Ordem dos Livros*, Brasília, Editora da UNB, 1992, p. 33.
3. Michel Foucault, "'Qu'est-ce qu'un Auteur?' (Société Française de Philosophie, 22 février 1969; Débat avec M. de Gandillac, L. Goldmann, J. Lacan, J. d'Ormesson, J. Ullmo, J. Wahl)", *Bulletin de la Société Française de Philosophie*, 63ᵉ année, n. 3, pp. 73-104, juillet-septembre 1969.
4. Notemos que em lugar de uma discussão sobre a natureza do autor de carne e osso, Chartier, à luz de Foucault, desloca o debate para a função do autor na ordem dos livros. Nas suas palavras: "[...] não se pode reduzir a formulações por demais simples ou unívocas a construção de uma função-autor, entendida como critério maior de atribuição dos textos. Ela não pode ser relacionada nem a uma única determinação, nem a um único momento histórico. A abordagem progressiva proposta neste texto, que submete a exame três exemplos de dispositivos – jurídicos, repressivos e materiais – fundamentais para a invenção do autor, só busca delimitar um espaço possível para futuras pesquisas. Inscrita nos próprios livros, ordenando as tentativas que visam ordenar o inventário de obras, comandando o regime de publicação dos textos, a função-autor está, apesar de tudo, no centro de todos os questionamentos que ligam o estudo da produção de textos ao de suas formas e seus leitores" (Roger Chartier, "Figuras do Autor", p. 58).

A relação que se estabelece entre autoria e materialidade se torna central no presente estudo. Afinal de contas, deve-se ponderar que o suporte sobre o qual decanta a escrita constitui, também ele, um elemento textual. Tudo isso porque, como ensina D. F. McKenzie, é preciso olhar "o livro como uma forma expressiva"[5]. Veremos mais adiante que aspectos de natureza bibliográfica ou material, como o formato, o papel utilizado para a impressão, a tipografia e o preço de capa funcionam como índices de análise que nos conduzem, no limite, aos horizontes de expectativas do autor, embora, em muitos acasos, autor e editor trabalhem em uma mesma chave. Tal perspectiva contraria formulações radicais que se valem da mesma premissa, segundo a qual a construção do livro resulta de mediações várias. É o que vemos, por exemplo, na expressão bombástica de Stoddard: "Seja o que quer que façam, os autores não escrevem livros. Os livros não são absolutamente escritos. Eles são fabricados por copistas e outros artífices, por operários e outros técnicos, por prensas e outras máquinas"[6].

Uma simples visada do original manuscrito e da prova tipográfica anotados por François Guizot elucida a função do autor na ordem do livro. Temos observado o quanto a construção do livro depende das intervenções e das intenções do autor durante todo o processo de construção dos sentidos. O que, efetivamente, não torna menos imprevisível a sua recepção por parte dos leitores.

Cumpre igualmente perguntar se existe uma correspondência direta entre a construção do manuscrito e a da página composta e impressa. Mais do que refletir sobre essa possível correspondência, deve-se observar em que medida os protocolos de edição ocupam a mente do escritor durante seu processo de criação. Como escreve Takayuki Kamada ao analisar as

---

5. D. F. McKenzie, *Bibliografia e Sociologia dos Textos,* trad. Fernanda Verissimo, São Paulo, Edusp, 2018 [1. ed. fr. 1999], pp. 21-48.
6. Robert E. Stoddard, "Morphology and the Book from an American Perspective", *Printing History,* n. 17, pp. 2-14, 1987. A análise não deve abrir mão de bases empíricas, por mais correta ou, no mínimo, sedutora que se apresente o enunciado de Stoddard. A literatura brasileira apresenta exemplos flagrantes que vão nos dois sentidos: a fortuna crítica de Mário de Andrade aponta para um equilíbrio na relação tipógrafo (ou editor/autor); no extremo oposto, estudiosos parecem inânimes ao apontar o escritor Monteiro Lobato como um editor e tradutor impiedoso sobre os textos de seus pares (cf. Telê Porto Ancona Lopes, "Nos Caminhos do Texto", em Mário de Andrade, *Macunaíma,* edição crítica Telê Porto Ancona Lopez, 2. ed., Allca xx/Edusp, 1996; Lilian Escorel, *Edição Lobatiana de* Memórias de um Sargento de Milícias: *Um Caso de Coautoria na História do Livro e da Literatura no Brasil,* São Paulo, Com-Arte, 2021).

provas tipográficas de Balzac, "poder-se-ia mesmo afirmar que a leitura do manuscrito e seu confronto com a página impressa evidenciam uma 'estética tipográfica' [ou seja] a coordenação de efeitos próprios à página impressa"[7].

Em *A Mão do Autor e a Mente do Editor*, fórmula aparentemente contraditória evocada por Roger Chartier, são muitos os casos que revelam a simbiose e a tensão permanentes entre escrita e edição. Segundo o autor: "Este quiasma talvez inesperado pretende demonstrar que, embora toda decisão tomada na gráfica, até mesmo a mais mecânica, implique o uso de razão e compreensão, a criação literária sempre confronta uma imaterialidade inicial no texto – a da página que aguarda ser escrita"[8].

Tal constatação se torna patente, por exemplo, quando se observam as mudanças que o aparecimento da tipografia promoveu sobre os manuscritos. De acordo com Henri-Jean Martin, "a normalização gerada pelo uso da imprensa e o cuidado de atingir preços competitivos impuseram a simplificação e a uniformização da *mise en texte*[9]. Ora, vimos o cuidado com que François Guizot constrói seu texto, estabelecendo através da escrita as diretrizes de uma *mise en texte* equilibrada.

O mesmo se aplica à organização espacial da página, ou *mise en page*, para continuarmos no campo conceitual de Martin. O manuscrito de Guizot apresenta uma caligrafia legível, inscrita sobre uma superfície bem arejada, com entrelinhamentos largos, margens amplas, como se estas mesmas diretrizes devessem corresponder à *mise en page* do livro impresso. Embora não seja esta uma regra, pois são conhecidos os manuscritos que

7. Takayuki Kamada, "Fonctionnement de la Technique des Épreuves chez Honoré de Balzac", *L'Écrivain et l'Imprimeur*, textes réunis par Alain Riffaud, Rennes, Presses Universitaires de Rennes, 2010, p. 285.

8. Roger Chartier, *A Mão do Autor e a Mente do Editor*, trad. George Schlesinger, São Paulo, Ed. Unesp, 2013, p. 12. Vale acrescentar que as primeiras referências sobre as mediações entre texto, livro e leitura partiram de *A Ordem dos Livros* (Brasília, UnB, 1999 [1. ed. 1992]). Naquele momento, o historiador bebia diretamente na fonte da sociologia textual, segundo os pressupostos desenvolvidos por D. F. McKenzie, os quais foram amplamente difundidos no mundo anglo-saxão e na Espanha, particularmente no que concerne aos estudos shakesperianos e cervantinos. Algumas dessas referências pautaram nossas análises e aparecem arroladas na Bibliografia.

9. *Mise en Page et Mise en Texte du Livre Manuscrit*, sous la direction de Henri-Jean Martin et Jean Vezin, Préface de Jacques Monfrin, Paris, Éditions Cercle de la Librairie-Promodis, 1990, p. 467. Interessante observar que essa barreira se tornou muito mais fluida nos dias atuais, quando os manuscritos deram lugar aos *softwares* de edição de texto e, por conseguinte, àqueles de edição de página (*mise en page*). Resta saber em que medida essas novas tecnologias definem as decisões e a consciência do escritor a partir do momento em que ele se depara com uma página em branco.

desafiam os limites de compreensão dos melhores editores, compositores e tipógrafos, não se deve de todo modo duvidar da capacidade de discernimento do autor no momento de estabelecer os seus critérios e as suas escolhas. Nas palavras de Chartier, no instante que o autor se defronta, pela primeira vez, com uma página em branco. Destarte, não hesitamos supor que, dadas as características do manuscrito e da prova tipográfica, mais especificamente, da *mise en page*, autor e editor vislumbraram um público mais seleto, afeito a edições mais elaboradas.

É preciso igualmente ponderar que a mão do autor opera sob regras e constrições mais ou menos evidentes, as mesmas que a mente do editor/ ou impressor não pode ignorar na montagem de um original. O simples gesto normativo de um *bon à tirer* (bom para impressão) assinado pelo autor sobre a prova tipográfica, diz muito dessa tensão/simbiose existente não apenas na relação autor/editor, mas em toda a cadeia produtiva do livro[10].

O presente capítulo se volta aos mecanismos de construção do livro, partindo do original manuscrito entregue ao editor até a sua publicação, momento em que nos deparamos com formas expressivas, ordenadas por meio de dispositivos editoriais, que demarcam a existência física e simbólica de uma publicação. O que se propõe é um desdobramento das questões levantadas anteriormente, quando nos debruçamos sobre a construção do manuscrito. Se, naquela primeira fase, tratava-se de desvelar nas marcas do autor suas escolhas discursivas e os caminhos argumentativos que o conduziram a uma determinada estrutura textual, interessa, agora, compreender o processo de edição e consagração do autor. A biografia do livro será aqui abordada desde o momento de assinatura do contrato até a impressão e lançamento da brochura. Não sem antes conhecermos as relações entre autor e editor, tal como elas se desenham nesse momento de profundas mutações no campo editorial francês.

---

10. Ou, ainda, fato não menos importante, a previsão do número de páginas do livro, feita através do cômputo de folhas impressas, o qual se baseia, por sua vez, no tamanho do manuscrito. Tais estimativas figuravam amiúde nos contratos, os quais, vale lembrar, antecediam a impressão do livro. No contrato assinado por Guizot e Victor Masson, reproduzido mais adiante, lê-se: "A obra [*De la Démocratie en France*] resultará em uma brochura in-8º de cento e trinta a cento e cinquenta páginas, aproximadamente", ver p. 98.

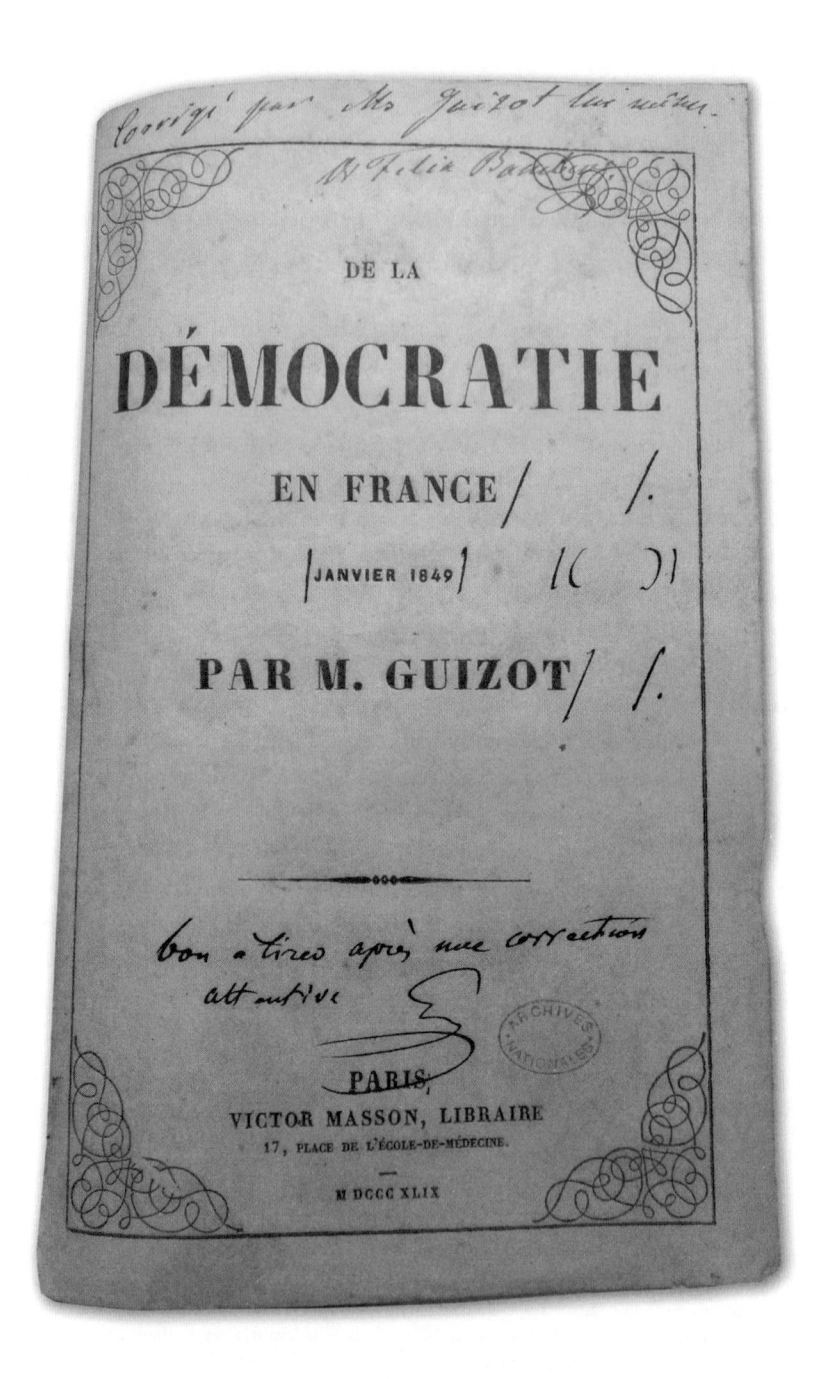

6. Prova tipográfica da página de rosto corrigida por François Guizot.

François Guizot nasceu em Nîmes, em 4 de outubro de 1787, no seio de uma família protestante e burguesa. Os avós eram pastores e o pai, jurista. A Revolução lhe tirou o pai, guilhotinado em 1794, sob a acusação de ter se lançado no movimento federalista, em meio às lutas entre *montagnards* e *girondins*[11], que tiveram na província um ingrediente religioso, sob a forma do conflito entre populares católicos e a burguesia protestante[12]. Sua mãe se transfere, então, para Genebra, onde Guizot completará seus estudos. "Genebra foi meu berço intelectual"[13], afirma. Em 1805 ele ganha Paris, ingressa na Faculdade de Direito e no meio intelectual da cidade.

Em Paris, frequenta os altos círculos de uma aristocracia acolhida sob os auspícios do Império, ou os "atores fatigados da Revolução", como dirá, muito mais tarde, Guizot[14]. Torna-se, então, um *habitué* do salão de Philippe-Albert Stapfer (1766-1840), embaixador em Paris, ex-Ministro da Instrução Pública da República Helvética, pastor e germanista especializado em Kant; e de Jean-Baptiste Suard (1732-1817), diretor do jornal *Le Publiciste*, do qual se torna um colaborador assíduo. É no salão de Suard que conhece sua primeira esposa, Pauline de Meulan (1773-1827), uma aristocrata que já contava com seus quarenta anos idade e que vivia (mal!) de sua pena. Casam-se em 1807, iniciando, dessa maneira, uma trajetória de vinte anos de cooperação política e intelectual. O primeiro trabalho – e, sem dúvida, de maior fôlego – empreendido pelo casal foi a tradução francesa do *chef d'oeuvre* de Gibbon, *A História da Decadência e da Queda do Império Romano*, publicado em treze volumes. As relações com a intelectualidade parisiense franqueiam sua nomeação, após o falecimento de

11. J. Tulard; J.-F. Fayard e A. Fierro, *Histoire et Dictionnaire de la Révolution Française*, p. 125.
12. "Assim começa a relação de Guizot com a Revolução" – escreve seu biógrafo –, "que foi uma das grandes questões de toda a sua vida" (Laurent Theis, *François Guizot*, Paris, Fayard, 2008, p. 15).
13. *Idem, ibidem.*
14. Como escreverá, em suas memórias: "[Napoleão] foi repreendido por se apressar em elevar à condição de grandes senhores os companheiros de sua fortuna revolucionária, e por atrair os grandes senhores da antiga França a fim de fundir essas duas nobrezas ao seu redor" (François Guizot, *Trois Générations...*, p. 65). Um retrato vigoroso dessa aliança curiosa entre os "atores fatigados da Revolução" e uma nova casta arregimentada por Napoleão será registrado por Honoré de Balzac, na novela *La Paix du Ménage*, publicada pela primeira vez em 1830.

Lacretelle (1766-1812), para a cadeira de História, na Sorbonne – Faculté des Lettres. Dois anos mais tarde, Guizot se tornará o titular da cátedra de História Moderna[15].

Royer-Collard (1763-1845) se torna seu padrinho político. Em maio de 1814, Guizot será nomeado secretário geral do Ministério do Interior, mas a nomeação dura apenas o curto intervalo entre a retirada de Napoleão (1769-1821) para a Ilha de Elba e o retorno triunfante dos Cem Dias. De 1816 a 1820, a carreira de Guizot não conhecerá barreiras como membro do Conselho de Estado de Talleyrand (1754-1838) e secretário-geral do Ministério da Justiça. É nesse momento que lança suas primeiras formulações sobre o governo representativo, buscando nas matrizes inglesas o modelo de monarquia constitucional que haveria de defender para a França[16]. Mas o assassinato do Duque de Berry (1778-1820) promove a guinada ultraconservadora da restauração monárquica e a consequente dissolução do ministério de Decazes (1780-1860). Aos trinta anos de idade, Guizot, o historiador da Sorbonne, cujas conferências conformaram um balanço importante do pensamento crítico triunfante do novo regime, já plenamente reconhecido por sua verve retórica e por seus princípios constitucionais, toma a liderança do movimento de oposição aos ultrarrealistas, juntamente com o círculo de "doutrinários"[17].

15. Até 1814, "ele publicou, de sua autoria, diversos livros e traduções, além de numerosos artigos; ele se corresponde, dada a admiração pelos *Martyrs*, com Chateaubriand; Madame de Staël não lhe poupou elogios; ele conhece Benjamin Constant, estreita o convívio com o político e filósofo Maine de Biran e, sobretudo, com Pierre-Paul Royer-Collard, nomeado ao mesmo tempo que ele professor de filosofia na faculdade, de quem se torna uma espécie discípulo, estreitando um vivo relacionamento" (Laurent Theis, *François Guizot*, p. 17).

16. Data de 1816 a publicação do libelo *Du Gouvernement Représentatif et de l'État Actuel de la France* (Paris, Maradan). Em suas memórias ele explicará que o significado de governo representativo era, na verdade, governo parlamentar. E que o mesmo apenas se tornaria uma possibilidade por meio da união nacional, ou seja, "quando o poder encarregado de dirigir as questões gerais da sociedade pudesse se imbuir dessa tarefa em toda a sua extensão, sem se deixar bloquear ou temer em sua ação diante de obstáculos que comprometem a sua existência". Parecia claro, já naquele momento, que o maior obstáculo era a guerra social (François Guizot, *Trois Générations (1789-1814-1848)*, Paris, Michel Lévy Frères, 1863, p. 125).

17. O círculo era basicamente composto pelos deputados Royer-Collard, Camille Jordan (1771-1821) e Hercule de Serre (1776-1824), e pelos altos funcionários Prosper de Barante (1782-1866), Guizot, Victor de Broglie (1785-1870), e Charles de Rémusat (1797-1875) (Laurent Theis, *François Guizot*, p. 19).

7. *Retrato de François Guizot* por George Peter Alexander Healy (1813-1894), 1841.

A década de 1820 será marcada por uma produção prolífica no campo da política e dos estudos históricos[18]. Particularmente após a suspensão, no outono de 1822, dos cursos de Filosofia de Victor Cousin (1792-1867) e de seu curso de História do Governo Representativo. A universidade, considerada um foco incômodo da oposição, passará a ser controlada por membros do Estado e as escolas normais serão fechadas. Apenas em 1828 ele retomará a cátedra universitária, com os cursos de História da Civiliza-

18. Datam dos anos de 1820 alguns de seus principais títulos: *Des Moyens de Gouvernement et d'Opposition dans l'État Actuel de la France* (Paris, Ladvocat, 1821) e *Essais sur l'Histoire de la France* (Paris, Jean-Louis Brière, 1823), entre outros.

ção Europeia e História da Civilização Francesa. Tornara-se, sem dúvida, o historiador mais iminente da França. Como observa um estudioso:

> Tratou-se da época de maior popularidade de Guizot. Seus cursos se tornaram um acontecimento não apenas no domínio das ciências históricas, mas também na vida do país. Verdadeiras massas se reuniam no imenso anfiteatro, com capacidade para 1800 pessoas; o professor recolhia as calorosas louvações; os jornais publicavam os conteúdos de seus cursos[19].

Na medida em que se afirmava no meio intelectual e político, uma produção copiosa nos domínios da Literatura, História e Política era registrada nos mais eminentes catálogos de livreiros da Cidade Luz. O fundo patrimonial de Guizot oferece uma amostra significativa das relações editoriais empreendidas durante toda a vida. De acordo com Laurent Theis:

> Trinta e oito contratos firmados entre 1808 e 1872, com doze editores franceses diferentes, sobre um total de dezessete com os quais ele estabeleceu relações de negócio, e meia dúzia de contratos para a língua inglesa, num total de mais de dois terços de engajamentos realizados durante 64 anos. [...] Essas trocas – continua o autor – que nos permitem entrar nos detalhes das negociações, mostram que as relações editoriais não são de modo algum tranquilas. A elas somam-se dados que estabelecem as reimpressões e reedições com suas respectivas tiragens[20].

O autor estima, na falta de dados precisos, que a obra de Guizot totalizou centenas de milhares de exemplares publicados na França e alhures. Isso sem contar, evidentemente, as contrafações, contra as quais ele lutou com notável vigor, embora sem grandes sucessos[21].

Entre os editores franceses que publicaram seus escritos, podemos enumerar: Claude François Maradan, Frédéric Schoel, Johann Frédéric von

---

19. Em 1828 e 1829 ensinou, respectivamente, História da Civilização na Europa e História da Civilização na França (B. Réizov, *L'Historiographie Romantique Française (1815-1830)*, Moscou, Éditions des Langues Étrangères, s.d., p. 281).
20. Laurent Theis, "François Guizot et ses Éditeurs", pp. 657-658. Os contratos se encontram depositados nos Archives Nationales de Paris, AN, MS. 42AP320.
21. Ver capítulo 3, pp. 137-141.

Cotta, Alexandre Lequien, Ladvocat, Brière & Béchet, Leroux et Chante-pie, Charles Gosselin, Didier, Victor Masson, Gabriel Bodiment, Michel Lévy, Louis Hachette...

Diante dessa plêiade que remonta à história da edição francesa durante as três monarquias que demarcaram o primeiro meio século oitocentista, podemos observar que a entrada de François Guizot no círculo de Pierre-François Ladvocat (1791-1854) representou um passo fundamental na fixação de seu nome entre os doutrinadores Barante (1782-1866), Sainte-Aulaire (1778-1854), Villemain (1790-1870) e Victor Cousin. Os mesmos que seriam alguns anos mais tarde tragados pela máquina estatal de Luís Filipe, levando à ruína a carreira brilhante daquele editor de origem provinciana, que fizera sua fama em Paris, nos tempos do Império e da Restauração.

Outra foi a sorte de Pierre-Paul Didier (1800-1865), com quem François Guizot manteve laços perenes, desde as primeiras publicações, nos anos áureos da Sorbonne, até a idade madura, marcada pelo recolhimento, em Val-Richer, na Normandia. De certa maneira, embora com intensidades diversas, as duas figuras iniciaram suas carreiras sob o influxo do Império. Nesses tempos, Didier inovou ao reproduzir, pelo sistema estenográfico, as aulas mais populares professadas pelos mestres Villemain, Guizot e Cousin. O êxito dessa primeira experiência lhe permitiu alçar novos voos. É quando lança a Coleção Librairie Académique, para a qual reuniu os escritos de Barante, Mignet (1796-1884), Casimir Delavigne (1793-1843), Augustin Thierry (1795-1856), Rémusat (1797-1875), Salvandry (1795-1856), Falloux (1811-1886), ou seja, praticamente o mesmo grupo ou *intelligentsia* que participará dos projetos implementados pelo futuro Ministro da Instrução Pública, sob o reinado da casa de Orléans. Porém, ao contrário de Ladvocat, Didier não encontrará barreiras no novo cenário político. Muito pelo contrário, ele diversificará as coleções, mantendo-se, contudo, fiel à *coterie* estampada no seu catálogo[22].

Ao adentrar no círculo seleto de Charles Gosselin (1793-1859), o proeminente editor de algumas estrelas de primeira grandeza, entre Madame

---

22. *Histoire de l'Édition Française*, sous la Direction de Roger Chartier et Henri-Jean Martin, Paris, Fayard/Cercle de la Librairie, tome 3: *Le Temps des Éditeurs, Du Romantisme à la Belle Époque*, 1990, p. 222.

de Staël (1766-1817), Lamartine (1790-1869), Balzac (1799-1850) e Victor Hugo (1802-1885), Guizot atingia o zênite nesse movimento ascendente de consagração política e intelectual. O primeiro contrato assinado data de 1838, "num dos raros intervalos entre seus ministérios durante a Monarquia de Julho"[23]. No entretempo, suas relações com o mundo editorial se tornaram mais estreitas e não raro ultrapassaram as fronteiras contratuais normalmente firmadas entre autor e editor.

Afinal, é preciso compreender que *le début* decisivo de François Guizot no campo editorial francês se dá pela via política, à frente da pasta do Ministério da Instrução Pública (1832-1837). A lei de 28 de junho de 1833, desde então conhecida como Lei Guizot, determinou a abertura, em cada comuna francesa, de uma escola para meninos, para a qual os professores seriam alçados ao posto de funcionários públicos; além disso, em cada departamento seria aberta uma escola normal[24]. Em 1835, Louis Hachette (1800-1864) receberá do governo uma encomenda extraordinária: "500 000 *Alphabet des Écoles*, 100 000 *Livret Élémentaire de Lecture*, 40 000 *Arithmétique* de Vernier, 40 000 *Géographie* de Meinas e 40 000 *Histoire de France*, de Madame de Saint Ouen"[25].

Mas essas realizações não se restringiram ao âmbito da educação elementar. François Guizot inaugurou, no mesmo ano de 1833, o Comitê dos Trabalhos Históricos e Científicos, responsável pela reabilitação ou criação de instituições-chaves destinadas a valorizar e tornar pública a história da

23. Segundo Theis, esse contrato, relativo à edição de uma *História da França* para crianças, não foi levado adiante. Sabemos que o projeto será conduzido nos anos de reclusão, em Val-Richer. Mas Guizot firmou com Gosselin o contrato de edição de *Vie, Correspondance et Écrits de George Washington*, em seis volumes, publicados em 1840. Em 1842, o mesmo editor publicará, em um volume independente, a Introdução composta por Guizot para a obra reunida (Laurent Theis, "François Guizot et ses Éditeurs...", p. 660).
24. Para se ter uma ideia do impacto desse projeto na França, dirá o historiador Fernand Braudel que as escolas e as ferrovias consolidaram no Hexágono sua unidade territorial e identidade nacional. Cumpre ressaltar que durante a Monarquia de Julho o número de crianças escolarizadas no ensino primário dobrou. Reformas futuras, como a de Jules Ferry, na Terceira República, basearam-se na Lei Guizot, mas seu nome não figura com a mesma ênfase do reformador republicano (Fernand Braudel, *L'Identité de la France...*, Paris, Les Éditions Arthaud, 1986).
25. *Histoire de l'Édition Française*, tome 3, p. 204. Louis Hachette não publicou Guizot durante o regime de Luís Filipe. Data de 1852 o primeiro contrato assinado por ambos, momento em que o autor é convidado a "redigir, ou, ao menos, dirigir" uma coleção enfocada na história da Inglaterra e dos Estados Unidos. A relação entre Guizot e Louis Hachette se desdobra em novos contratos editoriais até 1862, ou seja, dois anos antes do falecimento do editor (Laurent Theis, "François Guizot et ses Éditeurs...", pp. 675-680).

França. Inserem-se nesse programa as mudanças de direção do Arquivo Nacional, confiada a Daunou (1761-1840) e do Arquivo do Rei, cuja seção histórica foi entregue a Michelet. Devemos, ainda, destacar seu empenho no sentido de inventariar os tesouros das bibliotecas municipais, iniciativa da mais alta relevância, considerando que o estado das obras era apenas parcialmente conhecido, em virtude dos cataclismos e das reformas ocorridas após 1789[26]. Ao mesmo tempo, ele centralizou na sua pasta todo o sistema de bibliotecas comunais, o que lhe permitiu promover mudanças de fundo, por exemplo, ao criar um programa permanente de aquisições (200000 francos por ano), e expandir o atendimento ao público até dez horas da noite[27].

As atividades dos comitês se converteram, naturalmente, em projetos editoriais. Como ele próprio argumenta em um relatório apresentado ao rei, era dever do Estado investir em "uma publicação geral de todos os materiais importantes e ainda inéditos da história de nossa pátria [...]". Embora o país atravessasse uma crise financeira, ele não recuou diante de um empreendimento orçado em "120000 francos-ouro, ou o equivalente a três milhões de francos [em 1985]", o que lhe rendeu uma verdadeira batalha na Câmara dos Deputados, da qual saiu vitorioso. Entre as realizações editoriais de sua administração, merece destaque a Collection des Documents Inédits sur l'Histoire de la France, a qual atingiu, no limiar do século XXI, mais de trezentos volumes[28].

O então Ministro logrou fazer de sua gestão o prolongamento de um programa intelectual e político formulado há pelo menos uma década, nos tempos das conferências de História, na Sorbonne. Ao presidir comitês

26. Para o levantamento dos livros raros, depositados nas bibliotecas municipais francesas, desde os tempos da Revolução de 1789, tratou-se de nomear um especialista em manuscritos e livros raros, Guglielmo Bruto Icilio Timoleone (1802-1869), ou simplesmente, Conde Libri. Esse nobre de origem toscana se mudara para a França em 1830, aparentemente, fugindo da Carbonária. Em Paris, foi recebido com todas as honrarias: tornou-se membro do prestigioso Institut de France e professor de Ciências, na Sorbonne. Em 1841, assumiu o posto de supervisor de bibliotecas e correu a viajar pelo país. Ocorre que por onde passava, volumes raríssimos se perdiam. As desconfianças que pesaram sobre ele e as queixas dos bibliotecários foram se avolumando no escritório do então Ministro François Guizot. No entanto, os escândalos dos roubos praticados pelo nobre italiano só vieram à tona após a Revolução de Fevereiro, quando seu gabinete foi ocupado pelo povo e os processos, descobertos (Alberto Manguel, *Uma História da Leitura*, São Paulo, Companhia das Letras, 1999, pp. 268-278; André Jammes, *Libri Vaincu. Enquêtes Policières et Secrets Bibliographiques. Documents Inédits*, Paris, Éditions de Cendres, 2008).
27. *Histoire de l'Édition Française*, tome 3, pp. 306-307.
28. *Idem*, p. 252.

destinados a formular projetos para diferentes campos da instrução e da cultura, François Guizot manteve, sob os braços da monarquia, uma fração significativa daquela *intelligentsia* formada na tribuna e nos salões por onde circulara na juventude: Villemain, Daunou, Mignet, Cousin, Hugo, Vitet (1802-1873), Thierry e, mais tarde, Sainte-Beuve (1804-1869)[29]. Sem dúvida, um mesmo sistema de referências compartilhado nos principais catálogos editoriais da época, o que nos permite compreender melhor essa simbiose entre o homem público e o intelectual[30], noutros termos, os caminhos de consagração da figura do autor, tal como ela se define nos campos político e editorial[31].

Mas o século do Romantismo será fundamentalmente o século do editor, ou da afirmação de um novo tipo social, que não guarda relações com a economia do livro praticada no Antigo Regime. O interregno 1830-1848 foi profundamente marcado pelos desenvolvimentos na indústria gráfica, pelas negociações nem sempre fáceis entre setores de uma burguesia endinheirada e uma aristocracia influente, sem contar as relações não necessariamente isentas entre a imprensa e o Estado. Enfim, um clima novo, com novas potencialidades de inovação, dado o aumento do público leitor e da variedade de gêneros editoriais, demarca, sem dúvida, uma conjuntura de prosperidade até então sem paralelos na história do mercado editorial

---

29. *Idem*, p. 253.

30. Tratativas não isentas de desconfianças: "[...] por que o ministro Guizot favoreceu uma empresa mais do que outra, em um ambiente de notável concorrência? Uma parte da resposta poderia ser encontrada nas ligações eventuais do homem político com o clã Bréton-Fourcault de Pavant, entre 1810 e 1830, ou ainda nas relações mútuas com o Conde de Chabrol. Alguns dossiês do Arquivo Nacional, particularmente aqueles relativos às demandas de subscrição pública, trazem, possivelmente, a outra parte da resposta. Louis Hachette, como Firmin Didot, concordaram, verdadeiramente, em desempenhar um papel discreto, que se assemelha ao da vigilância policial, da atividade de compadres, tirando proveito, em troca, dos favores do poder. O ponto pode surpreender, mas não deve causar muito espanto. Em parte, filhos de suas obras, guarda nacional de uma companhia burguesa, os *bonnet à poil* que manifestarão seu amor à ordem em 1848, o livreiro se sentia em comunhão espiritual com um regime que encorajava a iniciativa privada enquanto apregoava o enriquecimento através do trabalho e da economia" (Jean-Yves Mollier, *L'Argent et les Lettres. Histoire du Capitalisme d'Édition (1880-1920)*, Paris, Fayard, 1988, p. 179).

31. Essas coincidências se evidenciam, por exemplo, no projeto realizado pelos editores Belin-Mandar, que reuniu no *Dictionnaire de la Conversation et de la Lecture*, publicado em cinco volumes, entre 1832 e 1839, grandes nomes da época: Chateaubriand, Champollion, Geoffroy Saint-Hilaire, Guizot, Victor Hugo, Prosper Mérimée e Duquesa de Abrantes (*Histoire de l'Édition Française*, tome 3, p. 243).

francês. Estamos a tratar de um momento tão decisivo, que esses mesmos editores resistentes às revoluções do século, que não raro sobreviveram aos solavancos da Primeira e Segunda Guerras, imprimiram seus nomes numa longa tradição, a qual apenas anunciou suas primeiras mudanças no final do século XX.

Esse novo tipo se assemelha à figura do cavalheiro de indústria, tal como ela se define após a Revolução de 1789. Segundo Jean-Yves Mollier, o jogo é complexo e coloca o campo editorial em um "cruzamento de influências e de poderes materiais e simbólicos"[32], onde prevalece a regra segundo a qual ganha mais quem tem maior capilaridade nos círculos do poder. Apenas Balzac, com toda a sua genialidade, soube apreender e traduzir nos mínimos detalhes esses mecanismos no seu tempo.

Resta saber em que medida a Revolução de 1848, pelo menos durante o interregno revolucionário, subverteu esse equilíbrio de forças.

VICTOR MASSON: PARIS, PLACE DE L'ÉCOLE DE MÉDECINE

Há um fato curioso, de difícil compreensão: os revolucionários de fevereiro de 1848 não atingiram o campo editorial francês, tanto quanto buscaram transformar a prática jornalística, particularmente, por meio da lei de imprensa, no que toca à questão da censura.

Editores, livreiros e impressores se submetiam, desde a regulamentação de 1810, ao sistema de *brevet*, ou habilitação profissional. O que isso significa? Esses profissionais precisavam requerer o direito de atuar em uma determinada profissão do livro, mediante o pagamento de taxa e a comprovação de aptidão técnica para o trabalho. A obrigatoriedade do *brevet* se sustentou até 1870, ou seja, até o final do Segundo Império. Ela teve várias aplicações, desde seu uso como mecanismo de restrição e censura, durante a Restauração, até como instrumento de proteção profissional, considerando a proibição das corporações após 1789.

Ao analisar os prontuários de habilitação relativos ao período de 1810 a 1850, Marie-Claire Boscq observa que de fevereiro a maio de 1848 houve uma série de dispositivos que buscaram flexibilizar a obtenção de um *brevet*. Porém, após essa "era de liberdade", o partido da ordem recuperou

32. Jean-Yves Mollier, *L'Argent et les Lettres*, p. 584.

o controle da situação e o sistema se manteve tal qual nos tempos de Luís Filipe. Segundo a autora,

> A "liberdade de pensamento" proclamada pelo efêmero Ministério do Interior – Recourt – jamais existiu. [...] A ilusão da "primavera francesa" logo se apagou... e a queda da monarquia não conduziu a uma mudança de mentalidade e de práticas na direção da *Librairie*[33].

Uma vez conquistada a República, o novo regime não demorou a contar com o apoio de alguns dos principais editores de Paris: Hetzel (1814-1886), o célebre editor de Balzac e de Jules Verne, torna-se chefe do gabinete do Ministério das Relações Estrangeiras; Pagnerre (1805-1854), editor de Lamennais (1782-1854) e de Louis Blanc (1811-1882), foi nomeado prefeito do 10º distrito e secretário do governo provisório, antes de ser eleito representante do povo na Assembleia Constituinte. Louis Hachette, talvez por fidelidade ao antigo Ministro da Instrução Pública, nos já distantes anos 1830, opôs-se à nomeação de Carnot (1801-1888) ao mesmo posto, fato que lhe custou a suspensão, pelo governo, da compra de seus manuais escolares destinados aos camponeses e aos professores da província. Em contrapartida, o conservador Plon (1806-1872) teve sua gráfica destruída pelos operários, o que o levou a instalar prensas manuais nas gráficas de Panckoucke (1736-1798), Renouard (1798-1854) e Crapelet (1789-1842). E, após junho, Poullet-Malassis (1825-1878), simpatizante da causa revolucionária, será enviado para os confins de Brest[34].

Para Guizot, o evento rompeu com um ciclo virtuoso que o colocara no centro do campo editorial. Ao se exilar em Brompton, ele fatalmente interrompeu os negócios com seus antigos editores, seja pelo fato de se encontrar, agora, totalmente à margem do sistema de relações que ele mes-

---

33. O termo *Librairie* provoca mal-entendidos em sua versão para o português. Ao contrário do que pode supor o uso corrente em nossa língua, *librairie* se refere ao campo editorial como um todo, pois incorpora a impressão, a edição e a venda de livros. No limite, autores se submetem ao sistema da *librairie*, logo, eles também podem ser contemplados nesse vocábulo (Marie-Claire Lefils-Boscq, *La Librairie Parisienne sous Surveillance (1814-1848). Imprimeurs en Lettres et Libraires sous les Monarchies Constitutionnelles*, Thèse préparée sous la direction de M. le Professeur Jean-Yves Mollier, Paris, UVSQ, 2013, p. 380. *Dictionnaire Encyclopédique du Livre*, sous la direction de Pascal Fouché, Daniel Péchoin, Philippe Schuwer, Paris, Éditions du Cercle de la Librairie, tome 1 [verbete *Brevet*]), 2005.
34. *Histoire de L'Édition Française*, tome 3, p. 234.

mo criara, seja por razões financeiras. Tal circunstância o obrigou a buscar novas negociações. Afinal de contas, viver da própria pena passara a ter um significado totalmente novo e dramático, ou seja, a garantia de sobrevivência, tanto do ponto de vista material, quanto político.

Não nos surpreende, portanto, o fato de nosso autor se dedicar, durante o exílio, à reedição de escritos já esgotados em francês, trabalhar pela publicação de seus livros em inglês e, como temos observado, na escrita de *Démocratie*.

Nesse contexto, o editor Brière (1796-1882), de Paris, com quem Guizot mantinha contato há pelo menos vinte anos, busca negociar cinco títulos já consolidados no mercado francês: *Histoire de la Civilisation (cous de 1828)*; *Histoire de la Révolution d'Angleterre*, I*ère* *Partie*; *Mélanges sous Divers Titres*, 3 vols.; *Histoire de la Révolution d'Angleterre*, V*ᵉ*. *Partie*; a continuação de *L'Histoire de la Civilisation*. A oferta do editor consiste no usufruto da propriedade desses títulos pelo período de dez anos. Considerando, talvez, abusiva a proposta, o próprio editor se precipita a justificá-la, tendo em vista uma conjuntura econômica bastante desfavorável:

> Em resumo, o senhor deseja que eu apresente minha oferta, pois é nesse ponto que começa o meu embaraço, sobretudo quando eu me coloco a seguinte questão: se, nos tempos bons, ou seja, antes desta infame revolução de fevereiro os direitos do autor que eu pagava tinham uma relação com a economia de minhas operações, o que eu posso oferecer? Agora que os negócios são nulos e que é impossível saber quando eles serão retomados; quanto tempo, enfim, durarão todas as provações políticas que nosso pobre país será forçado a enfrentar, antes de se ver renascer uma prosperidade que ele não soube conservar. O pouco de dinheiro que existe em circulação não é aplicado para a venda de livros. O mercado editorial se converteu em jornais, almanaques, panfletos, e pequenos volumes populares a preços mínimos[35].

O editor tem razão ao argumentar que nos tempos das revoluções as grandes somas são movimentadas pela economia dos jornais, dos impressos efêmeros e das brochuras baratas. Afinal de contas, são eles que mobilizam

---

35. Lettre de Brière à Guizot, 4 novembre 1848, AN, MS. 42AP320, ff. 1-2.

a opinião pública. Mas *Démocratie* não buscava justamente se inserir nesse circuito de novidades?

As tratativas com Brière não avançaram. E ele se ressentiu por ser preterido a um editor novo[36].

É sob essa circunstância que Charles Lenormant (1802-1859), amigo fiel e representante de Guizot em Paris, fecha dois contratos com Victor Masson. A reedição de *Histoire de la Révolution d'Angleterre* foi contratada pelo montante de 50 000 francos, valor considerado abusivo por Didier, seu antigo editor[37]. Estava igualmente garantida a publicação de *Démocratie*, cujos termos contratuais serão apresentados no próximo tópico.

Não se pode perder de vista o caráter extraordinário desse encontro entre um autor consagrado no meio político e literário parisiense e um editor científico, relativamente novo na praça. Pois embora Victor Masson não fosse um jovem estreante, ele apenas começava a exibir seus talentos em um campo extremamente competitivo, onde, como já assinalamos, era mais do que aconselhável manter uma rede de ligações e apadrinhamentos bem calculada e estabelecida, sob a pena da falência. Não parece, portanto, improvável que essa aproximação entre editor e autor tenha se dado sob a influência de Louis Hachette. O renomado editor de livros escolares fora patrão de Victor Masson. E bem sabemos que entre ele e o ex-Ministro da Instrução Pública os interesses suplantaram as fronteiras da edição de manuais escolares.

Nasceu Vivant Barthélemy Masson em Beaune, na Côte d'Or, em 1807. Oriundo de uma família tradicional de viticultores[38], ele configura um tipo profissional ascendente em Paris, após a Revolução, quando as relações de hereditariedade próprias ao mundo dos livros no Antigo Regime serão quebradas, dando lugar aos chamados *nouveaux venus*. Tal fato sugere ter o jovem Masson ingressado nesse pequeno mundo pelas portas da oficina Didot, como aprendiz, considerando sua importância na formação de boa parte dos jovens oriundos da província[39]. Seu *brevet* foi liberado em 1836,

---

36. Lettre de Brière à Génie, s.d., AN, MS. 42AP320, dossiê 6.
37. O que não deixa de ser um fato surpreendente, considerando que Pierre-Paul Didier, como vimos no tópico anterior, era um dos mais antigos e bem-sucedidos editores de Guizot.
38. Marie-Claire Lefils-Boscq, *La Librairie Parisienne sous Surveillance (1814-1848)*, p. 48.
39. O jovem de província que vai buscar sua formação na arte tipográfica de Paris, nas oficinas Didot, aparece tipificado na figura de David Séchard, em *Ilusões Perdidas*, de Balzac.

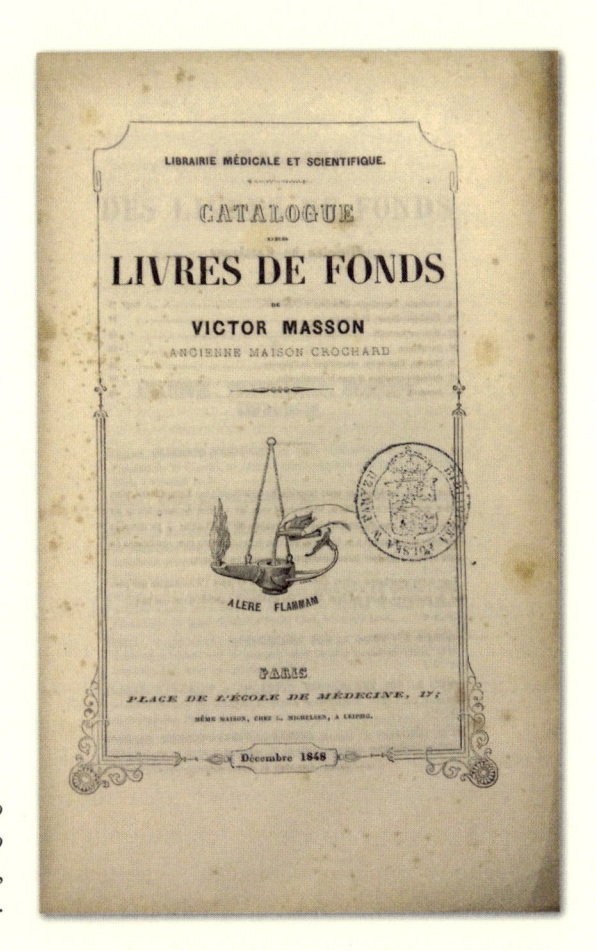

8. Capa do *Catálogo
dos Livros de Fundo
de Victor Masson,*
dezembro de 1848.

tendo o próprio Firmin Didot como signatário da "caução de capacidade",
o que atesta uma condição bastante vantajosa e promissora[40].

Associou-se, após se desligar da editora Hachette, onde trabalhou por alguns anos, a Nicolas Crochard, proprietário da tradicional Librairie Médicale
et Scientifique. Dez anos mais tarde, ele se tornaria seu único proprietário,
fato que o impulsionou a investir em melhorias gráficas na edição de livros e
de revistas ilustradas. Inicia-se em 1847 a célebre coleção por ele batizada de
Bibliothèque Polytechnique. Em 1854, ele criará a *Gazette Hebdomadaire de*

40. Ele foi aprendiz de Firmin Didot. Ao que parece, um tipo exemplar, pois guardava relações
   estreitas com o patrão, algo que não era corrente em suas oficinas (Jean-Yves Mollier, *L'Argent
   et les Lettres*, p. 193).

Tabela 2. *Catálogo dos Livros de Fundo de Victor Masson*, janeiro de 1849.

	Assunto	Número de títulos
1	Anatomia, Fisiologia, Medicina e Cirurgia	81
2	Física, Química, Farmácia	36
3	História Natural	85
4	Agricultura	10
5	Publicações Científicas sobre a Argélia	15
6	Obras Clássicas e para o *Baccalauréat*	82
7	Jornais	10
8	Obras de M. Guizot	1

Fonte: Catálogo encartado na edição de François Guizot, *De la Démocratie en France*, Paris, Victor Masson, 1849.

Médecine et de Chirurgie. Com a edição do *Dictionnaire Encyclopédique des Sciences Médicales*, em cem volumes, entre 1864 e 1869, ele atinge o ápice de sua carreira[41]. Tanto é verdade que, passados dois anos, em 1871, ele se desligará por completo da vida profissional[42], não sem antes deixar para o filho Georges Masson (1839-1900) um verdadeiro império no campo da edição científica.

Victor Masson faleceu em 1879, em sua terra natal. Mas a empresa que ele inaugurou e cujo capital fez multiplicar na vaga desenvolvimentista do Segundo Império, conheceu várias gerações de editores científicos e empreendedores astutos. Eles sobreviveram a diferentes conjunturas do livro, a duas Guerras, até sua anexação, em 2001, a um grupo financeiro internacional denominado Cinven[43].

Se considerarmos o conteúdo do catálogo de títulos à venda na livraria da Place de l'École de Médecine, não fica difícil concluir que Victor Masson, editor de Cuvier, Broca, Delaunay, Jussieu, Regnault, ostentava, em 1848-1849, um fundo editorial muito bem consolidado, o que tornava "as obras de Guizot" apenas um apêndice numa lista de títulos cuidadosamente constituída. Pelo menos, é o que se pode inferir da consulta a seu

41. *Idem*, p. 281.
42. A exemplo de seus contemporâneos, Victor Masson deixará o campo editorial "uma vez feita a fortuna" (Jean-Yves Mollier, *L'Argent et les Lettres*, p. 12).
43. *Dictionnaire Encyclopédique du Livre*, tome 2, pp. 906-907.

Catalogue des Livres de Fond, cujas seções aparecem organizadas com base nas matérias científicas, se bem que com evidente *aggiornamento* no final (Tabela 2).

Uma análise minuciosa dos contratos e das correspondências trocadas entre 1848 e 1851 – quando Guizot retoma as relações com Didier, seu antigo editor parisiense – demonstra que, no fundo, as negociações com o *entrepreneur* Masson (o termo é de Didier) não tiveram um bom desfecho. Os meandros desses negócios foram esmiuçados pelo competente biógrafo Laurent Theis e não devem ser recuperados em detalhe no presente estudo. Interessa salientar, a partir da experiência editorial iniciada no exílio, que Guizot se dedicou com afinco ao seu projeto intelectual, certamente porque via nessa atividade uma importante fonte de renda, como já assinalamos, mas também porque o momento político renovava em seu espírito o ímpeto e o gosto pela escrita.

A ESCRITURA: DE BROMPTON A PARIS

Voltemos nossa atenção para o imóvel assobradado de Pelham Crescent, em Brompton, no subúrbio de Londres, onde nosso autor se encontra às voltas com uma série de desafios: a crise política que movimenta a França e, a bem da verdade, toda a Europa; a crise de representação de seu partido; as aflições financeiras, provocadas por uma fuga súbita da capital francesa; e, fato que nos interessa de modo especial, a busca por novos acordos editoriais, firmados em Londres, certo, mas também na velha Paris. Nesse quadro, o editor Victor Masson era a boa-nova, o presente e o horizonte possível.

Data de 20 de dezembro de 1848 a assinatura do contrato de *De la Démocratie en France.* Tendo em vista o alto grau de interesse e ineditismo do documento, tomamos a liberdade de o citar na íntegra:

> Victor Masson
> Libraire des Sociétés Savantes
> Près le Ministère de l'Instruction Publique
> Place de l'École de Médecine, 1
>
> Entre os abaixo-assinados,
>   De uma parte, Sr. Guizot, membro do Institut de France, no momento residente em 21, Pelham Crescent, em Brompton, perto de Londres, e, de outra, Victor Masson, livreiro domiciliado em Paris, Place de l'École de Médecine, nº 1.

Foi dito e consentido o que segue: *o Sr. Guizot vende e aliena a Victor Masson*, que o aceita, *o usufruto pelo período de oito anos consecutivos*, com início em primeiro de janeiro de Mil Oitocentos e Quarenta e Nove, de *um escrito político*, do qual é autor e que se intitula:

– De la Démocratie en France – *Janvier 1849*

A obra resultará em uma brochura in-8ª de cento e trinta a cento e cinquenta páginas, aproximadamente.

Registra-se a soma de Quatro Mil Francos, que Victor Masson se compromete a pagar para o Sr. Guizot, ou a quem for de direito, mediante a entrega do manuscrito. Ademais, *ele remeterá ao Sr. Guizot Cem exemplares da brochura.*

Durante toda a duração do usufruto, Victor Masson disporá da obra que é objeto da presente cessão como de coisa que lhe pertence com plena e inteira propriedade; ele explorará a venda da maneira que ele julgar a mais conforme aos seus interesses.

Todavia, o Sr. Guizot conserva a escolha de publicar em Londres sua obra em língua inglesa, com essa reserva, da parte de Victor Masson, que a edição inglesa não apareça um único dia antes da publicação em língua francesa.

O Sr. Guizot reserva igualmente o direito de reproduzir seu escrito: <u>De la Démocratie en France</u>, na edição que ele poderia porventura publicar, tanto de suas <u>Obras Literárias e Políticas</u>, quanto de suas *Obras Políticas* apenas, em um conjunto de suas obras; com a única reserva de que esta reprodução não poderá ser feita antes de janeiro de Mil Oitocentos e Cinquenta e Um.

Estipula-se, como bem entendido, que durante os oito anos de usufruto do Sr. Victor Masson, o Sr. Guizot não poderá publicar separadamente em suas obras literárias e políticas ou em suas obras políticas nenhuma edição do Escrito que é objeto da presente venda.

Feita uma duplicata para Victor Masson, em Paris, em Dez de Dezembro de Mil Oitocentos e Quarenta e Oito, e para o Sr. Guizot em Vinte de Dezembro do mesmo ano.

Aprovada a Assinatura abaixo e da outra parte,

VICTOR MASSON

Aprovada a Assinatura abaixo e da outra parte,

GUIZOT[44].

---

44. Contrato assinado entre Victor Masson e François Guizot, 21 de dezembro de 1848 (grifos nossos). AN, MS. 42AP320.

As negociações com o novo editor se deram em Paris, sob a mediação de Lenormant e do escudeiro Auguste Génie (1796-1870). Nesse ínterim, Masson atravessa a Mancha para consolidar a escritura, não sem antes reconhecer o interesse especial que nutria por seu novo autor: "Minha consciência diz que eu havia feito ofertas convenientes, mas como se trata de ser ou de não ser editor do Senhor Guizot, eu não posso hesitar"[45].

Victor Masson conquistou, finalmente, os direitos sobre três títulos importantes: a reedição de *Histoire de la Révolution d'Angleterre*, havendo, nesse caso, a proposta de um novo capítulo introdutório[46] e a publicação de volumes novos, além de *Histoire de la Civilisation*. Segundo Theis:

> Ou seja, Guizot vende a Masson por doze anos os direitos de exploração do primeiro período de *Histoire de la Révolution d'Angleterre (1625-1649)*, já publicados por Didier, atualizado com uma introdução inédita a ser entregue no "prazo mais curto possível", e do segundo período (1649-1660), que Guizot propõe redigir e publicar o mais tardar em 15 de julho de 1850. Se ele escrevesse o terceiro período (1660-1688), Masson seria o beneficiário da cláusula de preferência. Pelo preço dessa cessão, o autor receberá 20 000 francos mediante a entrega da introdução, e na entrega do segundo período. Um total, portanto, de 40 000 francos, e não 50 000 como havia afirmado Lenormant a Didier, que Victor Masson contratara; além disso, não havia nada a ser pago de imediato[47].

A primeira publicação seria, no entanto, de um inédito: *De la Démocratie en France*. Como temos assinalado, um escrito político, de circunstância.

Tendo em vista o conjunto de contratos firmados no período e as condições editoriais em voga, pode-se concluir que os termos de publicação do libelo foram bem vantajosos.

---

45. Lettre à Génie, 17 décembre 1848, AN, MS. 42AP320.
46. Este último será reeditado, *chez Masson*, com um ensaio inédito, publicado à guisa de Apresentação, sob o título *Pour quoi la Révolution de l'Angleterre a-t-elle Réussi? Discours sur l'Histoire de la Révolution d'Angleterre*. O ensaio de 180 páginas será publicado em um volume à parte pelo mesmo Victor Masson, em 1850. Ele encontrará igual êxito na Inglaterra, numa tradução de Sarah Austin, pulicada pelo editor John Murray, ou seja, sob as mesmas condições de *Démocratie* (cf. Laurent Theis, "François Guizot et ses Éditeurs", p. 665).
47. *Idem*, pp. 663-664.

No que toca à economia do livro, deve-se salientar que a cessão completa de um original do autor ao editor mediante o pagamento por um prazo de exploração da obra – nesse caso, oito anos – era prática corrente até os anos de 1850-1860. Mesmo Victor Hugo firmará acordos em condições semelhantes. Em 1862, ele vende por 300 000 F a propriedade de *Les Misérables*, garantindo ao editor Lacroix (1834-1903) o usufruto pelo período de oito anos. No caso de Guizot, o contrato se realiza mediante o pagamento de uma soma fixa de 4 000 F e o recebimento de cem exemplares *hors commerce*. O documento não se ocupa da tiragem, pois o cessionário, ou seja, o editor, poderá imprimir as tiragens que lhe parecerem necessárias no tempo que lhe for de direito.

Para uma melhor compreensão da dinâmica dos números nos negócios editoriais do período, retomemos o caso de Victor Hugo. Buscando honrar o contrato firmado com o autor, o editor Lacroix imprimiu *Les Misérables* em dez volumes, vendidos a 6 F, o que totalizava 60 F para o romance inteiro. Desse modo, ao vender dez mil exemplares completos, o editor esperava obter a soma de 600 000 F, e um lucro de 200 000 F, ou seja, o equivalente a um terço dos investimentos. Façamos os mesmos cálculos para *Démocratie*. Trata-se, como reza a escritura, de uma "brochura in-8º de cento e trinta a cento e cinquenta páginas, aproximadamente". Ora, diferente das brochuras ou libelos políticos de seu tempo, estamos diante de um exemplar impresso em formato nobre (in-8º) e, pode-se mesmo dizer, em papel de qualidade e boa tipografia. Anunciado a 3 F (o equivalente a quinze euros) no catálogo de Victor Masson, não é difícil contrastá-lo com os livros que circulam de forma ordinária nesse mercado de manifestos políticos, vendidos a 1 F ou a 1,5 F. Noutros termos, o público estimado por autor e editor pertence a setores cultivados e endinheirados, burgueses e aristocratas[48].

O preço elevado da brochura não apenas confirma o horizonte de expectativa do editor quanto ao público, mas também sua estimativa de lucro. Para rentabilizar o investimento inicial de 4 000 F ele espera obter da negociação um mínimo de 12 000 F. Ou seja, se ele vender quatro mil

---

48. O caráter distintivo da edição francesa se torna patente quando se a compara com as edições belgas, austríacas, alemãs, espanholas e portuguesas. A brasileira, veremos, segue o padrão francês, tendo sido, inclusive, impressa em Paris.

exemplares, ele empatará o adiantamento. Mas parece evidente que a perspectiva é um tanto mais otimista, considerando a conjuntura, a projeção de Guizot no mercado editorial e a oferta (quase) segura de traduções. Portanto, se os termos atendiam às necessidades do autor, eles correspondiam igualmente às ambições financeiras do editor. O que nos dá a medida do quanto era possível "bancar" os projetos de Guizot, segundo o termo de matriz estadunidense (*bancable*), em voga entre os negociantes franceses no pós-1848[49].

Entre as vantagens asseguradas pelo autor para as edições contratadas por Victor Masson, estava a garantia de exclusividade sobre as publicações em inglês. Segundo Theis,

> Esta reserva de direitos em inglês deverá figurar, a partir de então, em todos os contratos assinados por Guizot, pois ele estima, por suas numerosas conexões *outre-Manche*, estar em melhores condições para avaliar os seus interesses. De fato, suas obras mais importantes, e mesmo outras, foram traduzidas em inglês a curto prazo, tendo por vezes obtido um grande sucesso no mercado, o que significava, aliás, a garantia de recursos substanciais que o autor não desejava compartilhar com o editor francês[50].

Pode-se mesmo afirmar que a escrita de *Démocratie* se realizou simultaneamente em francês e inglês, esta última, conforme observamos no capítulo anterior, sob os cuidados de Sarah Austin. De seu lado, Guizot acompanha o desenvolvimento da tradução na mesma medida em que sua escrita evolui, confirmando, nesse sentido, a intenção de lançar as duas brochuras, ao mesmo tempo, em Londres e em Paris. É o que ele anuncia em carta à tradutora, logo após a assinatura do contrato de cessão de direitos:

> *My dear Mistriss Austin,*
> Não estamos a 24 horas. O livro aparecerá em Paris no dia 10 de janeiro. E ele não pode aparecer em Londres nem um dia antes.

---

49. Agradeço ao professor Jean-Yves Mollier pela generosa contribuição a essas considerações de natureza financeira.
50. Laurent Theis, "François Guizot et ses Éditeurs", p. 663.

Eu gostaria de ver o que você colocou no *Athenaeum*[51]. Não o leio habitualmente. Mas vou procurar por ele.

[...]

Brompton, 18 de dezembro de 1848[52].

Em Paris, a garantia de exclusividade sobre os escritos de François Guizot será celebrada, aliás, na publicação do catálogo das edições de fundo de Victor Masson, encartado no final da brochura de *Démocratie*. Ademais, uma nota editorial inserta na quarta capa do libelo político, que será igualmente reproduzida no dito catálogo, lança luz sobre os títulos vindouros e as condições de produção do autor:

> O Senhor Guizot prossegue assiduamente, no seu retiro em Brompton, sua *Histoire de la Révolution d'Angleterre*. Ele escreve nesse momento a *Histoire de la République et de Cromwel*, sobre a qual fornecerá dois volumes in-8º, em que realizou as mais completas pesquisas e recolheu os mais curiosos documentos.
>
> O momento da publicação dessa obra não pode ser ainda indicado com precisão; mas ele não estaria muito distante. Na espera, o livreiro Victor Masson, que será também seu editor, vai publicar uma nova edição de *Histoire du Règne de Charles Ier*, por Guizot, em dois volumes que formam a primeira parte de sua *Histoire de la Révolution d'Angleterre*.
>
> Esta nova edição será precedida de uma Introdução estendida, com trecho novo e inédito, onde será traçado um quadro geral da *Histoire de la Révolution d'Angleterre, Depuis l'Avènement de Charles Ier, à Travers la République et la Restauration, jusqu'à l'Expulsion de Jacques II et l'Avénement de Guillaume III*.
>
> O Senhor Guizot está prestes a concluir esta Introdução que não deixará de incitar, na França e na Inglaterra, o mais vivo interesse. Diante de uma revolução que recomeça, o que poderia haver de maior e de mais instrutivo do que uma revolução que soube chegar ao fim?

3 de janeiro de 1849[53].

51. *Athenaeum* foi uma revista literária semanal publicada em Londres entre 1828 e 1921, fundada por James Silk Buckingham. Todavia, não identificamos nenhum artigo próximo à data desta missiva. Estranho o fato de Guizot não se mostrar interessado pelo periódico, pois ele apresentava recensões e resenhas de seus livros publicados em Londres, antes e depois do exílio.
52. Lettres à Sarah Austin, AN, MS. 42AP34.
53. Texto extraído da quarta capa da brochura e do catálogo encartado na mesma edição (François Guizot, *De la Démocratie em France*, Paris, Victor Masson, 1849).

Essa nota editorial se reveste de um sentido mais profundo, diante da constatação de que ela fora redigida pelo próprio Guizot. É o que podemos apreender de uma leitura difícil, quase cifrada, do verso da primeira folha do manuscrito autógrafo encaminhado para a editora, no qual se lê, no *recto*, os parágrafos introdutórios inseridos de última hora, em cujas linhas o autor justifica as circunstâncias da escrita de *Démocratie*[54]. E, no verso, em sentido perpendicular à escrita frontal, é possível decifrar, com muita dificuldade, as primeiras quinze linhas do registro acima recolhido sob a forma de um epitexto – que se converteu igualmente em peritexto, pois foi estampado na quarta capa da brochura[55].

No mais, é preciso atentar para as palavras que fecham essa nota editorial, cujo sentido está longe de pretender uma descrição neutra dos eventos. Ao afirmar: "Diante de uma revolução que recomeça, o que poderia haver de maior e de mais instrutivo do que uma revolução que soube chegar ao fim?", o autor defende claramente a experiência parlamentar inglesa, fruto de uma revolução. E se, para Guizot, o solo histórico francês tornava inaplicável o modelo de república democrática estadunidense – donde o caráter provocativo do título tocquevilliano, *Democracia na França* – não menos correta era a constatação, após os eventos de 1848, de que a França jamais encerrara sua revolução. Diante desse quadro, o autor desafiava a sociedade francesa a apontar um caminho de saída pela ordem[56].

54. A esse respeito, ver capítulo 1, pp. 44-45.
55. Epitexto e peritexto conformam, na classificação de Gérard Genette, os lugares nos quais figuram os paratextos editoriais. O peritexto é tudo o que está no perímetro do livro, enquanto o epitexto se constrói fora do suporte. No tópico seguinte, nossa atenção será voltada para um epitexto fundamental no processo de lançamento e, mesmo, de consagração (ou não!) de um livro, a saber: resenhas e recensões encomendadas pelo autor ou editor (Gérard Genette, *Paratextos Editoriais*).
56. A Introdução inédita à *História da Revolução Inglesa* foi publicada em 26 de janeiro de 1850, "a quarta edição dos dois volumes da primeira parte". Ao mesmo tempo, escreve Theis, "desse texto magnífico, o mais acabado e talvez o mais denso que jamais escrevera Guizot", o editor Victor Masson tirou uma brochura de 180 páginas. O texto foi vertido para o inglês por Sarah Austin e editado por John Murray. Uma resenha implacável de Marx e Engels aparece na edição da *Neue Rheinische Zeitung Politisch-ökonomische Revue* de fevereiro de 1850, demonstrando que o autor de *O 18 Brumário* continuava a acompanhar os passos de seu antigo desafeto político. Notemos que ele classifica a brochura sobre a Revolução Inglesa como um panfleto político. Resta saber se Marx teceu comentários sobre *De la Démocratie en France* (Laurent Theis, *François Guizot et ses Éditeurs, op. cit.*, p. 664). Agradeço ao Carlos Quadros pela indicação da resenha, traduzida por Maila Costa em https://lavrapalavra.com/tag/revolucao-inglesa.

Estavam definidos, enfim, os principais elementos da construção do livro. Contudo, a síntese de um texto bem arquitetado e uma edição bem refletida não bastava para conquistar o leitor. Era necessário mais, muito mais! Guizot tinha experiência o bastante para compreender que para atingir o leitor direto nos flancos, sobretudo em um momento tão decisivo, era preciso muita energia... e o concurso de uma imprensa engajada.

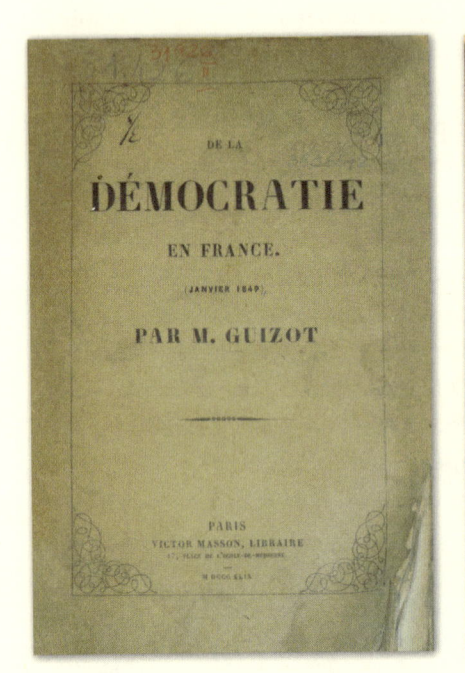 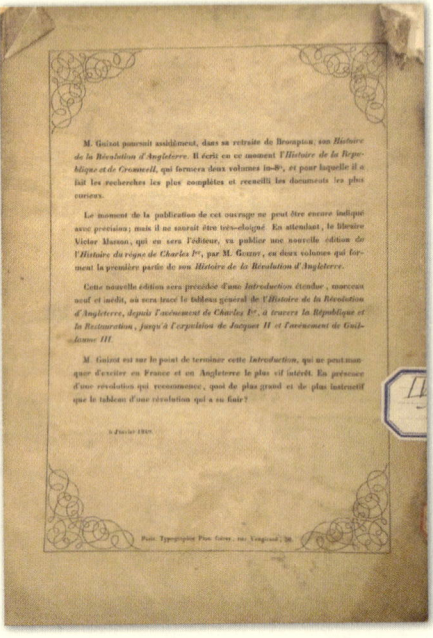

9-9'. Capa e quarta capa da edição francesa, a partir do exemplar em brochura da Bibliothèque Polonaise de Paris. Na quarta capa o editor apresenta um programa das edições contratadas junto a Guizot.

A PRIMAVERA DOS POVOS, 1848:
UMA HISTÓRIA EM IMAGENS

A Revolução de 1848 eclode em Paris, na noite de 23 de fevereiro, quando o povo toma de assalto as ruas. E se, à primeira vista, aquele movimento fora interpretado como mais uma onda de reivindicações, àquela altura bastante hodiernas, pelos direitos de reunião, de liberdade de expressão e pela reforma política, não tardou o tempo de se ouvir ecoar por toda a capital um indefectível "À bas Guizot!", seguido de um eloquente "Vive la République!"

À abdicação do rei Luís Filipe ao trono, seguiu-se a composição de um governo provisório, onde onze ministros passaram a conduzir o país a partir de um órgão colegiado. Lamartine, nomeado Ministro das Relações Exteriores, reveste-se logo da figura do grande tribuno, arauto do povo. Vencia a promessa da igualdade pelo direito de representação, mediante o sufrágio universal.

Ocorre que o movimento de Paris adquire, logo, uma dimensão europeia. Mas é preciso observar que as reivindicações na Prússia, na Áustria e nos Estados italianos apresentam conteúdos bem diversos. No caso austríaco, o povo lutava pelo fim das relações feudais e, nos Estados anexos, pelas liberdades políticas, o que explica a pauta fortemente nacionalista e o caráter de guerra civil que se imprime à Revolução. A Prússia manteve seu rei, mas reclamou por uma Constituição e pelo alargamento da representação política. Na Península Itálica a situação é ainda mais dramática: no reino Lombardo-Veneziano, trata-se de uma luta pela independência do jugo austríaco; enquanto, em Roma, Mazzini (1805-1872) e seus correligionários implantaram uma República, efêmera, embora, contra o poder do papado.

Paris lith Deshayes éditeur rue du Petit Pont. 21.

Je crois mon cher Guizot que vous me faites trop aller; votre régime me tue.
Consolez vous Sire ce ne sera qu'une question de cabinet.

10. Caricatura de um decrépito Luís Filipe reanimado por seu Ministro François Guizot, simbolizando seu poder sobre as decisões do monarca. Abaixo, sob a forma de diálogo, lê-se: "*Je crois mon cher Guizot que vous me faites trop aller; votre regime me tue. Consolez vous Sire ce ne sera qu'une question de cabinet*" (Eu creio, meu caro Guizot, que vós me pressionais em demasia; vosso regime me mata. Consolai-vos, meu Senhor, esta será apenas uma questão de gabinete). Autor desconhecido. Lithographie Deshayes, 1848.

11. Caricatura em que o rei Luís Filipe se afunda entre as duas cadeiras: a República e a Reforma, ambas descartadas por Guizot. Autor desconhecido. Lithographie Chez Dopter Éditeur, s.d.

12. Luís Filipe e François Guizot em Londres, durante o exílio, após a queda da Monarquia de Julho, em fevereiro de 1848. Filipe: Sou eu Guizot [apontando o retrato]. Guizot: Sim, Senhor, somos nós! [no retrato, Luís Filipe sentado à frente de Guizot, com uma garrafa e dois copos à mesa, declara]:
Olhe, eu roubei! Autor: Baudet-Bauderval, s.d.

13. A litografia que representa o retorno da República à sua casa marcou data entre as muitas publicações de Daumier durante a Revolução. Segundo Michelet, com esta alegoria, o artista inaugurava "uma fórmula poderosa que se fixa em nossos olhos". Publicado em *Le Charivari*, 9 de março de 1848.
Autor: Honoré Daumier (1808-1879).

14. Em 24 de junho de 1848, os insurgentes erguem uma barricada na rue Soufflot e se refugiam na Place du Panthéon. Eles são mais de 1500 em combate. As barricadas se espalham por toda Paris. Ao final das jornadas sangrentas de junho, mais de 4000 insurrectos são mortos, outros 4000 deportados sem julgamento para a Argélia. Louis Blanc será perseguido e deverá se exilar, juntamente com outros socialistas. A propaganda antissocialista por parte dos veículos de opinião, jornais, panfletos e caricaturas, ganha força nesse momento. Inicia-se, em Paris, a contrarrevolução, sob o comando do General Cavaignac, que toma o governo provisório da República. Autor: Horace Vernet (1789-1863).

15. *A República Romana de 1849* – ou *Segunda República Romana*, pois a primeira data da época napoleônica (1798-1799) – foi uma curta experiência republicana (quase cinco meses) estabelecida como Estado em 9 de fevereiro de 1849, quando o Papa Pio IX foi retirado do governo dos teocráticos Estados Pontifícios por uma revolução liberal, liderada pelo triunvirato composto por Carlo Armellini (1777-1863), Giuseppe Mazzini (1805-1872) e Aurelio Saffi (1819-1890). Litografia, 1869. Autor desconhecido.

17. *Barricada na Alexander Platz*, Berlim, em 18 de março de 1848. Autor anônimo.

16. (Ao lado) "Os Cinco Dias de Milão" é o nome dado à batalha dos milaneses contra o domínio austríaco, entre 18 e 23 de março de 1848. Nesses dias sangrentos, operários, artesãos, estudantes e mulheres, que tiveram a adesão de Mazzini e Garibaldi (1807-1882), armaram-se contra um exército de quatorze mil homens, formado por húngaros, croatas, sérvios e austríacos, sob o comando do Marechal Radetzky. A vitória milanesa conduziu à organização de um governo provisório. Contudo, cisões internas e divergências de interesses sobre o reino Lombardo-Veneziano, na difícil composição dos Estados Italianos, conduziram à nova vitória austríaca e o retorno do Marechal, que entrou na cidade em 6 de agosto de 1848.
Autor: Baldassare Verazzi (1819-1886).

18. Representação icônica da Revolução de 1848 em Berlim. Nessa pintura, é possível reconhecer, no meio e no pé da bandeira tricolor, os revolucionários monarquistas. Eles lutavam pela unificação da Alemanha, sob um regime monárquico. Do lado direito vemos duas bandeiras dos revolucionários republicanos. Sua luta tinha inspiração na República Francesa, por isso, a bandeira tricolor com listas horizontais. Autor desconhecido, *c.* 1848-1850.

19. Frankfurt am Main era a sede do Parlamento da Confederação Germânica e não demorou ser tomada pelo povo. A imagem exibe a chegada da artilharia ao Zeil, na noite de 18 de setembro de 1848. No fundo, a barricada, assim como a loja Loewenapotheke (o boticário do Leão), na Allerheiligengasse, são visíveis. Mesmo após as negociações, a artilharia terminou por fuzilar os insurrectos. Desenho de Jean Nicolas Ventadour (1822-1880) e cromolitografia de Eduard Gustav May (1818-1907).

20. *O Assassinato do Príncipe Lichnowsky* (1814-1848) *e do General von Auerswald* (1792-1848) em Frankfurt am Main, em 18 de setembro de 1848.

21. *A Fuga de Metternich*. Hungria, 1848. Autor desconhecido.

22. *Barricada na Michaelerplatz*, em Viena, na noite de 26 de maio de 1848. Logo que foi ordenada a dissolução da Legião Universitária, que passava a fazer parte da Guarda Nacional, os estudantes, a própria Guarda Nacional e os operários afluíram em massa para a cidade, com o objetivo de forçar a entrada pelas portas da cidade, ocupadas por soldados. Foram montadas mais de cento e sessenta barricadas. Diante da pressão dos insurgentes, a decisão foi revista e a Legião voltou a ser reconhecida. Autor: Anton Ziegler, 1848.

23. Voluntários do exército de Radetzky partem de Viena para a campanha na Itália, em 3 de abril de 1848. Autor: Alois Schön (1826-1897).

24. A imagem sintetiza bem o sentido conservador e fortemente nacionalista que as classes proprietárias imprimem às revoluções de 1848. O desenho celebra a eleição de Władysław Tchórznicki (1794-1862) para capitão da Guarda Nacional em Sambor, em abril de 1848. Esse nacionalista polonês, de origem aristocrática, que lutara no exército napoleônico contra a Rússia, liderou várias batalhas contra o exército austríaco, entre 1848 e 1849. Na ilustração, os proprietários de sua terra natal brindam em sua honra, reunidos em Dąbrówka, hoje distrito de Sanok, na Polônia. Após a derrota das campanhas nacionalistas contra o Império Austríaco, Tchórznicki se exila em Paris. Autor: Jan Gniewosz, 1848.

25. Caricatura em que se representa a derrota da Revolução na Europa. Litografia de Ferdinand Schröders (1818-1857), publicada pela primeira vez em *Düsseldorfer Monatshefte*, 1849, sob o título: *Pintura Redonda da Europa em Agosto de 1849*. Líderes representados: Vitória (Rainha do Reino Unido e Irlanda), Frederico Guilherme IV (Prússia), Christian VIII (Dinamarca) e Napoleão III (França).

26. *Cupom de Inscrição* de Ledru-Rollin na Aliança Republicana dos Povos, em 1852. O símbolo da associação exibe os nomes dos mártires revolucionários: Mikhaïl Bakunin, preso em Dresden, em 1849, extraditado e encarcerado na Rússia; Lajos Batthyány, nobre húngaro, nomeado Primeiro-Ministro, após a Independência e executado em outubro de 1849, em Peste, pelos austríacos; Jean-Baptiste Baudin, assassinado em uma barricada parisiense, em 1851; Robert Blum, executado em Viena, em novembro de 1848, pelos austríacos; e Danesco (não identificado).

CAPÍTULO 3

O Livro Ganha o Mundo

—▸◦◂—

Habent sua fata libelli*.

TERENCIANO MAURO (século III d.C.)

Um dos acontecimentos mais notaveis, no meio dos extraordinários acontecimentos que tem ocorrido em França, foi a apparição do livro de Mr. Guizot – De la Démocratie en France –, para se avaliar a avidez com que todos o procurarão ler, basta dizer que em menos de quinze dias se venderão 67 000 exemplares, e que elle foi traduzido immediatamente em inglez, em allemão, em hespanhol, e em italiano.

A Sentinela do Throno, Rio de Janeiro, 16 de junho de 1849.

aris, Londres, Bruxelas, Liège, Haia, Maestricht, Utrecht, Oslo, Estocolmo, Berlim, Frankfurt an der Oder, Leipzig, Grimma, Breslau, Viena, Madrid, Palma, Milão, Nápoles, Turim, Lisboa, Nova York, Cidade do México, Rio de Janeiro... Que os livros sejam um produto do século, que eles ganhem o mundo e que eles tenham o seu destino, isso é tudo quanto podemos afirmar, com alguma margem de certeza, diante dessa verdadeira aventura editorial. Porém, como explicar um êxito tão absoluto? A fortuna editorial de *Démocratie* na cartografia europeia e em algumas capitais do Novo Mundo – até onde foi possível apurar – abre um leque de questões sobre a economia internacional do livro e, de modo particular, sobre as condições de recepção de uma obra.

Ao contrário do que sugere a notícia veiculada no jornal carioca, reproduzida na epígrafe do presente capítulo, as informações sobre as tiragens restam imprecisas. Lembremos que no contrato firmado com Victor Masson para a edição francesa e possíveis traduções, excetuando-se o direito sobre a edição inglesa, cujos benefícios eram exclusivos do autor, o editor passava a usufruir da obra pelo prazo de oito anos, independente do número de cópias impressas, das reimpressões e das traduções negociadas[1]. Tal condição o isentou de anunciar as tiragens e as reimpressões ou possíveis reedições, como sói acontecer.

---

1. Capítulo 2, pp. 97-98. É verdade que o sucesso da edição foi alardeado por toda a imprensa europeia, ou, pelo menos, pelos jornais que mantinham contato estreito com as redações francesas (leia-se, parisienses). O jornal madrilenho *El Clamor Público* veicula notícia muito semelhante à nota brasileira: "O sr. Guizot reapareceu na política com a publicação de uma obra, *Democracia en Francia*, a qual conta esgotadas duas edições de cinco mil exemplares cada uma no espaço de

Os biógrafos de Guizot apontam vinte mil exemplares, logo nos primeiros meses após o aparecimento do livro[2]. Mas o jornal assinala uma cifra muito superior, 67 mil, "em menos de quinze dias"[3]. Embora os números não sejam totalmente irrelevantes, sobretudo nesses tempos em que o panfleto político chegou a atingir tiragens verdadeiramente espetaculares[4] – afinal de contas, as inovações observadas na indústria gráfica favorecem igualmente jornais e livros –, vamos nos fixar sobre o potencial de difusão do escrito.

O levantamento das edições de *Démocratie*, impressas exclusivamente em 1849, ou seja, no ano de lançamento da primeira edição francesa, constitui o ponto de partida dessa investigação. São 48 edições impressas nas cidades acima elencadas, a maior parte em traduções, embora a participação da língua francesa em países estrangeiros não seja irrelevante[5]. Muitas perguntas colocadas sobre o aparecimento dessas brochuras não podem ser plenamente respondidas no estágio atual da pesquisa. Todavia, malgrado seu caráter lacunar, o que se justifica essencialmente por razões de carência documental e bibliográfica, foram minimamente sistematizados os elementos que permitem uma análise sobre a inserção e o êxito do livro no circuito internacional, como um todo, bem como alguns aspectos regionais e locais que justificaram tal empresa.

Grosso modo, verificamos que a dinâmica das edições e, em particular, de *Démocratie*, responde aos imperativos da economia do livro, mas também às contingências de natureza geográfica, política, econômica e sociocultural, relacionadas aos espaços e às realidades na qual se insere.

doze dias" (*El Clamor Público*, 23 de janeiro de 1849, p. 3). Veremos, mais adiante, que o *Diario Constitucional de Palma de Mallorca* anunciou a assinatura do contrato do livro entre Guizot e Masson pelo montante de vinte mil francos e, em seguida, tratou de lançar em fascículos uma versão traduzida para o espanhol (capítulo 3, pp. 158-167).

2. "Em dois meses, venderam-se perto de vinte mil exemplares" (Gabriel de Broglie, *Guizot*, p. 378). Segundo Laurent Theis, essa cifra teria sido atingida em "algumas semanas" (Laurent Theis, "François Guizot et ses Éditeurs. Une Page de l'Histoire du Livre au XIXe Siècle", p. 664)
3. *A Sentinela do Throno*, Rio de Janeiro, 16 de junho de 1849, p. 4.
4. *La Vérité Dévoilée aux Ouvriers, aux Paysans et aux Soldats*, impresso por Garniers Frères, em 1849, atinge a marca de 500 a 600 mil exemplares (Jean-Yves Mollier, *L'Argent et les Lettres*, p. 238). Além disso, a publicação de títulos novos aumenta progressivamente: 1830 (6739), 1847 (5530), 1848 (7234) e 1855 (8253) (Theodore Zeldin, *Histoire des Passions Françaises (1848-1945)*, Paris, Seuil, 1994, p. 817).
5. Cf. adiante "Cartografia das Edições de *De la Démocratie en France*, 1849", pp. 169-171.

Em primeiro lugar, como temos insistido, não se pode perder de vista a vocação política da brochura, bem como seu caráter circunstancial e panfletário – apesar das resistências do autor – o que nos leva a refletir sobre fatores conjunturais da política francesa, mas também sobre as múltiplas conjunturas que perpassam as sempre muito confortáveis, tanto quanto ilusórias, fronteiras nacionais. Nesse ponto, ao lançar luz apenas sobre brochuras impressas em território europeu, como não cair na tentação de calcar sobre esta cartografia os sucessos das Revoluções de 1848?

É bem verdade que, de alguma forma, as edições de *Démocratie* exprimem o espírito da reação liberal, apresentando-se, nesse sentido, como um sintoma do "mal-estar europeu" frente às revoluções. Ocorre que essa reação adquiriu intensidades várias. Ela foi certamente mais forte nos locais em que o povo tomou de assalto as ruas, provocando, inclusive, uma resposta armada[6]. Nesse quadro de recrudescimento das ideias e das políticas conservadoras, essa cartografia pode ser lida: dentro de uma estratégia deliberada dos conservadores europeus, no sentido de reorganizar as instituições políticas após a vaga revolucionária; ou como uma atitude profilática, tomada sob o medo de que os ventos revolucionários recobrassem seu fôlego e se alastrassem por novos territórios. É possível que as duas alternativas apresentadas se fundissem em um único objetivo, da mesma maneira que não se pode descartar outras motivações, de caráter local, ou até mesmo subjetivo, tais eram os laços que Guizot criara com algumas figuras de proa da elite política europeia e, mesmo, estadunidense.

Nesse aspecto, é preciso considerar o capital simbólico do autor, logo, sua capacidade de sensibilizar editores, a grande imprensa e seus públicos. É verdade que esse capital não se realiza apenas por seus atributos pessoais, afinal de contas, a persona do escritor se constrói dentro de um ambiente intelectual, político e cultural em que a tradição literária e a língua desempenham um papel de primeira grandeza nas Repúblicas das Letras interna-

---

6. Também seu desfecho deve ser compreendido segundo os diferentes graus de desenvolvimento social, político e econômico desse mosaico chamado Europa, cujos contrastes entre Ocidente e Oriente são gritantes. Assim, "[a revolução] dos anos de 1845-48, embora favoreça a emancipação dos homens do campo da Europa Central, não consegue estabelecer aí um Terceiro Estado capaz de derrubar irremediavelmente o Antigo Regime e suscita em França um novo Grande Medo, o medo dos *partageux*, dos vermelhos" (Robert Schnerb, *História Geral das Civilizações*, t. VI: *O Século XIX. O Apogeu da Civilização Europeia*, trad. J. Guinsburg, São Paulo, Difel, 1958, p. 89).

cionais, mas também entre o leitor comum, na medida em que sua presença se avoluma nas cidades. Como afirma Frédéric Barbier:

> A problemática do comércio internacional do livro no século XIX é dominada pela evolução fundamental da passagem progressiva da antiga "Europa france-sa" do Século das Luzes, para a Europa nova das nacionalidades e dos Estados nacionais, que a elas devem corresponder. Se o francês se mantém, ao longo do período, como a primeira língua internacional e, fundamentalmente, a língua diplomática, se o prestígio de Paris faz dela, ainda, a "capital do mundo" e se a qualidade evidente da literatura francesa do século XIX constitui um elemento muito favorável para a manutenção de uma certa supremacia da "literatura francesa", a concorrência se desenvolve, todavia, provocando, no final das contas, uma revisão profunda dessa supremacia e, consequentemente, uma reorganização das trocas internacionais da edição[7].

Porém, essa reorganização ainda tarda a acontecer. Nos anos de 1840--1850, podemos mesmo afirmar que a "literatura francesa" vive em estado de plena maturidade e expansão, beneficiada, como foi, por fatores políticos e culturais que expuseram seus escritores ao mundo, mas, também, pela capacidade desses mesmos escritores de ler o mundo e de sensibilizar o público com seus escritos. A presença de uma crítica receptiva e atenta, somada às condições materiais de difusão dos textos constituem elementos cujos papéis não podem ser esquecidos.

Deve-se, ainda, considerar o potencial de negociação dos editores, pois nesse pequeno-grande mundo da edição internacional ainda não se invalidaram alguns valores cultivados no Antigo Regime, tais como as redes de proteção e de sociabilidade, que se apresentavam como sustentáculos para a confiança e a troca de informações e favores entre os confrades. Lembremos, segundo narram Martin e Febvre, do longo processo de formação do jovem impressor que, uma vez habilitado a exercer seu ofício, devia partir para outras cidades, tomar contato com novos mercados, prestar serviços em diferentes oficinas para, finalmente, poder demarcar seu pró-

---

7. Frédéric Barbier, *L'Empire du Livre. Le Livre Imprimée et la Construction de l'Allemagne Contemporaine (1815-1914)*, Paris, Cerf, 1995, p. 257.

prio espaço[8]. Essa "cultura" se mantém, como bem o demonstram algumas memórias e biografias de editores do século XIX. A formação de jovens profissionais do livro nos grandes centros europeus, geralmente, oriundos da província, não apenas os habilita a conhecer globalmente o mercado, incentivando alguns a uma especialização na livraria internacional, mas também fortalece as redes de sociabilidade e de negócios[9].

Essas mesmas redes de proteção e confiança garantem, por seu turno, a manutenção e as melhorias do sistema financeiro e dos dispositivos legais que facilitam e regulamentam as trocas de um território a outro. Lembremos que mesmo no interior dos Estados germânicos essas garantias são necessárias, dadas as diferentes leis que regem o comércio livreiro e, até mesmo, o sistema de censura. Uma bolsa de livreiros, Buchhändler--Börse será organizada, em Leipzig, no final do século XVIII. A partir de 1826, ela toma um caráter mais institucional e visa a uma maior integração, sendo rebatizada como Börsenverein[10]. Frédéric Barbier observa, ainda, a importância do Banco de Württemberg, em Stuttgart. A partir de 1850, ele assegura, mediante a cobrança de uma comissão mínima de 0,33%, o pagamento das compras efetuadas por alguns moradores da cidade junto às livrarias francesas[11]. Notemos que a venda de livros estrangeiros era, antes, intermediada por comissários, os quais, por sua vez, quitavam suas dívidas nas feiras, quando editores, livreiros e distribuidores se reuniam. Na Páscoa, a Feira de Leipzig se apresentava como o local privilegiado dessas transações e de novos contatos.

8. Lucien Febvre & Henri-Jean Martin, *O Aparecimento do Livro*, 2. ed., São Paulo, Edusp, 2017, pp. 215-224.

9. "Para um grande número de importantes livreiros alemães, a passagem por uma casa de Paris ou de Londres constitui uma etapa obrigatória de seus 'anos de aprendizagem': citemos Albert Brockhaus (1855-1921), que serviu a Trübner, em Londres, depois a A. Lemoine, em Paris, ou, ainda, Fritz Borstell (1834-1896), aprendiz de Klincksieck, em Paris. Köhler, o fundador do primeiro *Barsotiment*, trabalha um tempo com o parisiense Otto Lorenz (1831-1895), etc." (Frédéric Barbier, *L'Empire du Livre*, p. 264).

10. Essas movimentações em favor de um comércio franco entre os Estados da Confederação Germânica (1815-1866) refletem os esforços da Prússia − cujo território é o mais extenso (vai desde a fronteira com a Polônia czarista até a Renânia), porém, descontínuo − no sentido de minimizar ou derrubar as barreiras alfandegárias impostas por seus vizinhos. Em 1833, o Deutscher Zollverein (União Aduaneira Alemã), comandado pela Prússia, celebra a adesão com a Saxônia (Leipzig), Turíngia, Baden, Nassau, Hesse-Cassel e Frankfurt.

11. Frédéric Barbier, *L'Empire du Livre*, p. 259.

Todavia, nada disso faria sentido sem o concurso de um sistema logístico global, que consiste em fazer circular as pessoas, as informações e as mercadorias, em prazos cada vez mais exíguos, como o demonstra a ampla difusão de *Démocratie*. As agências internacionais de imprensa, o sistema postal, os cabos submarinos, os telégrafos, as ferrovias, os navios e as diligências se apresentam, nesse ponto, como verdadeiros protagonistas de uma história internacional da edição. Esses dispositivos serão apresentados na medida em que os circuitos dos livros forem postos em evidência, pois nos pareceu excessivamente complicado articular em um só bloco essa rede intrincada de transportes que se combina com um emaranhado de faturas, selos, lacres, folhas de câmbio, comissões, jornais, bibliografias, catálogos... enfim, um mar de papéis e de informações a perder de vista, que expressam bem a medida do mundo nesse meio século xix.

Não houve, de nossa parte, um investimento exaustivo em todas as geografias onde se inscreveu *De la Démocratie*. Privilegiamos as regiões tocadas pela Primavera dos Povos e aquelas em que os materiais disponíveis permitiram considerações mais detidas sobre as condições de produção e de comercialização da brochura.

Na tentativa de explorar a lógica das redes do livro, o que automaticamente coloca em primeiro plano o papel das cidades, deixou-se em segundo plano, quando a situação o permitiu, uma abordagem essencialmente centrada na noção de Estado nacional. Os Estados são realidades abstratas, enquanto que nas cidades os sentimentos pulsam, a vida material decanta e as trocas se realizam. O princípio já é bastante conhecido: "cidades e rotas; rotas e cidades"[12]. E sintetiza uma relação evidente, mas pouco explorada: quanto maior o número de cidades, quanto melhores as condições de comunicação e transportes, menores as distâncias entre elas. A história da circulação opera dentro de circuitos, redes e sistemas. Ora, como vincular a atividade mais dinâmica das sociedades ao funcionamento dos Estados, com suas lentidões, quase imóveis? É claro que as instituições estatais têm

12. Logo no capítulo 5 de seu livro Braudel escreve: "Eu não intitulo este capítulo 'Rotas e Cidades', mas 'Cidades e Rotas, Rotas e Cidades', em memória de uma reflexão de Lucien Febvre na primeira leitura destas páginas" (Fernand Braudel, *La Méditerranée et le Monde Méditerranéan à l'Époque de Philippe II*, Paris, Armand Colin, 1949, p. 240 (cf. Marisa Midori Deaecto & Lincoln Secco, "Apresentação à Edição Brasileira", em Fernand Braudel, *O Mediterrâneo e o Mundo Mediterrâneo na Época de Felipe II*, São Paulo, Edusp, 2016).

uma relevância inegável, ao administrar, legislar, fiscalizar e, não raro, "territorializar" os espaços, por meio de acordos diplomáticos, comerciais e militares. Nesse aspecto, não se pode, por exemplo, desconsiderar o poder de coerção da Prússia e a força militar da Áustria sobre os destinos do povo no curso das revoluções de 1848.

Tal escolha tem uma outra razão de ser: as edições alemãs possuem um peso importante em nossa análise, tanto pelo número de brochuras identificadas, quanto pela relevância das relações franco-alemãs nesse período. Mas, também, porque Leipzig, "a cidade do livro" por excelência, desempenha um papel de primeira grandeza na circulação internacional do impresso. Todavia, embora exista uma cultura alemã, alicerçada, inclusive, pela coerência linguística e por sua infraestrutura editorial, a noção de Estado territorial lhe escapa até 1871. A mesma dificuldade se apresenta no caso italiano, cuja unificação se deu em 1870. Porém, nesse aspecto, por motivos que serão expostos mais adiante, prevaleceu uma ideia de nação em detrimento das cidades.

Malgrado todas essas considerações, não podemos perder de vista o "espírito do tempo". O esforço de traduzir o texto e de o aclimatar às condições locais evidenciará, no final das contas, a tensão existente entre os nacionalismos que irrompem em 1848 e uma elite intelectual poliglota que alimenta as francesias no debate político internacional.

É o que veremos nos próximos tópicos.

PARIS; LONDRES; NOVA YORK

Paris e Londres são as duas primeiras cidades a partir das quais a brochura ganha o mundo. E a expressão corrente não tem caráter apenas retórico, pelo contrário, ela deve ser interpretada letra a letra, tal a vocação cosmopolita dessas duas cidades e seu poder de irradiação cultural.

Nessa Europa que se coloca, perplexa, diante da voracidade dos parques industriais e das revoltas operárias, Londres e Paris representam as maiores populações do Ocidente: a primeira com seus dois milhões e meio de habitantes e a segunda com perto de um milhão, nos anos de 1848--1849[13]. As crises econômicas – pensemos na grande fome de 1846 a 1848

13. Benevolo observa, nesse sentido, que as revoluções de 1848 tiveram nas capitais o espaço por excelência das revoltas populares e, por esse motivo, passaram a preocupar profundamente seus

e nas epidemias – e as revoluções que irromperam no velho continente, conduziram à capital londrina uma nova onda de imigrantes, que vieram se somar à população irlandesa há muito radicada na cidade. Refugiados franceses, italianos, alemães e espanhóis formaram comunidades muito ativas durante as décadas de 1830 e 1840.

Em Paris, a afluência de imigrantes não seria menor. De 1830 a 1848, a Cidade Luz encarna o espírito da nação que se volta para o povo, com suas cóleras, suas aflições, suas alegrias e sua luta cotidiana. Assim é o povo imortalizado por Michelet, em sua grande tela histórica. É também a capital dos refugiados. Dos banidos alemães, que correspondiam ao grupo mais expressivo de estrangeiros na França, entre camponeses, artesãos, operários, artistas e intelectuais[14]. A Paris de Mickiewicz (1798-1855), "tão ardente no exaltar as façanhas da gloriosa Polônia, como no descrever os costumes da Polônia oprimida e indomável; um Heine feliz por poder cultivar a amizade da cidade que o compreende, a ele, o humanista a quem assustam os instintos guerreiros do além-Reno"[15]. É verdade que a situação tenha variado bastante desde fevereiro de 1848, ou mesmo antes, com o exílio forçado de militantes comunistas alemães, dentre eles, como já lembrado, Karl Marx[16].

É claro que essas migrações se converteram na produção de jornais, revistas e livros em língua estrangeira, mas também em um poderoso mercado de traduções. Outrossim, na organização de clubes, gabinetes de leitura e bibliotecas, como pudemos constatar em nossa visita à Bibliothèque Polonaise. Impossível não percorrer sua escadaria em caracol sem imaginar que ali, naquele belo imóvel, situado na Île de Saint-Louis, às margens do Sena, Chopin (1810-1849) teria vivido, naqueles anos feéricos de 1848 –

governantes, o que se traduziu em reformas urbanísticas profundas, com o fim de neutralizar as barricadas, as concentrações e os comícios. O fenômeno não ocorre apenas em Paris, no já bastante difundido projeto haussmaniano, mas em Viena, na Prússia e na Itália, após a unificação (Leonardo Benevolo, *La Ville dans l'Histoire Européenne*, Paris, Seuil, 1993, p. 198).

14. "Em 1820, trinta mil alemães residem na França. Em 1848, contam-se cento e setenta mil operários, artesãos e camponeses proletarizados, instalados principalmente na Alsácia-Lorena e em Paris, onde eles são sessenta mil" (Philippe Dewitte, "1830-1848. Les Bannis de l'Allemagne", *Hommes et Migrations*, n. 1257; *Trajectoire d'un Intellectuel Engagé, Hommage à Philippe Dewitte*, pp. 29-33, sept.-oct. 2005).

15. Robert Schnerb, *História Geral das Civilizações*, tomo VI, p. 74.

16. "Assim é que, durante os anos da Monarquia de Julho, Paris conhece um florescimento intelectual que a torna, de fato, a capital do pensamento socialista e comunista: em 1843, o jovem Marx engolfa-se nela" (Michel Winock, *As Vozes da Liberdade. Os Escritores Engajados do Século XIX*, trad. Eloá Jacobina, Rio de Janeiro, Bertrand Brasil, 2006, p. 324).

"ninguém soube, melhor do que ele, servir de embaixador comovente de um povo infeliz"[17]. As transferências culturais se evidenciam na coleção de livros, onde autores alemães e poloneses convivem com as grandes figuras da época: Lamartine, Thiers, Guizot, Tocqueville, Hugo..., enfim, sombras de uma geração que fez da literatura e da política suas principais armas.

Se em Paris *Démocratie* se torna objeto de propaganda ideológica, dada a conjuntura particular em que é lançada, não se pode asseverar que a edição inglesa tivesse uma relação direta com as inquietações de sua elite política, pelo menos no que toca às questões internas. Como escreverá o altivo *whig* Thomas Macaulay (1800-1859), com quem Guizot manteve uma amizade cordial e colaborativa nos assuntos históricos, após o golpe de 2 de dezembro:

> Que mal fizeram as revoluções de 1848? As únicas revoluções cujo desfecho foi positivo foram as revoluções defensivas: a nossa, em 1688, e a revolução france- sa, em 1830. A revolução americana foi, até um certo ponto, do mesmo tipo[18].

Sabemos que a edição londrina resulta de uma situação bastante peculiar, em que nosso autor se encontra no exílio, esforça-se por manter uma vida so- cial e intelectual ativa e por fazer editar seus livros em inglês e francês. Aliás, a tradução de *Democracy*, por Sarah Austin, foi acompanhada de perto pelo autor, na medida em que ele finalizava seu texto e negociava o original e a versão, simultaneamente, com os editores londrino e francês[19]. Além disso, a fácil circulação de Guizot nos salões aristocráticos e a garantia de um amplo leitorado que seguia de perto seus escritos, desde os tempos da Restauração, tornava a Inglaterra, como escreve Theis, sua terceira casa[20].

17. Robert Schnerb, *História Geral das Civilizações*, t. VI, p. 74.
18. *Apud* Laurent Theis, *François Guizot*, p. 269.
19. Ver capítulo 2.
20. Sua estreia em Londres, em março de 1840, como embaixador da França, causou forte impressão: "M. Guizot chegou e é muito popular, tanto suas maneiras são distintas quanto agradáveis", escreve Lady Palmerston à amiga Dorothée de Lieven. Em 1838 saíram os dois primeiros vo- lumes, em inglês, de sua *História da Revolução da Inglaterra*, título de estreia para o público além-Mancha, o que lhe garante um amplo leitorado e um "belo capital de estima e simpatia". Daí em diante, as relações com os ingleses não cessaram de se estreitar (Laurent Theis, *François Guizot*, pp. 263-264).

Democracy in France logrou atingir cinco edições em três meses[21]. Em que pese o prestígio do editor sobre a fortuna do livro e o prestígio da casa editorial fundada por John Murray I, progenitor de uma longa sequência de herdeiros que sustentou seu nome até o ano 2000, quando a empresa e seu arquivo foram vendidos. Aliás, nesse mesmo escritório localizado na Albermarle Street, em uma tarde fria de maio de 1824, o manuscrito das memórias de Lord Byron foi incinerado na lareira[22].

Certamente amparada por uma imprensa anglo-saxônica vigorosa, que cobria as duas partes do Atlântico[23], a edição nova-iorquina não tardou a vir à luz[24]. A brochura foi publicada por D. Appleton & Co., em cujo catálogo figuram três outros títulos do autor: *History of Civilization in Europe*, edited by Prof. Henry, in-12, $ 1; *Complete History of Civilization*, translated by Hazlett, 4 vols., $ 3,50; *History of English Revolution, 1640*, 1 vol., $ 1.25. Esses mesmos títulos aparecem em duas seções do catálogo: "Popular Works" [27] e "Historical and Biographical Works" [28]. Se, de um lado, a segunda seção se endereça a um público mais especializado, na primeira, em que se apresenta, inclusive, o preço de cada volume, o editor evidencia o desejo de ampliar seu público.

De modo geral, o catálogo de D. Appleton & Co. apresenta total afinidade com as obras de Guizot, sugerindo que a edição de *Democracy* não resultou de um esforço circunstancial, mas de um programa de publicações já bem alinhavado entre o editor nova-iorquino e o mercado. Inclusive, o cotejo das duas edições de *Democracy*, a saber, a nova-iorquina e a inglesa, levanta a hipótese de que se trataria de uma mesma tradução, composta e negociada por John Murray[25]. Outras seções dão bem a medida do grau de relevância de D. Appleton & Co. para o comércio de obras históricas, religiosas, técnicas e científicas: logo na abertura, ocupando página intei-

21. "*Democracy in France*. January, 1849. By Monsieur Guizot. Fifith Edition", *The Edinburgh Review*, vol. 89, n. 180, April 1st, 1849, p. 554.
22. Giorgio Van Straten, *Histórias de Livros Perdidos*, São Paulo, Unesp, 2018, pp. 25-26.
23. As revistas mais importantes, como a conservadora *Quartely Review*, dirigida por John Croker, com quem Guizot se entretera em Paris, e a liberal *Edinburgh Review* publicavam amiudemente resenhas de suas obras, desde a tradução de Gibbon, realizada em 1812 e o ensaio sobre Shakespeare, de 1821 (Laurent Theis, *François Guizot*, p. 265).
24. O anúncio da edição nova-iorquina foi publicado em *New York Evangelist*, New York, vol. 20, n. 7, 15 feb. 1849, p. 28.
25. "Cartografia das Edições Estrangeiras de *De la Démocratie en France*", p. 169.

POPULAR WORKS

PUBLISHED BY

D. APPLETON & COMPANY
200 BROADWAY.

HANDY ANDY. By Samuel Lover. Price 50 cents.

£ S. D. TREASURE TROVE. By Samuel Lover. Price 25 cents.

FORTUNES OF HECTOR O'HAL-LORAN. By W H. Maxwell. Price 50 cents.

MARGUERETE DE VALOIS. By Alex. Dumas. Price 25 cents.

HISTORY AND ADVENTURES OF MARGARET CATCHPOLE. By Rev. Richard Corbould. Price 25 cents.

THE PEOPLE. By M. Michelet. Price 38 cents.

NARRATIVE OF THE EXPLOR-ING EXPEDITION TO OREGON AND CALIFORNIA. By Capt. Fremont. Price 25 cents.

THE LIFE OF MAJOR GENERAL ZACHARY TAYLOR. By C. F. Powell. Price 25 cents.

THE FOOL OF THE NINETEENTH CENTURY; and other Tales. By H. Zschokke. Price 50 cents.

MY UNCLE HOBSON AND I; or Slashes at Life. By P. Jones. Price 50 cents.

MEMOIRS OF AN AMERICAN LADY. By Mrs. Grant. Price 50 cents.

THE BETROTHED LOVERS. By Alex. Manzoni 2 vols. Price $1.

AMY HERBERT. A Tale, by Ma Sewell. Price 50 cents.

GERTRUDE. By Miss Sewell. Price 50 cents.

LANETON PARSONAGE. By Miss Sewell. Price 50 cents.

MARGARET PERCIVAL. By Miss Sewell. 2 vols. $1.

THE FAIRY BOWER. A Tale Price 50 cents.

SOMETHING FOR EVERY BODY. By Rob't Carlton. Price 50 cents

TWO LIVES; or To Seem and To Be. By Miss McIntosh. Price 50 cents.

AUNT KITTY'S TALES. By Miss McIntosh. 50 cents.

PREVENTION BETTER THAN CURE. By Mrs. Ellis. Price 50 cents.

A VOYAGE UP THE AMAZON. By W. H. Edwards. Price $1.

A SUMMER IN THE WILDER NESS. By Charles Lanman. Price 50 cents

LIFE OF MARTIN LUTHER. By M. Michelet. Price 50 cents.

HISTORY OF THE ROMAN RE PUBLIC. By M. Michelet. Price 75 cents.

HISTORY OF FRANCE. By M. Michelet. 2 vols. $3 50.

HISTORY OF CIVILIZATION. By F. Guizot 4 vols. $3 50.

27. Seção de "Obras Populares" do *Catálogo de D. Appleton & Co.*, na qual *History of Civilization*, de F. Guizot, figura ao lado de traduções de Michelet.

HISTORICAL AND BIOGRAPHICAL WORKS.

ARNOLD, Dr., Early History of Rome. 2 vols. 8vo............ 5 00
ARNOLD, Dr., History of the Later Roman Commonwealth. 8vo........................... 2 50
ARNOLD, Dr., Lectures on Modern History, edited by Prof. Reed. 12mo,................. 1 25
ARNOLD, Dr., Life and Correspondence, by the Rev. A. P. Stanley. 2d ed. 8vo............ 2 00
BURNET'S History of the Northwestern Territory. 8vo,........ 2 50
DOIT'S History of Puritanism. 12mo,......................... 1 00
CARLYLE'S Life of Schiller. A new ed. 12mo.................. 75
EVELYN'S Life of Mrs. Godolphin, edited by B'p of Oxford. 12mo......................... 50
FROST, Prof., History of the United States Navy. Plates, 12mo, 1 00
FROST, Prof., History of the United States Army. Plates, 12mo, 1 25
FROST, Prof., History of the Indians of North America. Plates, 12mo......................... 1 00
FROST, Prof., History of the Colonies of America. 12mo. Illustrated........................... 1 00
FROST, Prof., Life of General Zachary Taylor. 12mo. Illustrated........................ 1 25
☞ GUIZOT'S History of Civilization in Europe, edited by Prof. Henry. 12mo......................... 1 00
☞ GUIZOT'S Complete History of Civilization, translated by Hazlett. 4 vols................... 3 50
☞ GUIZOT'S History of the English Revolution, 1640. 1 vol....... 1 25
GAYARRE'S Romance of the History of Louisiana. 12mo.... 1 00
HULL, Gen., Military and Civil Life. 8vo,.................... 2 00
KING, Col., History of the Argentine Republic. 12mo........ 75
KOHLRAUSCH'S Complete History of Germany. 8vo......... 1 50
MICHELET'S History of France, from the Earliest Period. 2 vols. 5 00

MICHELET'S History of the Roman Republic................. 1 00
MICHELET'S History of the People............................ 63
MICHELET'S Life of Martin Luther......................... 75
NAPOLEON, Life of, from the French of Laurent De L'Ardeche. 2 vols. 8vo 500 cuts......... 4 00
O'CALLAGHAN'S Early History of New-York. 2 vols.......... 5 00
ROWAN'S History of the French Revolution. 18mo. 2 vols. in 1 63
SOUTHEY'S Life of Oliver Cromwell. 18mo.................... 38
STEVENS' History of Georgia. vol. 1........................ 2 00
TAYLOR'S Natural History of Society in the Barbarous and Civilized State. 2 vols. 12mo.... 2 25
TAYLOR'S Manual of Ancient and Modern History. Edited by Prof. Henry. 8vo............. 2 50
TAYLOR'S Ancient History— Separate...................... 1 50
TAYLOR'S Modern History— Separate...................... 1 50
Used as a Text-book in several Colleges.
TWISS' History of the Oregon Territory. 12mo............... 75
SPRAGUE'S History of the Florida War. Illustrated.......... 2 50

LAW BOOKS.

HOLCOMBE'S Digest of the Decisions of the Supreme Court of the U. S., from its Commencement to the present time. Large octavo, law sheep............. 6 00
HOLCOMBE'S Supreme Court Leading Cases on Commercial Law. 8vo. Law Sheep........ 4 00
SMITH'S Compendium of Mercantile Law. With large American additions, by Holcombe and Gholson. 8vo. law sheep...... 4 00
These volumes are highly commended by Justices Taney and Woodbury, Daniel Webster, Rufus Choate, Chancellor Kent, &c.
WARREN'S Popular and Practical Introduction to Law Studies. With American additions, by Thos. W. Clerke. 8vo. law sheep 3 50

28. Seção de "Obras Históricas e Biográficas" do *Catálogo de D. Appleton & Co.*, na qual figuram três títulos traduzidos de F. Guizot.

ra, "Works by Michelet" seguida de "Standard Historical Works", "Lord Mahon's History of England", "Ollendorf's New Method of Learning to Read, Write and Speak the German, French, Italian, Spanish Laguage", "Books for Family Reading", "Illustrated Standard Poets", "Miscelaneous", "Science and Useful Arts" e, para fechar o catálogo, em plena página, "Religious Works"[26].

Uma nova referência a *De la Démocratie*, embora o exemplar não tenha sido encontrado, figura no catálogo de obras impressas em Londres, no período de 1837 a 1852. Ou seja, o exemplar foi muito provavelmente depositado na British Library, conforme a legislação. Trata-se de uma edição em francês, in-12, publicada em janeiro, por Horncastle. O editor misterioso teria, nesse mesmo período, editado dois livros de Lamartine: *Trois Mois en Pouvoir*, in-12, em setembro de 1848 e *Les Confidences*, 2 vols., in-18, em março de 1849, cujas referências se encontram no mesmo catálogo[27]. Tratar-se-ia de uma editora especializada em literatura francesa? E, nesse sentido, caberia perguntar se essa editora guardava relações próximas com o mercado belga, onde novas edições de *Démocratie* vinham aquecer o comércio já bastante movimentado de francesias.

INTERMEZZO BELGA

Para o historiador Henri Pirenne, a história belga deriva de três elementos fundamentais: a posição excepcional do país, na confluência entre as culturas românica e germânica; o fato da unidade nacional, conformada em termos culturais e sociais, ter precedido à política; e a coexistência de diferentes grupos étnicos, notadamente, flamengos e valões[28]. Em 1830, uma revolução burguesa e liberal selou a independência da Bélgica. Desde a coroação de Leopoldo I, em 21 de julho de 1831, o país se afirmou como uma monarquia constitucional e uma democracia parlamentar, re-

---

26. O catálogo conforma dez páginas não enumeradas e se encontra afixado no final do volume de *Democracy in France*, New York, D. Appleton & Co., 1849, 110 p. Exemplar pertencente à University of Califonia, digitalizado e publicado em Archive.org.
27. *The British Catalogue of Books, Published from October 1837 to December 1852: The Date of Publication, Size, Price, Publisher's Name, and Edition*, Sampson Low, Son & Co., London, Sampson Low and Son, 1853.
28. Cf. Marisa Midori Deaecto, "O Pesadelo do Historiador", em Henri Pirenne, *Lembranças do Cativeiro na Alemanha*, São Paulo, Edusp, 2015.

gida por uma constituição laica, baseada no Código Napoleônico. Uma jovem nação, todavia, cindida por duas culturas, duas línguas e uma capital francófona.

O mercado editorial belga se organiza, destarte, em resposta a coerções de natureza geográfica, política e econômica. Se, do ponto de vista histórico, sua capital, Bruxelas, resguardou uma forte tradição flamenga, esta foi pouco a pouco perdendo território e poder político para uma elite mais afeita à língua e às matrizes culturais gaulesas, processo que se consolida após a unificação do Estado. Entre 1830 e 1848, a cidade atraiu imigrantes de várias partes do continente, empurrados como foram pela crise econômica e pela repressão política. O caráter fortemente cosmopolita de Bruxelas, que justifica seu peso global entre 1840-1850, define-se, nesse sentido, por sua composição demográfica, mas também por sua situação geográfica. A capital se encontra no enclave de uma região densamente povoada e historicamente urbana, fato que diminui sensivelmente as distâncias em relação às cidades europeias: na Inglaterra, pelas conexões marítimas; na Alemanha renana, na Áustria, no norte da Itália e na França, por via terrestre, em breve, pela ferrovia[29].

Embora não se possa inferir que esses aspectos tenham um peso predominante sobre o comércio de contrafações da literatura francesa, a partir de Bruxelas, não restam dúvidas de que elas exerceram um papel nada negligenciável sobre essa realidade. Da mesma maneira que a situação estratégica da capital, em relação aos centros urbanos europeus e às rotas de comércio internacional, apresenta-se como fator positivo para a ampla difusão das brochuras belgas, como testemunham, hoje, as coleções de bibliotecas do Rio de Janeiro a Bucareste... e alhures[30].

O período forte das editoras especializadas na produção francesa, de belas-letras, romances populares, literatura científica, política e panfletá-

---

29. *Histoire de l'Europe Urbaine*, tome II: *De l'Ancien Régime à nos Jours. Expansion et Limite d'un Modèle*, sous la Direction de Jean-Luc Pinol, Paris, Seuil, 2003, pp. 13-38.
30. Cf. Sobre a presença forte das edições de Bruxelas na Romênia, citamos, dentre as muitas contribuições de Jacques Hellemans, a conferência proferida na Biblioteca Metropolitana de Bucareste, "La Circulation du Livre Bruxellois dans La 'Belgique de l'Orient' (1830-1865)", em 20 de outubro de 2017. Nelson Schapochnik observou a circulação de contrafações belgas em "Pirataria e Mercado Livreiro no Rio de Janeiro: Desiré-Dujardin e a Livraria Belgo-Francesa, 1843-1851", *Revista de História*, n. 174, pp. 299-325, jan.-jun. 2016, São Paulo.

ria, compreende as décadas de 1820 a 1840[31]. Desde então, os editores especializados nesse ramo não apenas contaram com o apoio estatal, como foram compelidos a exportar seus produtos, considerando a pouca elasticidade do mercado interno e sua dificuldade de penetração nas fronteiras francesas – uma vez que as alfândegas eram particularmente vigilantes em relação aos impressos belgas. Para tanto, foram organizadas sucursais no exterior, principalmente em Londres e em Leipzig[32], o que garantia uma larga clientela no território europeu e em outras partes do mundo, dada a posição privilegiada dessas duas cidades fortemente mercantis e a expansão crescente da francofonia, desde o século XVIII[33].

Esse quadro tanto justifica, em grande medida, a quantidade de editoras que investiram na impressão de *De la Démocratie*, quanto testemunha seu forte potencial de difusão.

Ironia da história, François Guizot lutou, de forma aguerrida, contra a produção e circulação das brochuras belgas. Segundo Jacques Hellemans:

31. Em Liège, as contrafações *bruxelloises* circulam em profusão. Após o Congresso de Viena, a velha cidade, domínio de príncipes e bispos, será anexada à Holanda. Assim, a presença da Universidade e as mudanças políticas tornam sua população mais sensível à literatura francesa, particularmente às obras de Lamartine, promovidas pela Société Catholique de Belgique. Porém, com o passar dos anos, aumenta a permeabilidade a um *corpus* literário amplo, o que justifica a presença forte de livrarias e editoras especializadas nas francesias (Daniel Droixhe, "Reflexions sur les Catalogues de Librairie à Liège dans la Première Moitié du XIXᵉ Siècle", *Le Commerce de la Librairie en France au XIXᵉ Siècle*, sous la direction de Jean-Yves Mollier, Paris, IMEC Éditions, 1997, pp. 329-339.

32. Segundo Jacques Hellemans: "[...] percebendo que, enquanto as vendas das contrafações permanecessem limitadas ao mercado interior, os lucros seriam restritos, Guilherme I estimulou, como ramo do comércio e da indústria, essa mina de ouro que era a contrafação, favorecendo desse modo a imprensa. Chegou ao extremo de distribuir bônus aos livreiros-editores exportadores ("O Comércio Internacional da Livraria Belga no Século XIX. O Caso das Reimpressões", *Livro – Revista do Núcleo de Estudos do Livro e da Edição*, n. 1, São Paulo, Ateliê Editorial, 2011, p. 92). Notemos que a editora Méline, Cans et Cie atuava em Bruxellas, Livorno e Leipzig. Aliás, não são inexpressivas as editoras com filiais ou comissários em Leipzig (cf. "Cartografia das Edições de *De La Démocratie...*", pp. 169 e ss.).

33. Na realidade, já havia se consolidado a prática da edição de obras clássicas francesas em outros países. Notemos que muitos desses volumes passaram a ocupar o circuito da bibliofilia nos tempos da Monarquia de Julho. É o que atesta essa passagem do catálogo da livraria-editora Brockhaus & Avenarius, de 1847: "Um outro setor importante do qual nos ocupamos é aquele das obras francesas antigas, publicadas seja na França, seja na Holanda, ou às margens do Reno, em Colônia etc., as quais se encontram na Alemanha frequentemente com preços bem moderados" (*apud* Helga Jeanblanc, *Des Allemands dans l'Industrie et le Commerce du Livre à Paris (1811-1870)*, Paris, CNRS, 1994, p. 126).

Em 18 de outubro de 1836, a pedido da Société des Gens de Lettres, o Ministro da Instrução Pública, Guizot, instituíra uma missão encarregada de "buscar todos os meios próprios para prevenir os inconvenientes da contrafação de livros franceses no exterior, seja por medidas legislativas, seja pelo recurso de negociações com algumas potências literárias".

Na ausência de leis e de convenções internacionais que regulamentassem o comércio da livraria, com o fim de inibir a circulação de edições piratas, o parecer apresentado ao Ministro não era nada alentador:

> No relatório apresentado em 15 de janeiro de 1837, a comissão estabelecia que a contrafação belga não poderia ser diretamente atingida, pois não existia uma contrapartida real – a contrafação não era bem desenvolvida na França – para que se pudesse propor algo em troca pelo fim desta prática na Bélgica. A comissão irá sugerir, no entanto, a criação de obstáculos para as exportações da edição belga, através de acordos com países estrangeiros.

Finalmente, como conclui Hellemans,

> [...] a solução partiu dos editores parisienses, que decidiram imitar os contrafatores belgas ao imprimir livros tão baratos quanto os deles[34].

Para além do evidente êxito das edições belgas, o levantamento sugere algumas outras conclusões. Considerando os circuitos de produção e comercialização das contrafações, é possível inferir que essas brochuras flexibilizaram bastante as escolhas da clientela em relação à oferta de Victor Masson, o editor parisiense. Primeiramente, no que toca ao preço de capa, pois, de modo geral, uma brochura belga podia custar 50%, 60% ou até mesmo 70% mais barato do que um volume francês. Os fatores que definem essa redução drástica do preço são, basicamente: a isenção de custos com direitos autorais; a impressão em papel de qualidade inferior; a opção por formatos menores, em geral, in-12, in-32, portanto, mais econômicos; e a prática de se compor as páginas com uma tipografia cerrada, com o mínimo possível de espaços

---

34. Jacques Hellemans, "O Comércio Internacional da Livraria Belga no Século XIX. O Caso das Reimpressões", *Livro* n.1, pp. 89-98.

em branco[35]. Esse modelo de brochura popular será amplamente difundido nos mercados italianos e alemães. E, a partir daí, por todo o Leste europeu.

PRÚSSIA; SAXÔNIA: TRADUÇÕES E TRANSFERÊNCIAS

Às vésperas da Revolução de 1848, Frederico Guilherme IV governava a Prússia com mãos de ferro. No afã de se distanciar da imagem um tanto austera do pai, ele não se furtava a conceder algumas benesses ao povo: anistiou os condenados políticos e garantiu maior liberdade à imprensa. O rei "romântico" apreciava a Idade Média cristã, era amigo dos sábios e dos artistas, mas inimigo da Constituição ou de qualquer reforma que colocasse em xeque seu poder absoluto.

No entanto, ao observar o liberalismo vitorioso em todo o Ocidente e a iminência do socialismo, mas também porque necessitava de divisas para modernizar seu reino, nesses tempos em que as ferrovias se ampliavam a todo o vapor, unindo os territórios, ele assentiu formar uma Câmara, para a qual manteve o nome de Landtag, em respeito à tradição. A primeira seção foi inaugurada em 7 de abril de 1847. No discurso de abertura se define bem o caráter feudal e reacionário da Prússia, outrossim, as resistências a qualquer tentativa de transformação:

> Jamais suportarei – discursa o rei austero, diante dos representantes da Land-tag – que entre Deus, Nosso Senhor no céu e nossa pessoa se insinue uma folha de papel escrita, como uma segunda Providência, para nos reger por seus parágrafos, em lugar de nossa velha fidelidade[36].

Mas o tempo da política se acelera e o monarca deverá mudar sua retórica na primavera seguinte. Em 3 de março de 1848, o povo toma as ruas de Berlim e Frederico Guilherme IV o recepcionará no palácio com tiros de canhão. A multidão rebelada não retrocede, antes, exibe seus mártires a um rei acuado. Passados alguns dias, em 19 de março, esse mesmo rei se renderá às exigências dos revolucionários – ou, pelo menos, a uma parte

35. Cf. *Préfaçons et Contrefaçons Belges (1816-1854): Catalogue Enrichi d'une Préface et de Notes par J. Culot, Bibliophile Bruxellois*. Bruxelles, A la Librairie Fernand Miette, 1937.
36. *Apud* Charles Seignobos e Charles Rolland, *Cours d'Histoire. À l'Usage des Écoles Normales Primaires et des Candidats au Brevet Supérieur*, Paris, Armand Colin, 1910, p. 346.

delas. Ele empunhará a bandeira tricolor alemã, preto-vermelho-ouro, e cavalgará, altaneiro, pela capital, entre seus súditos. À noite, discursa: "Eu tomo hoje a direção em um momento de perigo, meu povo não me abandonará e a Alemanha confiante se unirá a mim; a Prússia se funde, agora, com a Alemanha"[37].

Estava selada a promessa de uma Constituição. Frederico Guilherme se proclama o soberano constitucional e chefe do partido alemão. Desta feita, a contrarrevolução se convertia em um movimento nacionalista, liderado pelo Königreich Preusen, que sustentava o projeto, ao final malogrado, de um Reich. Não podemos esquecer que as suas ambições foram, enfim, barradas por uma população sedenta por reformas, mas, também, pelo Império Austríaco (Kaiserreich Österreich), não menos retrógrado e não menos imponente.

Enquanto isso, o povo manteve viva a utopia revolucionária, até o outono de 1849. Uma luta renhida, sem dúvidas, nas principais cidades germânicas, da grande Prússia à "Pequena Alemanha", "do Mosa ao Niemen, do Adige ao Belt", como canta seu hino[38].

E se as Revoluções não alcançaram uma nova primavera, elas lograram transformar a história política alemã em um antes (*Vormärz*), seguido de um depois (*Neue Ära*). É que, uma vez abafada a fase tempestuosa, que atingiu não apenas os Estados alemães, mas também uma outra geografia que orbitava sob seu poder, de Praga a Budapeste (e suas províncias), reacende-se o debate sobre o regime político. As possibilidades abertas à monarquia constitucional, ou seja, a um *juste milieu* à moda alemã, fazia todo sentido para aqueles setores da burguesia que já não consentiam um retorno ao Antigo Regime, da mesma forma que não viam com bons olhos uma difícil, porém, nada improvável, vitória da república social. Pois é preciso reconhecer o caráter profundamente conservador e religioso da socie-

---

37. *Idem, ibidem.*
38. Em Bade, a Revolução havia eclodido em 27 de fevereiro, na cidade de Manheim. Em 1º de março o povo ocupa a Ständhaus, em Karlsruhe. Em 5 de maio, o movimento atinge Heidelberg; de 2 a 20 de abril o povo se subleva em Hecker; de 21 a 25 de setembro, há a sublevação de Struve. Em Frankfurt am Main, capital da Confederação Alemã e sede do Parlamento, as lutas serão tão dramáticas quanto em Berlim. Em 31 de março os revolucionários conduzem a abertura de um pré-parlamento, que se confirma em 18 de maio. Em 28 de junho haverá a proclamação de um governo central provisório. As lutas nas ruas se acirram em 18 de setembro e se estendem até o fim do ano, quando, em 27 de dezembro, são votados os primeiros termos de garantia dos direitos fundamentais do cidadão.

dade alemã[39]. E, se, como escreve o deputado Robert Blum (1807-1848), de Frankfurt, em abril de 1848: "a República transformou os [conservadores] em velhas senhoras"[40], não se pode, contudo, duvidar da lealdade "que prevalecia no espírito da população alemã, habituada à vida rotineira que se estendia dos pequenos principados ao governo patriarcal, e economicamente dependente dos seguros sociais e das guarnições"[41].

Esse retrato ganha contornos mais claros, quando se observa que

[...] o que a burguesia comercial e industrial desejava era, após a ab-rogação de certas formas do feudalismo, sua participação na elaboração das leis por intermédio de um Parlamento eleito. Em nenhum momento, antes de 1848, os liberais se pronunciaram em favor da soberania popular, nem mesmo em favor de uma separação dos poderes. Não foi a forma monárquica do Estado, mas o poder da burocracia que eles colocaram em questão. Ora, o essencial do que eles haviam reivindicado, não obtiveram? A Constituição prussiana de dezembro de 1848, outorgada por Frederico Guilherme IV, se fez conforme as exigência dos liberais, que se declararam "desarmados" pelas concessões reais[42].

Desnecessário reproduzir todo o enredo da brochura de Guizot, a fim de se compreender em que medida suas palavras serviam como uma luva para as ambições de uma elite ciosa pela manutenção da ordem, salvaguarda da propriedade e modernização de suas instituições políticas. Alguns representantes burgueses do Parlamento de Frankfurt não demoraram a se desinteressar pela vida política, especialmente após a radicalização das lutas

39. Friedrich Engels, *Revolução e Contrarrevolução na Alemanha*, tomo I, Lisboa, Progresso/Avante!, 1982.

40. Robert Blum se elegeu deputado para o Parlamento de Frankfurt após a Revolução de Março. De origens modestas e autodidata, ele iniciou sua vida profissional como artesão, tornou-se secretário de um teatro e, finalmente, livreiro em Lepzig. No Parlamento, atuou na ala dos democratas radicais, que defendiam uma república alemã. Ele tomou parte da insurreição em Viena, em outubro de 1848, sendo, então, assassinado pelas tropas austríacas.

41. Jacques Droz, "Travaux Récents sur la Révolution de 1848 en Allemagne", *Revue d'Histoire Moderne et Contemporaine*, tome I, n. 2, avril-juin 1954, p. 149.

42. O autor se beaseia na leitura de H. Wegge, "Die Stellung der Oeffentlichkeit zur Oktroyierten Verfassung und die preussische Parteibildung 1848-1849", *Historische Studien*, Band 215, Berlin, 1932 (Jacques Droz, "Travaux Récents sur la Révolution de 1848 en Allemagne", pp. 149-150).

que conduziram ao assassinato de Felix von Lichnowsky (1814-1848) e do General Auerswald (1792-1848)[43].

A conjuntura política e a presença de um leitorado cativo fizeram de *Über die Demokratie in Frankreich* um êxito editorial. Na verdade, a obra histórica de Guizot era vertida para o alemão desde a década de 1820. Mas seus livros ganharam, de fato, expressão nos anos de 1840, ou seja, no ápice de sua carreira como homem público. Tal fato fez de seu escrito um sinal de alerta para toda a elite política europeia, ameaçada, como estava, pela grande onda democrática.

Pelo menos, é o que se pode concluir após a leitura de um prefácio raro, escrito pelo tradutor Ludwig Hahn (1820-1888), para a edição em alemão, de Breslau. Assim escreve, com notável entusiasmo:

> O escrito de Guizot sobre a *Democracia na França*, apesar de seu diminuto tamanho, é a coisa mais significativa que apareceu no campo político desde há muito tempo. [...]
>
> Se se quiser prestar um grande serviço a muitos, dever-se-ia alcançar a sua difusão especialmente entre as associações políticas.
>
> Breslau, 10 de fevereiro de 1849[44].

A biografia política do tradutor e prefaciador define, em grandes linhas, senão o perfil do leitorado, pelo menos aquele dos propagandistas de François Guizot, donde nosso desejo de recuperá-la com mais vagar. Há, além disso, o interesse de conhecer, na medida do possível, a psicologia dessa elite conservadora, situada em uma geografia densa, porém, periférica, em relação aos debates que se desenrolavam a partir de Paris.

---

43. É o que exemplificam as trajetórias de Ruperti e Merck, poderosos comerciantes de Hamburgo, mas também de Mevissen, representante da Renânia, de Bessermann, de Baden, entre outros burgueses que demonstraram "um verdadeiro alívio ao abandonar seus postos públicos e retornar aos seus negócios". A análise se vale de biografias e memórias de burgueses que tiveram participação ativa no Parlamento de Frankfurt, desde a eclosão das jornadas revolucionárias, até a vitória da contrarrevolução, em 26 de agosto de 1848 (Jacques Droz, "Travaux Récents sur la Révolution de 1848 en Allemagne", p. 150).

44. *Die Demokratie von F. Guizot,* für das deutsche Volk im Auszuge bearbeit von Ludwig Hahn, Breslau, Verlag von A. Gosohorsky's Buchhandlung (L.F. Maske), 1849, pp. 3-4 (traduzido do alemão por Felipe Lacerda). Trata-se de um resumo do texto de Guizot (cf. p. 182).

Ludwig Hahn é o segundo filho de Eduard Moritz Hahn (1781-1841), professor de matemática do tradicional Gymnasium Maria-Magdalenen, de Breslau. Após sua formação escolar, ele ingressa na Faculdade de Teologia da Universidade de Breslau e, em seguida, na Universidade Humboldt, de Berlim – as duas instituições foram fundadas por Frederico Guilherme III (1770-1840), rei da Prússia, no início do século. O contato com a cultura francesa se dá na juventude, quando ele se torna preceptor do filho do diplomata francês, futuro Ministro das Finanças de Luís Filipe, Jean-Georges Humann (1780-1842). Durante a temporada parisiense, Hahn estreita relações com os homens fortes da Monarquia de Julho, dentre eles o Duque de Broglie, François Guizot, Adolphe Thiers e Victor Cousin. Dessa convivência ele descobre sua vocação política e literária. Em 1846, publica uma história dos jesuítas. Em 1848, um volume dedicado à história da Sorbonne e outro sobre a queda do regime orleanista[45]. O interesse pela política, nesses anos intensos de 1848-1849, se estende para as traduções de duas personalidades paradigmáticas do conservadorismo francês, em 1848: de Guizot, *Demokratie* e, de Adolphe Thiers, *Das Eigenthum und seine Gegner* (*A Propriedade e seus Oponentes*).

Em 1848, de volta à terra natal, ingressa na imprensa e leciona História em uma *hohere Töchterschule* (escola para meninas). A atuação política no campo conservador lhe abrirá as portas nas repartições públicas prussianas: primeiro, no Ministério da Cultura, em Berlim e, de modo intermitente, em diferentes cargos no governo provincial da Silésia. Em 1855, será nomeado para o Conselho Secreto do Ministério do Interior e, durante todo o período da *Neue Ära*, torna-se responsável pela educação em Stralsund. De 1856 a 1858 é eleito membro da Preußisches Abgeordnetenhaus (Câmara dos Deputados da Prússia). Nessa época, Hahn escreve uma biografia de Frederico II e a do Príncipe-Eleitor Frederico I. Publica, ainda, uma *Geschichte des preußischen Vaterlandes* (*História da Pátria Prussiana*)[46],

45. De Ludwig Hahn: *Geschichte der Auflösung der Jesuiten-Congregationen in Frankreich im Jahre 1845: nach den besten Materialien und unter Benutzung handschriftlicher Quellen*, Leipzig, Brockhaus und Avenarius, 1846; *Das Unterrichts-Wesen in Frankreich, mit einer Geschichte der Pariser Universität*, Breslan, Verlag von A. Gosohorsky's Buchhandlung (L.F. Maske.), 1848; *Ludwig Philipps's Fall beleuchtet durch die Ereignisse seines letzten Regierungsjahres*, Berlin, Dümmler, 1848.
46. Ludwig Hahn, *Geschichte des preußischen Vaterlandes für die reifere Jugend beiderlei Geschlechts und für das größere gebildete Publikum*, Berlin, Hertz, 1855.

obra de tom fortemente nacionalista e popular, que atinge a marca de dezoito edições até 1894.

Nos tempos de Bismarck, sua atuação como propagandista do governo prussiano não será menos aguerrida. Para tanto, ele funda, em 1863, a *Provinzial-Correspondenz*, jornal político, que funciona como porta-voz do governo, na Silésia[47].

Cumpre, finalmente, salientar que a atuação de Ludwig Hahn no campo político prussiano se dá em território de origem e tradição polonesa[48]. Porém, ele representa aquela estreita faixa da população católica, erudita e de posses, que mantinha laços com o centro do poder, ou seja, Berlim.

Uma versão em polonês do texto de Guizot foi igualmente editada em Breslau. Nas palavras do tradutor, publicadas à guisa de Prefácio:

> Uma carta a F. Gizot: Eu estimei ser meu dever tornar acessível aos leitores poloneses *De la Démocratie*, notável fruto da literatura política desses tempos, de acordo com a opinião dos partidários da ordem. Eliminei apenas aquilo que dizia respeito à França. – Deus faça com que meu trabalho possa contribuir para uma compreensão das questões públicas nos seus fundamen-

---

47. Todas essas informações foram compiladas a partir de *Allgemeine Deutsche Biographie* (ADB), Leipzig, Duncker & Humblot, 1904, vol. 49, pp. 709-711 (versão eletrônica).

48. O problema da formação complexa desses territórios germanizados será retomado por Friedrich Engels, em seus artigos sobre a Revolução na Alemanha, justamente porque essas "minorias", como seriam denominadas hoje, foram chamadas a reivindicar suas nações. É o caso, por exemplo, do apoio de setores liberais à guerra polonesa contra o Império Russo. Mas esta guerra não deveria ser igualmente deflagrada contra os prussianos? "A razão deste estado de coisas é esta: desde o tempo de Carlos Magno os alemães têm dirigido os seus mais constantes e perseverantes esforços para a conquista, colonização ou, pelo menos, civilização, do Leste da Europa. As conquistas da nobreza feudal, entre o Elba e o Oder, e as colônias feudais das ordens militares de cavaleiros na Prússia e na Livônia apenas prepararam o terreno para um sistema de germanização mais extenso e efetivo por parte das classes médias comerciais e manufatureiras que, desde o século xv, na Alemanha, como no resto da Europa Ocidental, adquiriram uma importância política e social. Os eslavos e, particularmente, os eslavos ocidentais (polacos e tchecos) são essencialmente uma raça agrícola; nunca tiveram grande preferência pelo comércio e pelas manufaturas. A consequência foi que, com o aumento da população e a criação de cidades, nessas regiões, a produção de todos os artigos de manufatura caiu nas mãos de emigrantes alemães e a troca destas mercadorias por produtos agrícolas tornou-se monopólio exclusivo dos judeus que, se pertencem a alguma nacionalidade, nestes países, são certamente mais alemães do que eslavos. Aconteceu isto, embora num grau menor, em todo o Leste da Europa" (Friedrich Engels, *Revolução e Contrarrevolução na Alemanha*, p. 124).

tos e nos seus efeitos – e para a destruição dessa idolatria tão difundida entre nós que é a Democracia.

Eug. Breza

Wrocław [Breslau], 19 de março de 1849[49].

O documento evidencia bem o espírito de *O Demokracyi Przez F. Gizota*: uma versão do original, do qual foram subtraídas as passagens que interessavam apenas à história da França. Notemos que até mesmo o nome do autor foi vertido para o polonês, no sentido de torná-lo acessível, pelo recurso fonético, ao leitor pouco familiarizado com as letras francesas. Sobre o tradutor, Eugeniusz Breza (1802-1860), sabemos ter pertencido a uma linhagem da aristocracia polonesa, católica, erudita e poliglota[50]. Portanto, sua origem se distancia notavelmente daquela de Ludwig Hahn. Ambos atuavam no mesmo campo conservador e nacionalista de Breslau, porém, em polos opostos. Podemos imaginar que Breza percorreu a mesma geografia densa dos de sua geração e de sua estirpe, com estadas em Paris, Berlim, Viena... nas cidades italianas, enfim, aquele circuito das elites *savantes* da época. Pelo menos, foi esse o retrato que pudemos reconstituir a partir de sua produção bibliográfica[51].

---

49. Traduzido do polonês por Daniel Baric, a partir do exemplar da Bibliothèque Polonaise de Paris.

50. É o que permite entrever o autor na seguinte nota: "Bréza: 'Os genealogistas estão de acordo que a família descende da casa de Brézé, em França". Mais adiante: "Stanislas de Breza foi ministro--secretário do rei da Saxônia, Frederico Augusto I (1750-1827), Duque da Varsóvia (1807-1815) e apoiador de Napoleão (Eugène Breza, *Notices sur les Familles Illustres et Titrées de la Pologne: Suivies de Trois Planches Coloriées Contenant les Armes des Familles Mentionnées dans ces Notices*, Paris, A. Franck, 1862, p. 262).

51. Um belo in-fólio de sua autoria reforça esse retrato imaginário do tradutor: *Die ausgezeichneten Israeliten aller Jahrhunderte, ihre Portraits und Biographien: erstere lithographiert von den berühmtesten Künstlern in Paris*, herausgegeben von Eugen Breza./*Illustrations Israélites: Recueil des Portraits des Juifs les Plus Célèbres de tous les Siècles Accompagnés de leur Biographie, Lithographies par les Premiers Artistes de Paris*, et publiés par Eugène Breza..., ouvrage rédigé en Français et en Allemand en Regard. 1e livraison. Portraits de Mendelssohn, Furtado et Stern, Paris, Impr. de A. Auffray, 1834. Para um retrato dessa elite eslava e de suas relações com famílias judaicas, cf. Daniel Baric, "Moritz Goldmann, Itinéraire d'un Rabbin Novateur, de la Bohême à la Croatie, au Milieu du XIXe Siècle", *Identités Juives en Europe Centrale. Des Lumières à l'Entre-Deux-Guerres*, sous la direction de Daniel Baric, Tristan Coignard, Gaëlle Vassogne, Tours, Presses Universitaires de Tours, 2014, pp. 45-68.

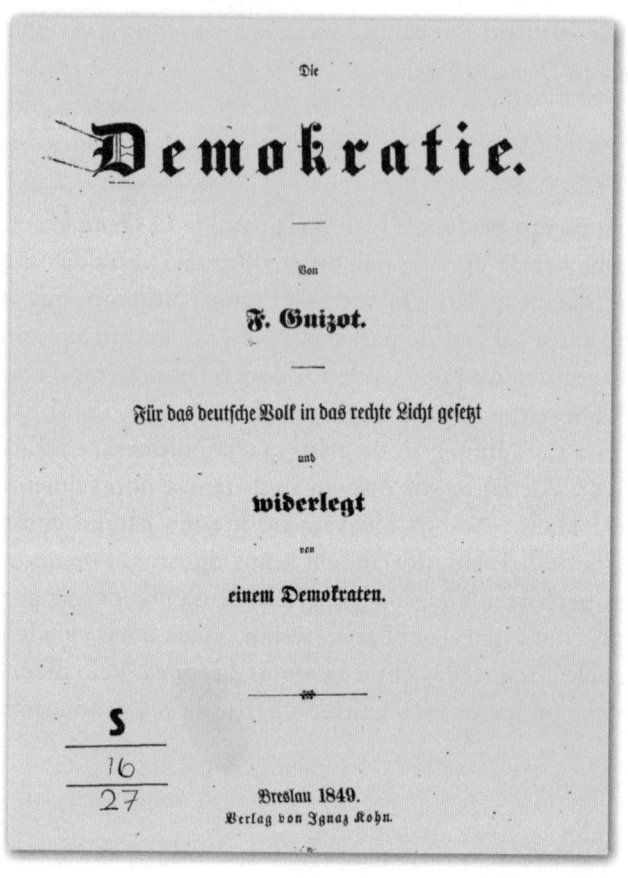

Die

Demokratie.

Von

F. Guizot.

Für das deutsche Volk in das rechte Licht gesetzt

und

widerlegt

von

einem Demokraten.

Breslau 1849.
Verlag von Ignaz Kohn.

29. Esse volume é particularmente interessante, pois nos convida a refletir sobre o quanto o debate em torno da democracia criou um modelo editorial. O autor, que assina sob o pseudônimo de "um Democrata", faz uso do seguinte estratagema: à primeira vista se trata, efetivamente, da brochura *Die Demokratie von F. Guizot*, como temos observado nas edições alemãs. Todavia, a tradução literal do texto impresso na folha de rosto revela outra intenção: *A Democracia, do Sr. Guizot. Editado para o Povo Alemão, Sob as Luzes Corretas e Refutado por um Democrata* (Breslau, 1849). Essa plaquete de dezesseis páginas constitui, com efeito, uma crítica à brochura de Guizot, publicada em Breslau, onde circularam uma edição em alemão e outra em polonês.

© Universitätsbibliothek Johann Christian Senckenberg, Frankfurt am Main.

Em nota à edição de *Monsieur le Marquis de Custine en 1844, Lettres Adressées à Mme la Comtesse Joséphine Radolinska, par Eugène de Breza*[52], escreve:

> Queira o leitor desculpar os erros de francês, dos quais sou o único culpado, pelas razões que seguem: nasci nas margens do Welna[53]; minha excelente amiga, que tem a bondade de rever o que eu escrevo nessa bela língua, encontra-se a trezentas léguas de Saint-Gingolph [na fronteira franco-suíça]; e, finalmente, será um alemão que imprimirá estas letras[54].

Constam no catálogo da Biblioteka Narodowa (Biblioteca Nacional da Polônia) duas obras de sua autoria e uma tradução, todas diretamente relacionadas às questões vigentes em 1848:

- *Organizacja pracy* [A Organização do Trabalho], 1848.
- *Projekt finansowy dla Ligi Polskiej* [Projeto Financeiro para a Liga Polonesa], 1848.
- *Własność i jej nieprzyjaciele* [Da Propriedade e seus Inimigos], tradução de Adolphe Thiers, 1849.

Porém, não foi a partir das bordas da Prússia que a brochura ganhou o mundo.

Sem dúvida, a edição de *Über die Demokratie,* publicada pela proeminente e tradicional casa Trowitzsch und Sohn, sediada em Berlim, com filial em Frankfurt an der Oder, abriu-lhe as portas para o circuito comercial alemão e, certamente, para as livrarias que atravessam as regiões do Oder,

52. Leipzig, Librairie Étrangère, 1845.
53. O rio Wełna tem seu berço não muito longe de Gniezno, cidade em que foi impressa a brochura de François Guizot. Essa área foi anexada à Prússia de 1793 a 1918, pertencendo ao Grande Ducado de Posen, onde se ensaiou uma revolução de caráter nacionalista e emancipacionista, entre março e maio de 1848. O evento despertou os revolucionários de Paris, como o poeta alemão Georg Herwegh, ou os responsáveis pela manifestação de 15 de maio de 1848 (cf. Eugène Breza, *De la Russomanie dans le Grand-Duché de Posen*, Berlin, s. ed., 1836, Catálogo da Bibliothèque Polonaise de Paris).
54. Ainda sobre suas afinidades com a cultura francesa, escreve: "A Polônia se encontrando dividida e incorporada a nacionalidades diversas, pareceu-me conveniente, em lugar de um texto polonês, publicar essa obra em francês, sendo esta a língua mais amplamente compreendida e falada" (Eugène Breza, *Notices sur les Familles Illustres et Titrées de la Pologne*, p. x).

30. Na folha de rosto, lê-se: "*Defesa da Democracia contra Guizot, juntamente com um anexo sobre a Resolução da Segunda Câmara Prussiana, de R. Bernhard Pflücker, Conselheiro do Tribunal da Cidade, eleito Membro da Segunda Câmara.* (Uma edição Francesa aparecerá simultaneamente). 2. ed., Breslau, 1849". O Parlamento Prussiano, após a Revolução, tornou-se bicameral, composto por uma câmara alta e uma câmara baixa, de acordo com a nova Constituição. Esta última foi denominada Segunda Câmara, ou Câmara dos Representantes da Prússia (Preußisches Abgeordnetenhaus, nome adotado em 1855). A seção de abertura se deu em 5 de dezembro de 1848. À primeira legislatura coube, entre outras questões, deliberar sobre o sistema eleitoral do Parlamento Prussiano. O debate era encarniçado: sufragistas, de inspiração francesa, opunham-se aos partidários de um sistema censitário. Em 27 de abril, ao observar o perigo de uma vitória do sufrágio universal, o rei Frederico Guilherme IV encerra as seções, que apenas retomarão seu curso em 27 de maio do mesmo ano. Nesse momento, o sistema censitário, chamado na Prússia de "três classes", sairá vitorioso. A crítica de Pflücker, que atuou na câmara baixa em várias legislaturas, deve ser compreendida nesse contexto de defesa da democracia contra o sistema de ordens ou de classes. Um carimbo da biblioteca indica, com o recurso de uma manícula: "Exemplares consultados não devem ser devolvidos".

© Bayerische Staats Bibliothek.

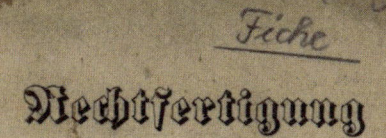

Rechtfertigung

der

Demokratie gegen Guizot.

Nebst einem Anhange

über die

Auflösung der zweiten Preußischen Kammer.

Von

R. Bernh. Pflücker,

Stadtgerichts-Rath und gewesenes Mitglied der zweiten Kammer.

(Eine französische Ausgabe erscheint gleichzeitig.)

Zweite Auflage.

Breslau, 1849.

Verlag von August Schulz & Comp.

☞ **Benutzte** Exemplare dürfen nicht zurückgegeben werden.

do Elba e do Danúbio[55]. Se bem que as duas últimas áreas fossem particularmente servidas pelas casas de Leipzig, as quais participaram com um maior número de edições (4)[56].

Embora não existam nessas brochuras informações paratextuais que nos permitam conhecer os tradutores do texto para o alemão, pequenas diferenças formais ou mesmo relacionadas às escolhas lexicais no momento da tradução sugerem que cada editora trabalhou com sua própria versão[57].

Uma edição em francês, publicada em Leipzig, testemunha o contato direto de alguns editores desta cidade com o mercado parisiense. Em termos logísticos, isso era naturalmente compreensível, pois, como informa Helga Jeanblanc:

> A rede de distribuição foi simplificada a partir de 1847, com a instalação de uma linha ferroviária ininterrupta entre Paris e Leipzig, o que permitiu o trânsito de mercadores para esta última cidade onde se concentram as empresas alemãs especializadas na expedição. Leipzig se torna, nos anos 1850, o único lugar de comissão para o estrangeiro, assegurando à livraria alemã sua correspondência com a Polônia, a Rússia, os países escandinavos, a Holanda, a Bélgica, a França e os Estados Unidos[58].

Dentre as editoras germânicas acima elencadas, a Brockhaus & Avenarius merece um lugar de destaque, em vista da vocação universalista de seus empreendimentos. É o que anuncia o catálogo de 1841, destinado ao

55. Cf. Edmund Mangelsdorf, *Das Haus Trowitzsch & Sohn in Berlin. Sein Ursprung und seine Geschichte von 1711 bis 1911*, Berlin, Trowitzsch & Sohn, 1911.

56. Podemos considerar que Grimma, pequena cidade satélite de Leipzig, organiza seu circuito em função da "cidade dos livros". Tal fato aumentaria esta participação para cinco edições. As redes dos livros alemãs compreendem áreas que se estendem para muito além de seu território, como demonstra F. Barbier. Entre 1845 e 1853, os vagões de trens partiam, diariamente, carregados de volumes de Leipzig em direção a: Aachen, Berlim, Breslau, Dresden, Elberfeld e Frankfurt; semanalmente: Basel, Budapeste, Dortmund, Düsseldorf, Hannover, Colônia, Manheim, Munique, Nuremberg, Praga, Rotterdam, Sttutgard, Suíça, Viena. De Berlim, duas vezes ao dia: Leipzig, Breslau, Dresden, Hamburgo; diariamente: Frankfurt, Colônia, Munique, Stettin; três vezes por semana: Stuttgart, Viena; uma vez por semana: Basel, Lindau (Frédéric Barbier, *L'Empire du Livre*, p. 214).

57. Essas conclusões só puderam vir a lume com a ajuda amiga de Felipe Lacerda, a quem agradeço pelo tempo e disposição dispendidos para esse trabalho de leitura em dupla.

58. *Apud* Helga Jeanblanc, *Des Allemands dans l'Industrie et le Commerce du Livre à Paris (1811-1870)*, p. 50.

público parisiense, quatro anos após a abertura de uma livraria *chic*, na prestigiosa rue de Richelieu, defronte à Biblioteca Nacional, onde antes funcionava a não menos elegante Librairie Bossange:

> Como o nosso objetivo principal é o de facilitar as relações literárias entre a França, a Alemanha, o Norte e o Leste da Europa, relações que se tornam a cada dia mais frequentes, reunimos, em um de nossos salões, tudo o que a Literatura Alemã pode oferecer de mais importante em todas as áreas do conhecimento humano. As pessoas que nos honrarem com suas visitas em nosso estabelecimento, um salão unicamente consagrado à exposição e a fazer passar em revista as mais interessantes produções antigas e novas das Literaturas: francesa, alemã, inglesa, polonesa etc. etc. Jornais, obras literárias e de bibliofilia serão postas à disposição das pessoas que desejarem as produções novas, ou a se dedicar às pesquisas na literatura antiga[59].

Também os editores franceses se tornaram sensíveis à importância de fixar praça em Leipzig. Para se ter uma ideia de como funcionavam essas transações, notemos que a Société Hyacinthe Firmin-Didot:

> [...] abre [em 1838] uma sucursal em Leipzig, centro da livraria europeia e praça reservada dos grandes editores Brockhaus. Se a venda das traduções constitui, desde muito tempo, objeto de um comércio florescente em todo o continente, ela conforma, por seu turno, uma aristocracia e uma burguesia francófonas que mantêm suas exigências sobre obras de grandes escritores em língua original, o que faz de Leipzig o centro por excelência de uma nova organização desse setor da economia[60].

O autor assinala, ainda, uma nova estratégia logística que visava o encurtamento dos prazos de edição e os custos de produção: em 1856, os clichês de *De la Démocratie en Amérique*, de Alexis de Tocqueville, foram expedidos pelo editor Michel Lévy, de Paris, para a Brockhaus & Avenarius, em Leipzig.

59. Jean-Yves Mollier, *L'Argent et les Lettres*, p. 94.
60. *Idem, ibidem.*

O Império Austríaco era composto por um aglomerado de povos reunidos sob um mesmo soberano:

1º. os países hereditários, formados por dez províncias dos Alpes até o Adriático, ocupados por uma maioria alemã e, ao sul, por populações eslavas e italianas;

2º. os países da coroa da Boêmia (Boêmia, Morávia, Silésia) formada por uma maioria eslava, com domínio da língua tcheca e, ao norte, na Boêmia por uma população urbana de origem alemã, ou germanizada.

3º. a Galícia, elevada na Polônia, povoada por duas populações diferentes: poloneses católicos, habitantes do oeste, que conformavam uma aristocracia; os *rhutenes* ortodoxos ou gregos *unis*, que formavam a massa de camponeses do leste. Houve, ainda, a anexação da Bucovina, povoada por romenos;

4º. os países da "coroa de Saint-Etienne", formados por quatro Estados: o reino da Hungria, povoado, sobretudo, pelos magiares, porém, tomado por colônias alemãs nas planícies dos Cárpatos, os chamados saxões e, a noroeste, pelos tchecos; o principado da Transilvânia, povoado por camponeses romanos de religião ortodoxa, submetidos aos magiares e aos saxões; os reinos da Croácia e da Dalmácia, com uma maioria eslava e católica; a província da Sérvia, povoada por refugiados sérvios de religião ortodoxa.

5º. o reino Lombardo-Veneziano, ao norte da Península Itálica.

Diante desse mosaico extremamente complexo, podemos imaginar com que sobressalto a Revolução foi recebida nas portas do Palácio de Viena. Para salvar o trono, o Kaiser tratou logo de entregar a cabeça de seu todo-poderoso-Ministro. Sob os gritos de "Nieder mit Metternich!" (Abaixo Metternich!) – de inspiração guizotiana? – o Príncipe não tardou a deixar a capital, em 14 março e a se refugiar em Londres, onde certamente reconheceu seus pares de França, não menos ressentidos com o destino que tomara seu reino.

Não demorava o tempo em que a Revolução incendiasse as paixões nacionais por todo o Império e se convertesse em uma sangrenta guerra civil.

Difícil apreendê-la com toda a sua riqueza e com todas as suas cores. E embora a reação tenha se tornado particularmente severa a partir de junho de 1848, logrando reverter a independência e cassar todos os direitos dos Estados anexados ao Império, uma única vitória foi garantida na Áustria: o fim dos direitos senhoriais[61].

No que toca ao mercado editorial austríaco, é preciso reconhecer que, a exemplo da Prússia, uma abertura só será relativamente conhecida após a Revolução de 1848. Na verdade, a livre troca era uma tradição apenas no sistema editorial da Saxônia, o que certamente concorreu para o êxito de Leipzig.

Sabemos que a relação do Kaiser Fernando 1 da Áustria (1793-1875) com os livros e a imprensa não era das mais tranquilas. Mas a situação se tornava ainda mais tensa se observada a partir do ponto de vista de seu austero ministro, o Príncipe Metternich (1773-1859). É lícito dizer que a literatura francesa provocava nele um especial estremecimento, sobretudo quando associada às ideias ou aos eventos da Revolução de 1789. Durante os 27 anos em que governou a Áustria, vale acrescentar, com mãos de ferro, Metternich acumulou uma série de desafetos, que iam dos intelectuais franceses aos emigrados alemães, dentre eles, Heine e Marx.

Hobsbawm comenta, por exemplo, que lhe pareceu "desproporcional" a atenção que a polícia secreta austríaca reservou ao livro *Les Paroles d'un Croyant*, de Lamennais, editado em 1834. Talvez, assevera o autor, "porque ao falar a linguagem católica dos apolíticos ele poderia atrair os súditos não afetados por uma propaganda abertamente ateísta"[62]. Essas inquietações não moveram apenas os funcionários da censura, mas duas grandes autoridades da época: de um lado, o Papa tratou de publicar uma Bula em que condenava a obra, enquanto Metternich cuidava de fazer circular por todo o Império, nos reinos italianos, inclusive, uma propaganda contra o poeta. Esses conchavos ficaram registrados na correspondência trocada entre o chanceler e o sumo pontífice[63].

61. Os primeiros parágrafos constituem um resumo do excelente livro de Seignobos e Rolland, *Cours d'Histoire*, pp. 354-362.
62. Eric Hobsbawm, *A Era das Revoluções (1789-1848)*, 3. ed., Rio de Janeiro, Paz e Terra, 1981, p. 131.
63. Christine Maria Grafinger, "La Censure en Autriche", *Mélanges de l'École Française de Rome, Italie et Méditerranée*, tome 121, vol. 2, pp. 371-377, 2009.

Mas a Polizeihofstelle, órgão que controlou toda forma de manifestação cultural, de 1801 a 1848, buscando salvaguardar o espírito da moral, da religião e do Estado, não se interessou apenas pelos títulos mais evidentes, de conteúdo erótico, anticlerical ou socialista. Na lista dos autores mais censurados constava um repertório literário bastante eclético: Paul de Kock, Eugène Sue, Wilhelm Traugott Krug, Alexandre Dumas (pai), Sismondi, Balzac, Étienne-Léon de Lamothe-Langon, George Sand, Sir Walter Scott e Lord Byron[64]. François Guizot aparece na última fileira desse longo inventário, com o mesmo número de processos abertos para Bruno Bauer, Casimir Delavigne, Théophile Dinocourt, Heinrich Elsner, Alexander Müller, Friedrich Nösselt, Louis François Nösselt, Louis Philippe, conde de Ségur, donde se conclui que as atenções da polícia não passavam por um lastro ideológico muito estreito[65].

As buscas nas editoras e nas livrarias eram bastante acintosas. Em 1843, Gerold, futuro editor de *Die Demokratie*, terá seu escritório invadido em consequência de uma denúncia feita por um antigo funcionário. Pesava sobre ele a posse de livros proibidos em um compartimento secreto do escritório. Embora os títulos não sejam explicitados, o denunciando chega à minúcia de esboçar um plano do escritório para apontar, com exatidão, o local onde eram armazenados os volumes criminosos. Outro editor da brochura de Guizot, Sommer, será igualmente citado em inquéritos policiais envolvendo edições proibidas[66].

Nesse sentido, as duas pequenas brochuras impressas em Viena correspondem a um testemunho vivo da *Neue Ära*, em que Guizot, Metternich e o Papa se tornaram apenas espectros do passado. Porém, como temos notado, também naquela Viena desbastada pela tempestade revolucionária, as doutrinas do ex-Ministro francês vinham confortar os espíritos mais temerosos de uma vitória popular. As suas palavras e, de modo particular, o exemplo da monarquia constitucional acenavam para a necessidade de reformas profundas. Afinal, daquele março especialmente tórrido de 1848, não restaram, senão, os estribilhos de uma marcha em homenagem

---

64. Norbert Bachleitner, *Die literarische Zensur in Österreich von 1751 bis 1848*, mit Beiträgen von Daniel Syrovy, Petr Píša und Michael Wögerbauer, Wien/Köln/Weimar, Böhlau, 2017, pp. 167--168.
65. *Idem, ibidem.*
66. *Idem*, pp. 135 e 172.

ao intrépido e temido marechal de campo Joseph Radetzky, e a promessa de uma nova era[67].

BREVÍSSIMO SOBREVOO

Temos insistido que *De la Démocratie* representa, em linhas gerais, o espírito de corpo das elites europeias no sentido de resguardar seus valores baseados na ordem, na família e na propriedade. A defesa desses princípios se apresenta de modo invariável, malgrado o poliglotismo europeu. Ademais, devemos lembrar que François Guizot era, ao lado de Metternich, uma das personalidades mais proeminentes da Europa, antes de 1848. Parece, portanto, compreensível que os conservadores europeus se esforçassem para ver difundidos seus escritos.

Não dispomos de elementos para analisar as edições holandesas, tanto quanto as nórdicas. Nos Países Baixos, Guilherme II, temeroso de que a vaga revolucionária atingisse seu reino, precipitou-se a introduzir, ele mesmo, as primeiras reformas. Para tanto, criou uma comissão presidida por Johan Rudolf Thorbecke (1798-1872) para redigir a nova Carta, que entrará em vigor ainda em 1848. O que dizer do reinado de Oscar I, que desde 1844 se tornara soberano da Suécia e da Noruega, cujo modelo de monarquia liberal se ressentia sobremaneira do conservadorismo observado nos Estados Gerais? Apesar dos *slogans* republicanos sustentados pelas ruas de Estocolmo em março de 1848, o país estava longe de conhecer uma revolução e sua constituição se mantinha intocável desde 1809[68]. Seria interessante conhecer as condições que facilitaram a exposição, nos dias atuais, de um dos mais emblemáticos retratos de Guizot, pintado por Paul

---

67. A *Marcha Radetzky, Op. 228*, foi composta em 1848 por Johann Strauß I (1804-1849) em honra ao marechal de campo austríaco Joseph Radetzky von Radetz (1766-1858), que comandou a repressão sobre as revoltas liberais em Viena, no Reino Lombardo-Veneziano e no Reino da Sardenha, na célebre Batalha de Novara, em 1849. Hoje ela deve grande parte de sua popularidade ao Concerto de Ano Novo da Orquestra Filarmônica de Viena.

68. São conhecidas as relações editoriais entre suecos e germânicos. A célebre casa Treuttel und Würz, como bem demonstra o excelente estudo de Annika Hass, concorria nesse circuito. A casa Bonnier, cujos proprietários eram de origem alemã, apesar da aparência gaulesa do nome, foi responsável pela edição de Guizot em Estocolmo (cf. *L'Europe et le Livre. Réseaux et Pratiques du Négoce de Librairie (XVIᵉ-XIXᵉ Siècle)*, dirigée par Frédéric Barbier et Sabine Juratic, Paris, Klincksieck, 1996; Annika Hass, "Un Libraire Fournisseur de Frandes Bibliothèques Européennes: Treuttel & Würtz", *Histoire et Civilisation du Livre*, n. 11, pp. 161-173, 2015).

Delaroche (1797-1856), por volta de 1839, na Pinacoteca de Copenhague (Ny Carlsberg Glyptotek). Teria o rei nórdico adquirido, ou mesmo recebido lembrança tão valorosa do Ministro francês?

As edições italianas, impressas em Roma, Turim, Milão e em Nápoles não poderiam ter sentido diverso. Elas expressam o sentimento de reação que culminou na "falência dramática da insurreição popular, de caráter democrático que, na Calábria, como em Veneza, em Roma, como na Toscana, foi energicamente reprimida"[69]. A República Francesa participou de perto da expulsão dos republicanos liderados por Giuseppe Mazzini, em Roma, "abrindo as portas para o retorno do papa, ou, em termos políticos, do anacrônico poder temporal dos cardeais"[70].

Mas essa Itália inventada no Congresso de Viena, que na acepção de Metternich não passava de uma "expressão geográfica"[71], agradava tampouco às suas elites, malgrado sua forte influência estrangeira – as francesias, especialmente! Nesse ponto, interessa destacar uma edição bastante peculiar, em que o tradutor se identifica apenas com as iniciais "L. M." O volume é introduzido com um texto apologético, no qual se apresentam aspectos da biografia e da produção bibliográfica de "Francesco Pietro Guglielmo", cujo nome em italiano se apresenta em caixa-alta e grandes caracteres. O texto é assinado por um "Solitario, Dal Castello di Pagazzano". No frontispício, a *imprenta* não deixa dúvidas sobre o caráter político de tal publicação: a palavra "Itália", ainda um projeto de nação, mas não exatamente um Estado, substitui o tradicional nome da cidade onde foi impressa a obra (cf. p. 193).

AS EDIÇÕES NO MUNDO IBÉRICO

Os Estados ibéricos, por seu turno, conheceram as revoluções liberais nos anos de 1820 e 1830. Das revoluções que incendiaram a Europa em 1848, as classes conservadoras ibéricas sentiram apenas o bafejo do medo. Os jornais da época dão bem conta do interesse que as notícias de França e alhures despertavam em seus leitores. A sorte de Guizot, desde o exílio,

69. Marco Santoro, *Storia Del Libro Italiano*, 3. ed., Milano, Editrice Bibliografica, 2000, p. 253.
70. Maurice Agulhon, *O Aprendizado da República*, p. 98.
71. *Apud* Charles Seignobos e Charles Rolland, *Cours d'Histoire*, p. 329.

tanto quanto a de Metternich, era acompanhada passo a passo. Em janeiro, após a publicação de *Démocratie*, a imprensa espanhola aguardava o retorno do ex-todo-poderoso-Ministro para as eleições parlamentares. Ele se tornara, sem dúvida, um símbolo da restituição da ordem. E o aparecimento da brochura vinha coroar essas expectativas[72]. Mas, sabemos, a história é imprevisível, e o futuro reservou outro caminho para nosso personagem.

É preciso considerar que a recepção de Guizot em Portugal e em Espanha pode ser acompanhada a partir de um outro sistema de referências, de natureza política e diplomática. Embora nada disso nos permita prescindir dos elementos característicos da economia internacional do livro, como temos abordado até o momento.

Notemos que a interferência mais efetiva da corte francesa sobre a espanhola se deu em 1846, quando o rei Luís Filipe e seu ministro, Guizot, após uma série de manobras, lograram casar a Rainha Isabel de Espanha com "um jovem príncipe adoentado e fraco de espírito, a quem não amava; [enquanto] sua irmã esposou o filho de Luís Filipe, nesse evento conhecido como o duplo casamento espanhol"[73]. Assim, por duvidar que a rainha pudesse ter filhos de seu consorte, a casa de França esperava que o trono espanhol pudesse ser dominado por um herdeiro Orléans.

Mas as ingerências da diplomacia francesa ultrapassavam as questões de Estado. Manter a Europa sob o domínio conservador parecia um projeto que unia o mundo ibérico à velha corte de Metternich, sob a mediação francesa. Em 11 de dezembro de 1847, portanto, às vésperas da Revolução que abalou os alicerces do Partido Conservador, Guizot felicita um certo "Mon cher Louis" – aparentemente, um alto funcionário da corte espanhola – pela nomeação certa para a embaixada de Lisboa. Porém, o missivista demonstra especial interesse em aconselhar seu interlocutor a guardar

---

72. As notícias sobre François Guizot veiculadas em Espanha, desde o exílio, até a publicação de *Démocratie*, foram recorrentes nos seguintes jornais: *El Clamor Público, Diario Oficial de Avisos de Madrid, La España, La Esperanza, El Heraldo, Diario Constitucional de Palma, El Popular* e *El Observador*. Não foi realizado um trabalho meticuloso sobre a recepção do livro na imprensa espanhola, ou seja, as informações apuradas tomam como fontes aquelas veiculadas nos jornais, a partir da consulta à hemeroteca digital da Biblioteca Nacional de España, complementadas pela bibliografia compulsada. Agradecemos a António Castillo Gómez, professor da Universidad de Alcalá de Henares, pelas orientações de pesquisa.
73. Charles Seignobos e Charles Rolland, *Cours d'Histoire*, p. 341.

relações próximas e de confiança com as casas de Espanha e de Portugal. Isso porque, nas suas palavras:

> A salvação de Portugal, como da Espanha, reside evidentemente na formação e na predominância de um partido conservador-constitucional. O Conde de Tomar lançou o chamado para a fundação desse partido. Nós desejamos muito o seu sucesso. Todavia, o sucesso do primeiro momento é pouco; o verdadeiro sucesso está na duração; e o espírito moderado é a primeira condição da duração[74].

Passemos, em breves linhas, às notícias sobre a recepção do escrito no mundo ibérico.

Em 20 de janeiro, portanto, dez dias após os lançamentos parisiense e londrino, as folhas madrilenhas anunciam:

> *De la Democracia en Francia*, por Mr. Guizot – Desde a manhã de domingo encontrar-se-á este precioso livro à venda, traduzido para o espanhol, nas oficinas da Biblioteca del Siglo, calle de las Huertas, n. 14, principal, e na livraria de Monier. Precede-o uma excelente biografia de Mr. Guizot. Preço 5 rs. Nos mesmos pontos encontram-se à venda as *Confidencias*, por Mr. Lamartine[75].

A Biblioteca del Siglo publicava muito amiudemente autores franceses contemporâneos: Lamartine, Alexandre Dumas, Thiers e, claro, outros títulos de Guizot (George Washington e a tradução de Gibbon). "Casimiro" Monier, mencionado no anúncio [31], divulgara dias antes a venda da edição original francesa de *Démocratie* em sua livraria.

Estamos a tratar de uma conjuntura bastante favorável para a instalação de negociantes estrangeiros na capital madrilenha, em particular, livreiros franceses e alemães, que buscavam ampliar suas redes desde o início da década de 1840. Ao livreiro "Casimiro" Monnier se somaram, na mesma praça comercial, outros distribuidores de edições francesas: os irmãos Poupart, Philippe Denné, André Jaymebon, "José" Bonnat e "Carlos" Bailly-Ballière. Este último fazia parte de um clã de livreiros cujas redes

---

74. Manuscrit Thiers, 686.
75. *La España*, 20 enero 1849, n. 236, p. 4

BIBLIOTECA DEL SIGLO: COLECCION DE LAS OBRAS MAS NOTABLES DE HISTORIA, POLÍTICA Y NOVELAS.==La *Biblioteca del Siglo* ha entrado en el cuarto año de su existencia, vida que por sí sola en nuestros dias demuestra bien las ventajas de una publicacion que ha tenido que luchar con empresas rivales, creadas con el solo objeto de destruirla, y con los trastornos y las crisis de estos últimos años.

En el nuevo año, la *Biblioteca del Siglo*, ademas de terminar las obras pendientes, dará:

El Siglo de Luis XIV, historia-novela de Alejandro Dumas, una de las mejores de este escritor, y que ofrece un vivo interes.

La *Historia de la decadencia y caida del imperio romano*, por Gibbon, continuada por Mr. Guizot, obra de una celebridad europea y que no creemos haya sido traducida á nuestro idioma.

El Collar de la reina, segunda parte de las *Memorias de un Médico*, novela de Alejandro Dumas, y que es esperada con tan viva impaciencia.

Las *Confidencias*, de Lamartine, que sin duda obtendrán la misma boga que su admirable *Historia de los Girondinos*.

La suscricion está abierta en las oficinas de la *Biblioteca*, calle de las Huertas, núm. 11, cuarto principal, y libreria de Mónier, á razon de cuatro reales tomo en Madrid, y cinco en las provincias, en las principales librerias. Las personas que tóman todo lo publicado hasta el dia, ademas de recibir los tomos al precio de suscricion, disfrutan la rebaja del 10 por 100.

Hoy dia quedan existentes algunos ejemplares de la *Historia de los Girondinos*, por Lamartine, de la *Historia de los Reyes Católicos*, por Prescott, de la *Historia de Europa*, por Capelfigue, de las *Memorias de un Médico*, las *Dos Dianas*, *Ascanio*, *Fernanda*, *Gabriel Lambert*, *Una Familia corsa* y *Pascal Bruno*, novelas de Alejandro Dumas; de *La Condesa de Monrion*, novela de Federico Soulié, y de *Un Matrimonio de Paris*, novela de Mery.

Se han agotado las ediciones de *Washington*, *Clara Harlowe*, *Caballero de Casa-Roja*, *Pecados Capitales*, *Martin el Espósito*, *Los Mosqueteros*, *Teverino*, *La Propiedad*, y otras obras publicadas por la *Biblioteca*, que lleva ya repartidos cerca de *ciento veinte tomos*.

En los mismos puntos se vende completa la *Correspondencia secreta de Luis Felipe*, con los retratos de este y de la reina de Inglaterra.

En provincias los pedidos deben dirigirse á D. Agustin Aguirre, editor de la *Biblioteca del Siglo*.

31. *Anúncio da Biblioteca del Siglo* publicado no jornal *La Patria*, Madrid, 14 de janeiro de 1849, p. 4.

de negócios se estendiam de Paris a Londres, passando por Nova York até Melbourne[76].

A edição de *Democracia en Francia* publicada pela Biblioteca del Siglo reproduz os atributos gráficos e materiais do original francês, todavia, com um acréscimo destinado ao público espanhol. De acordo com o anúncio publicitário, o texto é precedido por uma "excelente biografia", sob o título lacônico "Guizot"[77]. O autor do trabalho segue anônimo. Teria sido o próprio editor? Difícil sabê-lo. Na epígrafe, aparece estampada uma mensagem de autoria do homenageado, como a advertir sobre os tempos difíceis que

76. Jean-François Botrel, "Les Libraires Français en Espagne (1840-1920)", *Histoire du Livre et de l'Édition dans les Pays Ibériques. La Dépendance,* Presses Universitaires de Bordeaux, 1986, pp. 61-90.

77. *De la Democracia en Francia* por M. Guizot, Madrid, Imprenta de la Biblioteca del Siglo, 1849, pp. v-xvi.

cercam os governos: "Não há verdadeiro poder senão o poder respeitado; e o respeito só pode pertencer à superioridade". O primeiro parágrafo dessa longa exposição biográfica confirma o tom de advertência que se insinua desde o título:

> [...] no 8 de abril de 1794, três dias após a sangrenta vitória de Robespierre sobre Danton, Camilo Desmoulins – e os homens do comitê de clemência – levantava em Nîmes o cadafalso para um distinto advogado, suspeito também de resistência às vontades do terrível triunvirato, e havia penetrado a desolação no seio de uma das mais honradas famílias do país. Uma mulher desconsolada pedia a Deus que lhe desse forças para superar a imensa dor, pois em um mesmo momento o verdugo a deixava viúva e órfãos seus dois filhos[78].

A nota fúnebre que se imprime ao terror provocado pela Revolução (de 1792 a 1794) faz reverberar a dramaticidade do texto de Guizot. Lembremos que *Democracia* se apresenta, também, como a denúncia de uma Revolução que nunca chega a termo na França. De uma Revolução, devemos recordar, que lhe levara o pai e que provocou tantos reveses em sua família. É, portanto, contra a Revolução, contra Robespierre e tudo o que ele representa, ainda, em 1848, que se volta a brochura. O editor espanhol compreendeu bem seu espírito.

Notemos, finalmente, que os dois parágrafos introdutórios, de autoria de François Guizot, amiúde compostos nas edições estrangeiras como um Prólogo ou Prefácio, recebem aqui um tratamento bastante original, senão, um título excepcional: "Londres, diciembre 1848". Mas Guizot, como pudemos acompanhar, jamais assinara dessa maneira o manuscrito, e tampouco há indícios de alguma alteração nos momentos que demarcam a revisão da prova tipográfica e o aparecimento da edição impressa. Com efeito, ele redigira o texto em Londres (ou, mais precisamente, em Brompton). Trata-se, sem dúvida, de um novo recurso dramático, que consiste em transpor para o livro acabado o percurso de seu autor no exílio. Esse mesmo percurso que fora hodiernamente anunciado nos jornais, até a promessa de retorno do autor à arena parisiense, após o fatídico 10 de janeiro.

---

78. *Idem*, p. v.

Se insistimos nesse "detalhe" é porque ele exemplifica muito bem a cadeia de construção do livro, desde a mão do autor até a mente do editor, para retomar uma ideia de Roger Chartier, evocada anteriormente. Ou seja, o recurso textual e tipográfico que consiste em inserir no cabeço da página uma informação alheia à edição original e, podemos afiançar, ao próprio manuscrito, só pode ser entendido como fruto da mente do editor, ou, no limite, do tradutor. Nesse ponto, importa observar que a figura do editor da Biblioteca del Siglo, cujo catálogo, como vimos, destina-se exclusivamente a traduções de autores franceses contemporâneos – "del siglo" – confunde-se com a do jornalista, redator-chefe e proprietário do jornal *La Patria*, Dom Augustín Aguirre. Ora, a mesma mente que acompanhava as notícias sobre os desenvolvimentos da política francesa e o destino de François Guizot – como o de toda a *entourage* orleanista – não descuidara da promoção de Democracia, de Paris a Madrid[79].

De natureza totalmente diversa foi a edição que o *Diario Constitucional de Palma de Mallorca* fez publicar [45]. Também nesse caso, o jornal acompanhava as notícias do aparecimento do livro desde Paris, ou antes, quando curiosamente registrou o momento de assinatura do contrato de Guizot com Victor Masson, valendo-se de uma nota publicada pela imprensa parisiense. Até aqui, nada de muito original, não fosse a questão geográfica, embora já tenhamos atestado a ampla capilaridade da difusão da brochura. O que efetivamente distingue este exemplar dos demais é o fato de ter sido publicado, no próprio jornal, em fascículos, a partir de 20 de março de 1849.

Leitores portugueses e espanhóis parecem ter compartilhado de um mesmo repertório bibliográfico de matriz gaulesa, tanto no que toca à literatura ficcional, quanto à literatura política. A investigação de Jesús A.

---

79. Uma outra edição de *De la Democracia en Francia* (Enero de 1849), por Mr. Guizot. Obra Traducida y refutada por un publicista liberal, Madrid, Imprenta de los Señores Andrés y Díaz, 1849, não deixou muitos traços de sua história. A referência figura no catálogo da Biblioteca Nacional de Espanha e na bibliografia de Palau. Trata-se, sem dúvida, de um mesmo modelo de crítica que temos observado noutros países, o que se adequa bem aos comentários o livro mereceu de um jornalista madrilenho: "Monsieur Guizot trata com desdém a democracia, mas os grandes fatos consumados nos dez últimos meses subjugaram de uma vez por todas sua erudição e seu orgulho. É mister que a democracia seja poderosa para permitir a conversão da soberba desta inteligência profunda. Abstração baseada de opiniões e sem espírito de originalidade, a obra de Guizot merece ser lida e comentada" (*El Clamor Público*, 23 enero 1849, p. 3).

Martínez, baseada no escrutínio de inventários *post-morten* de diferentes classes de leitores madrilenhos, permite-nos observar, em linhas bem gerais, um predomínio de autores franceses nas coleções analisadas. No campo da política, a presença de livros de Guizot e de seus contemporâneos, notadamente, Thiers, Lamartine e Tocqueville, predomina nas coleções de burocratas e políticos do alto escalão do governo – entre ministros, homens de negócio, magistrados e militares – atuantes em Madrid, em meados do Oitocentos[80].

É o que se verifica em Lisboa, à mesma época. Mas, enquanto o historiador espanhol busca os perfis dos leitores através de suas bibliotecas, Fernando Guedes apresenta um afresco igualmente rico dos livros anunciados pelos livreiros lisboetas. Nesse ponto, cumpre assinalar que tanto quanto as bibliotecas, os catálogos de livrarias revelam a convivência de autores que marcaram diferentes gerações da história literária. Os inventários, nunca é demais lembrar, cuidam de desvelar volumes abandonados no tempo pretérito. Porém, também os livreiros não descuidavam de fornecer os títulos requeridos pelos leitores passadistas. Segundo o historiador português, embora alguns comerciantes tenham se empenhado em arejar o mercado com obras afeitas à cultura liberal, não eram raros os anúncios de antigas novelas cavalheirescas, ou pastoris, bem ao gosto do Antigo Regime. Ao analisar os perfis dos livreiros Bertrand e Rolland, atuantes em Lisboa na primeira metade do Oitocentos, observam-se duas tendências opostas: "um dos catálogos [Rolland] fala bem ao desembargador; o outro [Bertrand] às janotas e aos peralvilhos que irão ocupar, com o liberalismo nascente, os salões da nova sociedade portuguesa".

E, se, de modo geral, os leitores tinham familiaridade com a língua gaulesa, o que certamente dispensava as traduções, o que temos notado, nesse momento, é o interesse pela popularização de certos textos voltados para questões políticas, mas também para a literatura histórica e a narrativa ficcional. Donde a importância e o caráter original das edições da Biblioteca del Siglo, de Dom Augustín Aguirre, em Madrid.

Se insistimos nessas pistas sobre os leitores ibéricos é porque as traduções publicadas em espanhol e em português não deixam de apresentar uma

---

80. Cf. Jesús A. Martínez Martín, *Lectura y Lectores en el Madrid del Siglo XIX*, Madrid, Consejo Superior de Investigaciones Científicas, 1991, pp. 310-330.

certa extravagância, a considerar que tanto os "janotas" quanto os "desembargadores" tipificados pelo autor português, mas facilmente identificáveis nos inventários levantados pelo historiador espanhol, eram "naturalmente" bilíngues. Isso conduziu a uma escassez de traduções de textos franceses na praça lisboeta, à exceção das novelas populares, ao sabor de *Paulo e Virgínia*. Diante desse fato, levantou-se a seguinte questão:

> Será legítimo assumir que a camada culta da população portuguesa era tão bilíngue na época e tão tributária da cultura francesa (ainda que média ou baixa), tão empertigada no seu francês que não gerava ambiente próprio ao aparecimento de traduções das melhores obras dessa mesma França que tanto admirava? Ou essa camada culta era tão diminuta que não justificava o investimento na tradução (como ainda hoje se verifica com as obras científicas)?[81]

Ora, as traduções não se endereçavam às camadas cultas. Elas se dirigiam aos novos leitores, nascidos nessa mesma cultura liberal que parecia, agora, trair seus princípios, por negar ao povo o direito de participação na vida política. Tradutores e editores têm, portanto, um papel fundamental de mediação no processo de publicização do pensamento conservador, por exemplo, quando publicam e difundem para o leitor "del siglo", ou o leitor "popular", o libelo contra a democracia. De alguma forma, eles atuam, juntamente com a classe política, quando não são seus asseclas, no sentido de fazer valer a máxima enunciada por François Guizot, às vésperas da Revolução de Fevereiro, na carta anteriormente citada: "A salvação de Portugal, como da Espanha, reside evidentemente na formação e na predominância de um partido conservador-constitucional".

Interessa, nesse sentido, observar os caracteres distintivos que demarcam as duas edições aparecidas em Lisboa, em 1849, os quais dão a conhecer as estratégias desses mediadores políticos.

A edição de *A Democracia em França*, impressa na Typographia do Popular, foi traduzida por M. J. Gonçalves. Tratar-se-ia, possivelmente, de

---

81. *Idem*, p. 145. O bilinguismo praticado pelas classes letradas é um aspecto comum a todas as sociedades que temos visitado, por meio das edições de *Démocratie*. Parece oportuno, nesse sentido, registrar as impressões de um ilustre viajante. Em sua viagem à Itália, Stendhal nota que a sociedade milanesa – no caso, *la bonne société* – lê as novidades francesas diretamente em francês, o que tornam sem expressão as possíveis traduções.

Manuel José Gonçalves, natural de Lisboa, falecido em 1860. Atuou como escrivão da Junta do Depósito Público e recebeu as honras de Cavaleiro da Ordem de Nossa Senhora da Conceição. Foi colaborador do jornal lisboeta *O Catholico*, e escreveu igualmente no *Estandarte, Matraca, Popular, Lei*, entre outros periódicos políticos[82]. A brochura apresenta o texto completo e reproduz a estrutura do original francês, porém, em uma tipografia muito mais condensada, como que a poupar o número de páginas. Ao fim do volume, uma errata denuncia o caráter emergencial da composição. Nas palavras do editor: "A rapidez com que para satisfazer a curiosidade pública se imprimiu esta obra foi causa de se não poderem evitar alguns erros, que vão aqui emendados"[83].

Uma "nova edição", assim anunciada na folha de rosto, foi traduzida por Marianno José Cabral, bibliotecário da Bibliotheca Pública de Ponta Delgada, na Ilha de São Miguel, nos Açores, sua terra natal[84]. Fundou, em Lisboa, o *Correio Portuguez* e o *Paquete do Tejo*, colaborando ainda no *Conservador*. Esteve no Rio de Janeiro, onde atuou na *Gazeta de Noticias*. Na ilha natal de São Miguel, nos Açores, fundou a *Gazeta da Relação* e a *Ilha*. Possui diversas traduções e edições de originais, sobretudo na área histórica e do almanaque religioso. Não se conhece ao certo a data de seu falecimento, mas acredita-se ter ocorrido entre 1873 e 1875[85]. O volume é aberto por uma dedicatória que não deixa dúvidas sobre o alto valor creditado ao escrito e, evidentemente, ao dedicatário:

> Illmo. e Exmo Sr. Commendador Antonio Borges da Camara Medeiros, Fidalgo da Caza de S.M.F., ex-governador do Districto de Ponta Delgada, na Ilha de S. Miguel,

82. Innocencio Francisco da Silva, *Diccionario Bibliographico Portuguez. Estudos de Innocencio Francisco da Silva Aplicáveis a Portugal e ao Brasil*, Lisboa, Imprensa Nacional, 1862, tomo VI, p. 26.
83. *A Democracia em França*, por Mr. Guizot. Janeiro de 1849. Traduzida do francez M. J. Gonçalves, Lisboa, Typ. do Popular, 1849, 60 p.
84. Neste tomo, Innocencio da Silva liga Marianno (ou Mariano) José Cabral à tradução de *Da Democracia em França por Mr. Guizot* (Innocencio Francisco da Silva, *Diccionario Bibliographico Portuguez*, p. 127.
85. Innocencio Francisco da Silva, *Diccionario Bibliographico Portuguez*, tomo XVI, 1893, p. 369. A Nuno Medeiros, professor do Instituto Politécnico de Lisboa, minha gratidão por ter iluminado diversos aspectos das edições portuguesas.

Ilmo. e Exmo. Sr.

Testemunha da inteligência, zelo e desinteresse, com que V. Exa. Se tem dedicado a promover a ventura da nossa pátria comum (Ilha de S. Miguel), permita V. Exa. Lhe dedique este pequeno tributo d'apreço, respeito e estima.

Nada mais tenho em vista, dedicando a V. Exa. a presente traducção, tendo o prazer d'assignar-me

De V. Exa.

Respeitador e amigo obrigado

Marianno José Cabral

Veremos, mais adiante, que a edição brasileira não foge à regra, tanto no que toca à importância de um mediador político para a sua construção, quanto no que se refere ao perfil do tradutor, a saber, um conservador católico. Nesse caso, a aproximação foi ainda maior, por se tratar de uma brochura traduzida por um português. A exemplo do que vimos em Palma de Mallorca, também o esforço de ampliar o público leitor e o debate em torno do livro conduziu o texto a ser estampado nas páginas de um jornal. Porém, em formato diverso. Antes, todavia, de passarmos à recepção de *Democracia* no Brasil, avaliemos sua repercussão em solo francês.

CARTOGRAFIA DAS EDIÇÕES DE
DE LA DÉMOCRATIE EN FRANCE (1849)

Mapa: Ederson M. R. Matos

Oslo 1
Estocolmo
Copenhague 1

Nova York 1
México 1
Rio de Janeiro 2

Londres 2
Haia 1
Bruxelas 13
Maastricht 1
Liége 1
Utrech 1
Berlim 1
Les
B 1
Leipzig 5
Paris 1
Viena 2

Turim 1
Milão 1

Lisboa 2
Madrid 2
Palma 1
Roma 2
Nápoles 3

km 0   200   400

0°   10°E
10°W
40°N
50°N
60°N

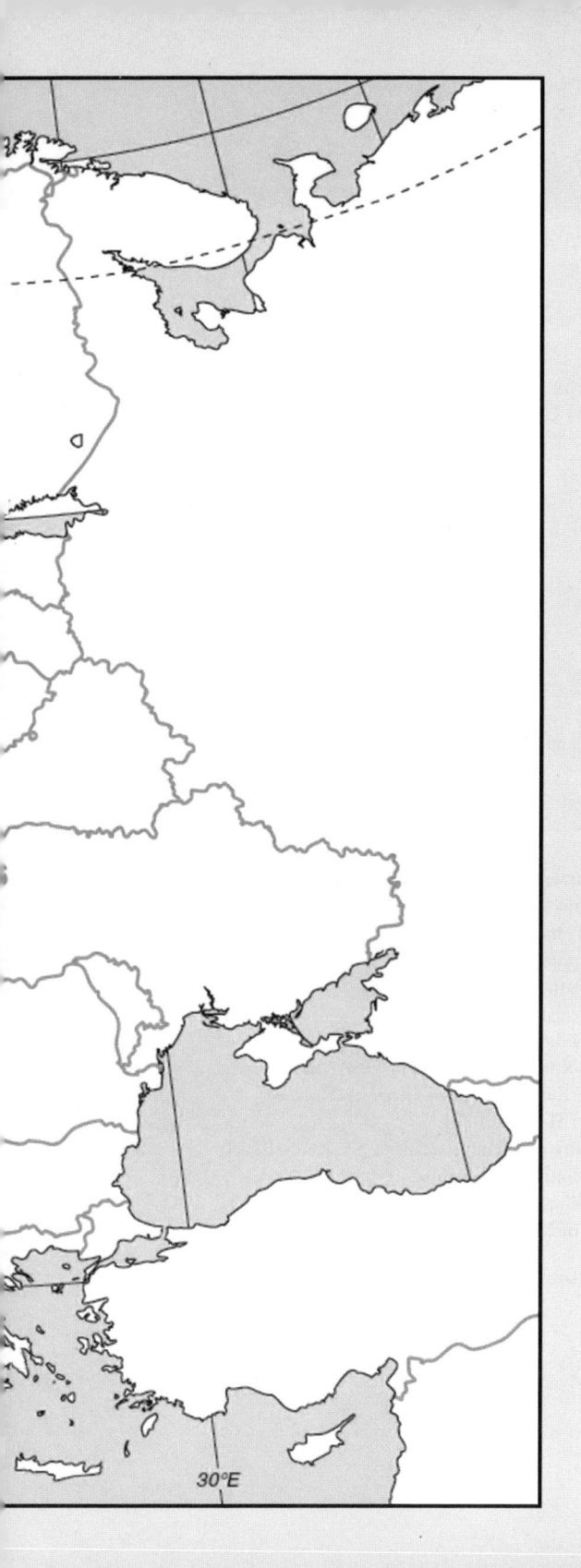

Os números no mapa referem-se à quantidade de edições em cada cidade.

Lista das siglas

AA – Arquivo da Autora
AB – Athenaeum Bibliotheek (Holanda)
Arch – Archive.org
BDK – Bibliotek Denmark (Dinamarca)
BK – Stadtbibliothek Köln (Alemanha)
BL – British Library (Inglaterra)
BNCR – Biblioteca Nazionale Centrale di Roma (Itália)
BNE – Biblioteca Nacional de España
BNF – Bibliothèque Nationale de France
BNN – Biblioteca Nazionale di Napoli (Itália)
BPO – Bibliothèque Polonaise de Paris (França)
BSB – Berliner Stadtbibliothek (Alemanha)
BUL – Biliothèque de l'Université Libre de Bruxelles (Bélgica)
BUR – Biblioteca del'Università di Roma (Instituto di Filosofia) (Itália)
BVT – Bibliotheeke Van de Tweede Kamer der Staten-Generaal (Holanda)
BYB – Bayerische Staatsbibliothek (Alemanha)
FD – Biblioteca da Faculdade de Direito da Universidade de São Paulo (Brasil)
FUB – Freie Universität Berlin Bibliotheke (Alemanha)
HESP – Hemeroteca Digital da Biblioteca Nacional de España
UCM – Universidad Complutense de Madrid (Espanha)
WCAT – World Cat

LISTA DE EDIÇÕES POR PAÍS

ALEMANHA (CONFEDERAÇÃO DOS ESTADOS GERMÂNICOS)

1. *Ueber die Demokratie in Frankreich von Guizot. Aus dem Franzosischen ubersetzt.* Zweite Auflage. Berlin und Frankfurt a/O., Druck und Verlag von Trowitzsch und Sohn, 1849, 96 p. [AA] [32-33]

2. *Die Demokratie in Frankreich von Guizot.* Grimma, Verlag-Comptoirs, 1849, 105 p. [FUB]

3. *De la Démocratie en France par M. Guizot.* Leipzig, Brockhaus & Avenarius, 1849, 76 p. [BYB] [34-35]

4. *Ueber die Demokratie in Frankreich von Guizot.* Leipzig, Breitkopf und Härtel, 1849, 64 p. [AA] [36-37]

5. *Ueber die Demokratie in Frankreich.* Von Guizot. Aus d. Franz. ubers. von A. Reclam. Leipzig, H. Matthes, 1849, 62 p. [BK]

6. *Ueber die Demokratie in Frankreich (Januar 1849).* Von Franz Guizot. Leipzig, Dyk, 1849, 47 p. [BSB] [38]

7. *Die Demokratie. Von F. Guizot. Fur das deutsche Volk im Auszuge bearbeit.* Von Ludwig Hahn. Breslau, Verlag von A. Gosohorsky's Buchhandlung (L.F. Maske), 1849, 20 p. [BSB] [39]

8. *O Demokracyi przez F. Gizota.* [Traduzido por Eugeniusz Breza]. Leszno, nakładem i czcionkami Ernesta Günthera, 1849, 38 p. [BPO] [40-41]

---

* Formato in-8º francês é uma designação genérica para qualificar os livros cuja altura varia entre 18 e 21 cm. Portanto, a notação não tem relação com a dobra da folha de impressão e a imposição da página.

9. *Die Demokratie in Frankreich*. Von M. Guizot. Deuscht von Georg Moritzer. Wien, Druckt und Verlag von Leop. Sommer (vorm. Strauss), 1849, 84 p. [AA] [42]

10. *Die Demokratie in Frankreich von Guizot*. Wien, Verlag von Carl Gerold, 1849, 80 p., in-12. [AA] [43]

BÉLGICA

11. *De la Démocratie en France (Janvier 1849)*. 2ᵉ. édition. Par M. Guizot. Bruxelles, J.-B. de Mortier, 1849, 79 p. [BUL]

12. *De la Démocratie en France (Janvier 1849)*. Par M. Guizot. Bruxelles/ Livorno/Leipzig, Meline, Cans et Compagnie, 1849, 92 p. [2 edicões/ reimpressões] [BVT] [44]

13. *De la Démocratie en France (Janvier 1849)*. Par M. Guizot. Bruxelles, Rozez, 1849, 76 p. [BUL]

14. *De la Démocratie en France (Janvier 1849)*. Par M. Guizot. Bruxelles, Kiessling & Cie. Librairies, 1849, 76 p. [BUL]

15. *De la Démocratie en France (Janvier 1849)*. Par M. Guizot. Bruxelles, Wouters Frères, 1849, 76 p. [2 reimpressões] in-12 [2 réimpressions] [BUL]

16. *De la Démocratie en France (Janvier 1849)*. Par M. Guizot. Bruxelles, Société Typographique Belge, 1849, 141 p. in-12 [BUL]

17. *De la Démocratie en France (Janvier 1849)*. Par M. Guizot. Bruxelles, J. Petit, 1849, 95 p. [BUL]

18. *De la Démocratie en France (Janvier 1849)*. Par M. Guizot. 3ᵉ édition. Bruxelles, Librairie de F. Michel, 1849, 76 p. [BUL]

19. *De la Démocratie en France (Janvier 1849)*. Par M. Guizot. Bruxelles/ Leipzig, Mayer et Flatau, 1849, 92 p. [BUL]

20. *De la Démocratie en France (Janvier 1849)*. Par M. Guizot. Bruxelles, Wahlen et Compie, 1849, 92 p. [BUL]

21. *De la Démocratie en France (Janvier 1849)*. Par M. Guizot. Bruxelles, Librairie du Panthéon, 1849, in-12 [BUL]

22. *De la Démocratie en France (Janvier 1849)*. Par M. Guizot. Bruxelles/ Leipzig, C. Muquardt, 1849, 92 p. [BUL]

23. *De la Démocratie en France (Janvier 1849)*. Par M. Guizot. Bruxelles, J. B. Tarride, 1849, 76 p. [BUL]

24. *De la Démocratie en France (Janvier 1849)*. Par M. Guizot. Liège, F. Renard & Frères, Libraires, 1849, 53 p. [BUL]

BRASIL

25. *A Democracia em França*. Por F. Guizot. Rio de Janeiro, Livraria D'Agostinho Freitas Guimaraes & Cia., 1849, 139 p. / Rio de Janeiro, Livraria de Serafim José Alves, 1849, 139 p., 20 cm [falso endereço] [67-68]

25'. *A Democracia em França. Por Mr. Guizot. Rio de Janeiro 1849*. In: *Correio da Tarde*, Rio de Janeiro, de 18/05/1849 a 14/06/1849, Folhetim. [65]

DINAMARCA

26. *Demokratiet i Frankrig*. Efter det Franske ved I.C. Magnus. [Kopenhage], Kbh., 1849, 75 p. [BDK]

ESPANHA

27. *De la Democracia en Francia*. Por M. Guizot. Palma, Imprenta Balear, 1849, 54 p. [folha de jornal] [HESP] [45]

28. *De la Democracia en Francia*. Por M. Guizot. Madrid, Imprenta de la Biblioteca del Siglo, 1849, 102 p. [UCM] [46-47]

29. *De la Democracia en Francia: Enero de 1849*. Por M. Guizot. Traducida y refutada por un Publicista Liberal. Madrid, Imprenta de los Señores Andrés y Díaz, 1849, 96 p. + 15 p. ["Refutacion"] [UCM]

ESTADOS UNIDOS

30. *Democracy in France*. By Monsieur Guizot, Late Prime Minister; Author of the *History of Civilization* etc., etc. New York, D. Appleton & Co., 1849, 86 p. + 10 p. [catálogo editorial] [ARCH] [48]

31. *De la Démocratie en France (Janvier 1849)*. Par M. Guizot. Paris, Victor Masson, 1849, 159 + 16 p., 20,5 cm [catálogo editorial]. [AA] [9]

HOLANDA

32. *De la Démocratie en France (Janvier 1849)*. La Haye, Imprimerie du Journal de la Haye Van der Meer, 1849, 124 p. [AB]

33. *De la Démocratie en France (Janvier 1849)*. Maestricht, Bury-Lefebvre, 1849, 70 p. [WCAT]

34. *Over de Volksheerschappij in Frankrijk. (Januarij 1849)*. [Tradução de W. R. Boer]. Utrech, L. E. Bosch en Zoon, 1849, 124 p. [AB]

INGLATERRA

35. *Democracy in France*. By Monsieur Guizot. London, John Murray, 1849, 86 p. [ARCH] [49]

36. *De la Démocratie en France (Janvier 1849)*. London, F. Horncastle, 1849, 48 p. [BL]

ITÁLIA (ESTADOS ITALIANOS)

37. *La Democrazia in Francia (Gennaio 1849), Di Guizot*. Versione di L. M. Colla Biografia Dell'Autore. Italia, [s. ed.], 1849, 120 p. [BUR] [50]

38. *La Democrazia in Francia: (Gennaio 1849)*. Del sig. Guizot. Libera versione dal francese di Carlo Formichi. Roma, Libreria Bonifazj, 1849, 67 p. [BNCR]

39. *Della Democrazia in Francia: (Gennaio 1849)*. Per Francesco Guizot. Versione dal francese. Torino, Gianini e Fiore, 1849, 168, in-16 p. [BNCR]

40. *Della Democrazia in Francia (Gennaio 1849)*. Versone italiana del Professore Francesco Longhena. Milani, Coi Torchi di Francesco Manini, 1849, 95 p. + 9 p. ["Ai Lettore"; "L'Autore"]. [BNN]

41. *Della Democrazia in Francia (Gennaio 1849)*. Napoli, Stamperia del Fibreno, 1849, 79 p. [Edição fac-similar com introdução de Maurizio Griffo: Firenze, Centro editoriale toscano, 2000]. [BNN]

42. *De la Démocratie en France (Janvier 1849)*. Par M. Guizot. Deuxième édition. Naples, Chez G. Nobile, 1849, 67 p., in-16 [a firma imprime a mesma obra em Bruxelas]. [BNCR]

43. *La Democrazia in Francia (Gennaio 1849)*. Del sig. Guizot. Libera versione dal francese di Carlo Formichi. Napoli, Presso Gaetano Nobile, 1849, 67 p. [BNN]

MÉXICO

44. *De la Democracia en Francia*. Por M. Guizot. México, Tip. de R. Rafael [Rafael Rafael y Vilá], 1849, 82 p. [BNE]

NORUEGA

45. *Om Demokratiet i Frankrig*. Christiania (Oslo), P.T. Malling, 1849, 62 p. [BDK]

PORTUGAL

46. *A Democracia em França*, por Mr Guizot. Janeiro de 1849. Traduzida do francez M. J. Gonçalves. Lisboa, Typ. do Popular, 1849, 60 p. + 1 p. [errata] [AA] [51-52]

47. *Da Democracia em França*, por Mr. Guizot. Traducção de Mariano José Cabral. Nova Edição. Lisboa, Typographia de Silva, 1849, 58 p. [AA] [53]

SUÉCIA

48. *De la Démocratie en France par M. Guizot*. Stockholm, Chez P. A. Norstedt & fils, 1849, 108 p. [WCAT]

BIBLIOGRAFIA ILUSTRADA

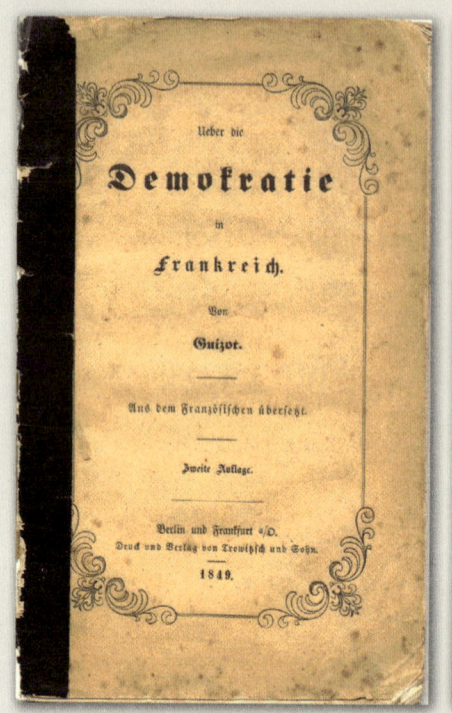
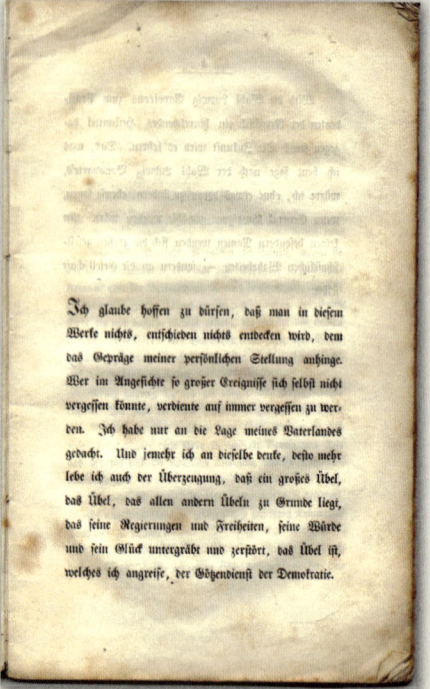

32-33. *Ueber die Demokratie in Frankreich von Guizot. Aus dem Französischen ubersetzt.* Zweite Auflage. Berlin und Frankfurt a/O., Druck und Verlag von Trowitzsch und Sohn, 1849, 95 p., 20,5 cm.

Impresso com caracteres góticos (Fraktur). Apresenta uma tipografia ligeiramente cerrada e irregular, pois alguns cadernos possuem uma cor mais intensa, resultante do uso de tipos novos, em contraste com outros, cujos tipos estão mais desgastados. O papel é de baixa qualidade, nos moldes dos panfletos políticos e dos romances populares. Como não foi encadernado, constitui um exemplar raro no qual a capa original se conservou, ainda que em mal estado, como se pode verificar nesta reprodução. O uso de cercaduras e a elegância da tipografia confere certa nobreza à composição da capa. Trata-se de uma segunda edição conforme anunciado na capa e na folha de rosto. Não há o nome do tradutor, apenas a informação de que a obra foi traduzida do francês.

O editor mantém a estrutura original do livro pois, ao contrário do que se observou em outras traduções, o prólogo redigido pelo autor não foi intitulado. Porém, houve a omissão do subtítulo "(Janvier 1849)".

Exemplar da autora.

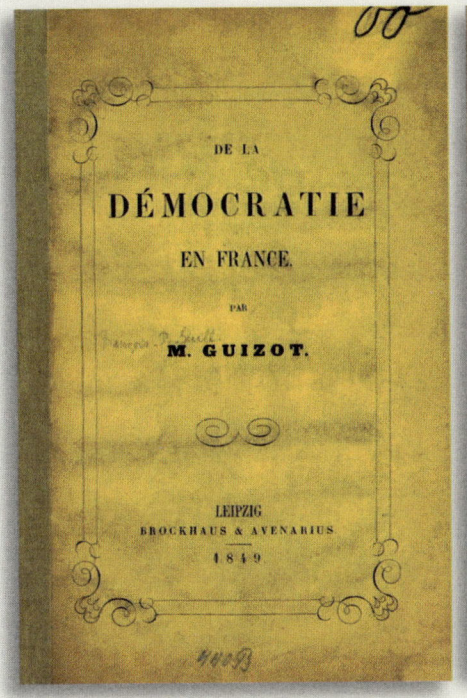
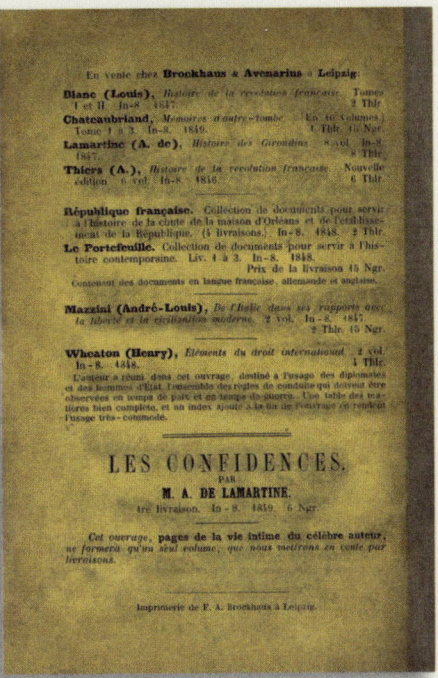

34-35. *De la Démocratie en France par M. Guizot.* Leipzig, Brockhaus & Avenarius, 1849, 76 p., 18 cm.

Edição impressa com tipos novos, em caracteres latinos. Como observado em diferentes exemplares estrangeiros, houve a omissão do subtítulo "(Janvier 1849)", cuja menção aparece no final do prólogo, impresso sem título, como no original. A casa de Leipzig estabeleceu uma grande rede de negócios por toda a Europa, o que permitiu a difusão ampla desta edição. Serafino Rossetti, um dos tradutores italianos do texto de Guizot, anota no volume manuscrito "ter seguido a edição de Leipzig, Brockhaus et Avenarius" (o documento foi vendido em leilão, em 2019, e sua reprodução foi consultada em Barnebys.se). Na quarta capa, o anúncio de outros títulos franceses publicados pela editora não deixa dúvidas sobre o interesse pelo repertório produzido em 1848 por suas principais lideranças políticas, entre Blanqui, Lamartine e Thiers.

© Bayerische Staatsbibliothek.

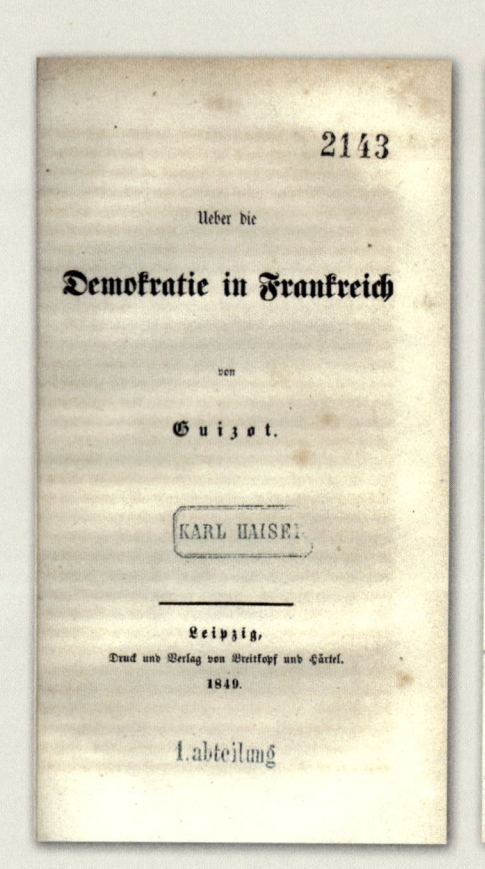

36-37. *Ueber die Demokratie in Frankreich von Guizot.* Leipzig, Breitkopf und Härtel, 1849, 63 p., 21,6 cm.

Edição impressa em caracteres góticos (Fraktur), sobre papel de boa qualidade, embora com tipografia bastante cerrada, o que explica a economia nos cadernos e no cômputo das páginas. A capa original da brochura é em papel azul, na qual o título aparece envolto por uma graciosa moldura ornada com motivos florais nas ponteiras. Os recursos gráficos que compõem a capa conferem nobreza à brochura, impressa por esta prestigiosa e tradicional editora que se notabilizou, desde o início do século XVIII, no ramo da edição de partituras musicais. O editor altera a estrutura do texto original ao intitular o prólogo do autor como "Vorwort" (Prefácio), seguindo, aliás, uma tendência bastante comum nas traduções. Como na maior parte das brochuras consultadas, não há indicação do tradutor e o subtítulo foi suprimido "(Janvier 1849)".

Exemplar da autora.

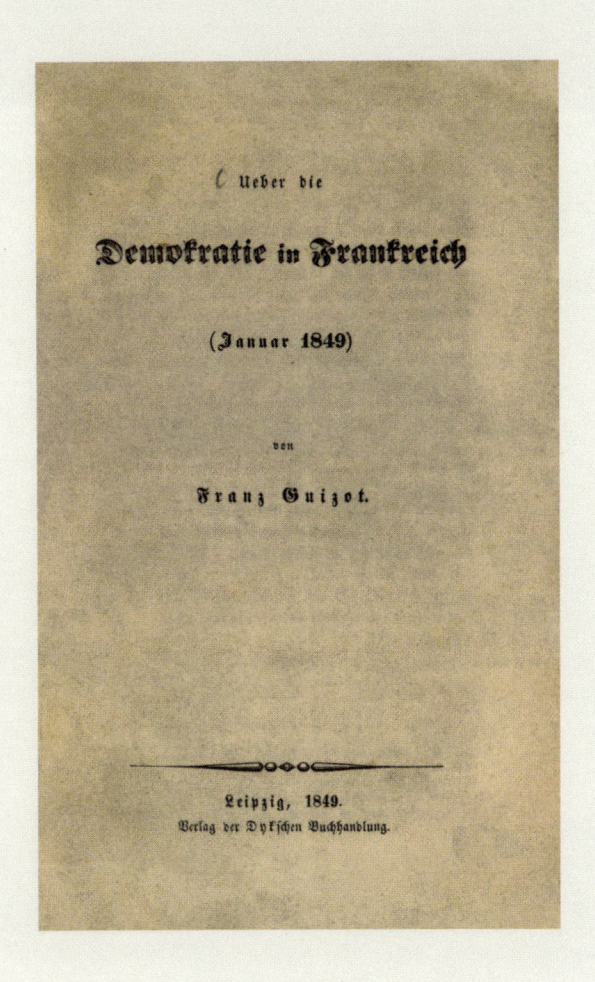

Ueber die

Demokratie in Frankreich

(Januar 1849)

von

Franz Guizot.

Leipzig, 1849.
Verlag der Dyk'schen Buchhandlung.

38. *Ueber die Demokratie in Frankreich (Januar 1849).* Von Franz Guizot.
Leipzig, Dyk, 1849, 47 p., 18 cm.

Edição impressa em Fraktur, com tipografia bastante cerrada e regular, sugerindo o emprego de caracteres desgastados. Não há sumário e, por suas dimensões, o texto se insere em um autêntico volante político (*flugschriften* segundo critério de classificação biblioteconômica). A brochura apresenta algumas peculiaridades: não houve a omissão do subtítulo "(Jannuar 1849) como temos observado frequentemente nas edições estrangeiras; o nome do autor aparece germanizado "Franz".

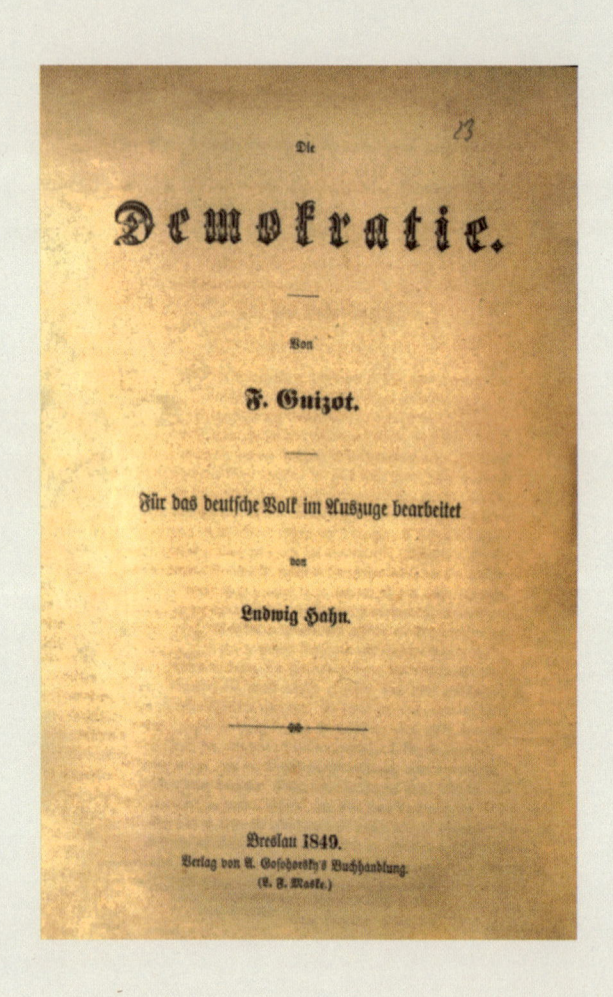

39. *Die Demokratie. Von F. Guizot. Fur das deutsche Volk im Auszuge bearbeit.* Von Ludwig Hahn. Breslau, Verlag von A. Gosohorsky's Buchhandlung (L.F. Maske), 1849, 20 p., 22 cm.

Impresso em Fraktur. Trata-se de um folheto muito curioso, no qual o autor propõe um resumo dos capítulos do livro. Ou, como enuncia no subtítulo: "Für das deutsche Volk im Auszuge bearbeit" [Editado para o povo alemão em trechos]. Embora se trate de um resumo, o tradutor mantém a mesma estrutura dos capítulos.

© Berliner Stadtbibliothek.

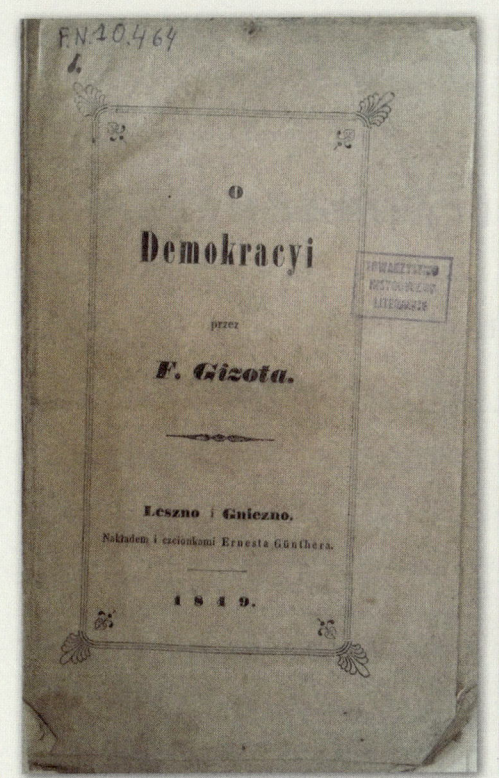

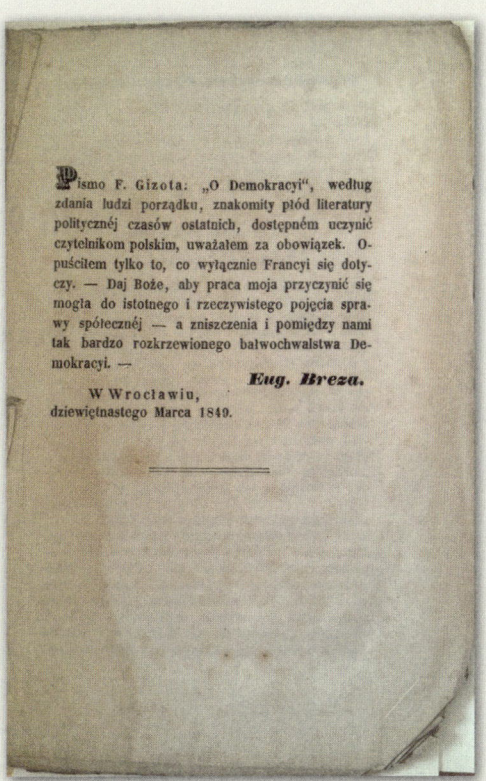

40-41. *O Demokracyi przez F. Gizota.* [Traduzido por Eugeniusz Breza]. Leszno, Nakładem i czcionkami Ernesta Günthera, 1849, 38 p., 17 cm.

Do ponto de vista material, esta brochura se assemelha muito ao panfleto político, em pequeno formato. Notemos que Breza propõe uma versão resumida do texto, para o qual foram suprimidas as considerações relativas à história da França, como se lê na nota editorial. O tradutor parece, com sua leitura, apresentar um tratado geral sobre a Democracia a partir da doutrina política de François Guizot. A transcrição fonética do nome do autor (Gizota) em polonês pode ser compreendida como uma tentativa de atrair o leitor menos familiarizado com a literatura francesa.

© Bibliothèque Polonaise de Paris.

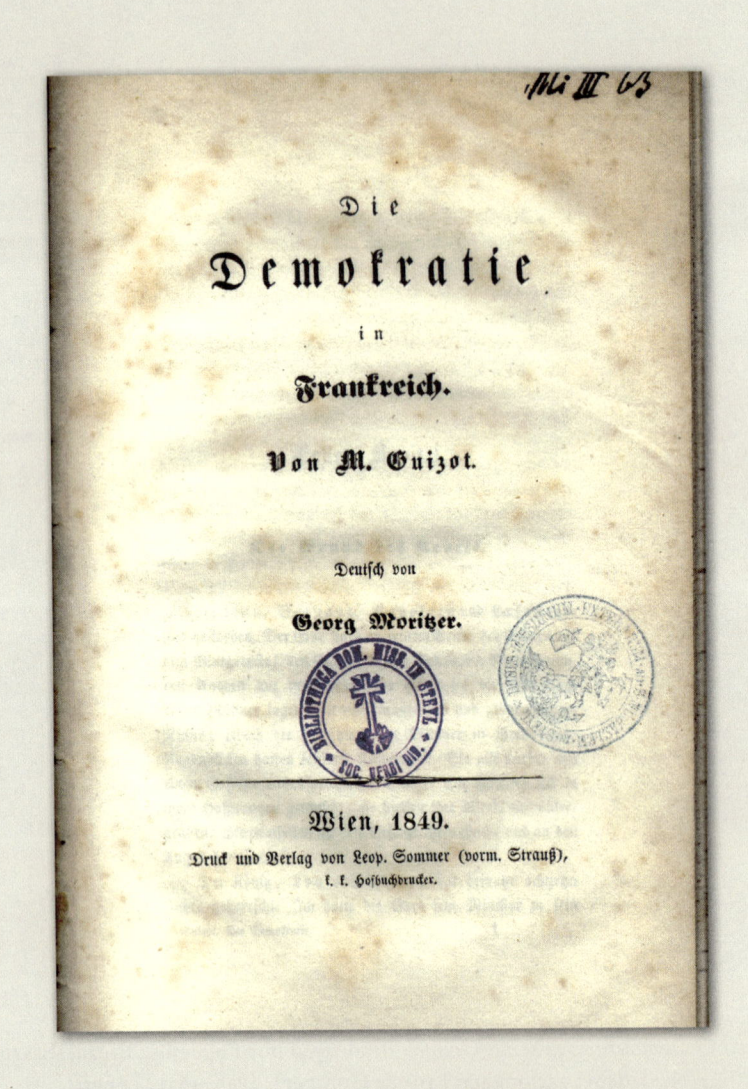

42. *Die Demokratie in Frankreich.* Von M. Guizot. Deuscht von Georg Moritzer. Wien, Druckt und Verlag von Leop. Sommer (vorm. Strauss), 1849, 84 p., 21 cm.

Impressa em Fraktur, com tipografia muito bem cuidada: foram empregados tipos novos e papel de boa qualidade. Nesta edição, o tradutor suprime não apenas o subtítulo da obra, mas também o prólogo. Acredita-se que o tradutor faça uso de um pseudônimo, pois as extensas biografias da literatura alemã apenas noticiam se tratar do autor de *Gedichte* (Wien, Gerold, 1847, 228 p.).

Exemplar da autora.

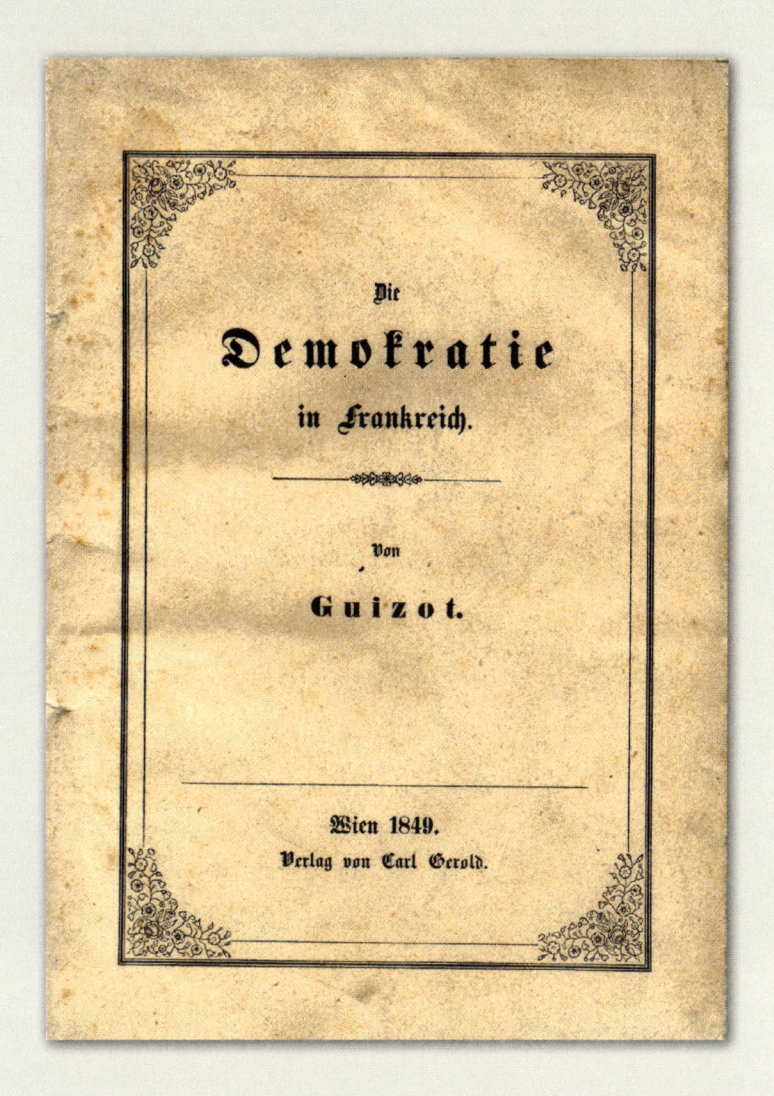

43. *Die Demokratie in Frankreich.* Von Guizot. Wien, Verlag von Carl Gerold, 1849, 80 p., 16,5 cm.

O presente volume exemplifica com clareza o quanto texto e materialidade comunicam e produzem sentido. A versão corresponde ao original francês, embora não seja totalmente fiel à sua estrutura. O prólogo aparece sob o título de "Vorwort". Não há qualquer tipo de informação adicional, além das intenções do editor-impressor de criar um livro de bolso barato.

Exemplar da autora.

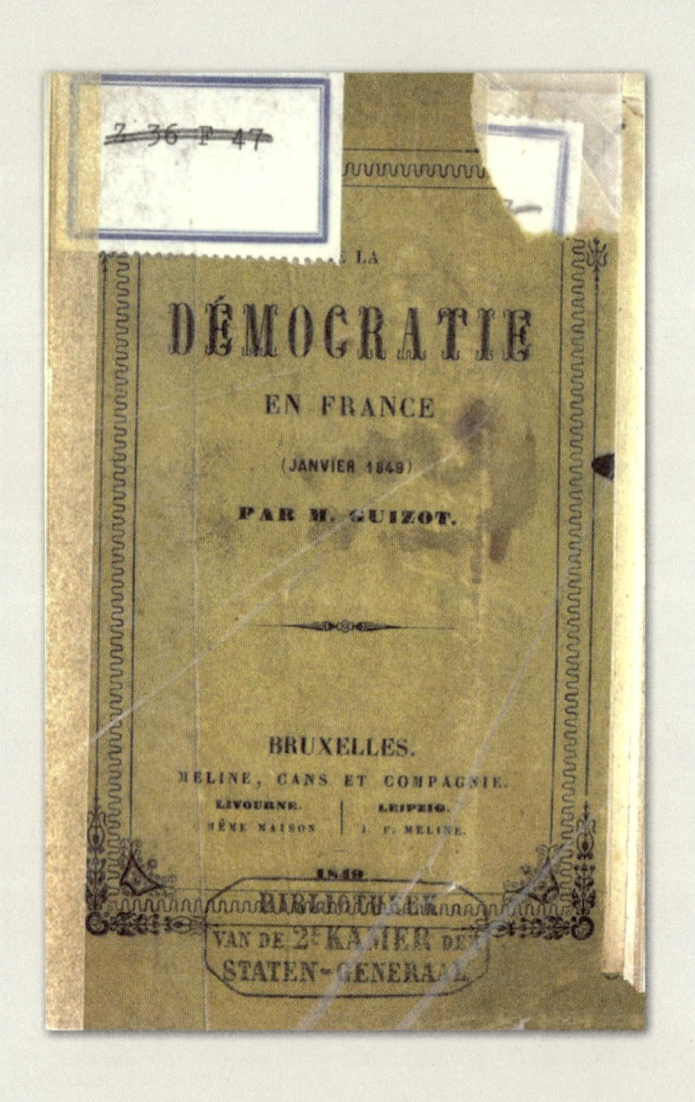

44. *De la Démocratie en France (Janvier 1849).* Par M. Guizot. Bruxelles/
Livorno/Leipzig, Meline, Cans et Compagnie, 1849, 92 p., 15 cm.
Neste raro volume, a primeira e a quarta capas foram preservadas. No que toca à
materialidade livro, não restam dúvidas de que o seu mau estado diz muito sobre
a fragilidade do papel. Contrariamente ao que temos observado em várias edições
estrangeiras, as edições belgas não omitem o subtítulo "(Janvier 1849)".

© Bibliotheeke Van de Tweede Kamer der Staten-General.

DE LA

DEMOCRACIA

EN FRANCIA.

POR Mr. GUIZOT.

PALMA.
IMPRENTA DE D. FELIPE GUASP.
1849.

45. Folha do jornal onde se imprimiu a brochura *De la Democracia en Francia* por Mr. Guizot, Palma, Imprenta de D. Felipe Guasp, 1849, 54 p. Realizou-se a imposição das páginas para que o colecionador pudesse reunir e dobrar os cadernos, resultando em pequeno volume.

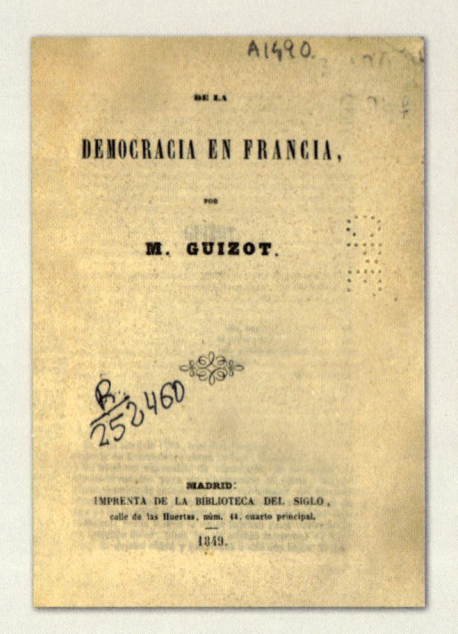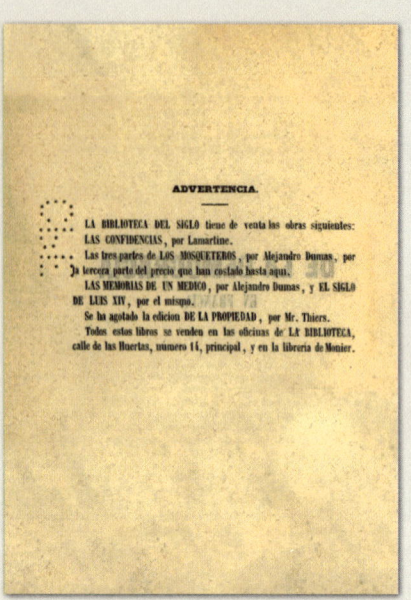

46-47. *De la Democracia en Francia*. Por M. Guizot. Madrid, Imprenta de la Biblioteca del Siglo, 1849, 102 p., 17 cm.

A edição é aberta por uma longa biografia do autor [pp. III-XVI], sob o título "Guizot". O primeiro capítulo se inicia em página ímpar, seguido da reprodução do título do livro em caixa-alta. Não há sumário, porém, como se trata de uma edição encadernada, é possível que o mesmo tenha se perdido. Notemos que a editora apresenta em "Advertência" uma pequena lista de outros autores franceses contemporâneos, traduzidos para o espanhol e impressos pela casa.

© Biblioteca da Universidad Complutense de Madrid.

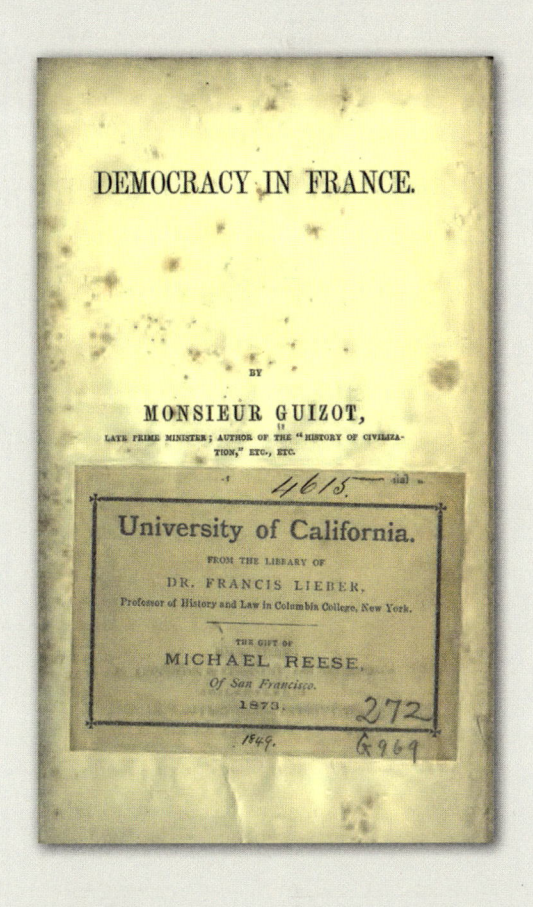

48. *Democracy in France,* by Monsieur Guizot. New York, D. Appleton & Co., 1849, 83 p. + 10 p. [catálogo editorial], 19,5 cm.

O exemplar apresenta algumas peculiaridades. Uma etiqueta inoportunamente colada sobre a imprenta registra que a obra foi doada à biblioteca da Universidade da Califórnia por Michael Reese (1817-1878), filantropo de origem bávara, que fez fortuna na América e adquiriu, pela soma de dois mil dólares, a coleção de Francis Lieber (1798-1872). Deve-se, portanto, atribuir ao eminente filósofo, jurista e professor nascido em Berlim, mas que fez sua carreira nos Estados Unidos, as notas marginais, as colagens de notícias de jornais relativas a Guizot, inclusive, uma resenha de *Monk*, na brochura em tela. Tais elementos testemunham a recepção que teve a obra do pensador francês no meio político e intelectual estadunidense.

© University of California.

DEMOCRACY IN FRANCE.

JANUARY, 1849.

BY MONSIEUR GUIZOT.

FOURTH EDITION.

LONDON:
JOHN MURRAY, ALBEMARLE STREET.
1849.

49. *Democracy in France*. By Monsieur Guizot. London, John Murray, 1849, 86 p., 22 cm.

A edição londrina saiu no mesmo dia da francesa, em 10 de janeiro de 1849. Porém, se o editor parisiense não deixou pistas sobre possíveis reedições e reimpressões após os primeiros meses do lançamento, John Murray fez das diferentes tiragens um recurso de publicidade do livro, como vemos neste exemplar (4ª. edição). A 5ª. edição foi anunciada pela imprensa em 1º de abril do mesmo ano. A estrutura do texto foi mantida, afinal de contas, Guizot acompanhou de perto a versão para o inglês. Curiosamente, o nome da tradutora, Sarah Austin, não figura nas edições inglesas.

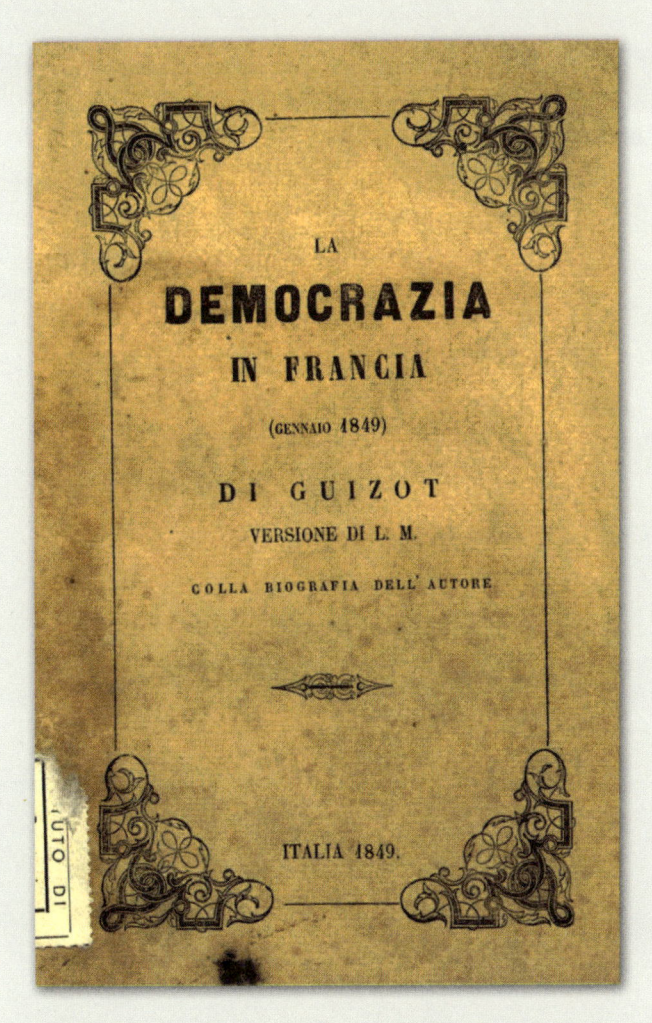

50. *La Democrazia in Francia (Gennaio 1849), Di Guizot.* Versione di L. M. Colla Biografia Dell'Autore. Italia, [s. ed.], 1849, 120 p., 17,3 cm.

A versão é assinada por L. M. "Un Solitario, Del Castello di Pagazzano, 18 febbraio 1849". Um esboço biográfico de Guizot é escrito em tom bastante laudatório e, a exemplo da biografia inserta no exemplar espanhol, nosso autor insiste nos efeitos trágicos da época do Terror, durante a Revolução Francesa, sobre sua família (pp. 1-xv). O Prólogo foi suprimido, de modo que o texto entra diretamente no primeiro capítulo, "Da che Derivi il Male". Outro aspecto curioso da brochura está no lugar de impressão: Itália.

© Biblioteca del'Universitá di Roma.

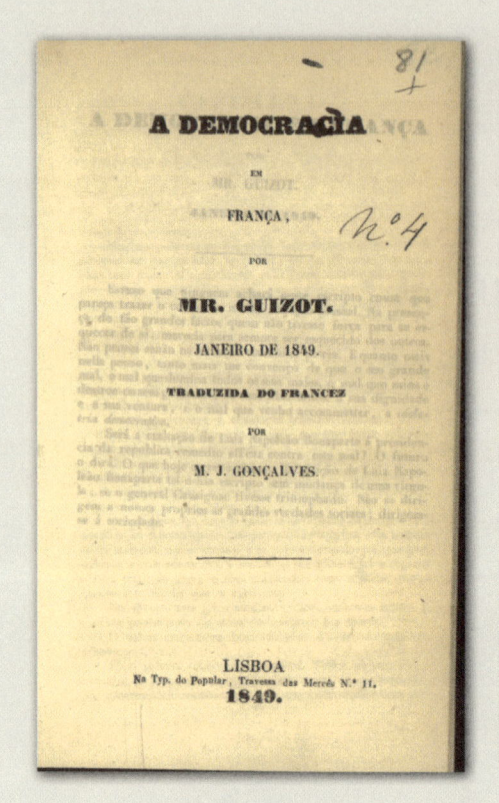
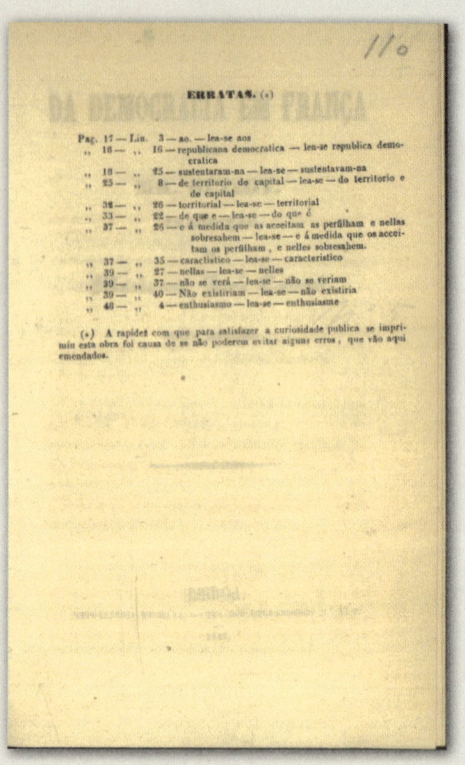

51-52. *A Democracia em França*, por Mr Guizot. Janeiro de 1849. Traduzida do francez por M. J. Gonçalves. Lisboa, Typ. do Popular, 1849, 60 p. + 1 p. [errata], 20 cm.

A tradução publicada pela Typographia do Popular apresenta o texto completo, respeitando, inclusive sua estrutura original. No fim do volume o editor apresenta uma errata, com a seguinte justificativa: "A rapidez com que para satisfazer a curiosidade publica se imprimiu esta obra foi causa de se não poderem evitar alguns erros, que vão aqui emendados".

Exemplar da autora.

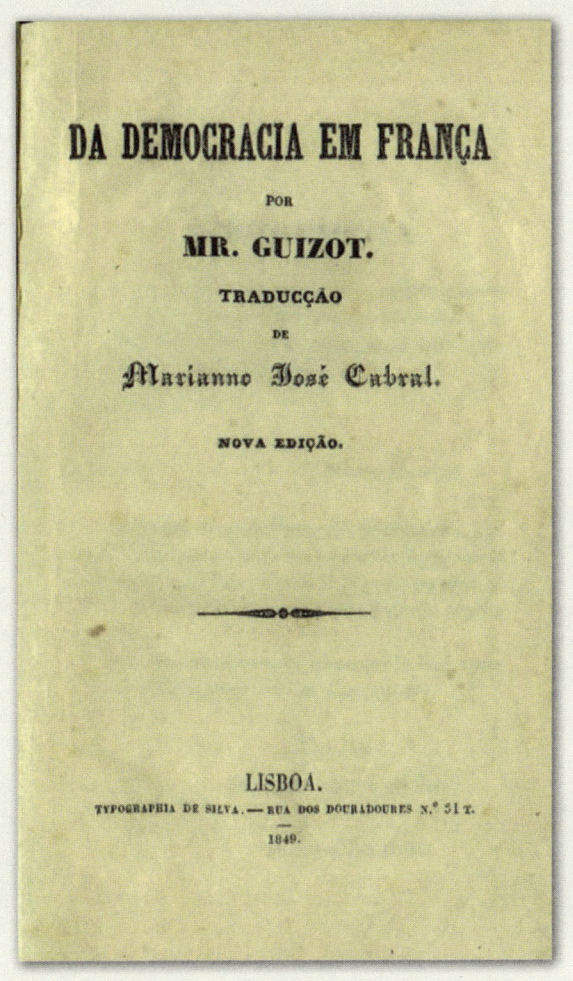

DA DEMOCRACIA EM FRANÇA

POR

MR. GUIZOT.

TRADUCÇÃO

DE

Marianno José Cabral.

NOVA EDIÇÃO.

LISBOA.
TYPOGRAPHIA DE SILVA. — RUA DOS DOURADOURES N.º 51 T.
1849.

53. *Da Democracia em França*, por Mr. Guizot. Traducção de Mariano José Cabral. Nova Edição. Lisboa, Typographia de Silva, 1849, 58 p., 22 cm.

A edição impressa na Typographia de Silva se apresenta como "nova". Trata-se, com efeito, de nova tradução, dedicada ao "Commendador Antonio Borges da Camara Medeiros, Fidalgo da Caza de S.M.F., ex-governador do Districto de Ponta Delgada, na Ilha de S. Miguel". Do ponto de vista material, o exemplar apresenta aspectos modestos, a exemplo do que temos visto na maior parte das traduções. A tipografia é bastante compactada e o texto foi publicado na íntegra. Falta-lhe apenas o sumário, cuja folha pode ter desaparecido quando da encadernação.

Exemplar da autora.

CAPÍTULO 4

Recepção

*Cet écrit paraîtra peut-être au premier abord un peu
froid, car il contraste singulièrement avec les agitations mes-
quines du moment. Il y manque l'accent, le regard, le geste
passionné, tout ce qui révélait autrefois aux auditeurs de M.
Guizot le labeur méditatif et la chaleur intérieure qui se ca-
chaient sous une exposition méthodique et sous une force de
volonté parfaitement maîtresse d'elle-même. Mais, pour peu
qu'on se laisse entraîner par cette pensée toujours vigoureuse,
on se sent bientôt dominé, rasséréné; on se dégage des mille
obstacles qui bornent notre vue de toutes parts, pour entrer
dans la région supérieure où aucun nuage ne cache plus la
lumière.*

LAVERGNE (1809-1880)*

*Pourtant, il manque une chose à M. Guizot, c'est de croire
au peuple. Ne pas croire au peuple, c'est être athée en politique.* Vox populi, vox Dei.

VICTOR HUGO (1802-1885)**

* "Este escrito poderá parecer, numa primeira leitura, um pouco frio, pois ele contrasta singularmente com as agitações mesquinhas do momento. Falta nele o acento, o olhar, o gesto apaixonado, tudo o que se revelava antes aos ouvintes de Guizot como o trabalho meditativo e o calor interior, que se guardava sob uma exposição meditativa e sob uma força de vontade perfeitamente certa dela mesma. Mas, por menos que se deixe levar por esse pensamento sempre vigoroso, sentimo-nos logo dominados, confortados; livramo-nos dos mil obstáculos que limitam nossa visão por todos os lados, para entrar na região superior onde nenhuma nuvem pode esconder a luz" (*L'Assemblée Nationale*, Paris, 9 janvier, 1849, p. 1).
Artigo atribuído a Louis Gabriel Léonce Guilhaud de Lavergne, economista, jornalista, político. Sua carreira pública se desenvolveu durante a Monarquia de Julho, como aliado de Guizot. Em 1840, foi redator do Ministério das Relações Internacionais; membro do Conselho de Estado, em 1842; subdiretor no Ministério das Relações Internacionais, de 1844 a 1848 (Gabriel de Broglie, *Guizot*, pp. 365).

** "Todavia, falta uma coisa ao Senhor Guizot, que é acreditar no povo. Não crer no povo, é ser ateu em política. *Vox populi, vox Dei*". Anotação no pé de página de um rascunho de carta enviado a François Guizot, em 10 de janeiro de 1849, Bibliothèque Lovenjul, França (Gabriel de Broglie, *Guizot*, pp. 379 e 503).

A tingir os leitores nos flancos. Conquistar as mentes e os corações. Para Daniel Mornet, uma nova sensibilidade despertara o público de *Nouvelle Héloïse*, de Jean-Jacques Rousseau (1712-1778). Impresso em Amsterdam, tratava-se, sem dúvida, do livro mais aguardado pelo leitorado francês, naquele inverno particularmente rigoroso de fevereiro de 1761. "Isso porque", afirma o autor, "foi realmente essa e, como queria Rousseau, a primeira força do romance. Ele fez jorrar inesgotavelmente as fontes vivas do sentimento. Fontes já escondidas ou dormentes no fundo dos corações".

Outros autores tentaram debalde atingir em cheio seus leitores, provocar-lhes essa emoção descontrolada. Choderlos de Laclos, "o frio Laclos", resigna-se: em todos os romances o autor "bate nos flancos para se aquecer, o leitor continua frio"; mas a *Héloïse* chega ao fundo do coração e isso acontece "porque eu acredito que o fundo é verdadeiro"[1].

Há algo de extremamente provocativo na leitura desse breve e tão prematuro ensaio de Mornet. Mergulhado nos papéis da Bibliothèque de Neuchâtel, o historiador da literatura quebra, enfim, a distância fria que amiúde se guardava entre o Autor e o Leitor[2]. Na teia construída por todas

---

1. Daniel Mornet, "Os Admiradores Desconhecidos de *Nouvelle Héloïse*", trad. Geraldo Gerson de Souza, Cotia/São Paulo, Ateliê Editorial/Edições Sesc, no prelo. Edição original: "Les Admirateurs Inconnus de la *Nouvelle Héloïse*", *Revue du Mois*, Paris, 1909, pp. 535-554.
2. "Ocorre que o que não é possível, ou quase, para nenhuma obra literária antes do século XIX, torna-se fácil para *Nouvelle Héloïse*. O que chama nossa atenção é justamente o que interessou ao próprio Rousseau. Este inimigo dos homens não desdenhou muito, a não ser da presença deles. Guardou o que vinha deles desde que falassem dele mesmo e colecionou mais de duas mil cartas de correspondentes. Legadas a Du Peyrou, encontram-se atualmente (1909) na Biblioteca

essas cartas eivadas de suspiros e sentimentalismos arrebatados, o estudioso define as principais linhas do leitor moderno e do "romance romântico", destinado a "bater nos flancos" de seus leitores e de os "aquecer"[3]. Sabemos que a operação é complexa. Muitos intelectuais se debaterão durante todo o século xx sobre o problema. Nesse primeiro instante, o que se define é o pacto com "a verdade". Mas uma verdade deveras fluida, em que as figuras se confundem e, através de um exercício intenso, torna-se igualmente fluido o limite entre o arrebatamento puro e a emulação refletida do missivista-leitor que passa a escrever (e a pensar) como o Autor. O Leitor sente as dores do personagem. Ele vive a verdade do romance. Eis, aqui, a chave para se o atingir: fazê-lo viver a verdade do que se lê, sem distanciamentos.

A geração de Guizot é filha dileta do racionalismo ilustrado. Porém, nasce nos seus estertores uma nova sensibilidade que se lhe opõe e a supera, na medida em que, como observa Mornet, encontra seus alicerces no âmago da sociedade burguesa, beneficia-se da ampliação das camadas leitoras e, por conseguinte, usufrui do progresso do mercado editorial (dos veículos da imprensa e dos livros). O que se observa no desenvolvimento do romance, de um ponto de vista estritamente sociológico, aplica-se, com suas devidas proporções, aos múltiplos desenvolvimentos da literatura política, de cariz panfletário, de projeção meteórica (como *Nouvelle Heloïse*?) – e vida curta.

A esfera política se nutre de uma longa tradição desse gênero. Pensemos nos panfletos destinados a atingir nos flancos os leitores ou ouvintes mergulhados nas querelas político-religiosas que demarcaram a Revolução

de Neuchâtel. De toda esta miscelânea manuscrita, ele pensava até em não tirar outra coisa a não ser o prazer de classificar e os meios de justificar suas *Confessions*. Teve a ideia de reunir e publicar todas as cartas relativas à *Nouvelle Héloïse*. Em cima de cada uma delas escreveu: 'Sobre a *Nouvelle Héloïse*'." As cartas voltariam a ser objeto de novas investigações. Daniel Roche propõe uma leitura sociológica daqueles leitores desconhecidos, talvez, motivado pelo trabalho colossal de edição crítica de toda a correspondência de Rousseau, iniciado por R. A. Leigh, em 1965. Na década de 1980, Robert Darnton lança luz sobre a vida e os percursos de um só leitor: Jean Ranson. Ver: Daniel Roche, "Les Primitifs du Rousseauisme: Une Analyse Sociologique et Quantitative de la Correspondance de J.-J. Rousseau". *In: Annales. Economies, Sociétés, Civilisations*, 26e année, n.1, 1971, pp. 151-172; Robert Darnton, *O Grande Massacre de Gatos e Outros Episódios da História Cultural Francesa*, trad. de Sonia Coutinho, 6. reimpressão, Rio de Janeiro, Graal, 1986, pp. 277-328. (Daniel Mornet, "Les Admirateurs Inconnus...", pp. 2-3).

3. Não por acaso: "Foi Rousseau, neste trecho dos seus *Devaneios de um Caminhante Solitário*, de 1777, quem introduziu na língua francesa o vocábulo *romântico*, que até então significava: "como nos antigos romances", e aproximava-se de tudo aquilo que poderia ser visto como pitoresco, fabuloso" (Elias Thomé Saliba, *As Utopias Românticas*, São Paulo, Brasiliense, 1991, p. 3).

Inglesa[4]. Ou, partindo para o outro extremo da Mancha, evoquemos as célebres *mazarinades*[5], essas brochuras fininhas nas quais se despejava um humor ácido, destinado a corroer as bases sólidas de um cardeal rigoroso, nos tempos da Fronda. Malgrado os caracteres singulares que orientam os diferentes produtos da literatura panfletária, tanto em termos de conteúdo – o historiador compreende mal os *charivaris* e as piadas do passado[6] – quanto de seus respectivos formatos, os estudiosos estão de acordo que essa literatura tem um novo impulso e uma nova trajetória após os anos intensos da Revolução de 1789[7]. Uma vez reconhecidas suas potencialidades mobilizadoras, esses panfletos se tornam verdadeiras armas, da direita à esquerda. Isso sem contar o mercado não menos ativo e criativo das caricaturas!

Mas, se as formas permanecem, os conteúdos se moldam às conjunturas. Não é possível compreender o escrito de Guizot e o comportamento de seus leitores sem essas camadas profundas que demarcam o gosto pelo discurso inflamado na tribuna ou no púlpito e a tradição da literatura panfletária, tanto no que toca as suas práticas discursivas, quanto seus circuitos de difusão. Ora, em 1848 as aspirações românticas atingem seu zênite, ainda que elas não sejam plenamente consumadas. Esse fato não constitui mero detalhe na guerra incessante de impressos que se coloca na arena pública.

E o raciocínio não será diferente quando se observa a produção, difusão e recepção desses panfletos no campo conservador. Causa impressão a força com que a campanha legitimista, ou seja, de conteúdo realista, partidária da Restauração, ganha força após o retorno da dinastia dos Bourbons. O campo de batalha se renova nas Jornadas de Julho, após a vitória do rei

---

4. Christopher Hill, *O Mundo de Ponta-Cabeça*, tradução, apresentação e notas de Renato Janine Ribeiro, São Paulo, Companhia das Letras, 1987.
5. Cf. "Dossier Mazarinades, Nouvelles, Approches", *Histoire et Civilisation du Livre. Revue Internationale*, sous la direction de Yann Sordet, tome XII, Genève, 2016, pp. 6-393.
6. Robert Darnton, *O Grande Massacre de Gatos. E Outros Episódios da História Cultural Francesa*, São Paulo, Graal, 1986.
7. São numerosos os estudos que se voltaram aos panfletos políticos que fizeram ruir as bases da família real e balançaram os alicerces da Igreja francesa às vésperas da Revolução. Mas não foram menos importantes aqueles que, em lugar da denúncia moral, voltaram-se para a publicidade política, a exemplo de *Qu'est-ce que le Tiers État*, de Sieyès, um verdadeiro sucesso editorial. Para evitar uma exposição bibliográfica muito extensa, dada a abrangência e importância do tema, recorremos a dois verbetes enciclopédicos que circunstanciam bem a importância do panfleto político e seu impulso após a Revolução de 1789 (J. Tulard; J.-F. Fayard e A. Fierro, *Histoire et Dictionnaire de la Révolution Française*, Paris, Robert Lafond, 2002, p. 1017; *Dictionnaire Encyclopédique du Livre*, tome 3, p. 94).

burguês, em 1830. E se eles perdem o terreno político, no plano simbólico sua força subsiste e recrudesce. Seus panfletos circulam com tanto vigor, entre 1830 e 1852, que a expressão *brochure légitimiste* comporta, ao sabor da conjuntura, uma peça de publicidade, ou de reação. Dir-se-ia, sem exageros, que ela define um gênero[8].

Às vésperas da Revolução de 1848, essas brochuras invadem Paris e a província, prontas a estampar a imagem de um rei falastrão, sob a forma de uma grande pera[9], ou a impor o "medo vermelho", já nas campanhas parlamentar e presidencial de novembro de 1848 a março/abril de 1849[10]. Tanto quanto os legitimistas, também os orleanistas vão despejar no campo de batalha sua palavra, seu veneno. O partido da ordem aprendera, enfim, que era preciso atingir o povo no seu flanco, assim como o fizeram os socialistas e, de modo geral, as agremiações republicanas e liberais. *De la Démocratie*, embora se preste a uma reflexão sobre as doutrinas políticas, esbarra nesse modelo panfletário, de conteúdo antissocialista. De forma análoga, a brochura desperta um sem-número de respostas e comentários, destinados a engrossar o coro contra a república social[11].

Todavia, Agulhon duvida de seu efeito, de sua verdade:

8. Em 1832, a Duquesa de Berry lidera, no oeste da França, uma insurreição contra a casa de Orléans. Operação malograda, fruto da traição de um afilhado, Simon Deutz, que a entrega nas mãos impiedosas de Thiers, mediante a soma imodesta de quinhentos mil francos. Em um momento de notável dramaticidade, confidencia o autor: "As poucas linhas escritas do vosso punho me machucaram muito mais do que todas as brochuras legitimistas" (Simon Deutz, *Arrestation de Madame*, Paris, Chez Les Libraires Associés, 1845, p. 22).

9. A Coleção Claretie, pertencente à Bibliothèque Thiers, em Paris, traz um exemplar de *De la Démocratie en France* sem a folha de rosto, encadernado com outras brochuras políticas da época, entre elas, um interessante opúsculo satírico, contra Luís Filipe, sob o título *La Physiologie de la Poire*, par Louis Benoît, Paris, Chez Les Libraires de la Place de la Bourse et du Palais Royal, 1832.

10. De fato, elas aumentam em número nesse momento, espalham-se por todas as partes, na capital e na província, mas, sobretudo, entre os camponeses, pois seu conteúdo fortemente religioso permite essa inserção no mundo rural (cf. *Religion, Society and Politics in France since 1789*, dir. by Frank Tallet and Nicholas Atkin, London, The Hambledon Press, 1991).

11. Os socialistas suprimem "a família e o Estado, a propriedade e a hereditariedade, a pátria, a história, a glória, todos os fatos e todos os sentimentos que constituem a vida prolongada e perpetuada da humanidade. [...] A República social suprime tudo isso. [...] É precisamente a condição dos animais. Entre eles, nenhuma ligação, nenhuma ação que sobreviva aos indivíduos e se perpetue a todos. Nenhuma apropriação permanente, nenhuma transmissão hereditária, nenhum conjunto, nenhum progresso na vida da espécie; nada, senão indivíduos que vêm e que passam, tomando e passando sua parte dos bens da terra e dos prazeres da vida, na medida de suas necessidades e da força que fundam seu direito" (François Guizot, *De la Démocratie en France*, pp. 59-60).

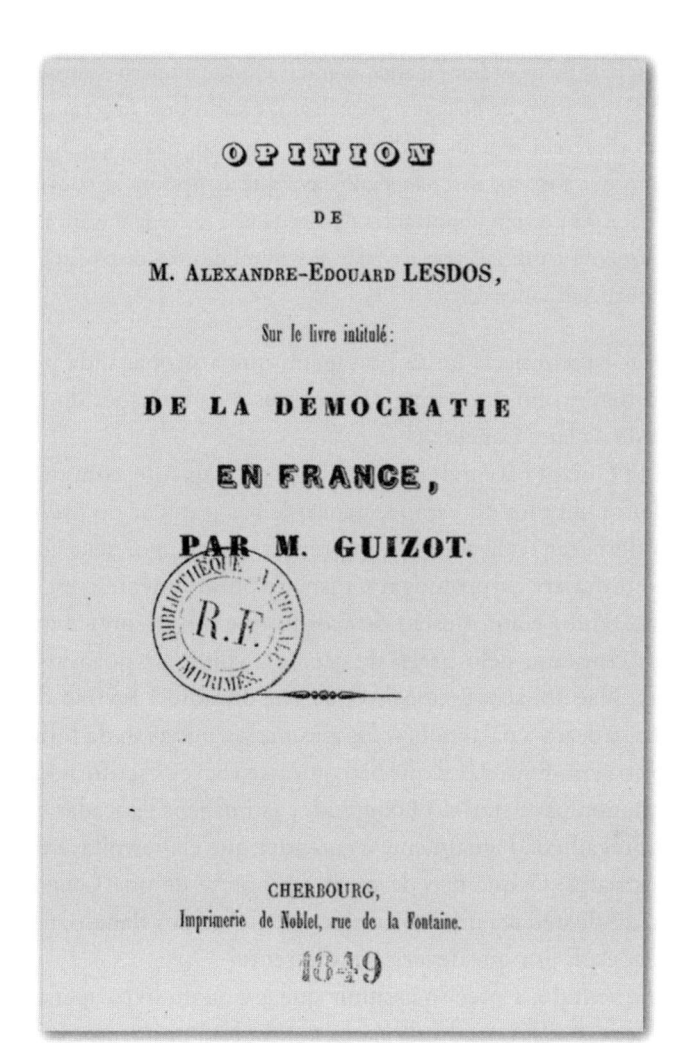

54. *De la Démocratie en France* enseja uma série de outras publicações destinadas
a comentar o escrito, nesse caso, a engrossar o coro contra a república social.
É o que revela o exemplar de Lesdos. O opúsculo foi impresso em Cherbourg,
na Normandia. Trata-se de um artigo breve e elogioso, em que são destacados
os princípios morais do autor e, seguindo a tônica de outros artigos, a ênfase na
propaganda antissocialista. Às vésperas da eleição presidencial, Alexandre-Édouard
Lesdos (1813-1865) redigiu um longo texto, logo publicado sob a forma de uma
plaquete, em defesa da candidatura do General Cavaignac contra Luís Napoleão.

[...] [o partido da ordem] mandava editar grande número de brochuras a preços baixos, a fim de delatar o socialismo. Essas obras ficaram célebres. Mas o fato de serem vendidas e distribuídas não significava que fossem lidas; e mesmo que fossem, isso não significava que as pessoas se convencessem do que liam. As pessoas importantes da direita não se comparavam aos militantes de esquerda na difícil arte de falar aos humildes, animar pequenos grupos, trabalhar cada aldeia[12].

O autor reconhece, nessa passagem, que a propaganda política e de cariz panfletário buscava atingir as mentes e os corações do povo. Eis a dificuldade da elite francesa.

Talvez Guizot não pretendesse atingir diretamente, com sua brochura, nem o leitor simples do campo, nem o leitor popular do *faubourg*. Esse papel poderia ser realizado pela imprensa, ou seja, por seus correligionários, que tratariam de prolongar e discutir publicamente o escrito. Afinal de contas, editor e autor estão de acordo que o horizonte é outro, como pudemos constatar pelo preço de capa do volume e por seus caracteres materiais. Não foi sem propósito que ele, durante a revisão da prova tipográfica, trocara a palavra *brochure* impressa no verso da folha de rosto, pelo termo *écrit*. É provável que não quisesse ver seu escrito associado a um gênero menor, panfletário. O conteúdo, as imagens evocadas e o vocabulário empregado dão igualmente a entender que ele se voltava diretamente para seus pares. O que não descarta a hipótese de que Guizot estivesse convencido de que era preciso atingir os leitores nos flancos, nas mentes e nos corações. E por que deveria ser diferente?

Nesse sentido, é preciso assumir que a vida do livro apenas se realiza após a impressão. É quando ele ganha o mundo. Porém, uma vez impresso, tudo passa a depender de seu potencial de publicização, o que demanda novas estratégias no âmbito da esfera pública, da imprensa de opinião. Afinal de contas, somos bastante treinados para saber que tudo o que aparece impresso nas páginas de um jornal adquire logo o estatuto de verdade[13].

---

12. Maurice Agulhon, *O Aprendizado da República...*, pp. 124-125.
13. Não é demasiado lembrar que estamos a tratar dos mecanismos de cristalização da esfera pública nos moldes burgueses, tanto do ponto de vista das práticas de publicidade, quanto de suas formulações teóricas. A sua história, escreve Habermas, "depois de ter encontrado sua formulação clássica na doutrina do direito de Kant, é problematizada por Hegel e Marx e, na teoria política do

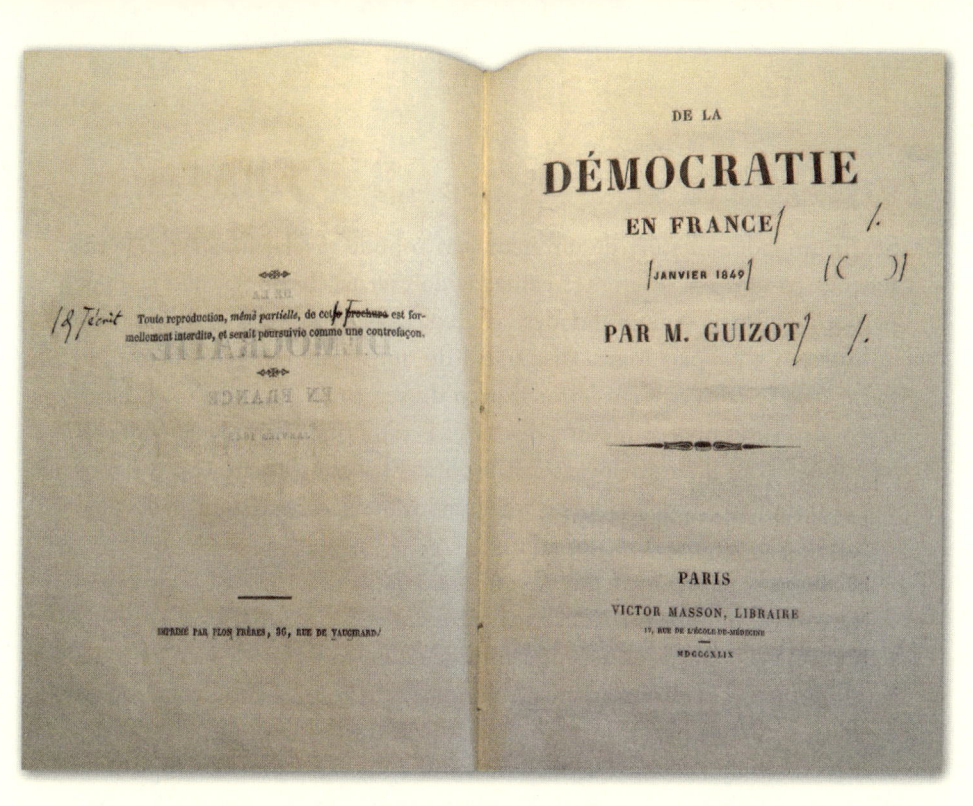

Tais aspectos nos conduzem a uma outra fase da vida de *Démocratie*: a da consolidação desse investimento a um só tempo político, intelectual e editorial. O caminho é longo e árduo, pois depende da comunhão já bastante explorada, porém, sempre delicada, entre o circuito dos livros e o dos jornais.

Todavia, autor e editor reconhecem que esse percurso não pode se realizar sem a conquista prévia e sólida do círculo de leitores mais próximos. Era mister fazer circular o manuscrito, antes mesmo da brochura.

Analisemos, então, essas diferentes camadas de leitores que cuidaram da recepção e promoção de *De la Démocratie en France*, desde os primórdios de sua gestação, nos meses finais de 1848, até a sua projeção nos jornais, após 10 de janeiro de 1849.

---

liberalismo da metade do século XIX, assumirá sua ambivalência como ideia e ideologia" (Jürgen Habermas, *Mudança Estrutural da Esfera Pública*, São Paulo, Ed. Unesp, 2014, p. 240).

Se, de um lado, a leitura de um manuscrito pode revelar uma série de intenções fixadas em diferentes camadas da escrita, de outro, não se deve perder de vista as temporalidades, as ideologias e os gestos múltiplos que atravessam a própria lógica discursiva do autor que redige o texto e do autor que se converte em leitor crítico de seu próprio trabalho. É claro que todos esses procedimentos de crítica e autocrítica não revelam apenas as inquietações do autor no ato da escrita. Eles constituem, como temos notado, indícios de um público imaginado, desejado e vislumbrado pelo escritor (e, por extensão, pelo editor).

Sabemos, a propósito, que no intervalo entre a escrita e a edição nosso autor tornou público o manuscrito entre amigos e partidários. O apelo à leitura prévia, ou seja, àquela que antecede o gesto último e derradeiro de um *imprimatur* tem, certamente, relação direta com as condições sociais e políticas de produção do livro. Para relembrá-las, em poucas palavras: escrito no exílio, *De la Démocratie en France* era a um só tempo uma plataforma política para o partido orleanista, um apelo de união dos conservadores e a promessa de retorno à cena pública do ex-todo-poderoso--Ministro.

Vimos, no capítulo 1, que durante o processo de redação de *Démocratie* Sarah Austin foi a interlocutora mais próxima de Guizot. Pudemos igualmente observar que a reação do autor diante das críticas de sua estimada leitora estava longe de ser tranquila. Sob argumentos vários, ele demonstrava bem o caráter irredutível de suas ideias[14].

Entre os leitores de seu círculo de relações, o secretário Auguste Génie foi, de longe, o mais entusiasmado. O que não surpreende, considerando a fidelidade desse antigo chefe de gabinete, altamente recomendado por Charles de Rémusat, desde os tempos de composição do Ministério da Instrução Pública. Génie, como ele será amiudemente referenciado nas correspondências, formou-se em Direito e, nos tempos da Restauração, atuou entre os grupos de esquerda em Toulouse. Em agosto de 1830 ele fora nomeado secretário-geral da prefeitura de Haute-Garonne. De Broglie o qualifica como um agente político "decidido e inteligente", porém, "pouco

---

14. Ver, na página 44, o momento em que Guizot recrimina a crítica de Sarah Austin com relação a algumas passagens do livro.

escrupuloso e vulgar nos seus atos, escrevendo e trabalhando bem, mas, exprimindo-se mal, ajustando suas opiniões às proteções que lhe pareciam úteis, ele tinha todas as qualidades de um funcionário engenhoso"[15].

Essas características fizeram dele um excelente chefe de gabinete, o que lhe rendeu um posto no Conselho de Estado, em 1833. Nesse sentido, a fidelidade e, talvez, o hábito de omitir seu juízo de acordo com as convenções, torna altamente suspeita a apreciação que faz do manuscrito: "O primeiro ato de sua liberdade, que o recoloca em cena nobremente, dignamente, grandemente... É o seu retorno, o retorno de seu partido, o retorno do *Débats*"[16].

Armand Bertin (1801-1854), outro fiel escudeiro, diretor do *Journal des Débats*, é mais contido nas palavras. Ele apenas se mostra "muito contente, muito tocado, aprova e admira o gesto"[17]. Mas, não nos enganemos! O *Journal des Débats* será seu principal aliado em Paris, fazendo-se porta-voz da brochura em várias edições do quotidiano[18].

O Duque D'Audifret-Pasquier (1823-1905), por seu turno, considera o texto "sublime"[19].

Louis Vitet (1802-1873) manifesta, em carta de 14 de dezembro – lembremos que nessa data Guizot ainda não assinara o contrato de edição –, opinião não apenas positiva, mas certeira no que tange à motivação política do escrito:

São boas e elevadas verdades, admiravelmente ditas... você será um agitador para algumas bravas pessoas que têm a bondade de acreditar que tudo acabou

---

15. Gabriel de Broglie, *Guizot*, p. 151.
16. *Apud* Gabriel de Broglie, *Guizot*, p. 375. Mais adiante veremos a importância do *Journal des Débats*.
17. Gabriel de Broglie, *Guizot*, p. 376.
18. O anúncio inflamado da brochura não deixa dúvidas de que o redator-chefe do *Débats* busca, também ele, atingir seu público nos flancos: "Um outro ponto que nos tocou, ao ler a brochura do Sr. Guizot, foi a verdade das pinturas. O exilado não se deixa levar pela inexatidão ou exageros sob a forma de considerações coléricas ou de queixas. [...] Cada batimento do nosso coração foi acompanhado, por assim dizer, pelos batimentos do coração do autor. [...] Foi assim que, em tão poucas páginas, o Senhor Guizot fez justiça frente a esse derramamento de perversidades e de loucuras que nos inunda há dez meses" (*Journal des Débats Politiques et Littéraires*, Paris, 10 janvier 1849, p. 1).
19. Gabriel de Broglie, *Guizot*, p. 377.

e que nós vamos aproveitar os dias de ouro e de alegria porque um bom golpe de vento acaba de varrer nossa mais grossa espuma revolucionária[20].

Ao mencionar as "bravas pessoas que têm a bondade de acreditar que tudo acabou...", ele certamente se referia ao acórdão dos orleanistas pelo apoio a Bonaparte. Em certo sentido, sua vitória foi compreendida como a vitória do *club* da rue de Poitiers. Porém, como ele mesmo assinala – e o futuro nos dirá – era ainda muito cedo para celebrar[21].

Também Louis Vitet, a exemplo dos outros missivistas, participava de um mesmo círculo de relações construído nos tempos da Restauração. Em 1824 ele compôs, ao lado de Duchâtel (1803-1867) e Duvergier de Hauranne (1798-1881), o grupo de redatores e discípulos do *Globe*, publicação dirigida pelos "jovens doutrinários". "O jornal refletia fielmente as ideias e o programa de Guizot, além de publicar elogios para cada um de seus livros e seus discursos"[22].

Gabriel de Broglie observa, todavia, que alguns de seus leitores não demonstraram o mesmo entusiasmo, embora evitassem confrontar abertamente nosso autor: "Victor de Broglie se cala. Seu filho Albert se declara satisfeito. Molé critica. O príncipe Luís Napoleão Bonaparte faz saber, por meio de Madame de Mirbel, que ele desaprova o livro e aconselha o silêncio"[23].

Independente do juízo desses primeiros leitores, nosso autor seguiu incontinente seu projeto. Finda a impressão, os exemplares não demoraram a chegar nas mãos de correligionários e de figuras de proa do campo literário

---

20. *Idem*, p. 378. De Broglie comenta, ainda, que Génie e Lenormant apresentam uma série de emendas que serão acatadas pelo autor. Em carta datada de 11 de janeiro de 1849, Guizot reitera a importância da leitura de Lenormant: "Meu caro amigo, eu não vou retomar sua carta de 11 de dezembro. Eu não me sinto quitado em relação a você apenas por alguns parágrafos alterados ou somados em minha brochura; eu tenho muito mais a lhe dizer" (Lettre de Guizot à M. Lenormant, Brompton, 11 janv. 1849, AN, MS. 42API50).
21. Sobre a vitória de Luís Napoleão Bonaparte, escreve Agulhon: "[...] assistia-se a uma vitória completa da 'rue de Poitiers'. O presidente escolheu para seu ministério antigos realistas eminentes, presididos por Odilon Barrot; a pasta da Instrução Pública e dos Cultos foi entregue ao Conde de Falloux, figura mais destacada no corpo ministerial" (Maurice Agulhon, *O Aprendizado da República*, p. 93).
22. Gabriel de Broglie, *Guizot*, p. 92.
23. Infelizmente o contexto em que se deu a crítica de Luís Napoleão Bonaparte não foi explicitado. No entanto, como observará o biógrafo mais adiante, após o sucesso do livro o Presidente recua e tenta renovar as relações com Guizot (Gabriel de Broglie, *Guizot*, p. 378).

e político francês. O círculo se ampliava, certamente com o concurso dos cem exemplares *hors commerce* garantidos no contrato de edição e, convém assinalar, graças ao prestimoso Génie, que os fazia chegar, sem demora, aos destinatários.

Cuvilier-Fleury (1802-1887), jornalista do *Débats* e orleanista convicto, se bem que a esta altura ele houvera abandonado o jornal, embora não tenha necessariamente abandonado sua profissão de fé política, redige uma longa e emocionada carta de agradecimento a Guizot. Ele reconhece na brochura as virtudes do homem de Estado que a França relegou ao esquecimento, o que faz de *Démocratie* uma plataforma política para o seu retorno e a volta de seu partido – essa perspectiva será reiterada em quase todos os comentários, como temos notado. Estamos, sem dúvida, diante de uma escrita profundamente enternecida com a verdade das palavras que a brochura expressava:

> O hábito que eu guardara de suas benesses para comigo não havia me preparado o suficiente para o prazer que eu vivenciei ao receber, pelo envio que o senhor bem quis me fazer, de sua brochura *De la Démocratie en France*, uma tão honorável quanto surpreendente marca de sua lembrança. O senhor foi um poderoso Ministro, quando sua generosidade me chamava para o M[inistério]. Hoje, quando essa lembrança vem ao meu encontro, o Senhor agora é, em parte, o proscrito de uma insurreição [...][24].

Não serão menores a surpresa e o reconhecimento do Marechal Duque d'Isly (segundo sua assinatura), ou simplesmente Marechal Bugeaud (1784--1849), ao receber um exemplar. Também ele se afastara do círculo de Guizot após a queda do Ministério. Bugeaud considera acertada a análise que aponta para o estado de desordem na França, chegando a sugerir que sua resposta, caso estivesse no poder, teria sido mais "radical". São as palavras de um militar! Explicitamente contrariado com a conjuntura – lembremos que ele alimentava a pretensão de se candidatar para a presidência, não fosse o arranjo de última hora arquitetado pelo partido da ordem em torno de Luís Napoleão Bonaparte –, ele ressalta a qualidade do livro, lembrando

---

24. Lettre de Cuvilier-Fleury à Guizot, Paris, le 6 janvier 1849. AN, MS. 42API51.

que "um bom livro é muita coisa". Ao que complementa: "hoje em dia não se vê muita coisa boa na situação em que nos encontramos"[25].

Um pouco tardia, talvez pela distância de sua morada, o Castelo de Soult-Berg, em Saint-Amans-Soult, no Tarn, foi a carta de agradecimento de Jean-de-Dieu Soult, o primeiro Duque da Dalmácia (1769-1851). Ele teve uma carreira destacada nas campanhas militares de Napoleão I, o que lhe valeu a patente de marechal-general e, mais tarde, um lugar de destaque no partido orleanista[26]. Mas estava longe de frequentar o pequeno círculo de Guizot. Nas duas páginas de uma escrita cuidadosa, de bela caligrafia, o missivista parece menos interessado nas bandeiras defendidas em *Démocratie*, do que em restabelecer contato com o ex-Ministro. Sobra, como nas outras cartas, o lamento diante de tempos difíceis, provocados pelas revoluções:

> A leitura produziu em mim uma viva impressão, sobretudo pela verdade de suas descrições e pelo conjunto de análises que as acompanham; também, eu tirei delas um prazer tão grande que foi o único que eu senti desde fevereiro de 1848[27].

Na ausência de uma lista exaustiva que nos habilite a conhecer todos os destinatários que receberam de Guizot um exemplar de *Démocratie*, ou, antes, que leram e comentaram por carta o manuscrito, lancemos luz sobre

25. Lettre de Mal. Duc d'Isly à Guizot, Paris, le 9 janvier 1849. AN, MS. 42AP271. O Marechal Bugeaud teve uma carreira brilhante nos tempos do Império, caiu em desgraça durante as insurreições parisienses, em 1834, o que lhe valeu o epíteto de "homem da rue Transnonain", em alusão ao massacre que seus homens provocaram em uma residência desse local. Enviado em missão ao Magreb, ele não demorará a se desentender com o governo sobre os projetos de colonização da região. Guizot o substitui pelo Duque d'Aumale. Ainda assim, será governador da Argélia. Em 1848, ele lança sua candidatura à presidência, mas logo declina de sua intenção em apoio a Napoleão, que lhe retribuiu com o cargo de Comandante dos Alpes, mesmo que, malgrado as aparências, isto o tenha contrariado. Ali ele contrai o cólera, vindo a falecer, em Paris, em 10 de junho de 1849 (cf. *Le Maréchal Bugeaud, d'après sa Correspondence Intime et des Documents Inédits, 1784-1849, par le Cte. D'Ideville, Ancien Préfet d'Alger*, Paris, Librairie de Firmin Didot et Cie., 1882, 3 tomes).

26. Jean-de-Dieu Soult, Marechal do Império (1804), Duque da Dalmácia (1808), Par de França (1815), Marechal-General da França (1847), Presidente do Conselho (1832-1834 e 1839-1847), Ministro das Relações Estrangeiras (1839-1840), Ministro da Guerra (1830-1834 e 1840-1845).

27. Lettre du Duc de Dalmatie à Guizot, Soult-Berg, près de Saint-Amans (Tarn), le 29 janvier 1849. AN, MS. 42AP152.

duas figuras que certamente não orbitavam no círculo de influências de nosso autor, mas que receberam exemplares do escrito: Victor Hugo e... Proudhon!

O eminente socialista francês, citado e criticado nominalmente em *Démocratie*, limitou-se a anunciar o aparecimento da brochura com base na propaganda veiculada pelo *Débats*. E isso com notável atraso em relação à imprensa parisiense:

> O *Journal des Débats* faz uma longa propaganda da brochura do Sr. Guizot: *De la Démocratie en France*; trata-se, certamente, de um escrito admirável. Nós nos permitiremos julgá-lo por nossa conta e dizer o que pensamos sobre ele[28].

Lembremos que o ataque direto a Proudhon se justificava pelo fato de ser o socialismo o grande mal, senão, a origem de toda a desordem social que aplacava o povo francês. Essa oposição franca e aberta que faz Guizot ao socialismo (e ao comunismo), particularmente no quarto capítulo, dedicado aos males da república social, será reforçada pelo redator de *L'Assemblée Nationale*, quando se lê: "O socialismo não tem adversário mais implacável que o Senhor Guizot. É para ele o inimigo que deve ser incessantemente combatido e perseguido"[29].

Victor Hugo envia ao autor uma carta de cumprimentos muito cordial:

> Paris, 10 de janeiro de 1849
> O senhor possui um grande espírito, *Monsieur*, e caro confrade, e em seu livro o senhor demonstra pertencer a essa natureza superior que atravessa de forma serena as tempestades. A cada instante que eu o leio, solto um grito: "Como é verdade!" Eu apenas lanço um olhar menos triste para o futuro. Estou firmemente decidido a lutar pelo valor de meu país, e a dizer sempre, a todos aqueles que falseiam, o que eu considero justo e verdadeiro [...].

---

28. *Le Peuple, Jornal de la République Démocratique et Social*, le 25 janvier 1849, p. 2.
29. *L'Assemblé Nationale*, Paris, 10 janvier 1849, p. 2. Em seguida, o jornal reproduz quase a totalidade do capítulo IV – "De La Républque Sociale", pp. 51-67 [1ª edição]. No dia 17, o debate se mantém. Segundo a folha, alguns socialistas acusaram Guizot de ateísmo – lembremos que ele era protestante. "Eis uma acusação bastante original, totalmente imprevista, porém, não mais absurda do que todas as outras acusações feitas pelos socialistas contra alguém que mostre à sociedade já assustada o fundo do abismo onde se pretende precipitar" (*L'Assemblé Nationale*, Paris, 17 janvier 1849, p. 2). Em seguida, como nos outros dias, será publicado mais um excerto do quarto capítulo do livro.

A Providência lhe reserva ainda um futuro grande e certo. Nosso país precisa de sua pluma e de suas palavras[30].

O olhar "menos triste para o futuro" assinala, com a elegância que apenas os grandes espíritos sabem exprimir, uma discordância pontual, porém, fundamental sobre o significado da participação do povo nas revoluções[31]. Contrário à tese guizotiana de que a república democrática (e social) se apresenta como a face perversa (idólatra) da democracia e do sufrágio universal, nosso romancista afirma sua crença no valor do país e sua disposição para a luta pelo que é "justo e verdadeiro". Ocorre que a justiça e a verdade de um esbarram na justiça e na verdade do outro. O que fica patente no comentário escrito em outro documento, ao pé da folha de rascunho da missiva:

> Eu não podia, nem devia ofender um homem caído. Afinal, eu sempre acredito no futuro do talento. Todavia, falta uma coisa ao Senhor Guizot, que é acreditar no povo. Não crer no povo, é ser ateu em política. *Vox populi, vox Dei*[32].

A OPINIÃO PÚBLICA

Malgrado o interesse de publicar a brochura, simultaneamente, em Paris e em Londres – a capital inglesa se tornara o reduto dos exilados de 1848, da direita à esquerda –, era para a Cidade Luz que Guizot olhava. Era de Paris que ele recebia notícias sobre os múltiplos desenvolvimentos da Revolução, desde a madrugada de 24 de fevereiro, sobre as movimentações de seus partidários na rue de Poitiers e, evidentemente, sobre as manobras

---

30. Lettre à Guizot de Victor Hugo à Guizot, Paris, 10 janvier 1849, AN, MS. 166MI21. A interrupção de um trecho da missiva se deu devido à dificuldade de se decifrar a difícil caligrafia do autor, sobretudo quando consultada em microfilme.

31. Tal perspectiva será compartilhada, de forma menos sutil, por outro grande intelectual do seu tempo: "Os contemporâneos, muito acostumados a insurreições políticas, não podiam imaginar que as pessoas do povo se sublevassem sem ter chefes burgueses e objetivos precisos. As pessoas cultas não faziam a menor ideia dos sentimentos dos operários, não tinham sequer a noção superficial transmitida pela literatura à nossa geração; para elas, se as pessoas do povo lutavam por conta própria, só podia ser para saquear e matar" (Charles Seignobos, *La Révolution de 1848 et le Second Empire*, p. 133, *apud* Maurice Agulhon, *O Aprendizado da República*, p. 118).

32. Gabriel de Broglie destaca o ineditismo desse manuscrito, encontrado na Bibliothèque Lovenjul (Gabriel de Broglie, *Guizot*, pp. 379 e 503).

da imprensa. Foi para os redatores dos principais jornais da capital que autor e editor se empenharam em enviar, antes mesmo do lançamento, os primeiros exemplares da brochura.

Pode-se dizer que a relação de Guizot com os jornais remonta a momentos decisivos da história política francesa desde o Império, passando pelos Cem Dias, a Restauração[33], até se intensificar na Monarquia de Julho, quando o então Ministro se tornará a *vedette* das folhas políticas. Mas os tempos eram outros. Aquela imprensa doutrinária, que conduzira Guizot à cena política dos anos de 1820, mudara sensivelmente. A folha popular, de grande tiragem, noticiosa e polêmica de Émile de Girardin (1802-1881) parecia se ajustar melhor ao jornalismo triunfante em 1848[34].

Estamos a tratar de um jornalismo – ironia da História? – que se fortalece e se transforma diante dos progressos do regime representativo e do desenvolvimento da via parlamentar durante o reinado de Luís Filipe. E que logrou se difundir por toda a França, numa cartografia nada evidente, dada a extensão do território e a dificuldade de vencer as barreiras dos transportes, dos meios de comunicação[35] e do analfabetismo[36].

Era mister renovar o equipamento das oficinas gráficas, criar um ramo de especialização dos jornais e encontrar no mercado os materiais necessários para a sua produção.

Em 1831, o *National* será um dos primeiros a investir na construção de uma prensa francesa, projetada por Gaveaux, com dois cilindros[37]. Em 1847, *La Presse* investe na máquina à reação Marinoni. Ela imprime folhas de 95 x 134 cm, com uma velocidade de 1500 exemplares por hora. E se com um cilindro ela fornece de 1500 a 2000 folhas/hora, com quatro cilindros

---

33. Guizot, De Broglie e Rémusat editam, de janeiro de 1828 a setembro de 1830, a *Revue Française, Organe Philosophique, Littéraire et Savant du Globe*.

34. *Histoire Générale de la Presse Française*, publiée sous la direction de Claude Bellanger, Jacques Godechot, Pierre Guiral et Fernand Terrou, Paris, Presses Universitaires de France, tome 2, p. 141.

35. Os trens cortam a França e atravessam a Europa a partir da década de 1840. Entre 1846 e 1851, são instalados os cabos telegráficos elétricos. Em 1851, passou a funcionar o cabo submarino entre a França e a Inglaterra (cf. Pierre Rousseau, *Histoire des Techniques et des Inventions*, Paris, Librairie Arthème Fayard, 1958).

36. É preciso refletir sobre o impacto da Lei Guizot, de 1834, que autorizava a abertura de escolas públicas e gratuitas, destinadas aos meninos, em todos os vilarejos com população superior a quinhentos habitantes.

37. *Histoire Générale de la Presse Française*, tome 2, p. 9.

ela atingirá a tiragem de 8 000 folhas/hora. Girardin logra, enfim, impor o funcionamento da prensa de quatro cilindros, aumentando a capacidade produtiva para sessenta mil jornais por hora![38]

Nada disso faria sentido, por seu turno, sem os investimentos na indústria do papel e dos insumos para as gráficas. Entre 1845 e 1846 a França contava com duzentas máquinas a vapor para a fabricação de papel. Também o fabrico da tinta era feito em modernas indústrias movidas a vapor, como aquela instalada na rue Suger, em 1847, no velho Quartier Latin[39].

Não se pode, portanto, negligenciar a relação que logo se estabelece – e será percebida por alguns contemporâneos – entre leitores e eleitores. Vejamos: em 1831, a lei eleitoral dobra o número de eleitores, enquanto o número de leitores aumenta sensivelmente em todo o território. Assim, a mesma Lei Guizot de 1834, que promoveu a universalização do ensino francês, garantirá à população as condições essenciais para a luta pelo sufrágio universal, conduzindo o regime à ruína.

De acordo com Georges Weill,

> [...] os elementos de uma transformação completa da imprensa periódica são reunidos entre 1830 e 1860. Os jornais não são mais reservados a uma classe pouco numerosa de eleitores censitários; eles querem se dirigir a todos os que sabem ler, e o número dos letrados está aumentando. Oferece-se a este público novo, em nada *blasé*, em nada delicado, o alimento que lhe convém, porém, sem negligenciar o público instruído que fornece ainda o grosso das assinaturas. O anúncio se torna uma fonte preciosa, embora ela não tenha ainda se desenvolvido por completo. O jornal vendido a dois *sous*, a um *cent*, ou a um *penny*, anuncia uma nova época. Mas, como afirmava Gladstone após a abolição do imposto sobre o papel, "para vermos os resultados completos desses desenvolvimentos, é preciso que nós, homens do século XIX, tenhamos desaparecido"[40].

Somam-se a esses novos componentes do periodismo os elementos de inovação de ordem material. Agora, predomina o tabloide, em detrimen-

---

38. *Idem*, pp. 20-21.
39. *Idem*, p. 9.
40. Georges Weill, *Le Journal. Origines, Évolution et Rôle de la Presse Périodique*, Paris, La Renaissance du Livre, 1954, p. 217.

56. A leitura das novidades no campo, 1834.

to do in-4º do Antigo Regime. Também contam a redução da espessura do volume, a distribuição dos textos em colunas, a estratégia das manchetes, os destaques, a composição com tipos diferentes, os cabeçalhos, os suplementos e, sobretudo, as ilustrações. A venda é ainda limitada ao regime de assinaturas, o que agrega os leitores de jornais nos cafés, clubes e gabinetes, como podemos ver nas pinturas da época. A venda de jornais por números, nos quiosques, é um pouco mais tardia. Em Paris, ela será inaugurada em 1863[41].

Os números ilustram de forma eloquente a força da imprensa de opinião parisiense e sua capilaridade no território nacional (capital e província), às vésperas da Revolução de 1848 (Tabela 3).

41. Frédéric Barbier, *História do Livro*, São Paulo, Paulistana, 2008, p. 416.

Tabela 3. Os Principais Cotidianos de Paris em 1846* (estimativa).

Jornais	Tiragem média	Assinantes na província*	Jornais	Tiragem média	Assinantes na província*
Le Siècle	32885	21500	*La Gazette de France*	2496	1985
Le Constitutionnel	24771	12475	*Le Charivari*	2740	1705
La Presse	22170	17600	*Le Courrier Français*	2204	1050
L'Époque	11254	6600	*L'Écho Français*	2168	?
Journal des Débats	9305	6245	*Le Moniteur Universel*	2065	715
Le National	4280	3417	*Le Moniteur Parisien*	1869	170
L'Univers	4158	3190	*La Réforme*	1860	1405
L'Esprit Public	3649	862	*La Démocratie Pacifique*	1665	1387
La Patrie	3140	2460	*La France*	1438	1042
L'Estafette	3195	537	*Le Corsaire*	856	232
La Quotidienne	3063	2412	*Le Messager des Chambres*	679	275
Le Commerce	2947	1585			

Fonte: *Histoire Générale de la Presse Française*, publiée sous la direction de Claude Bellanger, Jacques Godechot, Pierre Guiral et Fernand Terrou, Paris, Presses Universitaires de France, p. 220, tome 2.

* Os títulos em negrito publicaram resenhas sobre *De la Démocratie en France*, como veremos mais adiante. A organização da tabela se fez a partir dos dados compulsados por J.-P. Aguet, "Le Tirage des Quotidiens de Paris sous la Monarchie de Juillet", *Revue Suisse d'Histoire*, vol. 10, 1960. Foram apenas considerados os jornais políticos. É preciso considerar que o total de assinaturas correspondia de forma muito próxima à tiragem total dos jornais, pois, como assinalamos no corpo do texto, mas não parece exagerado sublinhar, foi apenas a partir de 1863 que os jornais passaram a ser vendidos por unidade nos quiosques parisienses.

Durante a crise provocada pelas campanhas de reforma política e, em particular, as sufragistas, às vésperas da Revolução de Fevereiro, *La Presse*, *Le Siècle*[42] e *Le National* fecharam um pacto nos afamados banquetes contra os discursos e a postura desdenhosa de Guizot, em relação aos clamores populares. Eles tampouco minimizaram a importância dos escândalos de corrupção oriundos da Corte[43].

Em 14 de fevereiro de 1848, o todo-poderoso patrão da *Presse* anunciará sua renúncia na Câmara dos Deputados. Fiel ao princípio defendido uma semana antes, segundo o qual "é melhor escapar pela febre eleitoral, do que pela febre revolucionária"[44], a renúncia se dá em nome das "eleições gerais"[45]. Comprovava-se, uma vez mais, que aos olhos de um jornalista astuto e de uma burguesia sedenta, o crescimento e a ampla difusão do impresso se convertiam em... votos! Tal realidade contrastava e tornava no mínimo antiquado o sistema censitário. *La Presse* estava, sem dúvida, no olho do furacão.

Sobre a nova lei de imprensa, escreve Weill:

> O governo provisório, preparado nas redações do *National* e do *La Réforme*, contava entre seus membros com dois redatores-chefes, Armand Marrast e

42. Apesar de se opor francamente ao ministério de Guizot nas vésperas da Revolução, durante os afamados banquetes, *Le Siècle* comporá o coro dos defensores de *Démocratie*. O que aproxima esta folha, inaugurada em 1836, com a bandeira monarquista constitucional, mas que se converterá em republicana, após a Revolução. A imprensa do partido da ordem, em janeiro de 1849, une-se em oposição ao socialismo. Tal fato transparece no primeiro anúncio veiculado sobre a brochura: "Sabemos que os socialistas se apresentam como os continuadores da obra de Cristo: eles celebram o nascimento e ousam associar seu nome ao dos apóstolos de suas doutrinas; o Senhor Guizot mostra que o triunfo de nossos reformadores da ordem social, se ele fosse possível, seria a ruína da fé cristã" (*Le Siècle*, Paris, 10 janvier 1849, p. 2). Em seguida, a coluna reproduz longo trecho no qual Guizot reflete sobre as menções ao Evangelho e a Cristo naqueles tempos. Sobre essas passagens, ver capítulo 1, pp. 59-61.
43. Sobre François Guizot e os escândalos de corrupção que minaram a Corte – e um rei já bastante enfraquecido –, escreve Victor Hugo: "Ele é pessoalmente incorruptível, mas governa pela corrupção. Ele me parece aquele tipo de mulher honesta que poderia bem gerenciar um bordel" (*apud* Pierre Pelissier, *Émile de Girardin, Prince de la Presse*, Paris, Denoël, 1985, p. 172).
44. Frase proferida na Assembleia, em 8 de fevereiro de 1848, quando Girardin convoca seus correligionários para uma demissão em bloco. Ele, todavia, não será ouvido (*idem*, p. 177).
45. As disputas entre Girardin e Guizot eram antigas e bastante conhecidas no meio político e nas rodas sociais parisienses. Havia até mesmo aqueles que atribuíam as querelas aos desmandos do coração, pois ambos circulavam pelo salão de Esther Guimont, embora dificilmente alguém lhe reclamasse um pacto de fidelidade. Ela mesma desafiava as convenções e se autoatribuía o título nada nobre de *courtisane* (*idem*, p. 168).

Flocon. Em 5 de março, ele suprimiu o imposto do selo; no dia 6, revogou as leis de setembro de 1835 e declarou nulos todos os delitos de imprensa atribuídos pelo júri. Um outro decreto, de 22 de março, levou aos tribunais civis o direito de acordar uma reparação judicial com os funcionários públicos difamados pelos jornais[46].

O autor enumera as folhas mais influentes durante a vaga revolucionária: além dos citados *Le National* e *La Réforme*, temos: *L'Ami du Peuple*, de Raspail; *Le Peuple Constituant*, de Lamennais; *L'Ère Nouvelle*, de Lacordaire e Ozanam; *Le Réprésentant du Peuple, Le Peuple* e *La Voix du Peuple*, de Proudhon.

Diante dessa nova conjuntura, não se deve negligenciar o poder de reorganização da imprensa conservadora. Vimos, na Tabela 3, sua presença entre os quotidianos com maior tiragem e capilaridade no país, em 1847. É verdade que a Revolução de Fevereiro tornara esse terreno muito mais movediço, sobretudo durante o governo provisório. Mas não é menos verdade que o novo regime fizera recrudescer a circulação irrestrita de impressos, o que estava longe de prejudicar as velhas redações de direita.

Causa espécie o discurso contemporizador que a imprensa conservadora adota após o 24 de fevereiro. O *Débats* é um dos primeiros a se explicar:

> O silêncio nos foi imposto nesse momento pela rapidez dos acontecimentos que se desfecharam no dia de hoje. Não precisamos expressar os sentimentos que surgem em nosso espírito, todo o mundo os compreenderá.

No dia 26, novo discurso:

> Quanto a nós, seremos os primeiros a dar o exemplo, reprimindo em nossos corações nossas lembranças e nossos arrependimentos. Dedicaremos àqueles que nos governam a honra de não mentir; que encontrem aqui uma prova da sinceridade do concurso que nós lhes oferecemos[47].

---

46. Georges Weill, *Le Journal...*, p. 225.
47. *Apud* Raymond Manevy, *La Presse Française. De Renaudaut à Rochefort*, Paris, J. Forêt, 1958, p. 252.

57. Os jornais franceses de 1848.

Essa mesma postura pacificadora será adotada por *La Presse*. Lembremos que Girardin advertira seus correligionários, num gesto desesperado e derradeiro diante da Assembleia, sobre o perigo de uma revolução. Mas o segredo do negócio consiste em nunca se tornar uma oposição excessivamente radical. Publicado durante alguns dias em formato reduzido, em razão da falta de papel no mercado, *La Presse* coloca em cena o espírito empreendedor de seu proprietário, na tentativa de despertar a França de sua ressaca revolucionária: "Que todas as lojas se abram! Que as transações não se interrompam! Que as caixas de comércio e o banco não se fechem! Que a Bolsa retome suas operações!"[48]

Afinal de contas, a organização de uma imprensa pluripartidária e livre, de tendência republicana e socialista, não resultará em um movimento duradouro, pelo menos, não tanto quanto o será a capacidade de recomposição dos conservadores, após as Jornadas de Junho. Nesse sentido, tem razão Agulhon ao eleger esse marco como o da viragem conservadora na história da Revolução de 1848, antecipando-o em relação ao pleito presidencial de dezembro. Como observa o autor:

> A escolha do episódio de junho de 1848 para encerrar este capítulo justifica-se quase por si mesma, pelo fato de Ledru-Rollin ter saído de cena. Mas justifica-se ainda mais porque o dia 13 de junho de 1849 representou a última tentativa feita pela oposição de esquerda no sentido de conseguir resultados políticos positivos em Paris mediante manifestações de rua. Fracassada esta última tentativa, a esquerda acomodou-se, mal ou bem, ao funcionamento normal das instituições; mais ainda: tomou consciência de suas próprias possibilidades no futuro[49].

Vale ressaltar que coube ao partido da ordem, com suas distintas correntes, entre legitimistas, ultrarrealistas e contrarrevolucionários, pautar os debates políticos da direita, antes e depois da eleição de Luís Napoleão Bonaparte. Deve-se mesmo notar que às vésperas da eleição presidencial e nos meses em que se seguiram os arranjos para a composição do legislativo, a pauta foi definida pela oposição entre ordem e democracia ou república social.

48. *Idem, ibidem.*
49. Maurice Agulhon, *1848, O Aprendizado da República*, p. 65.

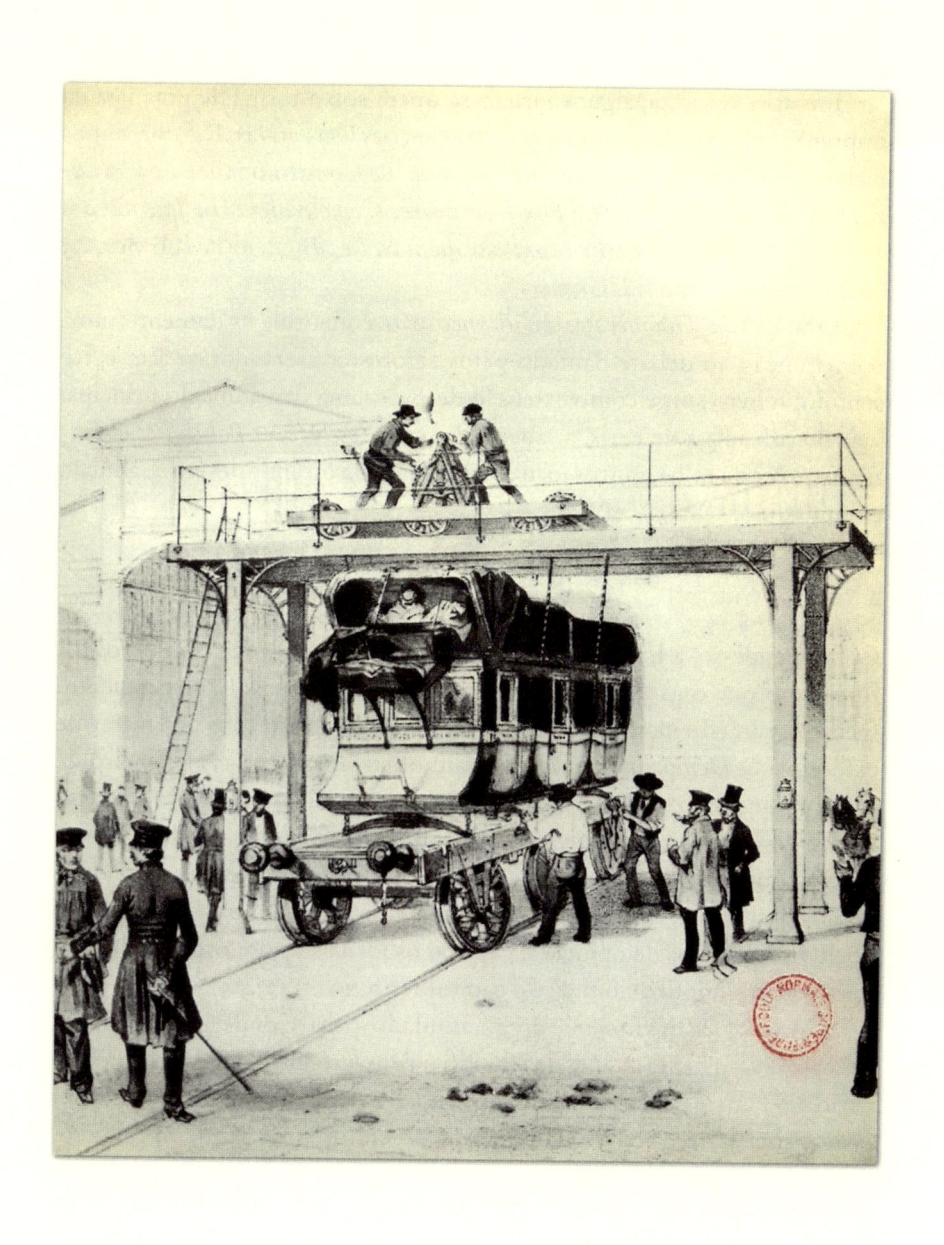

58. Partida de um trem mensageiro de Paris rumo ao interior.

Em abril de 1849, alguns jornais se unem sob a forma de uma liga da imprensa conservadora, com vistas nas eleições legislativas. É o que vemos na listagem seguinte: *L'Assemblé Nationale, Le Constitutionnel, Le Corsaire, Le Courrier Français, Le Dix Décembre, L'Événement, Le Journal des Villes et des Campagnes, Le Moniteur du Soir, Le Moniteur de l'Armée, La Patrie, Pays, L'Union, L'Univers*[50].

Ora, *De la Démocratie en France* não constitui, exatamente, uma contribuição ao debate pautado pelos setores conservadores? Em certo sentido, o livro surge como extensão do programa firmado pelo principal veículo orleanista de Paris, a saber, o *Journal des Débats Politiques et Littéraires*. A esta folha, outros jornais e revistas "da ordem" devem se alinhar, em uníssono.

A VOZ DA ORDEM

Compreende-se, à luz das movimentações de uma imprensa poderosa, a força com que o grito "À bas Guizot!" ecoou nas ruas. E, consequentemente, o caráter emergencial de um retorno anunciado após dez meses de exílio. *De la Démocratie en France* saiu oficialmente em 10 de janeiro de 1849. Pode-se dizer que a grande imprensa parisiense cobriu o aparecimento do livro e, a reboque, algumas folhas de província – embora, nesse caso, não estejamos completamente seguros quanto à representatividade de nossa amostragem[51]. Para melhor dimensionar o grau de inserção do libelo nos veículos de opinião da época, os jornais foram organizados em um quadro sinóptico no final do capítulo (pp. 231-232).

L'Assemblée Nationale, órgão fundado pelo Conde de La Valette (1813-1886), ostenta a fama de ter sido o primeiro grito contrarrevolucionário em Paris: "para sustentar o governo provisório com uma bandeira da ordem social", declara o redator-chefe, no editorial do primeiro número, em 28 de fevereiro de 1848.

---

50. *Histoire Général de la Presse Française...*, tome 2, p. 231.
51. Uma representatividade ínfima, considerando a difusão dos jornais de província e sua importância na formação da opinião pública, nesse momento. Destacamos apenas o *Echo Rochelais*, cuja resenha se concentra na apresentação da obra por seus capítulos e principais ideias, além de uma defesa do partido orleanista (*L'Echo Rochelais: Feuille d'Annonces Commerciales, Judiciaires et d'Avis Divers*, La Rochelle, 16 janvier 1849, p. 1).

59. A saída dos jornais na rue Montmartre.

Não estranha, portanto, o entusiasmo em relação ao escrito de Guizot, a quem o redator rende sincera homenagem por seu passado glorioso e pela coragem de se dirigir ao povo francês naquele momento de crise. Como não poderia deixar de ser, a folha se apoia na polêmica contra os socialistas. Nas suas palavras:

> O que temos após dez anos não é nem a república, nem a democracia, é o mal puro e simples, sem nenhuma relação com o bem. Quando a democracia se eleva, diz Guizot, eu a abaixo [aqui, o autor retoma uma passagem célebre de Pascal]. Ela se colocou, após um ano, a toda sorte de loucuras e sofre.

Para concluir,

> O que foi a revolução, como aquela de fevereiro? O triunfo momentâneo do mal. Mas o homem forte, o homem atingido, ele se levanta e o duelo recomeça, duelo doloroso, sem dúvida, porém, glorioso, pois representa, por seu turno, a carga e a honra da humanidade[52].

Essa ideia será reprisada por toda a imprensa, entre jornais e revistas. Em *L'Année Littéraire*, pondera Auguste Vitu (1823-1891)[53]:

> Ao escrever este estudo sobre a *Démocracie en France*, [Guizot] não faz um panfleto contra esta ou aquela forma de política; ele escreveu um arrazoado em favor da liberdade e da dignidade do homem, um requisitório contra o socialismo, pela sociedade[54].

---

52. *L'Assemblée Nationale*, Paris, 9 janvier 1849, p. 1.
53. Auguste Vitu foi editor, historiador politico e militar, crítico literário e de teatro, romacista e autor de manuais de finança. Segundo Ernest Praront: "O senhor Vitu começou sozinho, em 1849, a publicação de uma pequena revista mensal de letras e artes. *L'Année Littéraire*, foi assim que ele a batizou, não pôde, infelizmente, viver; os tempos eram duros tanto para a crítica, quanto para a poesia, tanto para o romance, quanto para a pintura. A tentativa de Vitu era muito corajosa". O caráter independente de seu periódico se evidencia na carta que endereça a Victor Hugo: "[...] eu compreendo a crítica como o senhor a inspiriou, pela fé e a admiração nas belas-letras. Eu prefiro explicar a contradizer; e ganhar a alma de um grande poeta me parece mais necessário e mais urgente do que enrubescer os imbecis por suas simpatias pelos cretinos" (Ernest Prarond, *De Quelques Écrivains Nouveaux*, Paris, Michel Lévy Frères, 1852, p. 188).
54. *L'Année Littéraire*, par Auguste Vittu, n.1, mars 1849, p. 10.

Mas esses impressos possuem fôlego curto. Pelo menos, se comparados ao *Le Constitutionnel* e ao *Journal des Débats*.

Le Constitutionnel ostenta uma longa tradição na política francesa. Foi fundado por Fouché (1759-1820), durante os Cem Dias, como *L'Indépendant*. O título definitivo será estampado apenas durante a Restauração, como uma bandeira política contra o regime dos Bourbons. Vale lembrar que essa nomenclatura, *Le Constitutionnel*, vai se reproduzir nos jornais de província que faziam oposição à restauração bourbônica. Tornou-se, por isso, sinônimo de imprensa bonapartista, o que lhe rendeu perseguições e repressões, de 1824 a 1830, durante o reinado de Carlos x (1757-1836).

Compreende-se a importância desse jornal pela constelação de intelectuais e políticos que reuniu. Dentre eles, Antoine Jay, Évariste Dumoulin, Adolphe Thiers, Pierre-François Tissot, Alexandre de Lameth, l'Abbé de Pradt, Pierre-Édouard Lémontey, Louis-Augustin-François Cauchois-Lemaire, Alexandre Chevassut e seu genro Nicole Robinet de La Serve.

En 1844, ele foi vendido a Louis Véron (1798-1867)[55], que manteve Adolphe Thiers como diretor de redação. Às vésperas da Revolução, vemos estampados no rodapé de suas páginas os romances de Balzac: *La Cousine Bette*, de outubro a dezembro de 1846; *Le Cousin Pons* e *Le Colonel Chabert*, em 1847. *Les Causeries du Lundi*, de Sainte-Beuve, serão publicados após a Revolução. Em dezembro de 1848, *Le Constitutionnel* terá uma importância capital na eleição de Luís Napoleão Bonaparte, vindo a se tornar um dos principais jornais governistas do Segundo Império.

Sobre *De la Démocratie*, a folha publicará dois anúncios consecutivos, ambos ocupando duas colunas (5/6) da segunda página do diário. O primeiro é de natureza descritiva, compondo-se das seguintes informações: lançamento oficial nas livrarias, tema central e estrutura dos capítulos. No dia seguinte, nova notícia, impressa no mesmo espaço da folha. Dessa vez, apresenta-se uma reflexão sobre os destinos da França, com base nos regimes políticos em debate naquele período. A crítica e a natureza da crise recai, como temos notado, na república democrática, tal como ela fora

---

55. Sobre esse período particularmente próspero do jornalismo francês, cf. Louis Véron, *Mémoires d'un Bourgeois de Paris*, Paris, De Gonet, 1853-1855.

implantada após a Revolução. Retomando o principal argumento do autor, à guisa de conclusão, lê-se:

> Os três modelos que escapam à França: o absolutismo russo; o parlamentarismo inglês; e a república americana. A França será condenada ao triste privilégio de todas as impossibilidades em matéria de governo, enquanto se sacrificar ao espírito exclusivo e, principalmente, à idolatria democrática[56].

A exemplo do *Constitutionnel*, também o *Journal des Débats Politiques et Littéraires* teve uma carreira longa no campo político francês. Nasceu em 1784 e apenas fechou suas portas em 1944. Seu título variou, assim como as nuanças de seu conservadorismo. Mas jamais perdeu a aura burguesa que o sustentou por mais de um século. As relações entre François Guizot e Armand Bertin, herdeiro do jornal, a partir de 1842, estreitaram-se no calor dos debates políticos que demarcaram os movimentos de oposição aos ministros de Luís Filipe, nascidos em seus próprios gabinetes. Nesse sentido, o *Journal des Débats* se colocava na frente de batalha contra todos os grupos que tentavam restringir a influência real. A esse órgão máximo da imprensa orleanista estavam associadas outras figuras de proa, a exemplo de Cuvillier-Fleury, preceptor do Duque d'Aumale, Alloury, Michel Chevalier, Benazet, Lemoinne, Philarète Chasles, Guéroult, Saint-Ange e Berlioz.

Após a Revolução de 1848, Bertin conseguiu manter todos os compromissos e bandeiras que marcaram a existência do jornal até aquele momento. Evitou toda forma de discurso radical e violento, o que certamente reforçou seus laços com o partido de Guizot.

Em 10 de janeiro a folha noticia o lançamento do livro, com a indicação de seus caracteres bibliográficos (título, editor, número de páginas, preço de capa). Logo em seguida, um extrato do texto, havendo, nesse caso, destaque para o fato do jornal ter recebido com antecedência o exemplar, o que lhe permitiu anunciar em primeira mão os capítulos e algumas passagens da brochura.

Também a imagem de uma nação humilhada e sucumbida pela força da Revolução, tal qual aquela veiculada pelo redator de *L'Assemblée Na-*

---

56. *Le Constitutionnel*, Paris, 9 janvier 1849, p. 2.

tionale, será reiterada pelo grupo do *Débats*. Vemos estampado logo na primeira página, ocupando quase inteiramente as duas primeiras colunas, um discurso veemente do retorno de Guizot à cena política:

> França, 9 de janeiro de 1849. A brochura de Guizot, intitulada *De la Démocratie en France*, aparece amanhã. Nós a lemos. Sobre ela, poderíamos dizer, numa só palavra, que se trata de obra digna do grande espírito que a produziu e que ela se oferece ao seu país como um tributo que todo bom cidadão deve à sua pátria infeliz e humilhada[57].

Como porta-vozes do partido de François Guizot, a estratégia da redação consistia em reproduzir, sob a forma de paráfrases, ou mesmo com o recurso de citações diretas, os argumentos de nosso autor[58]. Isso fez com que os artigos do jornal se apresentassem como prolongamentos do livro. É o que se lê, por exemplo, em 18 de janeiro: "A brochura de Guizot poderia se resumir em uma só palavra: ele aconselha a França a empregar as forças sociais que ela oprime ou que ela negligencia"[59]. Ou, uma semana mais tarde: "[...] a paz interior, a paz social, é a necessidade suprema da França, é o seu grito de salvação!"[60]

Todavia, cumpre salientar que, para além da retórica, ou melhor, apoiada sobre seus alicerces, um programa político se afirmava. Em primeiro lugar, reiterou-se a ideia segundo a qual os males da França tiveram seu início em 1789. Tal perspectiva impõe um questionamento de natureza histórico-sociológica: o que teria restado à França, desde que

> Ordens, classes, privilégios, enfim, tudo desapareceu [?], e quando se poderia ainda encontrar alguns poucos aristocratas na grande igualdade de nosso país, o que não se encontra mais, em nenhum lugar, é o espírito aristocrático[61].

Seguindo essa linha de raciocínio, o articulista lembra que nos tempos do Império foi possível organizar a democracia na ordem civil, a partir

57. *Journal des Débats Politiques et Littéraires*, Paris, 10 janvier 1849, p. 1.
58. A esse respeito, ver capítulo 1.
59. *Journal des Débats Politiques et Littéraires*, Paris, 18 janvier 1849, p. 1.
60. *Idem, ibidem.*
61. *Idem*, p. 1.

60. O leitor do *Constitutionnel*, ou *O Bom Burguês*.

de um sistema de compartilhamento e, na ordem política, pela concessão de dignidades e títulos aos filhos de camponeses e de operários que se tornaram, então, duques, marechais e senadores. Para restabelecer o poder da velha monarquia e da velha aristocracia, a Restauração passou a exigir a legitimidade dos títulos pelo critério de hereditariedade. Conhecemos esse período tão bem traçado pela pluma de Balzac, quando ao personagem Lucien de Rubempré, de *Ilusões Perdidas*, foi negado o título de nobreza por herança materna. À sua maneira, a Monarquia de Julho tratou de corrigir essa ilusão do retorno ao poder absoluto, quando acolheu aquela pequena-burguesia que, nas palavras do romancista, "tempera a democracia". Porém, a vitória do sufrágio universal, em 1848, rompeu o equilíbrio de forças (o *juste milieu*) e afundou a França no estado de caos apontado por Guizot.

E se o caos nasce "nos clubes, em nossa imprensa anárquica, nas seitas socialistas de todas as nuanças"[62], como reflete o jornalista, o mal maior reside na tentativa de extinção da propriedade. O desfecho não se dá de imediato. Afinal de contas, para cada artigo o redator se demora em uma etapa da análise guizotiana: em primeiro lugar, uma apresentação/homenagem ao autor e a caracterização do problema/mal, a partir dos elementos levantados no livro; em segundo, uma reflexão sobre a história profunda da França, o que faz da Revolução de 1789, como temos notado, o agente maior de desestabilização do país, justamente por ousar tocar o solo sagrado da propriedade; e, finalmente, se o mal não está no regime de governo, mas no sufrágio universal, que significa, em última instância, a perda do monopólio da opinião pela propriedade, a solução se encontra na união das classes proprietárias contra a república social.

Pequenos, médios e grandes proprietários devem, portanto, unir-se em nome da paz social defendida pelo partido da ordem. Em uma exposição bastante clara e original, escreve:

> Entre as influências naturais, a mais forte e a mais legítima é a propriedade fundiária. Há na brochura do Sr. Guizot algumas belas páginas sobre a propriedade fundiária, sobre os sentimentos que ela inspira, sobre os hábitos que ela oferece. [...]
>
> Não são os castelos e as vilas que se colocaram na defensiva; são as simples mansardas e as casas: o pedaço de terra não consentiu a partilha senão de um hectare e, nessa grande defesa da propriedade, os soldados não tiveram outros sentimentos que não os dos cabos e dos sargentos. Essa emoção unânime fez a força da ordem social. A sociedade apenas se salvou porque, como Anteu, ela tocou a terra patrimonial e aprendeu o sentimento do poder de seu direito. É importante que esta aliança da grande e da pequena propriedade dure e se consolide; não é, portanto, necessário fazer nada para a grande propriedade que não seja igualmente proveitoso para a pequena. Toda combinação política que não se apoie sobre os interesses e os sentimentos desses dois tipos de propriedade será frouxa e fraca[63].

---

62. *Journal des Débats Politiques et Littéraires*, Paris, 10 janvier 1849, p. 1.
63. *Idem*, 18 janvier 1849, p. 1.

É forçoso reconhecer que se a natureza e as bases morais que susten-
tavam a França foram atingidas pelo socialismo, a sua regeneração só pode
ocorrer pelo fortalecimento "do espírito da família, do espírito religioso e
o desenvolvimento do espírito político, ou deste patriotismo que faz com
que cada cidadão olhe as questões do Estado como se fossem suas". O que
equivale dizer: a ordem moral se encontra a montante da ordem política[64].

A solução? A união do partido moderado, ou seja, de legitimistas e
orleanistas[65].

A *Revue de Deux Mondes* fará coro com o *Débats* na defesa da ordem
pela união das "forças conservadoras"[66]. Para tanto, transforma a resenha
em uma carta de intenções e de votos para o sucesso dessa união:

> Que o partido moderado organize, então, em larga escala e da forma mais rá-
> pida possível sua ação política; que ele não negligencie nenhum dos meios que
> a Constituição lhe fornecer; que ele se concerte e se discipline pela associação;
> que ele se expanda em todo o país, por todas as vias e todas as combinações
> da imprensa. Que esteja sempre desperto e presente em todos os lugares. Que
> isso não lhe custe nenhuma pena, nenhum sacrifício. Que ele se lembre de que,
> na luta humana, nenhum esforço resta sem recompensa, nenhuma negligência,
> sem expiação. Depois da luz repentina e sinistra que clareou o abismo social,
> entreaberto sob nossos passos, até as suas mais escuras profundezas, como
> poderíamos nós esquecer que este abismo continua lá, aos nossos pés e que
> no primeiro momento de desatenção, de falha, ao mínimo acidente, ele pode
> ainda reabrir. Aquilo que antes era apenas indiferença ou egoísmo, seria hoje
> uma covardia, uma traição e, no final, um suicídio[67].

Pelo menos, a Revolução parece ter feito emergir alguma consciência,
embalada pela culpa cristã, da miséria que assolava a Franca e, vale dizer,
toda a Europa nessa conjuntura econômica particularmente crítica.

Convém perguntar a quem interessavam esses conselhos. Do ponto de
vista de nossos interlocutores, a toda a nação. Afinal, os ingredientes do

---

64. Para o resenhista, a questão se apresenta de forma clara e sem rodeios: "O socialismo, enfim,
será nosso eterno inimigo" (*Revue des Deux Mondes*, Paris, tome 1, 19ᵉ année, 1ᵉʳ janvier 1849,
p. 300).

65. *Journal des Débats Politiques et Littéraires*, Paris, 25 janvier 1849, p. 1.

66. A expressão é do redator da *Revue des Deux Mondes*, p. 302.

67. *Revue des Deux Mondes*, pp. 306-307.

sucesso estavam garantidos pelo "charme de seu belo estilo e pela clareza perfeita com a qual ele exprime suas ideias, [o que lhe renderá] um público numeroso e sobre o qual ele exercerá sem dúvida a mais salutar influência"[68]. Além disso, ressalta outra folha, essa "eloquente e patriótica brochura deverá ser distribuída por todo o território, lida de um lado a outro da França". E, não é demasiado sublinhar, "seu primeiro livro se dirige a esta pátria cuja violência lhe roubou há dez meses. Nobre exemplo! Vingança digna de um grande coração!"[69]

Tabela 4. Jornais que publicaram notícias ou resenhas de *De la Démocratie en France* (entre janeiro e março de 1849).

Data	Impresso	Título da Matéria	Página/ Coluna	Chefe de Redação	Tendência Política
09.01.1849	L'Assemblée Nationale	De la Démocratie en France, par M. Guizot	1-2	Adrien de Lavalette	Conservador; Monarquia
10.01.1849	L'Assemblé Nationale	–	2		Conservador; Monarquia
17.01.1849	L'Assemblé Nationale	L'Athéisme de M. Guizot	2		
09.01.1849	Le Constitutionnel. Journal Politique, Littéraire, Universel	–	2/5-6	Aldolphe Thiers	Conservador; Bonapartista; Liberal; Anticlerical
10.01.1849	Le Constitutionnel. Journal Politique, Littéraire, Universel	De la Démocratie en France Par M. Guizot	2/5-6		
10.01.1849	Journal des Débats Politiques et Littéraires	France Paris, 9 janvier, par Sacy*	1/1-3	Armand Bertin	Conservador; Orléanista; Liberal
18.01.1849	Journal des Débats Politiques et Littéraires	France Paris, 17 Janvier	1/1-3		
25.01.1849	Journal des Débats Politiques et Littéraires	France Paris, 24 Janvier	1/1-3		

68. *Revue Critique des Livres Nouveaux*, février 1849, p. 80.
69. *Journal des Débats Politiques et Littéraires*, Paris, 10 janvier 1849, p. 1.

10.01.1849	*Le Siècle*	–	2/3; 3/1	Louis-Marie Perré	
11.01.1849	*Le Siècle*	France Paris, 11 Janvier 1849	1/1-2		Monarquista constitucional; Após 1848: Republicano; Liberal
25/01/1849	*L'Ami de la Religion. Journal Ecclésiastique, Politique et Littéraire*	*De La Démocratie en France* Par M. Guizot	221-224	Assinatura: Aurélien de Courson	
06/02/1849	*L'Ami de la Religion. Journal Ecclésiastique, Politique et Littéraire*	*De la Démocratie en France* Par M. Guizot (Deuxième article)	331-336		Católico
Janvier 1849	*Revue de Deux Mondes*	La Société Française et la Démocratie. *De la Démocratie en France*, p. M. Guizot, par Forcade**	295-307	François Bulloz	Liberal. Aberto às sociedades de *savants* e aos grandes nomes da literatura de seu tempo
18/02/1849	*La Presse*	Feuilleton de la Presse Démocratie en France Par M. Guizot	1/ Rodapé	*Assinatura: Eugène Pelletan*	Republicano; Liberal
Mars 1849	*L'Année Littéraire*, n.1	Lettre Première du Livre de M. Guizot	7-12	Assinatura: Auguste Vitu	

Fonte: Elaborado a partir da leitura das resenhas.
* Matéria não assinada. A atribuição é feita por Gabriel de Broglie, *Guizot*, p. 364.
** *Idem, ibidem.*

CAPÍTULO 5

Um Choque de Realidade

———⟫◈⟪———

*Dauriat est un drôle qui vend pour quinze ou seize mil-
le francs de livres par an, il est connu comme le ministre de
la littérature, répondit Lousteau dont l'amour-propre était
agréablement chatouillé et qui se posait en maître devant
Lucien. Son avidité, tout aussi grande que celle de Barbet,
s'exerce sur les masses [...] Aujourd'hui, pour réussir, il est nécessaire d'avoir des relations. Tout est hasard, vous les voyez.
Ce qu'il y a de plus dangereux est d'avoir de l'esprit tout seul
dans son coin.*

*[...] Bah? Nous nous moquons de Dauriat. Vous avez be-
soin de lui, il vous marche sur le ventre; il a besoin du* Journal
des Débats, *Émile Blondet le fait tourner comme une toupie.
Oh, si vous entrez dans la littérature, vous en verrez bien d'autres.*

HONORÉ DE BALZAC, *Les Illusions Perdues*, 1836; 1843*

* "Dauriat é um excêntrico, que vende cerca de quinze ou dezesseis mil francos de livros por ano; ele é conhecido como o ministro da literatura, respondeu Lousteau, cujo amor-próprio fora agradavelmente acariciado e que posava como mestre diante de Lucien. Sua avidez, tão grande quanto a de Barbet, se exerce sobre as massas. [...] Hoje, para vencer, é preciso ter relações. Tudo é sorte, você verá. Não há nada mais perigoso do que guardar o espírito sozinho, em um canto. [...] Bah? Nós estamos rindo de Dauriat. Você precisa dele, ele anda sobre seu ventre; ele precisa do *Journal des Débats*, Émile Blondet o faz girar como uma toupeira. Ora, se você entrar na literatura, você encontrará outros parecidos" (Honoré de Balzac, *La Comédie Humaine*, tome III: *Les Illusions Perdues*, Paris, Garnier, 2008).

O *primeiro ato de sua liberdade. Verdade das pinturas. Verdade das descrições. Boas e elevadas verdades. Viva impressão... Obra de um espírito calmo, que observa as questões do alto, discute-as de modo profundo e independente e se dirige particularmente aos pensadores...*

Retomamos, aqui, algumas expressões de efeito, veiculadas pela imprensa, a propósito de *Démocratie*. Não é possível asseverar até que ponto esses elogios, vindos de jornalistas e políticos bem situados nas esferas pública e de poder, expressam apenas o alto grau de fidelidade ao ex-Ministro. Da mesma maneira que não se deve negligenciar a força de atração que o dinheiro e o *status* exercem, quando se trata de alavancar um livro, nesse pequeno mundo de aventureiros e excêntricos. Diante desse mar de incertezas, uma única evidência: o nome de François Guizot ficou estampado na grande imprensa francesa – e nas folhas internacionais – durante todo o período em que a vida de *Démocratie* pulsou.

Parece correto afirmar que desde o nascimento da publicidade os editores exploraram a imprensa periódica para difundir seus produtos[1]. Não é objeto de segredo, além disso, a maneira como os formadores de opinião de ontem (e de hoje), tanto os resenhistas profissionais, quanto os críticos de plantão, guardaram (e guardam) um convívio estreito com os produtores de livros. Balzac relata o lado obscuro e mesmo promíscuo desse mundo – mas esta questão será deixada de lado.

---

1. Cf. *L'Annonce Faite au Lecteur. La Circulation de l'Information sur les Livres en Europe (16ᵉ-18ᵉ Siècles)*, Études réunies par Annie Charon, Sabine Juratic et Isabelle Pantin, Louvain, Presses Universitaires de Louvain, 2016, p. 188.

Faz sentido, no entanto, tomar certos jornais e revistas, tal como procedemos no capítulo anterior, como plataforma política do partido da ordem. Uma leitura, é verdade, exageradamente presa ao texto, que ora entende os artigos como simples prolongamentos do livro, por meio de paráfrases, citações e reproduções de longos excertos, ora como estratégia de publicização do escrito, donde os elogios e as falsas polêmicas.

Mas essas relações entre literatura e público são sempre muito sutis. Além dos aspectos relativos ao texto e, por conseguinte, ao ambiente no qual ele se insere – o que diz muito sobre os circuitos de difusão – é preciso adentrar nesse pequeno mundo em que escritores, jornalistas e políticos parecem decidir sobre as regras do jogo e pautar o debate que transcorre na esfera pública. Não se pode, por exemplo, perder de vista o lugar do autor na definição das estratégias de promoção de um escrito. Stendhal produziu, "coberto pelo anonimato, um artigo elogioso sobre sua *Histoire de la Peinture en Italie* e outro sobre *De l'Amour*, assinado elipticamente por um S"[2]. Vimos, anteriormente, que Guizot escrevera de próprio punho o anúncio de *Démocratie* e das obras *à paraître chez Victor Masson*, em um gesto que parecia ratificar os termos contratuais firmados entre autor e editor. Em ocorrências mais raras, é possível declarar-se abertamente como seu próprio crítico: *Roland Barthes par Roland Barthes*. A concessão de entrevistas, recurso muito contemporâneo, apresenta-se como a forma cabal da produção do epitexto pelo autor[3].

O objeto toca muito mais a crítica literária do que os estudos históricos e, ainda menos, a história do livro. No entanto, é preciso assumir a importância das resenhas na cadeia produtiva do livro, uma vez que elas concorrem para a sua construção simbólica e, em termos mercadológicos, para a sua venda (ou não!). Além disso, refletir sobre a natureza desse material nos permite esclarecer aspectos importantes da publicidade concedida ao livro e ao autor, bem como as estratégias narrativas então utilizadas.

No capítulo anterior, vimos o quanto a imprensa conservadora investiu na promoção da brochura, o que equivalia a uma aposta no retorno do autor à vida pública. Afinal de contas, como justificar os adjetivos, os arrebatamentos e a busca da verdade em imagens, gestos e exemplos, noutros

2. Gérard Genette, *Paratextos Editoriais*, p. 307.
3. *Idem*, pp. 309-311.

termos, todas aquelas manifestações exacerbadas que se derramaram sobre os jornais? Tais excessos parecem revelar, por parte dos escritores, a busca permanente de uma energia vital, que consiste em atingir o público pela emoção, levando-o a se transportar pelo fluxo dos sentimentos, às custas de um debate político guiado pela razão. Não pode ser outro o sentido da propaganda política que se fez em torno do livro.

Afinal de contas, estamos a tratar de um período particularmente singular, que faz da imprensa o instrumento da "opinião pública", entendida, aqui, como um poder independente da "esfera pública"[4].

Não se pode negar o sucesso da empreitada. Como vimos, a brochura circulou amplamente na França, por toda a Europa e atravessou com êxito o Atlântico. Não é possível mensurar o grau de capilaridade do escrito francês no comércio internacional da edição. Porém, os estudos sobre as redes dos livros, somados à simples constatação da presença da brochura em bibliotecas por todo o mundo, apresentaram-se como indícios muito convincentes de uma empresa bem-sucedida.

A opinião de um contemporâneo diz muito sobre esse êxito editorial. Outrossim, sobre essa articulação poderosa que se opera entre o jornal e o livro. De acordo com o redator do *Pays*:

> O novo livro do ilustre escritor se encontra nas mãos de todo o mundo e, na verdade, ele merece um pouco as palavras de um homem célebre por seu espírito, sobre um opúsculo que se lhe remeteu da parte de um publicista, de cujas opiniões ele conhecia a fundo, as opiniões invariáveis: "Eu não o li, mas já o conheço de cor"[5].

---

4. À luz de Stuart Mill, observa Habermas: "Contra a opinião pública que, ao que parece, se perverteu como instrumento de libertação para se tornar uma instância de opressão, o liberalismo pode somente, seguindo sua *ratio*, convocar a própria esfera pública de opinião. Contudo, agora ele precisa de uma organização restritiva para assegurar a influência de uma opinião pública que se tornou minoritária diante das opiniões dominantes, já que *per si* aquela opinião não consegue mais obtê-la" (Jürgen Habermas, *Mudança Estrutural da Esfera Pública*, p. 318). Ou, como escreverá Eugène Pelletan, no Folhetim de *La Presse*: "A voz do sufrágio universal se tornou, então, a opinião pública, esta média exata do pensamento de um país" (*La Presse*, Paris, 18 fevrier, 1849, p. 1).
5. *Le Pays. Journal des Volontés de la France*, Paris, 13 janvier 1849, p. 1.

Todavia, faz parte do jogo político lançar luz sobre as vozes dissonantes. Tanto quanto a situação ou, possivelmente, com maior eficácia, a oposição tem um grande papel na promoção de um escrito. É o que veremos nesse capítulo.

VOZES DISSONANTES, OU QUASE!

Embora não sejamos totalmente sensíveis às querelas religiosas que demarcaram o campo político entre católicos e protestantes, já nos tempos da Revolução de 1789[6] – esses eventos, como vimos, definiram os destinos de nosso personagem desde a primeira infância –, elas existiram e transparecem tanto no discurso de Guizot, quanto no da reação católica.

Uma primeira voz dissonante a ser anotada, menos por seu impacto político e mais por revelar o oxigênio mental da época, partiu do periódico *L'Ami de la Religion*. Na opinião do redator:

> O Senhor Guizot e o Senhor Cousin acreditaram, também eles, que a grande árvore da Igreja não devia durar senão um tempo e a metade de um tempo. E eles protestaram contra a "pretensão do catolicismo de transmitir as crenças do alto para baixo".
>
> As idolatrias do tempo atual não são senão a consequência deste protesto. O Senhor Guizot crê mesmo nisto, a esta hora? Parece-me impossível que um grande escritor tenha podido se manter cativo à sua gaiola calvinista.
>
> [...]
>
> É preciso, pois, seguindo nosso entendimento, considerar como verdadeiro evento o protesto do Senhor Guizot contra o idólatra democrático, esta última expressão do racionalismo protestante[7].

6. Ou antes, se considerarmos que a guerra religiosa entre católicos e protestantes está na origem do próprio Estado francês.
7. *L'Ami de la Religion. Journal Ecclésiastique, Politique, Littéraire*, tome CXL, Paris, Librairie d'Adrien Le Clere et Cie., 1849. O periódico publica duas notícias sobre o livro, uma em 25 de janeiro (pp. 221-224) e outra em 6 de fevereiro, cujo excerto acabamos de reproduzir (pp. 331-336). Esse periódico católico nasceu em 1814, com três edições semanais. Manteve notável regularidade durante todos os períodos de convulsões políticas, o que bem demonstra a firmeza da Igreja no solo francês. Em 1862 ele se tornará diário. O artigo é assinado por Aurélien de Courson (1808-1889), historiador, político e redator atuante em vários periódicos da época. Entre seus livros, destacamos *Lettres sur le Socialisme* (Paris, Vaton, 1849, 85 p.), uma brochura in-8º,

A relação entre o filósofo Victor Cousin e François Guizot vinha de longa data. Nasceu no Império, no grupo formado por Royer-Collard, "um círculo de amigos filósofos, ou pequena sociedade do pensamento de inspiração espiritualista"[8]. O sistema filosófico de Cousin foi criticado tanto por católicos, quanto pelos ateus. Donde a referência que se lhe faz Courson na resenha. No mais, como vimos no primeiro capítulo, a conotação negativa que Guizot imprime à palavra idolatria certamente feriu o credo católico.

La Gazette de France, "jornal de princípios monarquistas e das liberdades nacionais", tornou-se, após fevereiro de 1848, "o jornal dos direitos de todos e do voto universal". Porém, apesar dessa aparente evolução democrática, ele jamais perdeu suas esperanças legitimistas: "Nós aguardaremos os fatos que vão se desenvolver para melhor determinar a posição a ser tomada no movimento político interior"[9].

A resenha foi publicada na seção "Estudos Históricos", em 13 de janeiro. Uma primeira parte do texto se destina a refletir sobre o sentido da palavra "democracia" à luz de Montesquieu: "Quando, na República, o povo incorpora o poder soberano, é uma democracia. Quando o poder soberano está nas mãos de uma parte do povo, isso se chama aristocracia"[10]. Para o articulista, nem a república revolucionária, nem a monarquia correspondem às necessidades da França. E Guizot parece, finalmente, reconhecer esse fato. Segundo o articulista:

> Houve, com feito, um partido, homens que acreditaram por tempo demais, sem dúvida, que eles podiam fundar a monarquia, dando-lhe como apoio uma democracia de classe média dotada de um privilégio eleitoral e governando com a realeza, sustentando do alto a superioridade da fortuna e do talento. Mas esta combinação de *meio injusto*[11], da qual por onze anos o Senhor Guizot foi o pivô, não pode se sustentar contra o esforço do espírito público, minado como estava com sua própria corrupção. Tratava-se, como dissemos, de criar uma

seguindo o mesmo padrão gráfico de *Démocracie*, cujo conteúdo consiste em propaganda contra o socialismo.

8. Gabriel de Broglie, *Guizot*, p. 150.

9. *Apud* Raymond Manevy, *La Presse Française de Renaudaut à Rochefort*, p. 252.

10. *La Gazette de France*, Paris, 13 janvier 1849, p. 4.

11. Aqui o autor faz trocadilho com o termo *juste milieu*, o qual passou a designar a aliança entre a burguesia e a aristocracia no coroamento de Luís Filipe de Orléans, em 1830 (grifos nossos).

aristocracia artificial sem elementos e sem materiais consistentes e verdadeiros. Nós apreciamos ver que o Senhor Guizot se volta aos princípios nacionais com uma abnegação que muito lhe honra[12].

O autor lembra que as cisões dentro dos partidos não atingiram apenas os monarquistas, mas também os republicanos. As revoltas de junho constituem o exemplo mais eloquente da ruptura que se dá no interior do *National*, ou seja, o principal órgão da imprensa conservadora e republicana de Paris. Naquele momento, grupos mais progressistas que orbitavam na redação foram afastados, demarcando a vitória da ala conservadora no poder[13]. E se é possível aprender com a história, como a própria experiência de Guizot fazia crer, tinha sentido tomar a brochura como o chamado para uma nova coalisão. Tratar-se-ia, portanto, "de uma grande transação entre os partidos cujas divisões no passado deixaram por um momento o terreno livre para as opiniões e as doutrinas anárquicas. [...] De nossa parte, nós estamos prontos para esta coalisão"[14]. De uma difícil e necessária coalisão, vale dizer, ensaiada pelo próprio Guizot, durante o exílio, quando procurou reunir legitimistas (partidários fiéis aos Bourbons) e orleanistas em torno de um novo candidato a sustentar a Coroa de França[15].

12. *La Gazette de France*, Paris, 13 janvier, 1849, p. 4.
13. *Le National* teve papel preponderante na organização dos banquetes, às vésperas da Revolução, vindo a se confirmar, em seguida, como o órgão da imprensa majoritária republicana moderada (os chamados "republicanos burgueses"). Após as Jornadas de Junho, a folha se torna praticamente o jornal oficial da II República, devido ao apoio irrestrito ao governo do General Cavaignac, o qual se estende, inclusive, à campanha eleitoral para a presidência. A vitória de Bonaparte, seguida da representação majoritária do partido da ordem (monarquistas) na Assembleia, após a eleição de maio de 1849, obrigará o jornal a buscar novas alianças no poder.
14. *La Gazette de France*, Paris, 13 janvier 1849, p. 4.
15. Na verdade, a busca de uma aliança entre Bourbons e Orléans se manteve mesmo após a morte de Luís Filipe, em 1850. Essa questão, aliás, toma vulto ao findar a II República. É quando circulam rumores sobre o interesse de Luís Napoleão em promover uma reforma política que viabilizasse o segundo mandato. Em 1852, às vésperas do golpe, a manutenção das negociações entre as duas casas reais termina por enfraquecer os conservadores, amplamente majoritários, na Assembleia Nacional. E, de chofre, a própria Assembleia, absorvida, como foi, pelos sucessivos golpes que lhe desferira o Presidente. Marx ironiza essa querela, nos termos seguintes: "A fusão, portanto, nada mais era do que uma abdicação voluntária da casa de Orléans, a sua resignação legitimista, o retrocesso penitente da Igreja estatal protestante para a Igreja estatal católica. Um retrocesso que, ademais, nem os levava ao trono que haviam perdido, mas ao mesmo degrau do trono em que haviam nascido. Os velhos ministros orleanistas Guizot, Duchâtel etc., que igualmente acorreram a Claremont para apoiar a fusão, representaram de fato apenas a ressaca da revolução de julho, o desencanto com o reinado burguês e com o reinado dos burgueses, a superstição da legitimidade

Notemos que nesse momento de adesão (ou não) à República presidida por Luís Napoleão Bonaparte, um órgão da imprensa legitimista, ou seja, um opositor histórico dos partidários da casa de Orléans, responde publicamente ao chamado de Guizot. E o faz de forma estratégica, reconhecendo a autoridade do ex-Ministro, poucos dias depois do aparecimento da brochura. A autoria do artigo é atribuída ao redator histórico da *Gazette*, Antoine-Eugène Genoud (1792-1849). Uma personalidade bastante curiosa, que dedicou sua produção intelectual à história da Igreja Católica – publicou livros sobre os primeiros Padres da Igreja e, mesmo, uma tradução da *Imitação de Cristo* – e à história política francesa. Em certo sentido, a análise que faz da brochura vai ao encontro das ideias por ele defendidas desde 1830, quando se opôs à Monarquia de Julho, em nome de um "realismo nacional", que consistia em uma combinação extravagante da defesa da hereditariedade real e do sufrágio universal[16]. Um legitimismo democrático?

Essa política de transação será objeto do primeiro gabinete formado por Luís Napoleão Bonaparte, tendo Odilon Barrot, exímio representante do grupo da rue de Poitiers (sede do partido da ordem) como Presidente do Conselho. A nomeação, fruto da aliança de orleanistas e legitimistas em apoio ao novo presidente, será ironizada pelo *National*, como vimos, órgão republicano moderado, que apoiara Cavaignac. É o que lemos nessa passagem reproduzida pelo *Pays*: "M. Barrot falava em conciliação, há alguns dias. Hoje ele nos mostra como pretende colocar em prática esse princípio. O que o Senhor Guizot não ousou tentar sob Luís Filipe, ele o faz sob a República"[17].

O discurso do Presidente do Conselho foi parcialmente transcrito na folha, o que dá bem a medida do quanto o chamado de Guizot fazia todo sentido nesse contexto de transação arquitetada pelos partidos e agremiações conservadores:

como último amuleto contra a anarquia" (Karl Marx, *O 18 Brumário de Luís Bonaparte*, São Paulo, Boitempo, 2011, p. 117).

16. Stéphane Rials, *Le Légitimisme*, Paris, Presses Universitaires de France, 1983 (Que Sais-Je?).

17. *Le Pays*, 15 janvier 1849, p. 2.

Os partidos, antes divididos e, hoje, felizmente reunidos, reconhecem hoje a força invencível do feixe que eles formaram. Eles reconhecem que são a quase totalidade do país contra *uma fração mínima*, que se dispersa em pequenos fragmentos. Os chefes desse grande partido da sociedade não cometerão o erro de se dividir. A grande manifestação da eleição esclareceu todo o mundo. Ninguém ignora o que a sociedade espera de seu Governo[18].

Mas François Guizot não tinha o peso e o compromisso de um cargo público, o que lhe deixara livre para exprimir toda a sua desconfiança no novo regime. Pelo menos, ele se mostra muito sereno em relação ao pleito eleitoral que deveria reconduzi-lo à Assembleia. Ou seja, não havia, de sua parte, a menor intenção de transigir sobre qualquer ponto de sua doutrina, mesmo que isso lhe custasse a própria elegibilidade, como, de fato, lhe custou.

Mas a aliança, ou transação – para empregar uma palavra em voga –, que ele vislumbrara, era bem outra. Era a união de todos os setores desenvolvidos e esclarecidos da sociedade contra qualquer manifestação de centralização do poder. Embora compartilhasse com o mesmo ímpeto de seus correligionários da oposição à esquerda, à classe trabalhadora, enfim, aos socialistas e aos comunistas, jamais ele se entusiasmara com a eleição presidencial. Pelo menos, da forma como fora conduzida. Tais elementos ficam evidentes na análise do manuscrito[19], mas também nas reações de seus primeiros leitores. Lembremos que Napoleão "aconselha o silêncio", ou seja, a não publicação da brochura, após ter acesso ao original, por intermédio de Madame de Mirbel[20].

Le Pays – Journal des Volontés de la France nasce em dezembro de 1848, como porta-voz do comitê da rue de Poitiers, ou seja, de monarquistas convertidos em republicanos de última hora, a exemplo de Thiers e Tocqueville, que buscaram um abrigo no novo regime. Seu programa foi apresentado no final do ano, mas o primeiro número saiu apenas em janeiro. A folha teve vida longa, o que bem demonstra sua capacidade de adaptação às diferentes conjunturas políticas. Foi dirigida por Édouard Alletz (1798-1850), poeta romântico, que iniciou sua carreira no gabinete

18. Notemos que a "fração mínima" se refere aos socialistas (*idem, ibidem*, grifos nossos).
19. Capítulo 1, pp. 39-74.
20. Capítulo 4, p. 208.

de Talleyrand e logrou conciliar por toda a vida o funcionalismo público e o gosto pelas Musas. Um leitor entusiasmado de Lamartine, a cujas ideias aderiu, com notável emoção[21].

A crítica que endereça ao escrito de Guizot, para o qual teria faltado o estadista, malgrado a presença do filósofo e do moralista, causa impressão, sobretudo quando parte de um adepto da filosofia cristã. Talvez, controvérsias passadas tenham aflorado no juízo desse antigo funcionário (católico) do Ministério das Relações Exteriores, pois, certamente, ele conhecera de perto o ex-todo-poderoso-Ministro de Luís Filipe. Havia também a possibilidade de sua "fala" ter sido motivada pelo debate que a brochura certamente suscitou na rue de Poitiers, frequentada, como fora, por algumas figuras políticas que não lhe guardavam muito apreço. Seria obra do acaso o fato de Tocqueville ter restituído o posto diplomático perdido por Alletz durante a Revolução?[22] Ironia da história, fora Lamartine o Ministro das Relações Exteriores no momento dramático da vida de nosso poeta-jornalista. Fora ele quem lhe destituíra do cargo de cônsul geral de Gand, em 1848.

Para Alletz, a ausência da voz do estadista em *De la Démocratie* tem, como consequência, o esvaziamento de um projeto político claro, diante dos males por ele tão bem enumerados. E esse remédio só poderia vir à tona caso o autor se mostrasse pronto a reconhecer o erro que o regime anterior representou, fruto do governo doutrinário, do qual Guizot se tornara o

---

21. Alletz e Lamartine se corresponderam por pelo menos duas décadas (1820 e 1830), nas quais trocaram escritos e impressões sobre filosofia e literatura. Em uma das cartas, Lamartine confessa mesmo suas dúvidas e inquietações, testemunhando a intimidade intelectual que se afirmara entre os dois: "A união entre a poesia e a religião está em meu pensamento a toda hora, desde que eu vivo moralmente. Mas, após alguns anos, mesmo desejando me aprofundar, por mim mesmo, nessa questão, para a tornar aplicável, eu ainda encontro grandes dificuldades. É o labor e o suor do pensamento de todos esses tempos. É também minha prece de todas as horas. Seremos nós atendidos? É preciso, todavia, que o sejamos, pois a razão é a luz para a qual devemos caminhar e a verdade não pode se separar da luz. É um problema rude, este de conciliar na verdade racional o lado popular e o lado filosófico de um culto. Ora, o culto é tudo. O que seria da humanidade sem a sua relação com Deus, a lei e suas leis? (Ass. Lamartine, Saint-Point, 1835) (*apud* Fernand Letessier, "Un Littérateur Oublié: Pierre-Édouard Alletz (1798-1850). Ses Relations avec Lamartine", *Bulletin de l'Association Guillaume Budé: Lettres d'Humanité*, n. 43, pp. 389-407, décembre 1984, disponível em: https://doi.org/10.3406/bude.1984.1679).

22. As relações entre Tocqueville e Guizot foram sempre marcadas pela incompreensão e por lutas políticas que tiveram momentos críticos e de oposição, desde os tempos de Luís Filipe (cf. Gabriel de Broglie, *Guizot*, p. 410).

principal arauto. Como afirma: "um governo que, após ter firmado o poder na França, teve uma dinastia assassinada sob ele". Em resposta, faz-se necessário um "sistema de governo menos abstrato, menos filosófico, e mais próximo das paixões nacionais, das tendências patrióticas, das aspirações ativas e generosas da França"[23].

Essa mesma deficiência de um projeto político concreto será apontada pelo redator do *Siècle*[24]. Em uma primeira manifestação, o autor é cercado de elogios: "em qualquer época o anúncio de uma obra de Guizot seria um acontecimento; hoje, é um fato que merece ainda mais nossa atenção"[25]. No artigo seguinte, evidencia-se o ponto frágil da obra, a saber, o compromisso de Guizot com sua *coterie*, o que o torna cativo do passado, portanto, incapaz de propor um projeto concreto para o futuro. Isso porque tanto a política doutrinária, tal como apontada pelo redator do *Pays*, quanto a experiência monárquica, baseada no princípio do *juste milieu*, conduziram a França ao caos que a brochura denuncia. Donde a conclusão desse órgão, que se declarara francamente republicano, após a Revolução, apesar de sua origem monarquista:

> Pois bem! De duas coisas, uma: ou as formas e as instituições não possuem, por si próprias, a virtude que o senhor supõe, pois com elas a sociedade periclitou; ou, se elas possuem esta virtude, os homens que deviam colocá-las em obra devem fazer uma dura autocrítica. Nós não estamos distantes dessa última opinião. Seria esta a opinião do *Journal des Débats*, não ousamos dizer o mesmo do Senhor Guizot[26].

---

23. *Le Pays – Journal des Volontés de la France*, Paris, 13 janvier 1849, p. 1.
24. *Le Siècle* foi fundado em 1836 e logrou se tornar o jornal de maior circulação da França, às vésperas de 1848. Iniciou sua história em defesa dos princípios da monarquia constitucional, mas aderiu à causa republicana após fevereiro de 1848. Seu diretor, Louis Perré (1816-1851), foi eleito representante da Assembleia Constituinte em 23 de abril de 1848. Na tentativa de evitar o derramamento de sangue durante as Jornadas de Junho, ele votou pelo banimento da família de Orléans, em favor da abolição da pena de morte, contra o imposto progressivo, pela Constituição, mas contra a sanção do povo (C.-M. Lesaulnier, *Biographie des Neuf Cents Députés à l'Assemblée Nationale*, 2. ed., Paris, Garnier, 1848, pp. 259-261).
25. *Le Siècle*, Paris, 10 janvier 1849, pp. 1-2.
26. *Idem*, 11 janvier 1849, p. 1.

Georges Dairnvaell (1818?-1854), polemista republicano, tipógrafo e editor especializado em brochuras satíricas e caricaturas de personalidades políticas, carrega nas tintas ao retraçar o perfil político de Guizot. Segundo o autor, ao apontar a idolatria democrática como a origem de todo o mal que se abate sobre a França, Guizot apenas ratifica a visão do doutrinário afeito às letras, mas sem talentos políticos. Ao revolver as camadas profundas de seu passado, Dairnvaell encontra na revogação do Édito de Nantes a origem de sua oposição à aristocracia francesa e, na morte do pai, durante a Revolução, toda a sua mágoa contra o povo e as manifestações populares. *De la Démocratie* se apresenta, dessa maneira, como um manifesto contra as conquistas republicanas de 1848. Manifesto cheio de intenções orleanistas, porém, vazio de projetos políticos:

> Mais feliz do que Ícaro, o senhor Guizot pode cair e perder quase imediatamente a lembrança de sua queda; ele mal saiu do abismo para onde sua detestável política teria precipitado o mundo, e já se ergue como o mentor de uma nova sociedade. *Ele teve a honra, afirma, de ser ministro durante onze anos, sob o reino da ficção constitucional.* Condutor desastrado, ele quebrou a biga do Estado contra as camadas da guerra civil. Ele assassinou na França a monarquia constitucional; entregue a ele imediatamente o futuro da República, o senhor Guizot precisa continuar seus estudos governamentais[27].

La Presse não será menos crítica, embora o tom seja ligeiramente mais leve. Lembremos, conforme assinalado no capítulo anterior, que o deputado Émile de Girardin, proprietário do jornal, demitira-se da Câmara às vésperas da Revolução, tendo rompido publicamente com o ministro Guizot, por sua postura inflexível em relação à reforma política e à proibição dos banquetes. A resenha assinada por Eugène Pelletan (1813-1884)[28], no

---

27. [Georges Dairnvaell], *Profil Politique de M. Guizot: Réfutation du Livre "De la Démocratie en France"*, par Satan, Paris, G. Dairnvaell, 1849, p. 7.
28. Eugène Pelletan descende, como o próprio Guizot, de uma família protestante formada nas bordas do país. Enquanto a família de Guizot se estabeleceu em Nîmes, ou seja, ao sul, entre Avignon e Montpellier, os Pelletans têm sua origem em Saint-Palais-sur-Mer, a sudoeste do país, na embocadura do estuário da Gironde. Seu avô foi pastor do deserto. Em 1830, ele se instalou em Paris, inserindo-se no círculo de George Sand (1804-1876). Foi um defensor incansável da República, tendo se tornado deputado durante o II Império e inaugurado toda uma nova geração

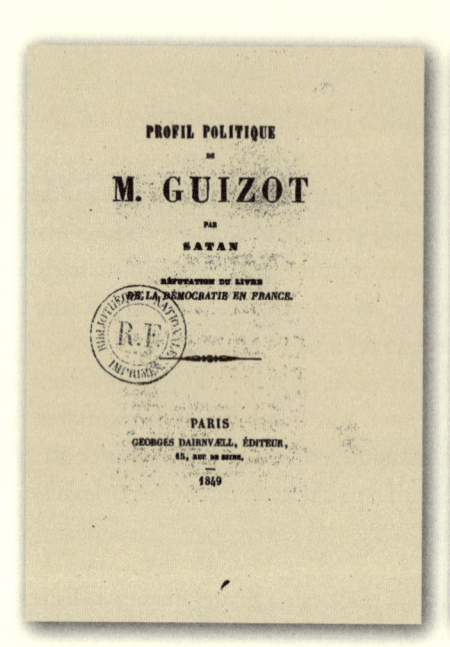

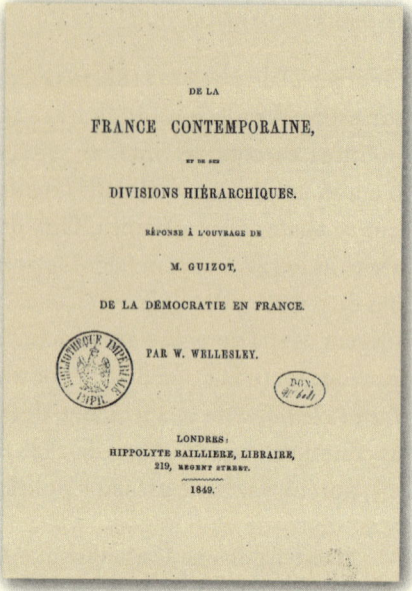

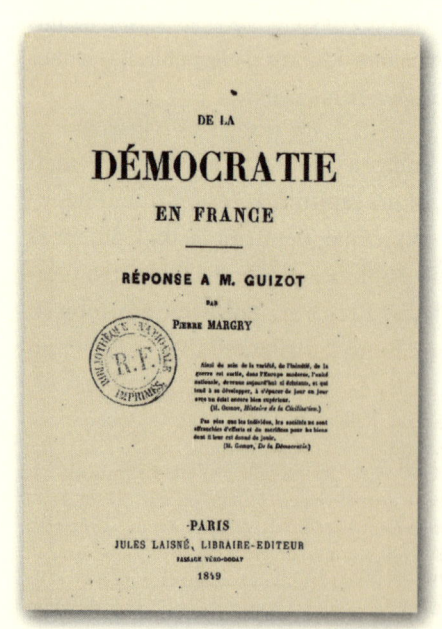

61-63. Reprodução das folhas de rosto das brochuras críticas à *Démocratie*, por Georges Dairnvaell, William Wellesley e Pierre Margry.

folhetim dominical, propõe, já no primeiro parágrafo, uma imagem dramática, vivenciada por duas personalidades públicas de grande envergadura:

> Na madrugada de 23 para 24 de fevereiro, o senhor Thiers foi chamado às Tulherias para assumir a presidência de um novo ministério. Enquanto ele entrava no gabinete do rei, o senhor Guizot saía pelo outro lado. Este simples encontro, entre duas portas, resumia toda a sua existência. Servidores da mesma causa, jamais houve, entre suas políticas, outra distância senão esta, marcada por uma porta de entrada e outra de saída[29].

Certamente, Pelletan não alude apenas a esse momento dramático que evidenciava bem as dissensões entre Thiers e Guizot. Como havia observado outro contemporâneo, a Revolução de 1848 opusera, novamente, dois temperamentos[30]. Em 1830, Guizot triunfara sobre seu discreto oponente. Mas, agora, vencera a habilidade e a inteligência daquele que compreendera, rápido, que a "República era o regime que menos os dividia"[31]. Fórmula que definia bem aqueles vinte milhões de homens engajados a defender seus direitos e suas propriedades, como sugere o redator da *Presse*.

Tanto para os republicanos conservadores, quanto para muitos dos antigos correligionários de Guizot, um escrito contrário à democracia e ao sufrágio, naquele momento de reorganização do poder – e da ordem – após a vitória conservadora no pleito presidencial e às vésperas das eleições parlamentares, era um gesto perigoso. Algo como nadar contra a corrente:

---

de herdeiros que mantiveram viva a bandeira republicana (Georges Touroude, *Deux Républicains de Progrès: Eugène et Camille Pelletan*, Paris, L'Harmattan, 1995).

29. *La Presse*, Paris, 18 fevrier 1849, p. 1.

30. "Estas habilidades do Senhor Thiers pareciam temerárias a Guizot. Ele pensava e ele dizia que era brincando com o fogo que se iluminava o incêndio. Recordava, com a história em suas mãos, que, quando se encontra diante das paixões revolucionárias, a concessão da véspera serve para arrebatar aquelas do dia seguinte. Acreditava que os governos aventureiros terminavam por periclitar em sua aventura e seu antagonismo, persuadido que um governo novo não é senão mais condenado a ocupar a imaginação sempre tão ativa da França; pensava que, em uma situação tão difícil como a que se encontrava, buscando-se evitar correr mais perigo pelo movimento, corria-se perigo pelo imobilismo" (Alfred Nettement, *Histoire de la Littérature Française sous le Gouvernement de Juillet*, tomo I, Paris, s. ed., 1859, pp. 189-190, *apud* Pierre Rosanvallon, *Le Moment Guizot*, pp. 351-352).

31. Rosanvallon, *Le Moment Guizot*, p. 351.

Ao conceder o sufrágio universal e ao derrubar todo equívoco, a Revolução de Fevereiro prestou um imenso serviço à civilização. Ela apenas manteve diante da propriedade o comunismo e, desse modo, ela passou a interessar, de forma muito mais enérgica do que o censo, todas as classes proprietárias, ou seja, vinte milhões de homens em defesa da sociedade.

Para concluir, sentencia o redator: "[Guizot] levanta-se sobre os escombros para fazer, dogmaticamente, seu sermão à tempestade"[32].

Lembremos que, diferente de Guizot, cujo escrito se funda na doutrina política, Thiers publicara, apenas alguns meses antes, um livro em defesa da propriedade. Embora não se possa compará-lo com a brochura de nosso autor, por se tratar de um volume alentado, que confrontava arrazoados incômodos como aquele que Proudhon fizera circular por toda a França[33], dentre tantos artigos e manifestos que colocavam o dedo na ferida de toda a burguesia e aristocracia europeias, ao apontar as contradições da propriedade, era evidente que Adolphe Thiers parecia responder de forma mais direta e eficaz aos anseios e temores de sua classe[34].

Esses temores e anseios serão expressos pelo aristocrata britânico William Wellesley (1788-1857), que dedica à *Democratie* uma longa resposta, baseada na história política da França, da unificação do Estado por Henrique IV, até os sucessivos regimes ensaiados após a Revolução de 1789. Para esse dândi *avant la lettre* de reputação duvidosa, o grande mal, ao contrário da avaliação de Guizot, reside em uma história pautada por maus governos e ministros. História que se agrava, aliás, pelo menosprezo que

---

32. *La Presse,* Paris, 18 fevrier, 1849, p. 1.
33. *Qu'Est-ce que la Propriété?*, será desenvolvido pelo autor em diferentes volumes, até se apresentar, em 1862, como sua teoria da propriedade e ser reeditado, postumamente, em 1866. O programa das publicações, apresentado na coleção "Œuvres Posthumes de P.-J. Proudhon", segue a ordem de seus escritos: *1er Mémoire* (1840); *2e Mémoire* (1841); *3e Mémoire* (1842); *Création de l'Ordre* (1843); *Contradictions Économiques* (1846); *Le Peuple* (1848-1852); *De la Justice* (1858); *De l'Impôt* (1860); *De la Propriété Littéraire* (1862) (*cf.* P.-J. Proudhon, *Théorie de la Propriété*, Paris, Librairie Internationale, 1866 [Œuvres Posthumes de P.-J. Proudhon]).
34. M. A. Thiers, *De la Propriété*, Paris, Paulin, Lheureux, 1848, 439 p. Segundo De Broglie, "seu livro não se compara, apesar da analogia do título, com o de Tocqueville, *De la Démocratie en Amérique*, publicado em 1840, mas com a brochura de Thiers, *De la Propriété*, publicada alguns meses antes. Mais direto, mais incisivo, Thiers se colocava sobre o terreno concreto e utilitário da defesa da propriedade e dos interesses das classes proprietárias" (Gabriel de Broglie, *Guizot*, p. 378).

sempre demonstrou o autor da brochura a uma aristocracia tradicional, fundada na hereditariedade e na posse da terra. Na sua avaliação, o enfraquecimento da aristocracia gerou uma série de medidas de desrespeito à propriedade e sua consequente divisão, "que empobrece a França e que produzirá nesse grande país, caso esta subdivisão permaneça, os mesmos efeitos que ela produziu na infeliz Irlanda"[35].

As manifestações contrárias ao escrito vão além e ultrapassam as fronteiras do Hexágono[36]. O que não causa surpresa, após os sucessos do "À bas Guizot!" – que fizeram eco na Áustria, com um indefectível "Nieder mit Metternich" – e toda a repercussão internacional da Primavera dos Povos.

"O QUE O SR. GUIZOT NÃO COMPREENDEU"

No fim das contas, o que Guizot não compreendeu foi que a questão da propriedade deixara a esfera jurídica, tal como se colocara, particularmente no século XVIII e durante a implantação do Código Napoleônico, para ser debatida na esfera política, no campo das lutas de classe e das batalhas ideológicas[37]. O próprio Guizot teria afirmado, como anotara um de seus leitores, que: "Se eu tivesse uma nação de selvagens para civilizar, eu lhes ensinaria o princípio da propriedade"[38].

Sabemos que essa mudança de paradigma, que fez da propriedade uma questão social, enquanto antes se apresentava no campo estritamente legal, terá consequências profundas na organização do movimento operário europeu, cuja primavera representou apenas um ensaio geral. Como escreve Pelletan, a república evidenciou uma sociedade polarizada entre uma classe de proprietários e outra de despossuídos.

Ocorre que essa polarização e os radicalismos a que ela conduziu o país – e toda a Europa, demovendo, até mesmo, as estruturas feudais nos países

---

35. W. Wellesley, *De la France Contemporaine et de ses Divisions Hiérarchiques, Réponse à l'Ouvrage de M. Guizot "De la Démocratie en France"*, Londres, H. Baillière, 1849, p. 189.

36. Algumas críticas publicadas no exterior foram apresentadas no capítulo 3, "O Livro Ganha o Mundo", pp. 123-195.

37. O que não deixa de ser irônico, considerando que Guizot formulara o conceito de lutas de classe nos anos 1820 (cf. Pierre Rosanvallon, *Le Moment Guizot*, Paris, Gallimard, 1985, capítulo 2).

38. Pierre Margry, *De la Démocratie en France. Réponse à M. Guizot*, Paris, J. Laisné, 1849, p. 25. A brochura foi publicada também na Alemanha: Pierre Margry, *Über die Demokratie in Frankreich. Antwort an Herrn Guizot*, Wiesbaden, Schellenberg, 1849.

germânicos – não atingiram apenas o povo. Ela fez recrudescer o clima de medo que as classes proprietárias tinham em relação aos despossuídos e, particularmente, aos vermelhos. E se "filha do medo, a raiva é mãe da covardia", a imprensa conservadora não tardou a derramar o terror por toda a França[39]. As Revoluções que de Paris se alastraram através da Europa despertaram os setores da sociedade para as contradições dos regimes que as antecederam. E, se o povo não saiu vitorioso das lutas, nessa primavera particularmente quente de 1848, era tarde demais para retroceder ao ponto inicial.

Tocqueville, embora celebrasse a derrota da esquerda nas Jornadas de Junho e detestasse a República, reconhecia que a França teria

> [...] grande dificuldade em não retroceder muito além do ponto que havíamos alcançado antes de fevereiro e prevejo que todos – socialistas, montanheses, republicanos e liberais – cairemos no mesmo descrédito, até que as lembranças particulares da Revolução de 1848 afastem-se e apaguem-se e que o espírito geral do tempo retome seu império[40].

O que Guizot igualmente não compreendeu foi que em meio às lutas de classes que incendiaram as ruas de Paris e depuseram o rei burguês, uma fissura se abriu e escancarou setores da burguesia pouco interessados no regime "mesquinho" de Luís Filipe. E que, tão grave quanto a ameaça à propriedade, era o estado de letargia em que viviam as finanças e as estruturas produtivas daquele imenso país. As indústrias francesas eram relativamente atrasadas, sobretudo quando comparadas à potência dos vapores ingleses, de tal sorte que aquelas forças interessadas em uma política econômica mais agressiva não estariam definitivamente dispostas a se aliar ao partido da ordem e a formar um bloco monolítico contra o proletariado. É o que observa Marx:

> Imaginai agora o burguês francês, o seu cérebro comercial enfermo, torturado na agonia desse pânico comercial, girando estonteado pelos boatos de golpes de Estado e de restauração do sufrágio universal, pela luta entre o partido e o

---

39. "Um jornal conservador da província divertiu-se durante certo tempo enchendo suas colunas com os seguintes títulos: 'M. Proudhon Faz Escola', ou 'Mais um Proudhoniano de Grande Futuro!'" (Maurice Agulhon, *O Aprendizado da República*, p. 120).
40. Alexis de Tocqueville, *Lembranças de 1848*, p. 174.

poder executivo, pela guerra da Fronda entre orleanistas e legitimistas, pelas conspirações comunistas no sul da França, pelas supostas *Jacqueries* nos departamentos de Nièvre e Cher, pela propaganda de diversos candidatos à presidência, pelas palavras de ordem dos jornais que lembravam os pregões de vendedores ambulantes, pelas ameaças dos republicanos de defender a Constituição e o sufrágio universal de armas na mão, pela pregação dos emigrados heróis *in partibus*, que anunciavam que o mundo se acabaria no segundo domingo de maio de 1852 – pensai em tudo isso e compreendereis a razão pela qual em meio a essa incrível e estrepitosa confusão de revisão, fusão, prorrogação, Constituição, conspiração, coligação, usurpação e revolução, o burguês berra furiosamente para a sua república parlamentar: "Antes um fim com terror, do que um terror sem fim!" Bonaparte compreendeu esse grito[41].

A vitória de um pragmatismo político, que subestima as doutrinas, os princípios e as ideologias dos partidos, será reconhecida por alguns porta-vozes da burguesia, já no avançar de 1848. Ela traduz, segundo Rosanvallon, essa "nova inteligência política da burguesia", que rompe com o idealismo doutrinário, em nome de um materialismo político. Segundo o autor:

> Não se pode mais pensar como ligados entre eles por um determinismo histórico a ideologia burguesa, o desenvolvimento do capitalismo, a filosofia política liberal, a besteira do filistino e o triunfo terminal do regime republicano. Todas essas histórias se desenvolvem sobre registros que não se coincidem senão ocasionalmente e, às vezes, eles se entrelaçam apenas em relações equivocadas[42].

Mas o autor de *Démocratie en France*, na sanha de lançar sua fúria contra socialistas e comunistas, ignora ou subestima a força daquela pequena burguesia desenraizada, que Pelletan compara aos barnabotes de Veneza[43] – e que Marx caracterizará como o lumpemproletariado. Enquanto para o republicano conservador os barnabotes vão engrossar as fileiras do socia-

41. Karl Marx, *O 18 Brumário de Luís Bonaparte*, p. 128.
42. Pierre Rosanvallon, *Le Moment Guizot*, p. 357.
43. Em Veneza, usava-se o termo "barnabotes" para designar os pobres que moravam no bairro de São Barnabé. Eles aparecem no contrato social para designar aquela fração da sociedade que não tem direito ao voto no sistema eleitoral de Veneza, para a eleição do dodge (cf. *Œuvres de Jean-Jacques Rousseau*, tome III, Amsterdam, Marc Michel Rey, 1769, p. 145).

lismo, para o líder comunista eles estão na origem da Sociedade 10 de Dezembro, uma associação filantrópica, formada nos subterrâneos de Paris e da província. Além daquela pequena-burguesia desenraizada e desprovida, pesa sobre a composição desse *lumpen*, que conformará a base política de Luís Napoleão Bonaparte, um grupo bastante heterogêneo:

> *Roués* [rufiões] decadentes com meios de subsistência duvidosos e de origem duvidosa, rebentos arruinados e aventurescos da burguesia eram ladeados por vagabundos, soldados exonerados, ex-presidiários, escravos fugidos das galeras, gatunos, trapaceiros, *lazzaroni* [lazarones], batedores de carteira, prestidigitadores, jogadores, *maquereaux* [canetões], donos de bordel, carregadores, literatos, tocadores de realejo, trapeiros, amoladores de tesouras, funileiros, mendigos, em suma, toda essa massa indefinida, desestruturada e jogada de um lado para outro, que os franceses denominam *la bohème* [a boemia][44].

Guizot não compreendeu – embora tivesse material de sobra para tanto – que a experiência revolucionária transforma os homens. Pelo menos, é o que se pode apreender da leitura desse escrito sincero e profundo que Pierre Margry (1818-1894) endereça ao ex-Ministro. Oriundo da pequena-burguesia parisiense, Margry inicia sua carreira como arquivista-paleógrafo no Ministério da Marinha e das Colônias, onde realiza importantes trabalhos de transcrição de documentos. Em 1844, ele se torna conservador-adjunto dessa instituição. Em 1870, será nomeado *chevalier* da Légion d'Honneur.

Em 1848, portanto, aos trinta anos de idade, vamos encontrá-lo, não sem surpresa, nos comícios que movimentaram Paris de fevereiro a junho. Algumas das observações que endereça a Guizot, a propósito dos avanços da república democrática, foram tirados, como ele mesmo o declara, de sua vivência nas ruas, entre os operários. Não há indícios de que Margry tenha sido um jovem militante de esquerda. Sua carreira profissional, o conhecimento profundo da obra de Guizot e o tom cerimonioso com que se dirige ao velho historiador da Sorbonne contrariam essa hipótese. No entanto, ele descreve de forma apaixonada as conquistas da Revolução e

44. Karl Marx, *O 18 Brumário de Luís Bonaparte*, p. 91.

parece olhar o futuro com o otimismo e o frescor de um jovem de dezoito anos[45].

Malgrado o tom apaziguador que adota ao longo da missiva, na qual defende a Constituição, os projetos de reforma do ensino elementar e superior – mesmo reconhecendo os avanços iniciados durante o regime de Luís Filipe –, a criação dos cursos profissionalizantes, entre outros projetos da pauta republicana, uma advertência ao final da brochura não deixa dúvidas quanto à sua própria conversão:

> Queira, senhor, me perdoar – são observações feitas de boa-fé sobre um livro que parece se apresentar da mesma maneira.
>
> Mas, se esta memória justificativa se coloca como um manifesto, como aquele de Cambrai, no meio das intrigas de partidos que conspiram não pela França, mas por causa própria, um manifesto por meio do qual a monarquia constitucional reconhece seus erros e promete ser mais sábia, da mesma forma que a Restauração o prometera; – se de retorno à França o senhor vem para preparar em segredo a permanência de Sua Majestade e que o senhor possa, assim, levar o povo a se arrepender de ter sido generoso com aqueles a quem se devia suspeitar, – não será mais dado a um cidadão lhe responder. O senhor está se colocando diante da corrente de toda a nação; – logo, cabe à nação inteira responder se ela ainda deseja pessoas que não terão, muito provavelmente, nem esquecido, nem aprendido[46].

As palavras de Margry permitem vislumbrar, ao menos, que o povo aprendera a viver sob o regime democrático. Que a liberdade vencera, embora a igualdade mal tenha ensaiado os primeiros passos. Porém, a Revolução despertara e preparava toda uma nova geração para o futuro, para novas possibilidades de representação política, que o regime de Luís Filipe não soube, sequer, ensaiar.

Nesse sentido, faltou a Guizot essa compreensão do presente, da inexorabilidade do fato revolucionário no que toca à participação do povo na

---

45. O exemplar de *Démocratie* anotado por Margry e o manuscrito da missiva publicada sob a forma de uma brochura encontram-se hoje depositados na Beinecke Library, da Yale University.

46. Pierre Margry, *De la Démocratie en France. Réponse à M. Guizot*, p. 47. O texto foi assinado e datado de setembro de 1849, ou seja, no momento em que os boatos sobre a possibilidade de retorno do rei burguês circulavam por Paris.

vida política do país[47]. Ora, a crítica que faz ao sufrágio universal como um efeito perverso da "idolatria democrática" reside, justamente, no fato de se colocar sobre um mesmo patamar de representação política os cidadãos de posse e a classe trabalhadora, o que representava a destruição das hierarquias, tendendo-se à centralização (e à tirania) ou ao caos (à revolução).

Pensemos na célebre expressão de Tocqueville, sobre os Estados Unidos, segundo a qual era preciso "temperar a tirania da maioria" no governo democrático. Na acepção de Tocqueville, o tempero estava no equilíbrio entre o Executivo e o Legislativo. Assim escreve:

> Mas, nos Estados Unidos, a maioria, que tem frequentemente o gosto e os instintos de um déspota, carece dos instrumentos mais aperfeiçoados da tirania. Em nenhuma das repúblicas americanas o governo central jamais se ocupou senão com um pequeno número de assuntos, cuja importância lhe chama a atenção. De modo nenhum ele tenta criar regras para as coisas secundárias da sociedade. Nada indica que se lhe passou mesmo de longe essa intenção. A maioria, tornando-se cada vez mais absoluta, não fez crescer as atribuições do poder central; ela não fez senão torná-lo todo-poderoso na sua esfera. Dessa forma, o despotismo pode ser, de um lado, muito pesado, mas ele não poderia se estender a todos[48].

Porém, a centralização, se analisada no terreno francês, não era um apanágio socialista, mas republicano conservador. De uma república que se pretendeu parlamentar, mas que atingiu seu perigeu no golpe de 2 de

47. Nessa guerra ideológica, avultam as invectivas contra o partido da ordem. Às vésperas da eleição, o povo é chamado a exercer seu poder de voto, com o fim de "despachar da Assembleia legislativa os porta-vozes hipócritas cujos atos desmentem seus discursos, desmoralizam nosso país e o governo de maneira a nos tornar, em breve, motivo de riso da parte de outros povos. É preciso, sobretudo, preservar seu voto, como de uma corrupção pestilenta, desses falsos apóstolos da rue de Poitiers, que se aproximam dos senhores com suas predicações capciosas, suas brigadas espoliadoras de sua soberania" (Nicolau Stephanopoli de Comnène, *Appel aux Électeurs de Paris et des Autres Départements. Mystères, Trahisons, Calomnies et Crimes du Statu quo Révélés aux Défenseurs de la République*, Paris, Schneider, 1849). O autor desse opúsculo é um agitador prolífico. Ele publicou, entre outros títulos arrolados no final deste volume: *Guizot Démasqué. Réfutation de ses Derniers Écrits, sa Réputation Usurpée et sa Profession de Foi*, Argenteuil, Picard, 1849; *Vaste Conspiration de la Rue de Poitiers Contre la République et ses Gloires Militaires Dénoncée aux Électeurs de Paris et des Autres Départements*, Argenteuil, Picard, 1849.

48. Alexis de Tocqueville, *De la Démocratie en Amérique*, tome II, 12. ed., Révisée, Corrigée et Augmentée d'un Avertissement et d'un Examen Comparatif de la Démocratie aux États-Unis et en Suisse, Paris, Pagnerre, 1848, p. 154.

dezembro... e já estamos a avançar demais no tempo! Em todo caso, pensemos no peso da imprensa de opinião na esfera pública, em uma conjuntura bastante delicada, após a derrota dos revolucionários nas Jornadas de Junho, a formação de um acórdão republicano conservador, que preparou o terreno eleitoral para Cavaignac, mas que elegeu Bonaparte e, finalmente, nas sucessivas leis parlamentares que faziam retroagir os direitos civis alcançados pela Revolução e aumentar o poder presidencial[49]. É o que observa Marx, com notável ironia:

> O regime parlamentarista vive da discussão; então, como poderia proibir a discussão? Cada interesse, cada instituição social é transformada por ele em ideia universal, tratada como ideia; como poderia algum interesse, alguma instituição afirmar-se acima do pensamento e impor-se como artigo de fé? A briga dos oradores na tribuna provoca a briga dos prelos, o clube de debates no Parlamento é necessariamente complementado pelos clubes de debates nos salões e bares, os representantes que constantemente apelam para a opinião popular autorizam-na a expressar a sua real opinião por meio de petições. O regime parlamentarista submete tudo à decisão das maiorias; como poderiam as maiorias que estão além do Parlamento querer não decidir? Se vós que estais no topo do Estado tocais o violino, por acaso não esperais que os que estão lá embaixo dancem?[50]

Não foi esse mesmo povo, que buscara seu compasso na orquestra das ruas, motivo de tanto medo por parte de Guizot e de seus correligionários? É que, ao contrário de Tocqueville, que resistiu à República e abraçará o Império, tornando-se um de seus ministros, para Guizot o tempero era a monarquia parlamentar, liderada por um rei burguês[51].

---

49. Em 19 de junho de 1849, será editada uma nova lei cerceando as reuniões nos clubes; em 27 de julho, a imprensa estará sob o novo sistema de censura; em 31 de maio, o direito ao voto se limita aos trabalhadores com endereço fixo há mais de três anos, o que limita drasticamente o número de eleitores.
50. Karl Marx, *O 18 Brumário de Luís Bonaparte*, p. 81.
51. "Na monarquia constitucional, por não se considerar senão as aparências, a realeza é o governo, a Câmara dos Deputados, a oposição, e a Câmara dos Pares, o mediador. Numa realidade bem compreendida, ao contrário, o Rei, a Câmara dos Pares e a Câmara dos Deputados formam um só e mesmo poder supremo que governa com as forças de seus três elementos reunidos; a oposição que existe nas duas Câmaras é um vigilante e um rival interior, colocado no seio do próprio governo; ela não representa, de modo algum, um poder distintivo; seu direito é de observar e de

Sobre a democracia, escreverá François Guizot em suas memórias:

> Ela é a seiva que parte das raízes e circula em todas as camadas da árvore; ela não é a árvore com suas flores e seus frutos. Ela é o vento que sopra e empurra o navio; mas ela não é o mastro que abre sua rota e nem a bússola que o dirige. A democracia tem o espírito da fecundidade e do progresso; ela não tem o espírito da conservação e da clarividência. Ela se anima e se investe generosamente das palavras e das perspectivas da liberdade; mas, na sua embriaguez, ela se entrega cegamente aos charlatões que a lisonjeiam; e se irrita tiranicamente contra as liberdades que a desagradam. Ela se revolta muito facilmente e resiste muito pouco. Ela eleva e derruba governos, ela não sabe conservá-los, nem os conter[52].

A passagem exprime bem o estado de espírito a que atinge nosso autor em Val-Richer, sua morada normanda. Passados quase vinte anos distante da vida pública, mantendo, todavia, uma rotina intelectual plena, o autor reafirma os mesmos princípios que o derrubaram da arena política, em 1849.

Afinal de contas, findos os primeiros meses de apoteose, em que *Démocratie* provara de um sucesso retumbante, sobrevém uma longa ressaca.

De janeiro a maio, elevam-se as expectativas da candidatura de Guizot para a Assembleia Nacional. A rue de Poitiers publica, pela pluma de Rémusat, seu manifesto eleitoral, válido para todos os candidatos conservadores. Porém, ainda no exílio, o ex-Ministro sustenta seu próprio documento, *M. Guizot à ses Amis (Avril 1849)*[53]. O texto retomava os argumentos lançados em janeiro, em *De la Démocratie*. Ocorre que o tempo da brochura havia passado, pelo menos na opinião francesa, da mesma forma que, para

criticar; sua missão é de marcar o limite que, na política que ele adotou, o governo não deve ultrapassar, e advertir o país desde que, com efeito, este limite da política em vigor seja ultrapassado. A oposição existe como um poder de ameaça e expectante cuja presença obriga o governo a ser prudente e hábil no seu próprio sistema, sob a pena de ver as forças que o seguem se separar dele e passar para uma outra bandeira" (François Guizot, *Trois Générations (1789-1814-1848)*, Paris, Michel Lévy Frères, 1863, pp. 130-131).

52. *Idem*, pp. 211-212.

53. O opúsculo de catorze páginas foi publicado por Victor Masson, com tiragem de dez mil exemplares, destinados especialmente aos eleitores de Calvados. No dia 14 de abril o texto saiu no *Journal des Débats*, *L'Univers* e *L'Assemblée Nationale*. A edição *M. Guizot an seine Freunde (Im April 1849), Nebst einer Kritik des Uebersetzers* (Augsburg, Rieger, 1849, 24 p.) atesta, uma vez mais, o interesse pelos escritos de Guizot além-Reno.

um setor bastante significativo do partido da ordem, também sua candidatura parecia destituída de sentido. A ruptura se define em 21 de abril, quando Guizot publica no *Univers* o trecho de uma carta endereçada a Lenormant, no qual afirmava: "Não existe nenhum papel, nem lugar para mim nas antecâmaras que possam me conduzir à Assembleia, nem mesmo o salão da rue de Poitiers"[54].

Em primeiro de maio, o comitê eleitoral de Calvados retém a lista dos candidatos. Guizot fora excluído. Ainda assim, no final do escrutínio, ele obtém 166 votos de um total de 89 mil eleitores. Era o fim de sua carreira política. E o renascimento dos conservadores na Assembleia:

> [...] entre os antigos orleanistas, são eleitos Thiers, Broglie, Piscatory, Rémusat, Dufaure, Montebello, Janvier, Casimir Perier, Daru, Beugnot, Cunin-Gridaine etc. Do total de 750 membros, 200 republicanos de esquerda, 80 republicanos moderados, 140 legitimistas, 30 conservadores independentes e 300 conservadores mais ou menos ligados ao bonapartismo[55].

O momento seguinte será dedicado aos estudos, às traduções, enfim, a uma vida intelectual, familiar e religiosa concentrada e profícua. Após o falecimento de sua companheira, Dorothée de Lieven, em 1857[56], ele se volta para a escrita de *Mémoires pour Servir à l'Histoire de Mon Temps* (1858--1864). No prefácio ao primeiro volume, expõe suas intenções a contrapelo

---

54. Gabriel de Broglie, *Guizot*, p. 382.
55. *Idem*, p. 383.
56. A Princesa de Lieven (1785-1857) tivera importância notável na vida de Guizot durante o exílio. Nascida Dorothea von Benckendorff, foi uma nobre alemã do Báltico e esposa do Príncipe Khristofor Andreyevich Lieven (1774-1839), embaixador russo em Londres de 1812 a 1834. Ela abriu para Guizot as portas dos gabinetes e dos principais salões londrinos, durante sua missão como Ministro Plenipotenciário, entre outubro de 1840 e setembro de 1847. A bela *maîtresse* do Príncipe Metternich (1773-1859), que arrebatara o coração do Príncipe de Gales, mais tarde Jorge IV (1762-1830), recebeu em seu salão figuras de proa como o Duque de Wellington (1769--1852), Robert Peel (1788-1850) e Lord Castlereagh (1769-1822). Em Paris, não teria sido menor a sua influência, desde 1834, quando para lá se transferiu. Porém, após os sucessos de fevereiro de 1848, a princesa não se demorou a atravessar a Mancha. De Brompton, Guizot lhe escrevia diuturnamente. São bilhetes matutinos, não raro vespertinos e longas cartas redigidas à noite, nas quais o autor derrama suas paixões e as ideias desenvolvidas em seus escritos. A cumplicidade entre o ex-Ministro e sua musa se arrefecerá após o golpe de Bonaparte, quando a princesa busca se adequar à nova situação política e aos salões em voga (Jean Schlumberger, "Les Influences Féminines dans la Vie de François Guizot", *Lettres de François Guizot et de la Princesse de Lieven (1836-1846)*, Paris, Mercure de France, 1963-1964, 3 vols.

64. Fachada da mansão de Val-Richer, onde Guizot viveu a partir de 1850 (2017).

do que fizera Chateaubriand: "Ao pretender falar sobre o meu tempo e sobre minha própria vida, eu escolhi fazê-lo da superfície e não do fundo da tumba"[57]. De 1858 a 1867, são publicados oito volumes de uma escrita organizada do ponto de vista ora cronológico, ora temático, além da edição de seus discursos. O exemplar de 1863-1864 é particularmente interessante, pois apresenta um balanço geracional da política francesa, demarcada pelos sucessos e insucessos das gerações de 1789, 1815 e 1848.

As questões religiosas serão igualmente recuperadas na idade madura, o que faz como atitude reflexiva, quando escreve, por exemplo, ao amigo Barante: "Carrego no coração o desejo de contar sobre o pouco do que fiz neste mundo, e do que eu penso sobre o outro"[58]. Mas também de um ponto de vista institucional e, por que não dizer, político, considerando que o debate sobre a participação da Igreja no Estado ganha contornos dramáticos no limiar da década de 1870. Mesmo sendo a França um país

57. Laurent Theis, *François Guizot*, p. 41.
58. *Idem*, p. 40.

majoritariamente católico, os protestantes exerciam um papel importante nas finanças, na indústria e nas universidades. Thiers contribui para a campanha de aprovação, em 1871, de um sínodo da igreja reformada, o primeiro a acontecer na França após 230 anos. Em meio a um debate intenso que envolve cerca de um milhão de protestantes franceses, Guizot se coloca ao lado de uma maioria ortodoxa, ligada a uma confissão de fé e a uma disciplina em comum, frente à minoria liberal que não vê na prática religiosa senão uma forma de consciência individual que guia a fé. Tal postura lhe valeu o epíteto de Papa Protestante, embora ele mantenha a crença de que a Igreja Católica francesa deveria assegurar seu real poder junto às instituições do Estado, princípio sustentado em *Méditations sur la Réligion Chrétienne*[59]. Por sugestão de Hippolyte Taine (1828-1893), seu discípulo, contribuiu para a fundação da École Libre des Sciences Politiques, então dirigida e frequentada por intelectuais protestantes.

Em seu último livro o autor recupera a verve do antigo historiador da civilização francesa. Dessa vez, a nova *Histoire de France* se endereça aos netos. Os primeiros quatro volumes são publicados sob seus cuidados, enquanto sua filha Henriette se ocupará de outros três, redigidos com base nas anotações do pai. A edição logrará obter notável sucesso. No ocaso da vida, o que resta é a figura do patriarca protestante e a imagem meritória de um grande historiador que viveu bem perto as Revoluções (1789, 1830, 1848, 1870) que selaram os destinos da república francesa. François Guizot faleceu em Val-Richer, em 12 de setembro de 1874.

59. Paris, Michel Lévy, 1868.

CAPÍTULO 6

A Travessia Atlântica

———◆◆◆———

Quanto a mim quero lhe fazer 2 encommendas tambem – um exemplar da Démocratie en France de Guizot – e do Raphael de Lamartine q ahi nos jornais se annunciarão um a 200 rs. e o outro 800.

ÁLVARES DE AZEVEDO, 7 de julho de 1849*

Tanto quanto os valores, as técnicas de comunicação de que a sociedade dispõe influem na obra, sobretudo na forma, e, através dela, nas suas possibilidades de atuação no meio. Estas técnicas podem ser imateriais – como o estribilho das canções, destinadas a ferir a atenção e a gravar-se na memória; ou podem associar-se a objetos materiais, como o livro, um instrumento musical, uma tela.

ANTONIO CANDIDO, 1958**

* Carta do poeta à mãe, 7 de julho de 1849 (*Cartas de Álvares de Azevedo*, Comentários de Vicente de Azevedo, São Paulo, Academia Paulista de Letras, 1976, p. 114).

** Antonio Candido, *Literatura e Sociedade, Estudos de Teoria e História Literária*, 8. ed., São Paulo, T. A. Queiroz, 2000, p. 32.

François Guizot era conhecido entre os leitores brasileiros? As "francesias" pautavam as sensibilidades e os debates políticos nacionais, sendo frequentes entre nossos oradores e escritores as glosas ou, mesmo, as citações literais de um amplo repertório que remonta à história literária desde o Século das Luzes até a historiografia romântica, para ficarmos circunscritos apenas ao recorte temporal do presente estudo[1]. Como escreve Eduardo Frieiro, desde o século XVIII

> [...] as ideias francesas contagiavam alguns brasileiros seletos daquele tempo. Constituíam, é claro, uma reduzida minoria, mas pode-se admitir, como se tem admitido, que tais ideias influíram no pensamento autonomista dos conjurados mineiros, junto com razões mais fortes, de ordem econômica e afetiva, como o grande receio da *derrama*, o sentimento nativista e a hostilidade ao português[2].

---

1. Cf. Marisa Midori Deaecto, *O Império dos Livros, Instituições e Práticas de Leituras na São Paulo Oitocentista*, 2. ed., São Paulo, Edusp/Fapesp, 2019.
2. Eduardo Frieiro, *O Diabo na Livraria do Cônego*, 2. ed., Belo Horizonte, Itatiaia, 1981 [1. ed. 1957], p.51. Não temos a intenção de propor um retrospecto historiográfico da produção sobre o livro e a leitura no Brasil, porém, mostrar como estas questões relativas às matrizes intelectuais da Revolução e do ideário iluminista estão presentes nas pesquisas locais (cf. Maria Beatriz Nizza da Silva, "História da Leitura Luso-Brasileira: Balanços e Perspectivas", em *Márcia Abreu* (org.), *Leitura, História e História da Leitura*, Campinas/São Paulo, Mercado das Letras/Fapesp, 1999, pp.147-163; Luiz Carlos Villalta, *Reformismo, Censura e Práticas de Leitura. Usos do Livro na América Portuguesa*, São Paulo, Departamento de História, FFLCH-USP, 1999 (Tese de Doutorado); Marianne Reizewitz, "O Impacto do Ideário Iluminista no Brasil: Razão e Livros Sediciosos", *Entre Passado e Futuro – Revista de História Contemporânea*, n. 1, ano 1, pp. 41-57, 2002).

Nesse sentido, a presença de François Guizot entre os leitores de nossa cepa não poderia ser objeto de exceção. Pois, como temos notado ao longo desse volume, estamos a tratar de um jurista, político e historiador que fez escola para os de sua geração, e logrou alcançar notável reconhecimento na Europa, desde os tempos da Restauração.

Os eventos políticos mais cotidianos, como a nomeação de Guizot para um posto do Estado, tornavam-se, no mínimo, uma nota de jornal, demonstrando que o leitor brasileiro estava acostumado a se orientar pelo meridiano francês. É o que veicula a *Gazeta do Rio Janeiro*, em abril de 1819:

> O Monitor [jornal *Le Moniteur*] de Quinta-Feira passada contém duas Ordenanças Reaes. A primeira decreta que se forme, debaixo da autoridade imediata da Administração Communal e Departamental, e nomeia o Sieur Guizot, Director Geral da dita Administração [...][3].

Não se trata, apenas, de lançar luz sobre a nomeação de Guizot, a primeira, aliás, para uma pasta administrativa no gabinete de Talleyrand. Na verdade, quase todo o jornal se dedica a transcrever informações sobre a política e a administração francesas, cujo interesse, a bem da verdade, desafia nossa compreensão. Pois é preciso assinalar que esses textos são estampados em um momento particularmente crucial do destino da nação brasileira, tomada como estava por campanhas emancipacionistas e, em sentido mais radical, federalistas e republicanas, como a que houvera em 1817 no Nordeste[4].

Não se pode, é fato, perder de vista o tom oficialesco que se imprimia a esta que foi, por razões geográficas, a primeira folha brasileira, rodada na Impressão Régia, desde 1808[5]. O jornal dirigido por Frei Tibúrcio se destinava, portanto, a informar o público nacional das cousas que se passavam na Corte de D. João – com uma ótima seção de anúncios, inclusive – e

---

3. *Gazeta do Rio de Janeiro*, 14 de abril de 1819, p. 3.
4. Notemos que em 1824, "a proclamação da Confederação do Equador demonstrava que as aspirações e os projetos republicanistas e federalistas dos revolucionários de 1817 estavam vivas" (Carlos Guilherme Mota e Adriana Lopez, *História do Brasil. Uma Interpretação*, 5. ed., Prefácio de Alberto da Costa e Silva, São Paulo, Ed. 34, 2016, p. 364).
5. Por razões geográficas, porque o *Correio Brasiliense*, de Hipólito José da Costa (1774-1823), impresso em Londres, se antecipa à *Gazeta* em apenas três meses.

no mundo. Embora, como temos insistido, a seção internacional tenha se convertido em uma extensão do quotidiano parisiense[6].

À crônica política é preciso somar outra sorte de notícia, destinada à difusão das ideias e das obras históricas de François Guizot. Nesse sentido, os exemplos da França ganham substância na medida em que são tomados em paralelo aos sucessos da política brasileira. Enquanto o regime da Restauração sofria uma guinada absolutista, após o atentado contra o Duque de Berry e a queda de Decazes, em 1820, também sobre D. Pedro I (1798-1834), particularmente após a outorga da Constituição, em 1824, sobejavam os ímpetos autoritários. As campanhas pelo regime monárquico constitucional começaram, então, a ganhar corpo nas ruas, na mesma medida em que diminuía a popularidade do jovem e intrépido Imperador.

Vimos, noutro estudo, que a primeira crise monárquica, em 7 de abril de 1831, que cobrara a D. Pedro I sua abdicação e fuga para... a França, antes mesmo que tomasse as armas para salvar o trono português à filha, teve na queda dos Bourbons e na Monarquia de Julho uma inspiração. Tudo isso reacendia o interesse pelas francesias e lançava luz sobre os doutrinários que, vitoriosos, conduziram o país ao regime da conciliação burguesa, ou, como ficou conhecido, o *juste milieu*. Lembremos que os jovens acadêmicos e os lentes da Faculdade de Direito festejaram em coro a Revolução de Julho nas ruas de São Paulo, o que lhes custou, aliás, forte reprimenda por parte das autoridades locais, fiéis ao trono[7].

---

6. "A característica principal da fase proto-histórica da imprensa brasileira, válida apenas do ponto de vista cronológico, foi a iniciativa oficial, de que o aparecimento da *Gazeta do Rio de Janeiro* constituiu o primeiro fato. A iniciativa correspondia a determinadas causas – não era gratuita. Era agora necessário informar, e isso prova que o absolutismo estava em declínio. Já precisava dos louvores, de ver proclamadas as suas virtudes, de difundir os seus benefícios, de, principalmente, combater as ideias que lhe eram contrárias. Ao mesmo passo que, com a abertura dos portos, crescia o número de impressos entrados clandestinamente, inclusive jornais, e não apenas o *Correio Brasiliense*, apareciam as folhas que tinham bafejo oficial e que pretendiam neutralizar os efeitos da leitura do material de contrabando. O absolutismo luso precisava, agora, defender-se. E realizou a sua defesa em tentativas sucessivas de periódicos, senão numerosas, pelo menos variadas" (Nelson Werneck Sodré, *A História da Imprensa no Brasil*, Rio de Janeiro, Civilização Brasileira, 1966, p. 34. Retratos do Brasil, 51).
7. "Em São Paulo, louvava-se a França de julho de 1830, sobretudo para criticar possíveis intentos absolutistas de D. Pedro I. A manifestação fez com que o ouvidor Candido Japyassu ordenasse uma devassa. O *Observador Constitucional* aumentou as críticas que já endereçava ao ouvidor. Também a Câmara Municipal protestou contra Japyassu, enviando um ofício ao vice-presiden-

Portanto, não é necessário um mergulho profundo nos jornais brasilei-ros desse período para se concluir que a imprensa estava impregnada pelos eventos políticos d'*outre mer*. De 1830 a 1848 é possível acompanhar, com notável exatidão dos fatos, os sobressaltos para a consolidação da casa de Orléans no poder, os debates em torno das reformas políticas e da censura, implementadas em 1835, a alternância dos ministérios, até a ascensão de Guizot, em 1840, ao gabinete das Relações Exteriores, o que lhe facultava o posto de liderança no Conselho de Estado. Reproduzi-las seria redundan-te, pois esse terreno já foi bastante repisado durante todo o nosso escrito.

Diferente foi a abordagem que se lhe reservou a imprensa paulista. Em que pese o interesse acadêmico e político de lentes e alunos da Faculdade de Direito por seus escritos, nesses tempos de campanha constitucional, em oposição aberta, não raro, acintosa, contra o poder central. Tal par-ticularidade justifica o uso dos discursos e dos escritos de Guizot sob a forma de "pensamentos" ou de paráfrases, para se discutir ou mesmo ilus-trar qualquer tema que se considerasse relevante na agenda política. Nesse ponto, parece bastante instrutiva a leitura de O *Farol Paulistano*. Em seção dedicada ao federalismo[8], anota o redator:

> De todos os systemas de governo e de garantia política, o mais difícil de esta-belecer é seguramente o systema federativo; systema que consiste em deixar cada localidade, a cada sociedade particular, toda a porção de governo que lhe pode tocar, e em não lhe tirar senão a porção indispensável para manter-se a sociedade geral, para a levar ao centro d'essa mesma sociedade, e constitui-la sob a forma de governo central [...] Guizot[9].

A folha volta a lhe dar voz sob a forma de uma paráfrase:

---

te de São Paulo, no qual dizia que a devassa geral poderia causar uma sublevação contra este ouvidor" (Lincoln Secco e Marisa Midori Deaecto, "A São Paulo de Líbero Badaró", *Notícia Bibliográfica e Histórica*, Campinas, n. 189, abril-junho de 2003, p. 157).

8. Sobre a capacidade dos federalistas de se adequarem à realidade monárquica, mas sobretudo por terem avançado em proposições que, ao fim e ao cabo, introduziram mudanças importantes no arranjo político-institucional após a abdicação de D. Pedro I, em 1831 (cf. Miriam Dohlnikoff, *O Pacto Imperial. Origens do Federalismo no Brasil do Século XIX*, São Paulo, Globo, 2005).

9. O *Farol Paulistano*, 22 de fevereiro, de 1831, p. 1.

– Cuidado meus Senhores (diz Guizot no seu curso d'historia moderna) não nos entreguemos muito ao sentimento da nossa ventura; do nosso melhoramento; arriscamo-nos a cahir em dois graves perigos, o orgulho e a moleza; poderemos confiar excessivamente no poder, e no sucesso do espírito humano, das nossas luzes actuaes, e ao mesmo tempo deixar-nos enervar pela doçura da nossa condição [...][10].

O Farol Paulistano foi o primeiro jornal impresso na cidade de São Paulo, fundado por José da Costa Carvalho (1796-1860), em 1827. Esse aguerrido publicista do liberalismo e da monarquia constitucional nasceu em Salvador, formou-se em Direito, pela Universidade de Coimbra, e se instalou na capital paulista como comerciante de fazendas secas, na rua do Ouvidor, 34. Fez parte da Regência Trina Permanente (17.6.1831 a 18.7.1833), foi nomeado diretor da Faculdade de Direito (1835-1836), ocupou a presidência da Província de São Paulo, no curto período de 20 de janeiro a 24 de agosto de 1842, quando eclodiu a revolta liberal[11]. Deve-se a ele a promulgação da lei de 4 de setembro de 1850, que extinguiu o tráfico de escravos. Em 1854, recebeu as ordens de Marquês de Monte Alegre, conforme figura em suas biografias[12].

Na capital planaltina casou-se com Dona Genebra de Barros Leite (-1836), viúva do Brigadeiro Luís Antônio de Souza (?-1818), de tradicional família paulista, oriundo do patriarcado rural aristocrático e dono da maior fortuna que São Paulo conheceu nas primeiras décadas do século. A informação é importante, pois do inventário *post-mortem* de sua esposa foi possível arrolar os títulos de uma excelente biblioteca, repleta de francesias que se conformavam bem ao perfil intelectual e às manifestações públicas de Costa Carvalho. Esse provável leitor de Maquiavel, Montesquieu, Rousseau, Voltaire e Thiers, guardava, igualmente, um volume de *Des Moyens de Gouvernement et d'Opposition dans l'État Actuel de la*

10. *O Farol Paulistano*, 1º de março de 1831, p. 1.
11. Sobre sua participação na revolta, cf. Aloísio Azevedo, *A Revolução Liberal de 1842*, Rio de Janeiro, José Olympio, 1944.
12. Cf. Luis Correia de Melo, *Dicionário de Autores Paulistas*, São Paulo, Comissão do IV Centenário da Cidade de São Paulo, 1954 [Verbete José da Costa Carvalho].

France, de François Guizot[13] – cumpre assinalar, obra de onde se extraíra o trecho da primeira citação[14].

Noutro momento, o redador imprime na folha o que poderíamos chamar de seu triunvirato liberal, composto por Lord Mansfield (1705--1793), George Washington (1732-1799) e, como não poderia deixar de ser, Guizot[15]. Era como se os artigos da *Edinburgh Review*, essa proeminente revista inglesa, fundada em 1802 e orquestrada por uma plêiade de liberais conservadores, fossem incorporados ao jornal de Costa Carvalho. E a alusão ao periódico que tanto contribuiu para a difusão da obra de nosso autor na comunidade anglófona não é fortuita, pois a referência consta entre os poucos títulos adquiridos pela Biblioteca da Faculdade de Direito de São Paulo, nos primeiros anos de sua fundação (1827)[16].

13. A primeira edição é de Paris, Ladvocat, octobre 1821, in-8°.

14. Cf. Marisa Midori Deaecto, *O Império dos Livros*, p. 160. É possível que essa obra tenha feito escola entre os juristas e políticos formados na primeira metade do Oitocentos, pois no escrutínio das bibliotecas arroladas nos inventários *post-mortem* não são incomuns as referências a Guizot. Sabemos, por exemplo, que João Theodoro (1828-1878), o célebre Presidente de Província responsável pela primeira modernização urbana da cidade de São Paulo, no período de 1872 a 1875, guardava os volumes de *Gouvernement Representatif*, como ficou anotado no documento (cf. Vivian Nani Ayres, *Da Sala de Leitura à Tribuna. Livros e Cultura Jurídica em São Paulo no Século XIX*, São Paulo, Departamento de História, FFLCH-USP, 2018, Tese de Doutorado).

15. As referências se apresentam sob a forma de citações, na seção "Variedades". A passagem do liberal francês é a mais longa, ocupando duas colunas, contra apenas algumas linhas dos outros dois. Não vamos reproduzi-la, pois seu interesse é muito secundário. No fundo, o que se coloca em tela é a relação entre a teoria e a prática no mundo da política (*O Novo Farol Paulistano*, sábado, 31 de março de 1832).

16. Segundo o quadro estatístico publicado por Daniel Pedro Müller, em 1837: "Possue esta Academia uma Biblioteca com seis mil e quarenta e cinco volumes; entrando n'estes volumes algumas obras antigas de valor, e que estam ainda em bom estado; faltam porém todas as obras modernas, mesmo pertencentes á classe de Jurisprudência. Sobre Bellas Lettras quasi nada possue. A *Enciclopedia* existe truncada [a coleção incompleta pertencera aos franciscanos]. No tempo do Director Carneiro de Campos vieram – *The Edimburgh Review or Critical Journal* n. 1 Outubro de 1802 até n. 125 Outubro de 1835. – *The Quarterley Review* n. 1 Janeiro de 1824 a n. 49 Outubro de 1835 – *Encyclopédie Populaire*, vols. 10 a 125 – *Jornal* do Instituto Histórico de Outubro de 1834 até Agosto de 1835 – *Jornal dos Conhecimentos Úteis* do n. 1 Outubro de 1831 até Dezembro de 1835 – *Encyclopedia dos Conhecimentos Úteis* n. 1 Outubro de 1822 até n. 48 Setembro de 1834 desde a letra – A – até – C A. – *Revue Botanique* de Janeiro de 1833 até Dezembro de 1835 – *Revue Encyclopédique* de Janeiro de 1833 a 1834 – *Revue des Deux Mondes*. Outubro de 1834 a Janeiro de 1835. Secretaria da Academia Jurídica de S. Paulo, 16 de Dezembro de 1836. – Ildefonso Xavier Ferreira, O official Guarda Livros servindo de Secretario o fez" (*apud* Marisa Midori Deaecto, *O Império dos Livros*, p. 191).

Aliás, a instituição será alvo de nova matéria publicada pelo *Farol*. Dessa vez, não é sem interesse que o articulista observa, ali, a ausência de obras históricas modernas:

> A aula de Historia e Geographia devia achar-se na vizinhança da Bibliotheca, por motivos tão claros que seria ocioso apontal-os, e esta Bibliotheca mormente pela tendencia do século actual, e pelos enormes desvarios que tem produzido na legislação e administração de muitos païzes a falta de conhecimentos das relações politicas, da posição diplomática, de documentos historicos – devia conter mais obras modernas. Ha revistas em abundancia; pergunte-se por Herder, Heeren, Wardens, Guizot, Thiers & C. – não existem na livraria[17].

O artigo foi assinado por Julius Frank (1808-1841), lente de História e Geografia do curso preparatório para admissão na Faculdade. Nascido em Gotha, na Alemanha, essa personalidade singular e lendária no meio acadêmico paulistano iniciou a docência em 1828, na mesma época em que outra figura, não menos lendária, o italiano Libero Badaró, vinha tirar o velho burgo de seu marasmo costumeiro[18]. Em 1831, fundou a Burschenschaft – ou, simplesmente, Bucha – sociedade filantrópica que acolheu e deu voz ao liberalismo, ao republicanismo e ao abolicionismo, cujo papel será determinante, como observam os estudiosos do tema, na formação ideológica do corpo acadêmico e político paulista. O túmulo de Julius Frank repousa no pátio da Faculdade de Direito, pois na ocasião de sua morte não havia um cemitério protestante na cidade[19].

A *DEMOCRACIA*: DO ESPAÇO DA CRÍTICA AO FOLHETIM

O interesse pela vida política de Guizot e por sua produção intelectual teve outros desdobramentos. O Instituto Histórico e Geográfico Brasileiro,

---

17. *O Novo Farol Paulistano,* 31 de dezembro de 1836, p. 2.
18. Giovanni Baptista Libero Badaró (1798-1830), professor substituto de Aritmética e Geometria do curso preparatório para admissão na Faculdade de Direito, teve trajetória meteórica e trágica no meio intelectual planaltino. Instalou-se em São Paulo em 1828, a convite de José da Costa Carvalho. Foi assassinado, a tiros, por um opositor político, na noite de 20 de novembro de 1830, na rua de São José – a mesma que, no período republicano, seria batizada com seu nome (Marisa Midori Deaecto, *O Império dos Livros*, p. 165).
19. *Idem*, p. 169.

"fundado sob os auspícios da Sociedade Auxiliadora da Indústria Nacional debaixo da imediata proteção de s.m.i. e Senhor d. Pedro ii", outorgou ao historiador francês o Diploma de Sócio Honorário, em sessão solene ocorrida em 22 de fevereiro de 1840[20].

A rotina se quebra e o leitor será pego de surpresa quando começam a circular as primeiras notícias de que Paris se tornara palco de mais uma Revolução. Voltemos para a Corte, onde as informações estrangeiras eram anunciadas em primeira mão. Notemos, todavia, que a novidade de fevereiro alcançou a Corte somente em abril:

> Rio de Janeiro. *Jornal do Commercio.* Chegou hontem de Falmouth, com 36 dias de viagem, o paquete inglês Crane inesperadas e da mais transcendente importancia são as noticias que nos traz. Acabou a monarchia em França, fugio para Inglaterra toda a família real, proclamou-se a republica! O governo de Luiz Philippe, que se julgava tão enraizado, cahio sem que uma só voz se levantasse em seu favor sem que em todo o reino um só braço se erguesse para defendê-lo! Nos dias 22 e 23 de fevereiro, alguns grupos que percorrêrão as ruas da capital gritando: – Abaixo Guizot! Viva a reforma! – forão atacados pela guarda municipal, e correu o sangue: mas no dia 24 a população de Paris, em massa, sahio a campo, a guarda nacional fraternizou com o povo, e a tropa de linha recusou bater de contra seus concidadãos. Restava só em atitude hostil a pequena força que guarnecia o palácio das Tulherias, onde se achava toda a família real. O povo marchava para atacar esse ultimo bastião da realeza. O resultado do conflito não podia ser duvidoso. A familia real fugio, evitando assim um derramamento de sangue inutil, e a dynastia de Luiz Philippe cessou de reinar em França.
>
> O governo republicano foi proclamado imediatamente em todo o reino [...][21].

Esse é apenas o resumo de um longo relato que ocupa toda a primeira página do jornal, em cinco colunas cheias. Sabemos que o *Jornal do Commercio*

---

20. O documento é assinado pelo Secretário Perpétuo Januário da Cunha Barbosa (1780-1846). Em 17 de junho de 1872, François Guizot será condecorado com a Grande Cruz da Ordem da Rosa, cujo diploma, assinado pelo Imperador D. Pedro ii, consta no mesmo dossiê (Dossier 11 – Sociétés Savantes du Brésil et des États-Unis, an, ms, 42ap318).

21. *Jornal do Commercio*, 12 de abril de 1848, p. 2.

foi a maior folha circulante no Rio de Janeiro daquela época e, também, a mais longeva[22]. O *Correio Mercantil*, segundo título em tiragem e alcance na Corte e nas províncias, antecipou-se ao concorrente em um dia. Porém, divulgou a novidade com muito mais parcimônia, ao substituir a crônica pela opinião:

> Hoje é a conversão de todas as classes, de todos os círculos, de cada um cidadão, o passo que acaba de dar a França, repelindo ousada a monarquia constitucional representativa para adoptar a forma republicana, em seu viver de nação: e em verdade, se houvéssemos de emitir o nosso pensar de jornalista consciencioso; se houvéssemos de tomar à peito, esta questão gravíssima, importante, e mais que muito vital para a sorte futura de um povo, agora e sempre pronunciaríamos contra a actual revolução franceza[23].

O Brasil não será menos direto ao defender seu *parti pris*:

> Política Geral. A Republica franceza. Um immenso acontecimento acaba de realizar-se em França: a republica está proclamada, Luiz Philippe e sua família acham-se na Inglaterra; o rei das tranqueiras, depois de haver completamente esquecido a sua origem e abusado da paciência dos povos, teve de sucumbir á immensa manifestação popular, quasi sem defensores!!

Logo:

> Era mister uma concessão, era mister alargar a base eleitoral, admitir ao menos a inteligência a par do dinheiro no corpo eleitoral. Luiz Philippe não reco-

---

22. A Typographia Imperial e Constitucional de J. Villeneuve e C. foi adquirida de Pierre Plancher, fundador do *Jornal do Commercio* do Rio de Janeiro. O título "Imperial e Constitucional" apareceu em 1824, em homenagem à constituição outorgada por D. Pedro I. Segundo Hallewell, coube a ele "o mérito de ter possuído a primeira impressora mecânica do hemisfério sul e, mais tarde, a primeira rotativa e a primeira linotipo. Em 1848, quando sua firma contava três impressoras mecânicas, quatro manuais e oitenta empregados, ele era, de longe, o maior impressor da cidade. Seus principais concorrentes foram a Typographia Nacional (com uma impressora mecânica, uma manual e 62 empregados), Paula Brito (uma impressora mecânica e seis manuais); Laemmert (uma mecânica e seis manuais) e as impressoras do *Correio Mercantil* e do *Correio da Tarde* (cada qual com uma mecânica e duas manuais)". Por esta descrição não é difícil imaginar a razão pela qual o Rio de Janeiro despontou no mercado editorial oitocentista (Laurence Hallewell, *O Livro no Brasil. Sua História*, São Paulo, Edusp, 2012, p. 160).

23. *O Correio Mercantil*, 11 de abril de 1848, p. 2.

nheceu essa necessidade; entendeu que uma massa de perto de 35 milhões de homens podia ficar ainda sob a tutela de uns 300.000 eleitores, em grande parte empregados públicos. Indicios lhe não faltaram de que cumpria ceder: a guarda nacional de Paris de cuja força tinha sido o seu principal apoio nos dias da revolta o havia abandonado; Paris elegera 12 deputados oposicionistas! ... Luiz Philippe e Guizot não cederam e fizeram pela sua maioria condemnar os banquetes reformistas, quizeram oppor-se-lhes pela força... e hoje a França é republica!! A direção do movimento popular e da opinião publica escapou aos chefes menos moderados do partido dynastico, ao proprio Odilon Barrot e lá foi parar ás mãos da mais extrema esquerda, Ledru-Rollin e Duport de l'Eure![24]

Na perspectiva do redator, era necessário ceder, o que significava compor uma política de conciliação. A palavra de ordem se direcionava, certeira, ao cenário brasileiro: à oposição entre as províncias e a Coroa somavam-se as intrigas, na Corte, entre exaltados e conservadores, que buscavam, em lugar da negociação, a alternância do poder[25]. Esse quadro se tornara ainda mais ameaçador diante das revoltas provinciais que, nascidas na Regência, estavam longe de esmorecer os ânimos, a tomar pelo exemplo do Partido da Praia, no Recife. Justiniano José da Rocha (1812-1862), esse "conservador convicto", nos termos de Sérgio Buarque de Holanda, faz dos eventos de Paris e da Europa uma fonte de aprendizado, não exatamente da República, mas de um regime monárquico fundado no princípio do equilíbrio das forças[26]. Escusado dizer que durante todo o ano de 1848 a imprensa se divide entre os sucessos da política francesa – ou melhor, europeia – e uma nova revolução que toma de assalto o Recife, em novembro do mesmo ano.

Portanto, a travessia atlântica da brochura de François Guizot guarda uma relação estreita com eventos de natureza universal, ou seja, as revoluções europeias, mas também com as questões internas, para as quais suas palavras surgiam como um remédio, para usar uma expressão da época. Pelo menos, essa era a perspectiva dos setores mais conservadores da so-

24. *O Brasil*, 12 de abril de 1848.

25. O gabinete conservador tomará posse em 29 de setembro de 1848, o que terá significado profundo para as agitações em Pernambuco, durante a administração do Partido da Praia, como veremos mais adiante.

26. Sérgio Buarque de Holanda, *Capítulos de História do Império*, São Paulo, Companhia das Letras, 2010, p. 43.

ciedade. Nesse sentido, interessa compreender as estratégias de difusão do livro nos jornais, tanto quanto os perfis do tradutor e de outros agentes que concorreram para a sua difusão.

Embora não constitua novidade a venda de edições francesas nas livrarias da Corte e sua distribuição nas províncias[27] – e, nesse caso, a encomenda de Álvares de Azevedo em carta endereçada à mãe, reproduzida sob a forma de epígrafe nesse capítulo, constitui exemplo eloquente –, seria interessante descobrir se as edições espanholas atingiram o leitorado latino-americano[28] (brasileiro, inclusive) e, de forma análoga, se as edições portuguesas (duas simultâneas!) circularam no comércio carioca. Embora não tenhamos poupado esforços para identificar essas brochuras em nossas bibliotecas, ou mesmo em inventários, nenhum vestígio foi identificado.

Do levantamento das citações e referências indiretas à edição europeia, observa-se que a imprensa brasileira concorreu, ligeira, para a sua publicidade. As primeiras notícias identificadas nos jornais datam do mês de março de 1849 – lembremos que a primeira edição parisiense saiu em janeiro do mesmo ano, e que a notícia da Revolução de Fevereiro foi anunciada no mês de abril nos jornais brasileiros.

É o que se lê em 6 de março de 1849:

A Obra de Mr. Guizot
O profundo estadista da França, Mr. Guizot, publicou há pouco em Pariz o seu opúsculo – *De la Démocratie en France* – que tanta sensação tem causado no mundo literário. O seguinte extrato dos primeiros dous capítulos d'esta obra, póde dar alguma idéa do seu merecimento[29].

Segue, então, a reprodução de um excerto do livro. Publicou-se, justamente, pequeno trecho no qual o autor discute os múltiplos significados da

---

27. Cf. Ubiratan Machado, *História das Livrarias Cariocas,* São Paulo, Edusp, 2012.

28. Registramos apenas a menção a um estudo de Ortega y Gasset sobre a pertinência de se investigar a recepção do autor no mundo hispânico (cf. José Ortega y Gasset, "Guizot y la Historia de la Civilización en Europa" [Prólogo], em François Guizot, *Historia de la Civilización en Europa*, 3. ed., Madrid, Alianza Editorial, 1990). Além da tradução de *Democracia* para o público mexicano, conforme anotado no capítulo 3, chamamos a atenção para uma edição temporã de *Discurso sobre Tolerancia Religiosa*, de Mr. Guizot, traducido del francés, Rionegro, Imprenta de Manuel Antonio Balcazar, 1828. A Juan David Murillo Sandoval, professor do Instituto Caro y Cuervo, de Bogotá, meus sinceros agradecimentos pelo envio dessa brochura.

29. *Correio da Tarde*, Rio de Janeiro, 6 de março de 1849, p. 2.

palavra "democracia", à luz da visão monarquista, republicana, ou socialista (incluindo, no grupo, os comunistas e os *montagnards*[30]). Nas palavras do ex-Ministro francês, reproduzidas no jornal:

O chaos occulta-se hoje sob uma palavra: *democracia*[31].

He a palavra soberana, universal. Todos os partidos a invocam e querem apropriar-se d'ella como de um tallisman [...][32].

O Brasil adianta a possibilidade de o público ter, em breve, a brochura vertida para o português, por "preço diminutíssimo", o que não deixa dúvida sobre a intenção de tornar o escrito mais acessível ao leitor brasileiro. Estaria o jornalista empenhado diretamente nesse projeto? Por enquanto, contentemo-nos com o primeiro anúncio lançado ao público:

Sabe-se que o insigne Guizot acaba de publicar na Inglaterra um opúsculo do mais súbito interesse sobre a república em França. O fim principal dele é preparar a eleição do ex-ministro de Luiz Philippe á assembleia legislativa franceza. Hoje dá notícia o *Diario* de estar um especulador em França vertendo para portuguez e imprimindo esse opúsculo, que pretende mandar para o Brasil com profusão, para ser vendido por preço diminutíssimo[33].

Passados dois meses, nova referência ao livro, agora, na seção internacional do *Correio da Tarde*:

Notícias de França
No dia 10 devia publicar-se simultaneamente em Londres e Pariz a primeira obra que Guizot escreve depois de fevereiro – Da democracia na França.

---

30. Os *montagnards*, numa referência direta aos adeptos do partido da montanha de 1789, compunham a ala social-democrata e republicana. Nas eleições legislativas de 1849, sob o comando de Ledru-Rolland, foram derrotados pelo partido da ordem.
31. A variante da tradução publicada pouco depois em livro nos parece menos dramática: "O chaos anda envolvido hoje n'esta palavra: democracia". As variações verificadas entre um texto e outro, ou seja, do jornal (folhetim) e do livro indicam que se trata de duas traduções distintas.
32. *Correio da Tarde*, Rio de Janeiro, 6 de março de 1849, p. 2.
33. *O Brasil*, Rio de Janeiro, 17 de março de 1849, p. 4.

A Assembleia Nacional [jornal l'*Assemblée Nationale*] traz antecipadamente extractos della[34].

De fato, há vários "extratos" do texto esparramados pelos jornais. Na maior parte, traduções daqueles mesmos excertos veiculados na imprensa parisiense, como vimos no capítulo 4.

A leitura dos anúncios e dos artigos levanta questões tanto sobre a recepção do libelo, quanto do contexto político que o tornara tão atrativo. Do conjunto de textos publicados à época, foi observada a polarização de duas correntes políticas atuantes na imprensa, embora nem sempre se possa definir com clareza a linha divisória que separa conservadores e exaltados, quando o problema a ser enfrentado é o de uma Revolução.

Passemos em revista a batalha que se trava, na Corte, entre os jornais *Correio Mercantil* e *O Brasil*, em torno do escrito de Guizot.

O *Correio Mercantil* apresenta na seção de notícias estrangeiras breve menção ao livro – de modo totalmente marginal, é verdade – ao publicar longa entrevista de Richard Cobden[35], após reunião sobre uma reforma financeira inglesa que parecia inquietar a classe dos capitalistas em todo o mundo. O que ele diz na entrevista?

> Por isto estou convencido de que Luiz Napoleão, e Cavaignac, e Guizot (que publicou hontem um livro) e todos os homens públicos da França, e até M. Thiers, hão de concordar comigo que se há em França uma paixão dominante, é a da paz (artigo reproduzido de *Revolução de Setembro*)[36].

Alguns dias mais tarde, no artigo "O Livro de Guizot Julgado pela Imprensa Ingleza", o assunto volta à tona. O redator – seria o diretor do jornal? – vale-se de uma recensão publicada em Londres, no *Daily News*, mas logo traduzida e veiculada pelo *Journal du Havre*, para criticar o opúsculo:

---

34. *Correio da Tarde*, Rio de Janeiro, 18 de maio de 1849, p. 2.
35. Richard Cobden (1804-1865) foi um industrial, economista e político britânico, membro radical do Partido Liberal e negociador do Tratado Cobden-Chevalier, do qual trata a notícia citada (Anthony Howe e Simon Morga, *Rethinking Nineteenth-Century Liberalism: Richard Cobden Bicentenary Essays*, [s.l.], [s. ed.], 2006).
36. *Correio Mercantil*, Rio de Janeiro, 16 de março de 1849, p. 2.

A immensa aceitação do livro do Sr. Guizot sobre a democracia é devida mais á curiosidade que tão naturalmente devia excitar a posição particular do autor do que ao mérito intrínseco da obra. Na verdade em uma questão deste gênero não se deve esperar do Sr. Guizot aquella imparcialidade que se deveria legitimamente desejar: por mais que se queira mostrar imparcial não deixa elle de estar sempre no caso de um condemnado incumbido do processo de seus juizes [...][37].

Vimos, no capítulo anterior, que os jornais parisienses de oposição ao partido da ordem não lhe pouparam críticas. Nesse ponto, interessa registrar que o redator do *Correio* se obstina a estampá-las em sua folha. Passados alguns dias, ele volta à carga, dessa vez em texto mais alentado e focado na brochura. Na verdade, o alvo da crítica é o redator de *O Brasil*, como podemos verificar nas passagens abaixo transcritas:

> [...] Queria alguém decifrar esta charada, e, guiado pelo *Brasil* [referência ao jornal], ir estudar no livro de Guizot em que é fatal o princípio democrático na confusão em que se acha, e em confusão se achará esta pobre cabeça: o em que é fatal, nunca o decifrará; não é disso que cura Guizot: o *Brasil* quiz chingar a democracia; chamou-a fatal.
>
> [...]
>
> Desejaríamos que nos dissesse o *Brasil* em que capítulo, abandonando Guizot a especialidade da França, descrevem os elementos de que se compõem as nações? Em qual delles se acha o trabalho completo sobre a sciencia do governo? Onde, e quaes são as descobertas de novos princípios e relações novas que levarão a sciencia alem dos limites actuaes? Pura phantasia do *Brasil*, que tinha necessidade de materia para encher uma pagina! [...][38].

Em "Um Juízo Imparcial", o redator de *O Brasil* responde ao chamado do jornalista, a quem dedica um longo arrazoado, digno de duas longas colunas, impressas na segunda página de sua folha. Vejamos:

---

37. *Correio Mercantil*, Rio de Janeiro, 26 de março de 1849, p. 1.
38. *Idem*, 14 de maio de 1849, p. 2.

CORREIO DA TARDE

O "Correio da Tarde"—he jornal politico, litterario e commercial—apparece todos os dias que não forem de guarda, depois das 5 horas da tarde, na Typ. Americana de I. P. da Costa, Rua da Assembléa N.º 27, onde se recebem annuncios e artigos, que não contiverem offensas á moral publica e vida privada, para serem publicados no mesmo dia, sendo entregues e pagos, os primeiros até as 3 horas, a razão de 80 réis por linha ordinaria, os segundo até ao meio dia pelo que se convencionar, vindo legalisados, quando esta circumstancia se fizer necessaria. As noticias recebem-se gratuitamente. O preço da assignatura he 6$000 por semestre e 2$500 por trimestre. O escriptorio do jornal he na mesma Typographia.

N.º 39   RIO DE JANEIRO, SEXTA FEIRA 18 DE MAIO DE 1849.   Rs. 120.

PARTE OFFICIAL.

MINISTERIO DO IMPERIO.

Rio de Janeiro — em 15 de maio de 1849.

Sua Magestade o Imperador ha por bem, que V. S. exija do Administrador do Correio da Côrte, e transmitta sem demora á esta Secretaria de Estado, as seguintes informações [...]

MINISTERIO DA JUSTIÇA.

Rio de Janeiro — em 10 de maio de 1849.

Illm. e Exm. Sr.—Respondendo ao seu officio N.º 48 de 15 de novembro de 1848 [...]

FOLHETIM.

A DEMOCRACIA EM FRANÇA.

Por Mr. Guizot.

Janeiro de 1849.

CAPITULO I.

Causa do mal.

MARANHÃO.

PRESIDENCIA DA PROVINCIA.

Circular aos Commandantes Superiores da Guarda Nacional da Provincia.

---

65. Edição de estreia de *Democracia* em folhetim, no Jornal Correio da Tarde, publicada entre maio e junho de 1849.

Quando no *Mercantil* de ante-hontem vimos um comunicado acerca desse opusculo, exultamos o jubilo, persuadimo-nos que era o esperado artigo do Snr. Sales, e já nos preparavamos para receber com religioso acatamento a explanação do pensamento dessa obra que admiramos sem comprehendel-a. Que decepção foi a nossa! O artigo não é do Snr. Sales, não é esse estylo fofo e campanudo que com a profusão de metaphoras encobre a deficiência dos pensamentos, não, é um artigo de polêmica de má fé, sem graça nem mérito, senão o de revelar que o Snr. Sales talvez tivesse razão quando asseverava que nem doze pessoas conhecia em estado de compreender Guizot; o comunicante do Snr. Sales, e não é dos doze felizes.

Entraremos em uma polemica para sustentar o que dicemos acerca desse importante livro? Não por certo; não é isso o que os nossos leitores podem querer de nós, nem é o que se diz pelo *Mercantil* que póde marear o crédito dessa obra, nem para manter-lh'o poderiam servir algumas observações de nossa folha.

E, enfim, sua resposta à crítica que lhe desferira o redator do *Mercantil*:

Não duvidamos que para o communicante do *Mercantil*, cujo espírito está falseado pelas idéas que Guizot combate, esse opúsculo seja inferior ao merecimento do seu autor, seja só aplicável á França, e só para os Francezes deva ter merecimento: –quem tem icterícia vê tudo amarelo, e as disposições do nosso espírito preocupam-nos a ponto de tudo repelir quanto as ofende. Talvez a uma predisposição contraria do nosso espírito devemos o prazer que na sua leitura tivemos, e a applicação que íamos fazendo ás cousas da nossa terra do que diz o estadista em referencia aos elementos da sociedade franceza[39].

No confronto de palavras e de opiniões, em meio às notícias exageradas de *O Brasil* sobre os "sucessos" de Pernambuco (o autor se refere, evidentemente, à vitória das tropas do governo sobre os insurrectos) e a defesa acalorada dos princípios constitucionais pelo redator do *Mercantil*, as ideias de Guizot flutuavam. Como se lê no *Correio*:

Da impossibilidade de traçar um limite que separe a liberdade da licença deve nascer a inteira tolerância política.

39. *O Brasil*, Rio de Janeiro, 18 de maio de 1849, p. 2.

Que se deixem todas as liberdades cavar seus leitos, como fazem os rios, é assim que à semelhança destes ellas respeitarão as suas margens[40].

A reflexão parte de um discurso proferido pelo Primeiro-Ministro de Luís Napoleão Bonaparte, Odilon Barrot, no qual o orador opõe dois princípios: a liberdade e a licença (leia-se, licenciosidade). Aproveitando-se da situação, argumenta o redator: "o que ha um anno o Sr. Guizot chamava licença", leia-se, a república e a democracia, "o Sr. Odillon Barrot chamava liberdade". E, continua: "o que o Sr. Ledru Rollin chamava liberdade", a saber, o socialismo, "o senhor Barrot chamava licença"[41]. Mais à frente, o autor coloca em pauta o problema da liberdade de imprensa. Antes, liberdade, agora, licenciosidade, na medida em que a II República recuava em relação às vitórias alcançadas em fevereiro. Contra essas oscilações, o melhor remédio, afirmava o autor, era a tolerância política. *Nota bene*: estaria o redator apenas atento às questões francesas, ou também aos sinais do gabinete conservador, na Corte?

Diante de um debate aberto, no qual se opõem, como dissemos, duas folhas e dois perfis políticos, seria possível mapear a natureza dos jornais em tela?

O *Correio Mercantil* foi fundado em 1º de janeiro de 1848 e publicou sua última edição em 15 de dezembro de 1868. Nos primeiros números, figura no cabeçalho que a folha era impressa na tipografia de "Rodrigues & Cia.", em verdade, na empresa de Francisco José dos Santos e Companhia, com sede na rua da Quitanda, 13. Em 1855 muda-se o proprietário, o cabeçalho do jornal anuncia agora o nome de J. F. Moniz Barreto[42]. Funcionava como arauto do Partido Liberal, que se opunha frontalmente não apenas a O *Brasil*, como se evidencia nas passagens citadas, mas também ao *Jornal do Commercio*, ambos declaradamente conservadores. Sobre o *Correio Mercantil*, escreve Werneck Sodré: "[...] era, por isso mesmo, muito mais vibrante, movimentado, atraente, e logo se tornou o órgão mais difundido"[43].

40. *Correio Mercantil*, Rio de Janeiro, 5 de junho de 1849, p. 1.
41. *Idem, ibidem*.
42. José Alcides Ribeiro, "*Correio Mercantil*: Gêneros Jornalísticos, Literários e Muito Mais...", *Revista USP*, n. 65, pp. 131-147, março-maio de 2005.
43. Nelson Werneck Sodré, *História da Imprensa no Brasil*, p. 218.

Talvez por essa razão tenham desfilado nos pés de suas páginas, na seção folhetinesca, Manuel Antônio de Almeida, que publicou *Memórias de um Sargento de Milícias* (1852-1853) e Joaquim Manuel de Macedo, *Dois Amores* (1848)[44]. De 1854 a 1855, José de Alencar se tornou redator assíduo do jornal: "[...] além da seção forense, que fazia com muita segurança e método, passou a escrever crônicas, no rodapé domingueiro da primeira página, passando em revista os acontecimentos da semana"[45]. Pelos elementos acima expostos, assevera-se que o jornal merece estudo mais acurado, o que infelizmente foge aos objetivos de nossa investigação.

Bem mais conhecida é a identidade do redator-chefe de *O Brasil*: Justiniano José da Rocha. Esse mestiço, nascido no Rio de Janeiro, cresceu sob a tutela de uma família abastada, que o matriculou no prestigioso liceu Henri IV, em Paris, durante a Restauração. Mas o diploma superior foi obtido no Brasil, em 1829, na segunda turma da Faculdade de Direito do Largo São Francisco. Ainda jovem, integrou a Sociedade Defensora da Liberdade e da Independência Nacional por influência de Evaristo da Veiga (1799-1837). Nessa época, atuou como redator do jornal liberal *O Atalante*[46].

Uma segunda fase de sua vida é marcada por mudanças radicais no campo ideológico, quando integra o grupo do Regresso (ou dos saquaremas). Torna-se professor de História do Colégio D. Pedro II, elege-se deputado por Minas e recebe recursos para a abertura do jornal *O Brasil*, onde se mantém como redator-chefe de 1840 a 1851. Vemo-lo, então, apadrinhado por Paulino Soares de Sousa, o Visconde de Uruguai (1807-1866), leitor de Guizot[47], que bem poderia ter colaborado para a sua publicização na imprensa brasileira[48].

44. José Alcides Ribeiro, "*Correio Mercantil*: Gêneros Jornalísticos...", p. 137.
45. Nelson Werneck Sodré, *História da Imprensa no Brasil*, p. 219.
46. Cf. Justiniano José da Rocha, *Ação; Reação; Transação. Duas Palavras Acerca da Atualidade Política do Brasil (1855)*, Estudo Introdutório, Notas e Estabelecimento do Texto por Tâmis Parron, São Paulo, Edusp, 2016.
47. Ricardo Vélez Rodríguez, "François Guizot e sua Influência no Brasil", *Centro de Pesquisas Estratégicas Paulino Soares de Sousa*, mimeo.
48. Segundo Werneck Sodré, "a carta com que Justiniano José da Rocha responde ao convite de Paulino é documento eloquente das relações a que se submeteu o jornalista. 'O que só queremos é não perdermos de todo o nosso futuro, é que as pessoas do ministério, a quem vamos servir, nos considerem dignos de sua aliança, e não instrumentos comprados com alguns mil-réis, e, no ministério, ou fora do ministério, nos deem a consideração e proteção correspondentes à

De tendência cada vez mais acentuadamente conservadora, Justiniano inicia, a partir de 1853-1854, uma terceira fase de sua trajetória política. É quando passa a dirigir a Typographia Americana e percorre diferentes redações de jornais, opondo-se, abertamente, aos grupos no poder.

Data desse momento a publicação de seu mais célebre escrito, *Ação; Reação; Transação – Discurso da Autoridade Política* (1855)[49]. De forma resumida, o libelo se destaca pela análise arguta que faz da realidade brasileira, construída à luz da história, desde a Independência até meados do Oitocentos. O texto foi objeto de leitores e críticos do porte de Joaquim Nabuco, Sílvio Romero e Oliveira Lima, até merecer a atenção de expoentes da historiografia política brasileira. Não vamos reconstruir sua fortuna, pois a questão foi muito bem conduzida por Tâmis Parron, em pesquisa recentemente publicada.

Mas, afinal de contas, Justiniano leu Guizot?

Parece evidente que sim. Afinal:

> O mais influente dos doutrinários foi François Guizot, escritor copioso, grande teórico político de posição. [...] Em que pesem os pontos de contato, o paralelo entre Guizot e Justiniano deve ser limitado, sob a pena de elidir diferenças relevantes. A obra do primeiro é extensa, teórica, complexa; a do segundo breve, meio teórica e meio prática, mais simples[50].

É preciso, todavia, considerar que entre o doutrinário e o historiador vão lá algumas distâncias. Provam-no, seus últimos escritos políticos: *Démocratie* e *Guizot à ses Amis*, publicados entre janeiro e março de 1849. E se as matrizes intelectuais de *Ação; Reação; Transação* se ajustam tão bem ao livro *L'Histoire de la Réforme, de la Ligue et du*

nossa dedicação; pois, para servir-me de uma expressão que as decepções que sofremos com o ministério de 19 de setembro puseram em moda entre nós, não queremos ser laranjas, de que se aproveita o caldo, e deita-se fora a casca'" (Nelson Werneck Sodré, *História da Imprensa no Brasil*, pp. 209-210).

49. Esse opúsculo de "55 páginas, sem grande apuro na edição e na revisão tipográfica, redigida aparentemente no curto intervalo de três semanas. [...] O texto tinha de tudo para ser só mais um dos milhares de impressos volantes do Segundo Reinado, mas, por qualidade intrínseca e causas incidentes, caiu no gosto médio dos leitores, pautando confidências em cartas privadas, discussões no Parlamento e até assuntos na prosa de ficção" (Tâmis Parron, "O Império num Panfleto?", em Justiniano José da Rocha, *Ação; Reação; Transação*, p. 15).

50. *Idem, ibidem.*

Reigne de Henri IV (Paris, Duféy, 1835), de Jean-Baptiste Raymond Capefigue (1798-1872), a partir do qual se observa admirável sobreposição do recorte histórico francês sobre os eventos políticos brasileiros, como demonstra Parron[51], suas doutrinas não se apresentam menos ajustadas àquelas defendidas pelo ex-Ministro de Luís Filipe. Talvez porque a distância que separa Capefigue, esse *chartista* ultrarrealista e católico, do orleanista e protestante Guizot, seja a mesma que distingue o vulgarizador da ciência de um *scholar*, para usar dois termos em voga na atualidade[52].

Deve-se ainda acrescentar que Justiniano traduzia, amiúde, romances franceses para as seções de folhetim, tendo sido, muito provavelmente, o primeiro tradutor oficial contratado por Baptiste-Louis Garnier (1823-1893). Tal fato reforça a hipótese de que estivesse bastante empenhado na versão do texto de Guizot para o público brasileiro. Não é improvável que tenha contribuído para a publicação de *Démocratie* em outra folha carioca. Agora, em suporte bastante original e popular: o folhetim[53].

DO FOLHETIM AO LIVRO: UM LONGO RECOMEÇO

Paralelamente aos debates em torno da obra, empreendidos pelo redator de *O Brasil* e do *Correio Mercantil* – o que equivalia a uma difusão bem mais ampla, ou seja, para todas as províncias cujos jornais mantinham cor-

---

51. "Na releitura de Capefigue, em síntese, Justiniano define ação como um período sociopolítico de quinze anos cujos protagonistas, acesos por um ímpeto renovador, expandem os limites da liberdade, ou de democracia, forcejando por abrir o Estado à influência social nos níveis da imprensa, da organização burocrática e das eleições, mas também correndo o risco de provocar a anarquia" (Tâmis Parron, "O Império num Panfleto?", em Justiniano José da Rocha, *Ação; Reação; Transação*, pp. 43-44).

52. Justiniano José da Rocha publicará, ainda, *Monarchia-Democracia*, opúsculo de 55 páginas, nos moldes do anterior, porém, sem a mesma originalidade e, tampouco, igual projeção (Rio de Janeiro, Typographia de F. de Paula Brito, 1860).

53. O gênero folhetinesco, muito estudado no Brasil, ainda merece maior atenção no que toca à publicação de textos políticos. Sabe-se que na Argentina os discursos de Bartholomé Mitre (1821-1906) tomavam esse espaço na imprensa dominante, porém, não foram identificados paralelos nos jornais brasileiros (Paula Alonso (org.), *Construcciones Impresas. Panfletos, Diarios, Revistas en América Latina, 1820-1920*, Buenos Aires, Fondo de Cultura Económica, 2003).

respondência com a capital – temos a publicação, no *Correio da Tarde*, do texto completo, em "versão brasileira".

Na falta de dados mais precisos que nos permitam conhecer melhor a natureza dessa folha, reproduzimos as informações impressas no cabeçalho:

[...] he um jornal politico, litterario e commercial – apparece todos os dias que não forem de guarda, depois das 5 horas da tarde, na Typ. Americana de I. P. da Costa, Rua da Assembleia, nº 27, onde se recebe annuncios e artigos, que não contiverem offensas á moral pública e vida privada, para serem publicados no mesmo dia, sendo entregues e pagos, os primeiros até as 3 horas, a razão de 80 reis por linha ordinaria, os segundos ate ao meio dia e pelo que se convencionar, vindo legalisados, quando esta circunstancia se fizer necessaria. As noticias recebem-se gratuitamente. O preço da assignatura he 6$000 por semestre e 3$280 por trimestre. O escriptorio do jornal he na mesma Typographia[54].

O primeiro número do jornal saiu em 1848, tendo seguido o mesmo programa editorial até a última edição, em 1852. A citada Typographia de I. P. da Costa pertenceu a Ignacio Pereira da Costa, cujo registro data de 27 de junho de 1832, sob a razão comercial de Typographia Americana ou Imprensa Americana. A oficina conheceu vários endereços, sendo o último mencionado na citação acima. Em 1853, a tipografia será transferida para... Justiniano José da Rocha[55].

Perguntamos até que ponto os dois jornais não estiveram comprometidos com uma mesma plataforma política, o que justificaria a difusão do texto de Guizot na seção folhetinesca de um, enquanto o outro mantinha firme a polêmica com seu oponente político. Vale recordar: o oponente era o *Correio Mercantil*, uma das folhas de maior popularidade no Rio de Janeiro! Recordemos, outrossim, que Justiniano conhecia bem o funcionamento da imprensa parisiense, o que tornava *O Brasil* um arremedo da folha de opinião conservadora, tal como praticada na Cidade Luz. E se o folhetim político, como dissemos, fora explorado com êxito na Buenos Aires de

54. *Correio da Tarde*, Rio de Janeiro, 23 de maio de 1849, p. 1.
55. Cf. Paulo Berger, *A Tipografia no Rio de Janeiro*, p. 84.

Bartholomé Mitre, como já o era em Paris, não haveria motivos para não ser testado na Corte[56].

As reproduções do texto em folhetim se iniciam em maio e cessam em junho. O programa contempla o calendário exposto na Tabela 5.

A edição dos últimos capítulos coincide com o período em que aparecem os primeiros anúncios de venda da brochura nas livrarias cariocas. É o que lemos na edição dominical de *O Correio Mercantil*:

Tabela 5. Programa da Edição de *Democracia* em folhetim, no jornal *Correio da Tarde*, maio-junho 1849.

A Democracia em França, por Mr. Guizot. Janeiro de 1849.			
N.	Data	Capítulos/Títulos	Páginas
397	Sexta-feira, 18/05	[Prólogo] Cap. 1 – Causa do Mal Cap. 2 – Do Governo na Democracia	1-3
398	Sábado, 19/05	Cap. 3 – Da República Democrática	1-2
403	Quarta-feira, 23/05	Cap. 4 – Da República Social	1
405	Terça-feira, 25/05	Cont. Cap. 4 – Quais são os elementos reais e essenciais da sociedade em França	1
408	Terça-feira, 29/05	Cont. Cap. 5 - Quais são os elementos reais e essenciais da sociedade em França	1-2
411	Terça-feira, 05/06	Cap. 6 – Condições políticas da paz social na França	1-2
413	Sexta-feira, 08/06	Continuação Cap. 6 – Condições políticas da paz social na França	1
417	Quinta-feira, 14/06	Cap. 7 – Condições morais da paz social na França Capítulo 8 – Conclusão – Fim	1-2

56. *La Presse* de Émile de Girardin usava desse expediente. Foi no rodapé do jornal que Eugène Pelletan publicara uma longa recensão de *Démocratie* (ver capítulo 2).

Agostinho de Freitas Guimarães e Cia. acabão de receber de Paris alguns exemplares desse livro, traduzido em portuguez, com a maior elegancia e pureza, que se achão a venda em sua loja, rua do Sabão, nº 26, ao preço de 2$000 reis, cada um, encadernado à inglesa, bom typo, bom papel, e com o fac-Símile de Mr. Guizot[57].

O valor declarado da brochura equivale a um terço da assinatura semestral do *Correio da Tarde*, jornal que publicava os capítulos em folhetim. Considerando que a folha avulsa custava 120 réis, era evidentemente muito mais barato ler o texto no jornal. Mas, "livro é livro...", diriam os bibliófilos. De fato, a edição brasileira não se distinguia muito dos padrões editoriais e materiais da francesa: mesmo formato, mesmo padrão tipográfico. Nos termos do anúncio: "bom typo, bom papel"[58]. E, o que se apresenta como um diferencial pouco praticado no mercado francês desses anos de 1840-1850, mas ainda frequente no Brasil: o volume era encadernado. Ou, como reza o texto, "encadernado à inglesa"[59]. Assim os caracteres materiais da edição pareciam definir sua clientela, sensivelmente diferente daquela que lia o jornal. Pelo menos, no gosto pela posse do livro, considerando que, diferente da França, a participação do leitor brasileiro na sociedade era muito mais rarefeita.

No prólogo à edição brasileira, o sentido da brochura endereçada "Aos Brasileiros" foi explicitado em termos tão cristalinos e diretos, que tornava obscuro o debate promovido, na véspera, pela imprensa. É o que passamos a citar:

---

57. *Correio Mercantil*, dirigido por Rodrigues e Cia., Rio de Janeiro, 3 de junho de 1849, fl.4.

58. A edição de Victor Masson foi impressa na gráfica das edições Plon, essa importante empresa que deixou suas marcas na conformação de um catálogo deliberadamente conservador, na França, enquanto que a impressão "brasileira", foi realizada na oficina de Thunot, localizada na rue Racine, em Paris.

59. Na encadernação à inglesa, ou semi-inglesa, ou meia-inglesa, como é denominada hoje, apenas a lombada é revestida de couro. A pasta é em papel ou outro material. Ocorre, às vezes, das ponteiras das capas virem revestidas com couro. O exemplar da Biblioteca da Faculdade de Direiro (USP) apresenta a encadernação original, sendo a lombada revestida de couro e as capas em papel, sem ponteiras. É possível que a mesma tenha sido feita no Rio de Janeiro, por encomenda do livreiro, para agregar valor à brochura e, portanto, atrair a clientela. O exemplar da BNF não tem encadernação original. A edição da autora foi encadernada à inglesa, mas como no exemplar da BNF, ela não possui capa original. O único exemplar em brochura identificado até o momento que apresenta todos componentes originais pertence, como já foi assinalado, à Bibliothèque Polonaise de Paris (Maria Isabel Faria e Maria da Graça Pericão, *Dicionário do Livro*, pp. 285-286).

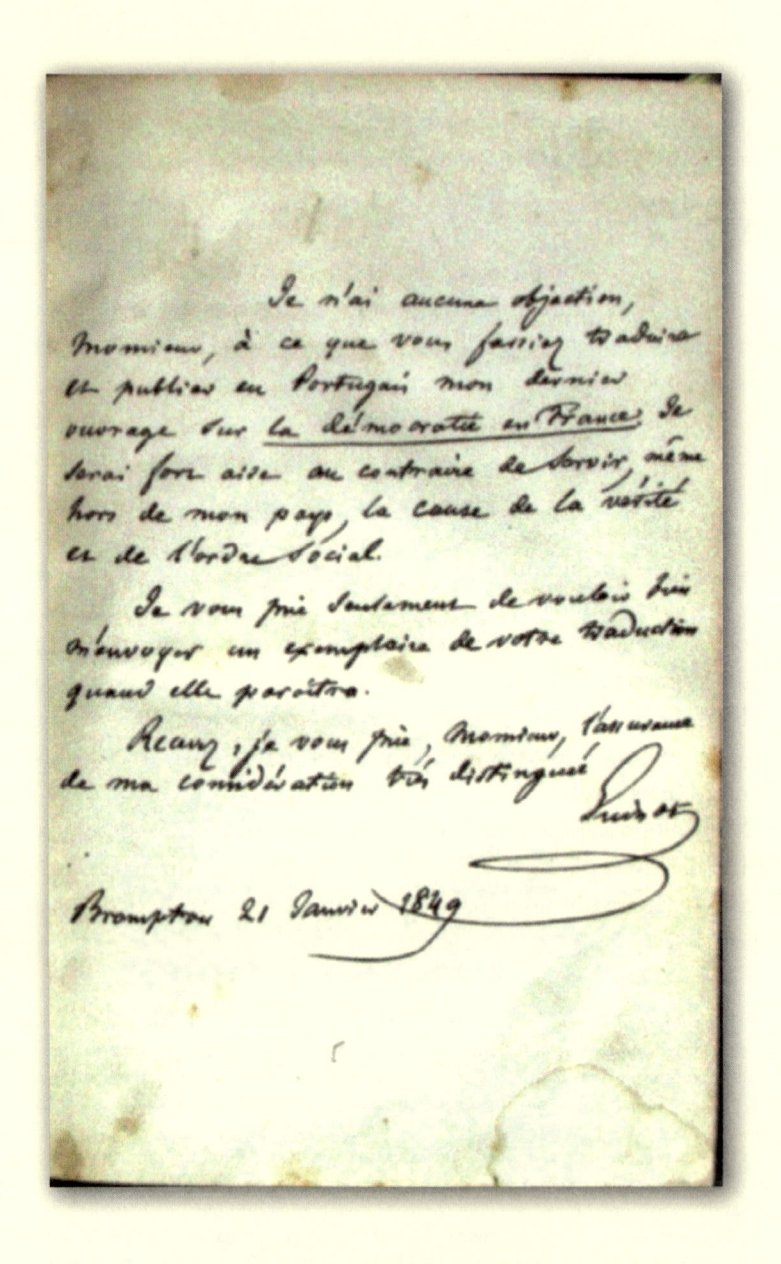

66. Reprodução do fac-símile da carta de François Guizot autorizando a
publicação da brochura em português para o público brasileiro. Notemos que o
autor responde ao pedido em 21 de janeiro, ou seja, onze dias após
o aparecimento do livro no mercado parisiense e londrino.

Aos Brazileiros

A noticia dos recentes e desastrosos accontecimentos de Pernambuco, não podia deixar de affligir-me e de excitar meu patriotismo.

Já que a minha obscuridade não dá peso aos meos conselhos, permitti-me que vos ofereça, vertido em portuguez, este notável escripto de um dos mais eminentes escriptores contemporaneos, cuja probidade severa, cujos sentimentos profundamente liberaes, são reconhecidos por amigos e inimigos.

A vulgarização deste livro será um remedio poderoso para combater as paixões deletereas que se conjugarão para attacar a sociedade no que ella tem de mais inviolavel e de mais santo.

As doutrinas delle estão sancionadas pela experiência da revolução franceza de 1848. Já não é permitido nutrir ilusões: nenhum homem honesto e consciencioso, poderá deixar de reconhecer que o único governo capaz de garantir a liberdade, é o monarquico representativo, pelos elementos d'ordem que lhe dá o poder hereditario. E sem ordem não pode haver liberdade; a anarquia foi sempre precursora do despotismo.

Acceitai pois esta pequena lembrança como tributo de sincero patriotismo: possa a pureza da intenção, e a importância do motivo servir de sufficiente desculpa à ouzadia da ação.

José Lúcio Correia
Pariz, 12 de fevereiro de 1849[60].

Notemos que aquelas campanhas realizadas em Paris, para a difusão da brochura, atingiram em cheio José Lúcio Correia, esse partidário declarado da monarquia parlamentar, bastante inquieto com as notícias de uma Revolução em Pernambuco. O prefácio é assinado em 12 de fevereiro, ou seja, um mês após o lançamento do original parisiense. Estima-se, portanto, que tenha sido este o tempo consumido entre a leitura e a tradução do texto. A empresa exigia, ou, pelo menos, sugeria o consentimento do autor, pois bem sabemos que as leis sobre a propriedade intelectual, sobretudo no que tange às traduções, estavam longe de ser consolidadas.

Dessa maneira, a reprodução do fac-símile da carta de Guizot, assinada em 21 de janeiro, apresenta-se como testemunho inquestionável do caráter

---

60. F. Guizot, *A Democracia em França*, tradução em portuguez por ***, Rio de Janeiro, Freitas, Guimaraes & Cia., 1849, pp. V-VII.

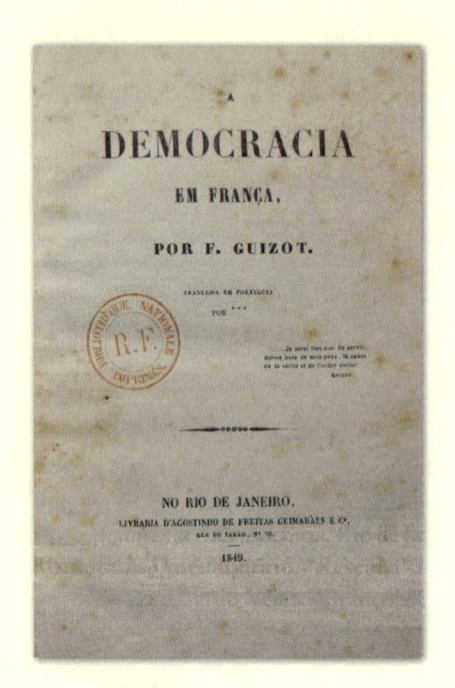

67-68. Os dois exemplares da edição brasileira consultados apresentam uma diferença bastante significativa na folha de rosto. O primeiro [67] pertence à Bibliothèque Nationale de France e foi muito provavelmente incorporado à coleção pelo sistema do *dépôt legal,* pois, como assinalamos, a edição foi totalmente preparada em Paris para o público brasileiro. O livreiro responsável por sua distribuição figura na imprenta, tal como nos anúncios dos jornais cariocas: Agostinho de Freitas Guimarães. Na edição pertencente à Biblioteca da Faculdade de Direito da USP [68], raríssima, uma etiqueta foi colada sobre a imprenta, anunciando o nome de Serafim José Alves, outro livreiro da praça carioca. Teria ele adquirido os exemplares em estoque para a revenda? As bibliotecas brasileiras possuem apenas as edições em francês (geralmente, de Paris ou de Bruxelas), o que testemunha a ampla circulação do texto original no país.

idôneo da edição que se colocava à venda, além de agregar valor a um exemplar, como temos notado, de invulgar cuidado gráfico. Os termos do autor reforçam o teor político e programático da brochura, particularmente, no excerto que passamos a citar:

> Não tenho nenhuma objeção, senhor, à vossa intenção de traduzir meu último livro sobre a democracia na França. Pelo contrário, muito me conforta poder servir, mesmo fora de meu país, à causa da verdade e da ordem social. Eu somente vos peço a gentileza de me enviar um exemplar de vossa tradução quando ela vir a lume [...].
>
> Guizot
> Brompton, 21 de janeiro de 1849[61].

"REMEDIO PODEROSO PARA COMBATER AS PAIXÕES DELETEREAS"

José Lúcio Correia se situa naquela fina camada de capitalistas e proprietários aflitos com mais uma revolução que tomara de assalto as ruas do Recife e se alastrou por toda a província e suas vizinhanças[62]. Na época da publicação de *Démocratie* ele morava em Paris, onde mantinha, na rue de Trévise, um escritório especializado nos serviços de comissão e representação. Seu nome figura entre os negociantes que tiveram presença ativa nos programas de modernização de Pernambuco, entre 1837 e 1844, durante a administração de Francisco do Rego Barros, Conde da Boa Vista (1802--1870), de quem era amigo. De acordo com Izabel Marson,

> [...] uma política de coalisão tornou viável a reunião de "liberais e conservadores, cidadãos de diferentes posições na sociedade – bacharéis, senhores de engenho, produtores de algodão e comerciantes, encabeçados os primeiros por

61. O exemplar em português não figura no arrolamento da biblioteca de François Guizot, registrado no inventário *post-mortem*, nem no catálogo de edições postas à venda logo após seu falecimento e, tampouco, na lista atual, em que foram inventariados os livros remanescentes em sua última morada, no Val-Richer. Na verdade, nenhuma daquelas 47 edições identificadas de *Démocratie* constam nos arquivos do autor.
62. Também afligiu seu espírito, por essa mesma época, as notícias que na França circularam sobre o desenvolvimento de novas técnicas de produção do açúcar a partir da beterraba, o que representaria, como de fato representou, uma concorrência sem par para a produção brasileira. É o que lemos no artigo de sua autoria, publicado em Pernambuco e reproduzido em diferentes folhas do Norte, sob o título "Fabrico do Assucar" (*Publicador Maranhense*, 29 de maio de 1844).

Antonio Francisco de Paula Holanda Cavalcanti (1797-1863) e os segundos por Rego-Barros"[63].

Os projetos de infraestrutura, remodelação urbana e transportes foram confiados a uma equipe de engenheiros oriundos da École de Ponts-et--Chaussées, de Paris, sob a chefia de Louis Léger Vauthier (1815-1801). Fora o "Sr. Correia" responsável por todas as negociações, que consistiram em arregimentar o corpo técnico francês e promover sua transferência para o Recife[64]. Além disso, era ele o responsável pela expedição, da Europa, dos materiais e instrumentos necessários para as obras implementadas na capital e na província[65].

A estabilidade política alcançada nesse período e a recuperação da economia açucareira, com o consequente aumento das exportações, conformaram um ciclo virtuoso da sociedade pernambucana, do qual nosso personagem tirara grandes proventos. Porém, como o desenvolvimento material vai de par com o progresso mental, não demorava o tempo em que a chamada "política de reorganização e do futuro" esbarrasse com novas ideias e diferentes configurações partidárias[66]. O Partido Nacional de Pernambuco, ou, como se popularizou, o Partido da Praia, nascido de

63. Izabel Andrade Marson, *Revolução Praieira, Resistência Liberal à Hegemonia Conservadora em Pernambuco e no Império (1842-1850)*, São Paulo, Fundação Perseu Abramo, 2009, pp. 16-19.
64. O engenheiro francês anota em seu diário, enquanto esperava os carregamentos para o embarque no porto do Havre, em direção ao Recife: "[18 de julho de 1840] Novas discussões com os armadores e os representantes do Sr. Correia para conseguir colocar os caixotes de livros e instrumentos. Longos e insípidos debates, argumentação frívola. Acabaram cedendo diante de minha declaração de que estava resolvido a partir por um paquete inglês. Obtive enfim boas acomodações a bordo" (Gilberto Freyre, *Um Engenheiro Francês no Brasil*, Prefácio de Paul Arbousse-Bastide, Rio de Janeiro, José Olympio, 1960, t.2, pp. 523-524).
65. "No fim do ano de 1843 chegava a parte mais importante da estrutura: o fio de arame chegado da Inglaterra para a ponte suspensa que em Caxangá [se deveria construir] e juntamente uma cópia da fatura respectiva mandada por José Lúcio Correia". Esta e outras transações pesaram sobre ele e o governo provincial, acusados, como foram, de corrupção. Porém, tais fatos fogem ao escopo da pesquisa (Paulo M. Souto Maior, *Nos Caminhos do Ferro: Construções e Manufaturas no Recife (1830-1920)*, Recife, CEPE, 2015, p. 156).
66. A revista *O Progresso*, para a qual colaborou Vauthier, testemunha bem essa relação entre o avanço material e mental nas sociedades. Ela abraçou o socialismo francês, ou, pelo menos, um certo socialismo, como observa Gilberto Freyre. No periódico circulava um amálgama das ideias de Victor Cousin, Fourier e Saint-Simon. O principal arauto dessas ideias, amigo do engenheiro francês, foi Antonio Pedro de Figueiredo (1814-1859), que dirigiu a revista entre 1846 e 1848 (Gilberto Freyre, *Um Engenheiro Francês no Brasil*, t.1, p. 343).

uma dissidência do Partido Liberal, em 1842, teve no jornal *Diário Novo* seu principal meio de luta, e era representado por diferentes setores da sociedade: negociantes, proprietários, engenhos, bacharéis oriundos da Faculdade de Direito de Olinda e caixeiros, que conformavam um amálgama singular entre lideranças dissidentes dos partidos tradicionais (conservador e liberal). Não vamos retomar todos os eventos que fizeram os partidários da Praia a converter um programa de caráter conservador e reformista, em uma revolução de caráter popular[67], como a que eclodiu no Recife, de novembro de 1848 a abril de 1849 – ou novembro, considerando a resistência armada de Pedro Ivo (1811-1852)[68].

Interessa assinalar os elementos locais e universais que tornavam as Revoluções de 1848 e, no campo oposto, o libelo de François Guizot, instrumentos de aprendizado para os leitores brasileiros[69]. Nesse aspecto, devemos observar que no curso da "guerra civil" que se instalou em Pernambuco, dois projetos tomaram vulto: "'a revolta' pensada e organizada pelo Partido da Praia e a Sociedade Imperial, pugnando por uma reforma da monarquia constitucional"[70]; e a revolução defendida por Borges da Fonseca, cujos princípios universalistas expressos no *Manifesto do Mundo*[71], foram inspirados nas reivindicações parisienses, naquelas já distantes jornadas de fevereiro.

67. Abreu e Lima (1794-1869), "o general das massas", foi uma personalidade singular do Brasil monárquico. Assistiu ao fuzilamento do pai, o Padre Roma, em 1817, quando foi preso e condenado por traição no momento em que tentava articular a Revolução na Bahia. Em 1818, fugiu da prisão, exilou-se nos Estados Unidos e retornou para a sua terra natal após uma longa viagem pela América do Sul: Porto Rico, Venezuela, Nova Granada e Peru. "Militar, incorporou-se com 24 anos às tropas de Bolívar (então com 23 anos) servindo durante 11 anos nas campanhas de suas forças militares". Apoiou a Revolução Praieira, em 1848, mas, no Brasil, "optou pela monarquia e pela manutenção da família real". É autor, dentre outras obras, de *O Socialismo* (1855) (Carlos Guilherme Mota e Adriana Lopez, *História do Brasil. Uma Interpretação*, p. 424).
68. Izabel Andrade Marson, *Revolução Praieira, Resistência Liberal à Hegemonia Conservadora em Pernambuco e no Império (1842-1850)*, São Paulo, Fundação Perseu Abramo, 2009.
69. Amaro Quintas sustentará, com notável vigor, que a Revolução Praieira foi a própria expressão do "espírito *quarente-huitard*!" Ele lembra que houve, no Recife, um jornal intitulado *Kossuth*, em homenagem ao líder da Revolução na Hungria. Poderíamos objetar, à luz de Izabel Marson, que esse espírito habitou parte dos praieiros, o que não diminui o interesse por sua análise (Amaro Quintas, *O Sentido Social da Revolução Praieira*, Rio de Janeiro, Civilização Brasileira, 1967).
70. Izabel Andrade Marson, *Revolução Praieira...*, p. 74.
71. A interpretação que faz Caio Prado Júnior dos eventos pernambucanos é bastante reveladora de seu *parti pris* político. Para o autor, o movimento eclode em 1848, em meio ao clima de terror que as revoluções europeias e a onda socialista impingem entre as elites políticas nessa porção dos trópicos. Assim o Partido da Praia tomou as armas em 7 de novembro de 1848: "levanta-

Vencidos os revolucionários e abertos os autos de devassa, as primeiras interpretações dos acontecimentos não demoraram a vir a lume. Izabel Marson procede a uma análise fina da reconstrução dos fatos, segundo relatos impressos por suas principais testemunhas: o relatório minucioso do chefe de polícia Jeronimo Martiniano Figueira de Mello (1809-1878); o discurso condenatório do deputado conservador Antonio Peregrino Maciel Monteiro (1804-1868), proferido na Assembleia Provincial, em 26 de abril de 1849; e a resposta do chefe da deputação praieira Urbano Sabino Pessoa de Mello (1811-1870), que participara da última legislatura (1845-1848). Vencera, naquelas circunstâncias, o discurso da ordem, ou seja, do chefe de polícia.

A análise de Figueira de Mello é bastante instrutiva. Além de associar o evento de Pernambuco a um movimento de maior amplitude, nascido em 1842, nos jornais de oposição, quando "por motivos de simpatia com a rebelião de São Paulo e Minas [...] bem depressa [...] passaram a guerrear os cidadãos mais respeitáveis pelas suas relações, riqueza, cargos, saber e probidade [...]", o autor propõe uma interessante análise sociológica sobre os principais agentes da revolução, a qual deitou marcas profundas na historiografia:

> [...] como consequência necessária e infalível destes manejos, resultou que a Província se dividisse em dois partidos; que a um deles estivessem ligados, por mútua atração, todos os proprietários, negociantes e capitalistas; todas as classes ilustradas; todos os primeiros empregados da Província; e que ao outro, guardadas algumas exceções (quase sempre efeito da ambição, de inte-

ram-se em Olinda, Igaraçu e outros pontos da província, e marcharam sobre a capital. Como programa apresentou a Praia os seguintes pontos: 1º - Voto livre e universal do povo brasileiro; 2º - plena liberdade de comunicar os pensamentos pela imprensa; 3º - trabalho como garantia de vida para o cidadão brasileiro; 4º comércio a retalho para os cidadãos brasileiros; 5º - inteira e efetiva independência dos poderes constituídos; 6º - extinção do poder moderador e do direito de agraciar; 7º - elemento federal na nova organização; 8º - completa reforma do poder judicial em ordem a assegurar as garantias individuais dos cidadãos; 9º - extinção do juro convencional; 10º - extinção do atual sistema de recrutamento". Todavia, o programa foi proclamado apócrifo pelo órgão impresso do movimento e a própria luta perdeu seu fôlego. "A agitação praieira, incapaz de realizar seu ciclo completo, incapaz de propagar a centelha revolucionária através de todas as camadas rebeldes da sociedade, ficando apenas na superfície – escreve Caio Prado Júnior – é bem o estertor de agonia do intenso movimento popular que acompanha a independência" (Caio Prado Jr., *Evolução Política do Brasil e Outros Estudos*, 3. ed., São Paulo, Brasiliense, 1961, pp.79-80).

resse, ou da ilusão), aderissem as classes inferiores e ignorantes da população, que julgando-se deserdadas dos bens sociais, ou oprimidas por leis tirânicas e ofensivas dos seus supostos direitos nutriam no coração os sentimentos de ódio, de inveja e de vingança contra as classes superiores no mais elevado ponto de exaltação [...][72].

Nessa pintura nada sutil de uma sociedade que se divide entre as "classes ilustradas" e as "classes inferiores", perpetuavam-se as velhas estruturas de poder do Estado. Em última instância, seu discurso referendava aquele mesmo sistema que forjara as leis eleitorais do Brasil monárquico, fundado no princípio de representação exclusiva das classes proprietárias[73]. E, embora no alvo de Figueira de Mello se colocassem os ímpetos liberais que conduziam às revoluções, enquanto a acusação de François Guizot apontava para os socialistas, parece compreensível que seus ensinamentos sobre os males da república social tenham caído nas graças dos proprietários pernambucanos. A fatura final foi bem compreendida pelo senador Nabuco de Araújo (1813-1878)[74], outra importante testemunha ocular da história: tanto quanto em Minas e em São Paulo em 1842, os maiores derrotados de Pernambuco foram os liberais. A derrota da Praieira selou a sorte dos Conservadores no poder. Apenas uma nova crise mudaria esse quadro político, mas, dessa vez, era a República, e não mais os concertos do regime monárquico, que entrariam em cena. Enfim, uma outra história.

72. *Apud* Izabel Andrade Marson, *O Império do Progresso. A Revolução Praieira em Pernambuco (1842-1855)*, São Paulo, Brasiliense, 1981, pp. 26-27.
73. Tal como na França, durante o regime de Luís Filipe, no Brasil "o voto, durante toda a fase imperial, foi censitário; exigiu a Constituição [de 1824] – e, consequentemente, as Instruções que aqui analisamos também a exigiram – a renda de 100$000 para o Votante e de 200$000 para o Eleitor". Em 1846, a desvalorização da moeda fez duplicar a renda fixada: 200 para o Votante e 400 para o Eleitor. É importante observar a distinção entre o Votante, aquele que vota apenas em primeiro grau, e o Eleitor, dotado de maior posse, vota em segundo grau. "A lei Saraiva, fundindo Votante e Eleitor, conservou o censo estabelecido para o primeiro" (Walter da Costa Porto, *O Voto no Brasil. Da Colônia à Sexta República*, 2. ed. rev., Rio de Janeiro, Topbooks, 2002). As questões históricas, que se fundam ou derivam desse sistema foram bastante esmiuçadas pela historiografia (cf. Francisco Iglésias, J. A. Soares de Souza, Sérgio Buarque de Holanda *et al.*, *História Geral da Civilização Brasileira: O Brasil Monárquico*, Rio de Janeiro, Bertrand Brasil, 1987, vol. 6, tomo II).
74. O capítulo que Joaquim Nabuco dedica à participação de seu pai nesse episódio não deixa dúvidas sobre a importância da Revolução Praieira no aprendizado da política pelos de sua geração (cf. Joaquim Nabuco, *Um Estadista do Império. Sua Vida, Suas Opiniões, Sua Época*, São Paulo/ Rio de Janeiro, CEA/Civilização Brasileira, 1936, 2 vols. [1ª. ed., 1897]).

Antes de darmos a conhecer o tradutor de *Democracia*, convém uma breve e, ainda, muito mal alinhavada reflexão. Vimos, no início do capítulo, que a imagem de François Guizot surgiu estampada na imprensa paulista em chave dupla: o grande historiador, referência obrigatória para os estudos modernos, na acepção de Julius Frank; ou o doutrinário da monarquia parlamentar, defensor do modelo inglês, muito discutido, aliás, durante a Regência, ou da monarquia constitucional vitoriosa na França, de 1830 a 1848. É possível que a Revolução tenha operado sobre o ex-Ministro uma guinada ultraconservadora, o que o fez abandonar uma postura moderada, própria do partido orleanista, para um radicalismo à direita, que não encontrou paralelo nem mesmo na agremiação da rue de Poitiers. A postura inflexível que ele adotada diante das reivindicações que enfeixaram a Revolução de Fevereiro sinalizam esse fenômeno. Mas a Revolução não teria provocado essa mesma guinada em Alexis de Tocqueville, ou mesmo em Thiers? O instinto de sobrevivência, ou mesmo o horror às revoluções, conduziram-nos ao regime de Luís Napoleão Bonaparte, enquanto François Guizot, já o assinalamos, abandonava a arena política[75].

Esses aspectos devem ser considerados no estudo sobre a recepção de François Guizot no Brasil. Eles demarcam uma linha tênue, porém, relevante, que distingue o historiador-doutrinário do *juste milieu* e o panfletário antidemocrático. Parece evidente que a ameaça da república social colocara em relevo a segunda figura, nesses anos conturbados de 1848 e 1849[76]. Ora, o medo da Revolução atinge em cheio os leitores brasileiros. O prólogo de José Lúcio Correia não deixa dúvidas quanto a essa mudan-

---

75. É, de fato, significavo o modo como 1848 se coloca como ponto de clivagem de uma polarização política que distingue, claramente: "[...] o liberalismo clássico, proprietista e excludente e, quando lhe é proveitoso, racista e escravista. De outro, o radicalismo democrático, que tem como horizonte precisamente superar as barreiras de classe e de raça que os liberais conservadores ergueram para defender os seus privilégios" (cf. Alfredo Bosi, *Entre a Literatura e a História*, São Paulo, Ed. 34, 2013, pp. 272-273).

76. Todavia, não estamos a tratar da primeira tradução do autor no Brasil. Consta na Biblioteca Mário de Andrade, na seção de Obras Raras, um exemplar de *Theoria do Governo Representativo de M. Guisot* [sic]. Extractada de suas obras políticas por ***, Pernambuco [Recife], Typographia de Santos & Companhia, 1845, 168 p. O tradutor brasileiro não foi identificado, mas consta que o texto foi extraído da edição de Paris, 1831. Contém, ainda, uma lista de subscriptores para a publicação desta obra. O livro, sem dúvida, merece uma análise mais detida. Agradeço ao bibliotecário Rizio Bruno por esta indicação.

ça de perspectiva. Não parece, tampouco, outro o sentido da defesa que faz Justiniano José da Rocha – cumpre insistir, o teórico conservador da política de conciliação – quanto ao significado profundo de suas doutrinas para todos os sistemas de governo, como havia assinalado em *O Brasil*.

Completa esse quadro de revoluções e de reações, o perfil do tradutor da brochura. Sabemos hoje que não era ele um brasileiro. Mas um português, autor e tradutor de escritos de ocasião que marcaram data no cenário político da época, como se pode inferir na lista que se segue:

1. *O Federalista*. Publicado em Inglez por Hamilton, Madisson e Jay, Cidadãos de Nova York, e Traduzido Em Portuguez Por *** [José Da Gama e Castro – manuscrito a lápis]. Tomo Primeiro. Rio De Janeiro, Typ. Imp. e Const. de J. Villeneuve e Comp., 1840. [nova edição] Ouro Preto, Imprensa Official do Estado de Minas, 1896, 3 vols. in-8, de 271 + III, 292, 250 + 11 p.

2. *O Novo Principe, ou O Espirito dos Governos Monarchicos*, por *** [José da Gama e Castro – *manuscrito a lápis*], segunda edição, revista e consideravelmente augmentada pelo autor. Rio de Janeiro, Typ. Imp. e Const. de J. Villeneuve e Comp., 1841.

3. *O Novo Carapuceiro, Ou Typos da Nossa Época*, por *** [José da Gama Castro – *manuscrito a lápis*]. Rio de Janeiro, Typ. Imp. e Const. de J. Villeneuve, 1842. in-8 de VIII + 166 p.[77]

O tradutor de O *Federalista* e autor de panfletos políticos de denodado mau gosto, particularmente pelo abuso que faz de linguagem jocosa, destinada a detratar e a desmoralizar seus opositores políticos, cuja assinatura é amiúde grafada por um misterioso ***, responde pelo nome de José da Gama e Castro. Segundo Innocencio da Silva:

> Doutor em Medicina pela Universidade de Coimbra, onde ele nasceu, nos últimos anos do século XVIII. [...] Lançado por suas convicções políticas no partido de D. Miguel, ele lhe serviu com dedicação, tendo sido nomeado Físico Mestre do Exército português, juntamente a outras comissões importantes.

---

77. Tancredo de Barros Paiva, *Acchêgas a um Diccionario de Pseudonymos. Iniciaes, Abreviaturas e Obras Anonymas de Auctores Brasileiros Sobre o Brasil ou no Mesmo Impressas*, Rio de Janeiro, J. Leite e Cia., 1929.

Após a derrocada política de 1834, ele emigrou, em dezembro e após uma longa digressão através da Europa, decidiu partir para o Brasil. Aportou no Rio de Janeiro no final de 1837, sou da opinião de que tenha permanecido nesta cidade até 1842, onde se dedicou a trabalhos literários e à imprensa. Uma nova investida na Europa o conduziu a viagens através da França, da Alemanha etc., até que se fixou em Paris, onde vive até nossos dias[78].

O tradutor foi investigado às minúcias por Luís Reis Torgal, em *Tradicionalismo e Contrarrevolução. O Pensamento e a Ação de José da Gama e Castro* (Coimbra, Universidade de Coimbra, 1973). Em resenha muito elogiosa a essa pesquisa, José Honório Rodrigues contribui para completar o perfil de nosso personagem. Teria ele publicado no Rio de Janeiro, além dos títulos acima levantados, uma *Memoria sobre a Nobreza no Brasil* (1841). Dentre os jornais para os quais colaborou, constam: *O Despertador* (Rio de Janeiro, n. 1-27, 1838), dirigido pelo português J. M. da Rocha Cabral, *O Exorcista* (semanário, 1841), e o *Jornal do Commercio*. Sobre *O Novo Príncipe*, escreve:

[...] sistematização absolutista e tradicionalista. Nele, inspirado em Maquiavel, o Autor procura destruir a "cabala" liberal, e apresentar um esquema de organização do país em moldes tradicionalistas. Seu subtítulo recorda *O Espírito das Leis*, de Montesquieu, que ele considerava o responsável pelo sentido revolucionário que destruiu as monarquias absolutistas. Nele estão as linhas fundamentais da teoria política de Gama e Castro. Não é uma defesa do miguelismo, mas do pensamento político contrarrevolucionário e tradicionalista português[79].

E, embora não se coloque em dúvida os conhecimentos da língua francesa desse médico homeopata ativo, muito propagandeado na imprensa da Corte, o mesmo não se aplica a seu gosto literário. Segundo declara, em tom de polêmica, numa folha carioca:

Por ora limito-me a dizer-lhe que nunca li Lamartine, nem outro algum poema francez, excepto a Henriqueida de Voltaire, e algumas cousas de Molière. Além

78. Innocencio Francisco da Silva, *Diccionario Bibliographico Portuguez*, tomo IV, Lisboa, Imprensa Nacional, 1973, pp. 358-359.
79. José Honório Rodrigues, "Resenha", *Revista de História*, vol. 48, n. 98, 1974.

destes dous livros de versos francezes, nunca puz os olhos em outro, senão em hum que me metteu a cara hum redator francez da folha anti-monarchica. Porém era tão obsceno, que a poucas linhas de leitura me subio a côr á cara e não pude continuar. Creio que se chamava Piron, e que he em França o *va-de-mecum* dos somitegos (veja-se no diccionario a significação desta palavra). A todos os momentos estou citando grande numero de poetas portugueses, hespanhóes, italianos, alemães, hollandezes, ingleses, latinos e gregos; mas he raríssimo que eu cite hum poeta francez, porque nem os conheço, nem gosto de poesia franceza [...] Rio de Janeiro, 15 de fevereiro, morador na rua de S. José, n. 59, primeiro andar[80].

Não nos enganemos, enfim: *A Democracia em França* constitui uma análise à moda tocquevilliana, "que se volta com virulência contra a idolatria do sistema democrático"[81]. A brochura se situa na vaga conservadora que de Paris se abriu por toda a Europa, já no inverno de 1848, o que faz do texto de François Guizot uma expressão elaborada e refletida da campanha contra a república social. A edição brasileira, tanto quanto as múltiplas edições levantadas nesse estudo, reflete o sentido e a força de uma propaganda conservadora que reacende sua força após o despertar da Primavera dos Povos.

80. *Jornal do Commercio*, Rio de Janeiro, 16 de fevereiro de 1840, p. 3.
81. Laurent Theis, *François Guizot*, p. 38.

Cauda Longa, Cauda Curta
À Guisa de Conclusão

Votre vieux troubadour est fortement dénigré par les feuilles. Lisez le Constitutionnel *de lundi dernier, le* Gaulois *de ce matin, c'est carré et net. On me traite de crétin et de canaille. L'article de Barbaey D'Aurevilly est, en ce genre, un modèle, et celui du bon Sarcey, quoique moins violent, ne lui cède en rien. Ces messieurs réclament au nom de la morale et de l'idéal! J'ai eu aussi éreintements dans le* Figaro *et dans* Paris *par Cesena et Duranty. Je m'en fiche profondément! Ce qui n'empêche pas que je suis étonné par tant de haine et de mauvaise foi.* La Tribune, le Pays *et l'*Opinion Nationale *m'ont en revanche fort exalté.*

GUSTAVE FLAUBERT, 1869*

* "Vosso velho trovador foi fortemente denegrido pelas folhas. Leia o *Constitutionnel* de segunda-feira passada, o *Gaulois* de hoje de manhã, é público e notório. Tratam-me como cretino e canalha. O artigo de Barbey d'Aurevilly é, nesse gênero, um modelo, e aquele do bom Sarcey, ainda que menos violento, não cede em nada. Os senhores reclamam em nome da moral e do ideal! Também encontrei contrariedades no *Figaro* e no *Paris* por Cesena e Duranty. Eu os ignoro profundamente! O que não me impede de ficar espantado com tanto ódio e tanta má-fé. A *Tribune*, o *Pays* e *Opinion Nationale*, todavia, me exaltaram vigorosamente" ("Lettre de Gustave Flaubert à George Sand (1804-1876)", *Correspondance*, 4ᵉ série, *apud* Gustave Flaubert, *L'Éducation Sentimentale, Histoire d'un Jeune Homme*, Notice et Index de Louis Biernawski, Paris, Louis Conard, 1910, p. 613).

O fracasso de *Educação Sentimental* foi objeto de profunda amargura para Gustave Flaubert (1821-1880). Publicado em 1869, portanto, às vésperas dos acontecimentos que marcaram de forma indelével os destinos da sociedade francesa, a saber, a invasão da Prússia e a Comuna de Paris, cuja vitória deu início ao regime mais longevo de sua história – a III República – o autor costumava dizer que a "guerra matara seu livro". A guerra e uma crítica implacável.

Apenas George Sand o defenderá, por meio de uma recensão elogiosa, publicada no jornal *Liberté*, em 18 de dezembro de 1869. Porém, as opiniões confidenciadas por essa fiel missivista eram titubeantes, até que, em 1875, a escritora revela uma nova crítica bem refletida e elaborada:

> Antes de tudo, somos seres humanos. Queremos encontrar o homem no fundo de toda história e tudo fazer. Este foi o defeito de *Educação Sentimental*, sobre o qual muito refleti, desde que me perguntava por que razão havia tanto mal-estar em torno de uma obra tão bem-feita e tão sólida[1].

Traduzindo as impressões de George Sand nas palavras da crítica contemporânea, o que faltava ao romance era o sentido da narrativa (do *récit*), do romanesco. Todas as intrigas e as emoções outrora derramadas por Balzac, Victor Hugo e George Sand, ao que se somava a crença na capacidade transformadora do homem, tudo isso parecia faltar a Flaubert[2].

1. *Apud* Gustave Flaubert, *L'Éducation Sentimentale*, p. 615.
2. No final do século XIX, alguns críticos retomarão essa temática da negação romanesca, a exemplo de Zola e Bainville. *Educação Sentimental* será consagrado no pós-Segunda Guerra pelos teóricos

É possível que os críticos de seu tempo, formados, como o foram, na mesma escola de uma Revolução malograda, como a de 1848, o que os converteu de aprendizes da República a sobreviventes pragmáticos do Império, não tenham igualmente perdoado a imagem desconcertante de dois anti-heróis, eles também, fadados ao fracasso[3]. Notemos que Deslauriers – cujo nome está impregnado de sarcasmo, por se tratar daquele que perdeu o louro, a glória – sonha em, um dia, ter seu próprio jornal. Ora, o jornalista tipificado na pele desse personagem traz a marca do arrivismo e da covardia, embora, como seu amigo Frédéric, ele não tenha sido destituído, por completo, de certo idealismo romântico.

Nem mesmo o retrato preciso que o autor recupera de uma Paris tomada pelos levantes de fevereiro, ou pelos massacres de junho, ou, enfim, pelos acórdãos que conduziram à transação conservadora, nada disso parece ter sensibilizado a opinião. Talvez porque, como afirmamos anteriormente, a derrota de 1848 confirmasse o pragmatismo burguês, não havendo, portanto, espaço para as doutrinas.

Essa história ilumina bem a trajetória do livro *De la Démocratie en France*, de François Guizot. São realidades contrastantes, porém, complementares e reveladoras de um mundo à deriva. É bem verdade que a mesma crítica que afundou o romance garantiu à brochura um sucesso retumbante e imediato. Afinal de contas, atingir a marca de 48 edições – sem contar as reimpressões! – em cinco meses, não era nada evidente.

O leitor poderia protestar que o debate em torno da democracia e do sufrágio universal estava, como se diz atualmente, na crista da onda. De fato, de todas as bandeiras levantadas em 1789, apenas a Igualdade se man-

---

do *nouveau roman*, "que opõem de forma voluntária, como o faz Robbe-Grillet, em *Pour un Nouveau Roman*, Flaubert e Balzac, a arquitetura do vazio, cuja virtuosidade constrói seu valor, e uma literatura do sentido presa ao passado" (*Dictionnaire Flaubert*, Sous la Direction de Gisèle Séginger, Paris, Honoré Champion, 2017, p. 513).

3. Dolf Oehler recupera, por sua turno, a crítica que lhe faz Sartre, para quem Flaubert "seria um praticante do sobrevoo, de olhos fechados à realidade contemporânea", ou seja, ao significado profundo da Revolução de 1848. Porém, escreve o autor: "Cem anos antes de Sartre, Flaubert propôs-se determinar as relações entre o fracasso individual e o fracasso de classe no contexto da Revolução de 1848 e, sempre à maneira de seu biógrafo, quis retraçar uma experiência ao mesmo tempo singular e universal" (Dolf Oehler, *Terrenos Vulcânicos*, São Paulo, Cosac Naify, 2004, p. 14).

tivera no reino da utopia. Como assinalado, os liberais da segunda metade do século XIX não vão poupar teorias, malabarismos retóricos, dentre outras formas de elucubração, para defender os limites da prática democrática contra o sufrágio universal.

É possível que as doutrinas de Guizot pudessem se revestir de novo sentido, nesses tempos de revisões e aflições, não houvesse o autor capitulado da cena política e os veículos de opinião enterrado sua brochura. Mesmo aqueles promotores mais aguerridos, como vimos no caso brasileiro, não se demoraram por muito tempo – talvez o tempo necessário – sobre o debate democrático.

Mas, voltando à premissa inicial, o sucesso de *Démocratie* não era nada óbvio. Era necessário muito mais do que a energia do autor e o esforço do editor para fazer acontecer o livro. Essa história não pode ser contada sem que se considere a importância da infraestrutura editorial no processo de construção de um autor e de um título. Pensemos noutro caso contrastante, porém, paradigmático.

O *Manifesto do Partido Comunista*, de Marx e Engels, teve sua primeira edição impressa em alemão e lançada em Londres, no dia 21 de fevereiro de 1848. Logo, às vésperas da Revolução que eclodiu em Paris. Ao concluir a brochura com o chamamento inflamado e amplamente difundido, "Proletários do mundo, uni-vos", o que se poderia esperar, senão a reimpressão imediata do texto em todas as línguas do globo, ou, pelo menos, nas línguas vivas europeias?

Quando Guizot conclamou as classes proprietárias, "os guardiões naturais da sociedade", para empreender uma guerra pela paz e restituir a ordem social, sua voz ecoou por todo o continente e a edição de *Démocratie* foi prontamente traduzida em dez idiomas. Porém, a brochura de Marx e Engels teve outra sorte. Na ausência de um editor que se ocupasse da propaganda comunista, os jornais devem cumprir esse papel, de modo que as primeiras publicações e traduções serão financiadas pela imprensa proletária. A edição londrina conhece, pelo menos, três impressões entre março e abril, e uma reedição revista, impressa no mês de maio. Uma primeira tradução em sueco aparece nesse mesmo ano. Em 1849, o original alemão será impresso em Hesse. Em 1850 sairá uma primeira tradução inglesa, em Nova York. Uma nova edição alemã, agora impressa em Berlim, virá a luz em 1851, por Siegfrid Meyer, membro marxista do Allgemeiner Deutscher Arbeiterverein (Associação Geral dos Trabalhadores Alemães)[4].

Os problemas de financiamento e a censura refrearam, seguramente, essa primeira difusão do texto. No entanto, a história ensina que, de 1848 a 1918 o *Manifesto* foi publicado em 34 países e 33 idiomas. Na América Latina sua fortuna não deixa dúvidas sobre esse verdadeiro clássico da literatura proletária. Mas, é claro, não estamos apenas a tratar da fortuna de um livro. É que, como observa Edgard Carone, inspirado, aliás, em suas leituras de Marx, a relação entre literatura e público se submete a uma série de determinações: a conjuntura política, o nível de organização partidária ou dos grupos interessados a fazer circular um determinado escrito, a presença de uma imprensa ativa, que funcione como órgão de propaganda, infraestrutura editorial e logística[5]. A essa altura não é difícil concluir que o que faltava para Marx e Engels, sobrava para Guizot.

No jargão editorial, o livro que vende bem é o livro que vende sempre. Esse livro tem cauda longa, pois perpassa as conjunturas, o ambiente de euforia da edição *princeps* e o tempo de interesse das mídias. Ele garante aos editores a tranquilidade dos investimentos a longo prazo. Enquanto isso, os livros de sucesso imediato (cauda curta), embora não assegurem aos editores uma vida longa em seus catálogos, capitalizam a empresa, tanto do ponto de vista financeiro, quanto simbólico. Vimos, no terceiro capítulo, o reconhecimento e a devoção que o acanhado editor de obras científicas dispensava a François Guizot, no momento de assinatura dos contratos.

O sucesso de *Démocratie* foi passageiro[6]. Mas teria sido diferente o destino de tantos outros títulos publicados sob a forma de brochuras,

4. Karl Marx e Friedrich Engels, *Manifeste du Parti Communiste*, en appendice notes sur les premières éditions du *Manifeste* et sur sa diffusion, traduit de l'italien, Paris, Science Marxiste, 1998, p. 133. O levantamento se apoia em Bert Andreas, *Le Manifeste Communiste de Marx et Engels, Histoire et Bibliographie (1848-1918)*, Milan, Feltrinelli, 1963, além de outros levantamentos e estudos pontuais.

5. Cf. Edgard Carone, *Leituras Marxistas e Outros Estudos*, organizado por Marisa Midori Deaecto e Lincoln Secco, São Paulo, Xamã, 2004; Horacio Tarcus, *Marx en la Argentina. Sus Primeros Lectores Obreros, Intelectuales y Científicos*, Buenos Aires, Siglo Veintiuno, 2013.

6. Algumas traduções pontuais testemunham os ecos de um sucesso pretérito, como é o caso da edição húngara, de 1853. O texto foi traduzido por József Eötvös (1813-1871), conde, escritor e Ministro da Cultura durante o governo livre, de 1848 (Aurelian Caiutu, *Liberalism Under Siege: The Political Thought of the French Doctrinaires*, Oxford, Lexington Books, 2003, p. 45).

opúsculos ou panfletos, naqueles anos intensos de 1848 a 1851 – ou seja, da Revolução ao Golpe?

Uma outra sorte de escritos sobre a Revolução, menos copiosa, talvez, porém, mais demorada e mais refletida se expôs, nem sempre com êxito, "à crítica roedora dos ratos". Lamartine se apressou a publicar, com notável sucesso, sua *Histoire de la Révolution de 1848* (Paris, Perrotin, 1849). O programa de redação se concentra na República francesa de fevereiro a junho, quando o autor sai da cena política e "os destinos da República foram passados para outras mãos", segundo escreve nas linhas derradeiras de uma narrativa tomada de poesia e de arrebatamentos. Até o Golpe de Luís Napoleão Bonaparte aparecerão outros cinco estudos: Marc Caussedière, *Mémoires* (Paris, Michel Lévy, 1849); Louis Menard, *Prologue d'une Révolution* (Paris, Au Bureau du Peuple, 1849); Daniel Stern (pseudônimo de Marie d'Agoult), *Histoire de la Révolution de 1848* (Paris, G. Sandré, 1850-1853, 3 vols.); Karl Marx, *As Lutas de Classes na França*, publicado em alemão (*Neue Rhein Zeitung*, Hamburg, 1850) e traduzido para o francês apenas em 1900; do mesmo autor, *O 18 Brumário de Luís Napoleão Bonaparte*, publicado em alemão, na revista *La Révolution* (Nova York, janeiro de 1852) e editado em francês em 1891. A edição de *Histoire de la Révolution de 1848*, de Louis Blanc, será publicada às vésperas da Comuna (Paris, Lacroix, 1870, 2 vols.) e o escrito ainda hoje celebrado de Alexis de Tocqueville, *Souvenirs*, embora o autor o tenha redigido entre 1850 e 1851, em diferentes ocasiões, o manuscrito foi revisto, organizado e editado pelo Conde de Tocqueville apenas décadas mais tarde, de modo que a primeira edição data de 1893 (Paris, Calmann-Lévy)[7]. François Guizot imprimiu sua palavra sobre a Revolução de 1848 em *Mémoires pour Servir à l'Histoire de Mon Temps* (Paris, Michel Lévy, 1858-1867, 8 vols.). A parte relativa às Revoluções de 1789, 1830 e 1848 será republicada de forma independente, sob o título *Trois Générations* (Paris, Michel Lévy, 1863)[8].

Conforme observado no capítulo introdutório, a obra política de François Guizot foi relativamente esquecida durante o Império e estrategica-

---

7. Cf. Alexis de Tocqueville, *Souvenirs*, Préface de Claude Lefort; texte établi par Luc Monnier et annoté par J. P. Mayer et B. M. Wicks-Boisson, Paris, Gallimard, 1999.
8. Para um levantamento exaustivo da produção copiosa de escritos e imagens produzidos durante as Revoluções de 1848, cf. *La Révolution de 1848*, Exposition Organisée par le Comité National du Centenaire, Paris, Bibliothèque Nationale, 1948.

mente silenciada durante a III República. Reedições contemporâneas de *Démocratie* foram identificadas, sugerindo que o pensamento e a obra do autor têm despertado o interesse de estudiosos, não apenas na França, mas, também, em outros países. Um interesse acadêmico, é fato, que diz muito sobre uma nova onda de recepção do autor[9].

A história de um livro nos permite ver refletido no espelho, ou através do vidro de uma garrafa, como nas telas flamengas, um quadro mais amplo, no qual o tempo da política define o compasso de produção e difusão da brochura – e vice-versa. Ao conduzir essa história do manuscrito ao livro, do autor ao leitor, acreditamos ter levantado algumas questões fortes sobre o fazer editorial. Há momentos em que a leitura das fontes passa pelo crivo da autoanálise, na medida em que a prática que se descreve no passado se confunde com o fazer do presente. Da mesma forma que as questões políticas que o libelo levanta não podem ser lidas sem os embates atuais. Talvez, quando olhamos a imagem refletida no espelho, o que procuramos, na verdade, é a imagem que se reflete em nossos olhos.

9. Entre as edições contemporâneas, identificamos: *Democracy in France (January, 1849)*, New York, H. Fertig, 1974; *De la Démocratie en France (Janvier 1849)*, Hildesheim/New York, G. Olms, 2000; *De la Democracie en Francia*, Madrid, Centro de Estudios Constitucionales, 1981.

Guizot no Brasil Atual

Lincoln Secco*

A História de um livro é sempre um mistério. É possível ler o manuscrito, as várias redações, as correções, as provas tipográficas, o contrato de cada edição e a correspondência do autor. Mas a historiadora que aceita a tarefa não pode sentar-se ao lado do autor, indagar-lhe os motivos, surpreender suas indecisões.

Assim, cabe à autora contornar a mesa de trabalho do seu personagem, visitar-lhe o escritório ainda hoje conservado, compulsar uma vasta mole documental e reviver um François Guizot em seus vários espaços, em seus múltiplos tempos. É a obra que Marisa Midori Deaecto empreende.

Ela transpassa as muitas temporalidades que envolvem seu tema de estudo: aborda o objeto livro na longa duração de sua história; conduz nossa leitura por uma conjuntura revolucionária desde 1789; por fim, nos mergulha no próprio evento que foi a publicação da obra de François Guizot em plena Primavera dos Povos.

Professora Livre-Docente na Universidade de São Paulo, a autora é mestra do seu ofício. Mobiliza as técnicas, descreve os paratextos editoriais, a recepção, as resenhas, as missivas, os debates; demonstra como se dá a sobrevivência comercial e pública de uma obra. Aquela que vende muito no lançamento e a que vende (mais ou menos) por muitos anos.

Basta uma comparação: o *Manifesto Comunista* de Marx e Engels, por exemplo, visava o mesmo objetivo de *Democracia em França* de Guizot:

---

* Professor livre-docente de História Contemporânea da Universidade de São Paulo.

intervir nos acontecimentos (embora o *Manifesto* tenha sido publicado pouco antes da vaga revolucionária de 1848). O pequeno livro também buscava uma difusão europeia, mas suas edições anunciadas se frustraram.

Já o livro de Guizot teve ampla difusão imediata em várias línguas e países. Como Marisa mostra foram, 47 edições em cinco meses (além das reimpressões e possíveis contrafações). No entanto, o *Manifesto Comunista* continua a ser editado em muitos países e é encontrado ainda hoje em bancas de jornal. Já Guizot é um senhor desconhecido do grande público ledor.

Por que então resgatar o libelo de um conservador 170 anos depois?

OS MOVIMENTOS DA CRÍTICA

É possível que a autora nos envolva em movimentos contraditórios. Primeiro, ao recordar a Revolução para os que procuram esquecê-la; depois, ao resgatar uma crítica conservadora à Democracia; finalmente, a crítica da democracia é reencontrada, mas não como questionamento conservador e sim como atitude de duvidar de sua modalidade liberal, sempre capaz de engendrar o monstro da tirania.

Guizot fez parte da geração de historiadores da Restauração (1815- -1830) que erigiu um modelo liberal de compreensão da Revolução Francesa, o mesmo que perdurou por dois séculos e, justamente através dos adeptos de Marx, ainda persiste. Suprema ironia!

A plêiade de historiadores liberais era composta por Guizot, Thiers, Mignet e a notável Madame de Stäel (cuja obra é editada, postumamente, em francês e alemão no ano do nascimento de Marx: 1818). Acrescente-se depois Tocqueville.

Foram eles que viram uma Revolução bifronte: uma face liberal voltada para a Inglaterra (1789); outra radical e que olha para o povo da rua (1792- -1794). Abominaram o terror, mas reconheceram na grande Revolução o que nela havia de "inevitável" para a ascensão da classe média (a burguesia).

É essa leitura que, paradoxalmente, permitirá aos marxistas se colocarem como continuadores da "revolução burguesa" e, de certa forma, da própria obra de Guizot.

Em sua *História da Civilização na Europa* ele já havia situado a ideia de luta de classes como a originalidade histórica europeia. Não é preciso adivinhar de onde Marx retirou um conceito fundamental do chamado materialismo histórico. Ele leu e resenhou Guizot!

Eric Hobsbawm (*Ecos da Marselhesa*) ofereceu a explicação cabal de por que a França entronizou a sua Revolução em bloco durante o primeiro centenário. Já no segundo, vários historiadores tiveram audiência para dizer o que antes fora uma heresia: que a Revolução nunca existiu, foi uma derrapagem irrelevante ou um prenúncio do totalitarismo.

A parte da França de 1989 que temia seus imigrantes e buscaria depois meros gestores em vez de presidentes permitiu que o discurso dominante esvaziasse o caráter nacional da Revolução.

Os historiadores liberais, entretanto, ao atacarem a interpretação marxista da Revolução, ofendiam na verdade o seu próprio paradigma liberal, como notou Hobsbawm. Ao mirar em Marx, atingiam Guizot, esse desconhecido autor que deixou de ser editado e é citado anualmente apenas em algumas aulas de História na universidade.

Para a geração de Guizot a Revolução foi necessária e não um desvio, embora tivesse horrores. Guizot, Madame de Staël, Mignet, Thiers e outros recolheram-na como um todo necessário que precisava ser depurado dos excessos e chegar ao *juste milieu*. Assim, a luta de classes acabaria em 1830, quando uma nova Revolução destrona o rei Bourbon e entroniza um Orléans: Luís Filipe.

E como bem demonstra Marisa, Guizot, agora só um ex-ministro todo-poderoso da era orleanista, tentava encontrar em seu panfleto político o antídoto à Democracia, ou seja, exatamente ao "exagero" da Revolução.

O primeiro movimento da crítica da autora será, portanto, o de desnudar a origem revolucionária do liberalismo conservador; gênese esquecida por seu próprio personagem porque ele foi derrubado pela continuidade da mesma Revolução que lhe tinha alçado ao poder.

A crítica da autora não se encerra neste primeiro momento. Será preciso examinar o modelo de Guizot. Afinal, seu resgate do passado não é tarefa simples. Ele estaria em casa ao lado dos críticos do totalitarismo no século XX, mas estes o veriam com estranhamento ao lado da Revolução de 1789 ou mesmo de 1830.

O MODELO "IDEAL"

Somente os que souberem terminar uma Revolução terão o direito à sua herança. Não bastará domá-la, como Napoleão Bonaparte. Para os liberais de 1830 o melhor seria encontrar instituições que pudessem estabilizar a nova ordem social.

Aqui Guizot poderia sentar-se, nos anos 1980, ao lado de François Furet, esse historiador conservador que um dia abandonou o marxismo para desconstituir a Revolução Francesa. Mas a historiadora Marisa Midori Deaecto bem sabe que os neoliberais podem muito facilmente aceitar a crítica de Guizot à Democracia, mas não seu pecado de origem: a Revolução. É porque Furet e seus colegas não miravam 1789, mas 1917.

Foi Marx, em o *18 Brumário*, quem escreveu que, absorvida pela luta pacífica da concorrência, a burguesia não percebia mais que, por menos heroica que seja a sociedade burguesa, trazê-la ao mundo exigiu do povo heroísmo, abnegação, terror e guerra civil.

O LIVRO ESQUECIDO

Com essa fina ironia de quem pode escrever depois de 1989, mas também após 2008, Marisa resgata o livro esquecido de Guizot. O menos conhecido, quase anatematizado. A escolha não foi casual. Porque assim a historiadora mergulha no debate político de sua época com um segundo movimento da crítica, depois de ter lembrado o quanto o liberalismo deveu a uma Revolução popular.

Agora a autora trata de negar o primeiro momento da sua crítica e revela as origens antidemocráticas do liberalismo, dissimuladas numa visão reificada da Democracia.

O modelo de Guizot seria hoje plenamente aceitável aos ultraliberais. Um regime monárquico constitucional no qual um Rei tinha seus poderes vigiados pela oposição de uma Assembleia (eleita com voto censitário), cabendo à Câmara dos Pares a mediação.

Se o absolutismo tornou-se intolerável por ser o despotismo de um só, a Democracia por si mesma seria niveladora e conduziria à tirania do povo. Tema tocquevilliano. Antes de tudo, uma causa comum do liberalismo conservador que floresceu na Restauração e exerceu o poder na Monarquia de Julho de 1830.

É verdade que houve dissensões entre Guizot, Thiers e Tocqueville. O primeiro foi apeado do poder para sempre em fevereiro de 1848. O segundo continuaria na vida política até encerrá-la como carrasco da Comuna de Paris e primeiro presidente da III República. Já Tocqueville viu com um desapaixonado ceticismo o reinado orleanista. Julgou seus contemporâneos de maneira acerba e irônica, posto que fosse dotado de espírito e estilo superiores. Exibia um certo desprezo dissimulado, aquela *sprezzatura* de um aristocrata inteligente e desiludido.

Tocqueville sabia que a ascensão da burguesia, industriosa e desonesta (a expressão é dele), era inevitável; admirou o heroísmo da classe operária de Paris, sem deixar de combatê-la; e terminou sua vida pública como o ministro de um governo então ridicularizado: o de Luís Napoleão.

Dos três, Guizot seria o de menor valor à luz da historiografia? Marisa Midori Deaecto lembra ter sido Guizot aquele que, em 1833, criou a lei que determinou uma escola em cada comuna; que tornou os professores funcionários públicos; que criou um programa permanente de aquisição de livros para as bibliotecas. Ele foi o *best seller* político em 1849 e era a figura de proa antes da Primavera dos Povos. Não tinha sido um simples escritor da corte.

E aqui voltamos ao início. Ao verdadeiro problema que move o texto de Marisa Midori Deaecto. Guizot escreveu dezenas de volumes, incluindo extensos textos memorialísticos. Suas edições abarcaram centenas de milhares de exemplares.

DE VOLTA À MESA DE TRABALHO

Ele escreveu demasiado. Também exerceu cargos em que falou muito. Deixou farta documentação, contratos, manuscritos, discursos, aulas, livros, registros de contemporâneos. Tudo mereceu o escrutínio da historiadora que o integrou até na cadeia produtiva do livro francês com um posto de destaque. Erudita, a autora contornou a mera crítica biográfica. Mas não caiu no ocultamento do autor.

Enfim, Guizot disse muito. Mas o que foi que ele não contou à historiadora? Ela volta mais de uma vez ao redor do seu autor. Insatisfeita, se recosta de novo à volta de sua mesa, enquanto ele escreve uma carta à sua tradutora inglesa ou no momento em que negocia um contrato.

Impossível não recordar as páginas finais de *O Mediterrâneo* de Fernand Braudel. A morte do Rei que deveria ser um grande acontecimento é deslocada do lugar que a historiografia outrora lhe concedia. Num espaço vazio, fora da história mais profunda, o Rei somente balbucia, o historiador se aproxima mas nada ouve, como lembrou Jacques Rancière. Guizot compreendeu de fato sua Era das Revoluções?

Marisa Midori Deaecto é propositalmente econômica na descrição da trajetória de Guizot, embora nos conte o essencial. Esse burguês protestante não possuiu a herança de Tocqueville e, como uma personagem de Balzac, ascendeu pelas alianças, pelo dom da oratória e pelo esforço para se tornar um historiador numa época em que toda a carreira estava aberta ao talento, na expressão de Hobsbawm.

Guizot se casou com uma aristocrata já com seus quarenta anos de idade (que a leitora e o leitor se transportem para o universo de valores da época). Mas se apoiou decisivamente na esposa para pavimentar sua ascensão social, porque Pauline Meulan também traduziu as obras que sustentaram o casal.

Depois dos anos de poder na Monarquia de Julho, aquele político decaído em 1848 volta a viver da pena como sua principal fonte de renda, segundo a autora afirma. Ele jamais deixou de ser um burguês. A Convenção guilhotinou-lhe o pai, é verdade, mas sem ela Guizot jamais teria sido ministro.

Guizot é um liberal que precisa ser conservador. Tocqueville é um conservador que aceita ser liberal. Eles vêm de polos sociais opostos e se encontram no campo da defesa do último dos privilégios: a propriedade. A oposição ao socialismo os unifica.

UM LIBERALISMO QUE ENGENDRA A TIRANIA

Chegamos por fim ao momento derradeiro da crítica. Agora a origem revolucionária da ordem burguesa e a negação liberal da Democracia reencontram sua unidade na hipótese da superação da própria democracia liberal.

Nem esses movimentos emergem facilmente na forma de exposição; nem a crítica se deixa levar pela apresentação fácil de fórmulas para o presente. Será preciso seguir a leitura para retirar das entrelinhas os limites do liberalismo, especialmente latino-americano, espaço onde vicejaram as edições da obra de Guizot no século XIX.

Marisa Deaecto não vislumbra o passado de forma desinteressada. Não deseja simplesmente reconstituir. Seu objetivo é também explicar o momento em que vive. Outrossim, a superação da díade democracia/liberalismo emerge de suas linhas mas nos empurra para fora do texto.

Podemos então nos permitir outra indagação que exsurge de sua escrita: o quanto o questionamento de Guizot à Democracia, por mais que ofenda democratas de nosso tempo, não carrega a inquietante desconfiança que devemos ter pelas maiorias eventuais? Pela excitação momentânea que tudo pode colocar a perder? Eis aqui outro momento da crítica.

Que se não julgue o supradito como menosprezo à participação popular e sim ao poder da riqueza e de todos os mecanismos e argumentos que pervertem a livre escolha desde a Grécia antiga. Aqui, falta à tríade de Guizot, Tocqueville e Thiers o revolucionário que decerto eles desprezariam em uníssono: Blanqui.

As próprias vanguardas revolucionárias afinal sempre conceberam o povo pela sua parte ativa e organizada. E não é Guizot a nos alertar que a Democracia produz as perspectivas da liberdade, "mas na sua embriaguez, ela se entrega cegamente aos charlatões que a lisonjeiam?"

O mundo em que a historiadora investigou tão minuciosamente o seu objeto não convida simultaneamente à defesa da Democracia e à suspeita de que houve algo de errado com ela? Obviamente que podemos fazer essa pergunta com o objetivo oposto ao de Guizot, que se apegava ao ilusório compromisso da Monarquia de Julho.

Como a autora nos ensina, nossos liberais sempre foram conservadores. Mas também sempre tiveram dificuldade de adaptar as matrizes intelectuais francesas à realidade brasileira. Justiniano José da Rocha é o exemplo mor. "Fui um liberal, mas…". O complemento sempre justifica um conservantismo muito mais agravado porque jamais temperado por uma Revolução e por uma classe trabalhadora ameaçadora.

Em 1848 a Primavera foi dos Povos e não do povo. Foi das nacionalidades e não das classes subalternas. Mas elas adentraram a cena histórica em junho daquele ano. Guizot quis que seu livro fosse o da França naquele instante. Felizmente as pessoas nem sempre se comprazem com um único livro.

Este que está em suas mãos, caro leitor, cara leitora, é uma obra do nosso tempo. Permite reencontrar a defesa da Civilização sem barbárie; da Democracia sem adjetivos; da cultura do livro sem os adoradores de um único, ou de nenhum.

Aqui temos a reunião de muitas obras que Marisa escreveu, leu ou simplesmente folheou nas muitas bibliotecas onde pesquisou. Só assim ela pode nos brindar com uma obra rigorosa e erudita que consolida seu lugar na História do Livro.

Agradecimentos

Ao final de uma jornada tão longa, a autora se sente profundamente comprometida e recompensada. A fatura é grande, compatível com os dez anos de docência e de pesquisa, período em que se deu o mergulho nessa história fascinante das Revoluções de 1848 e na história de um livro.

As pesquisas nos arquivos e bibliotecas europeus ocorreram no âmbito dos programas de pesquisador e conferencista visitante em diversas instituições francesas. Registro, agradecida, as passagens pela Cátedra Histoire et Civilisation du Livre, da EPHE, sob a direção de Frédéric Barbier, no inverno de 2013; pelo Institut d'Histoire Moderne et Contemporaine, da ENS, com bolsa concedida pelo Labex-Transfers, sob a direção de Michel Espagne, no inverno de 2017; e pela École Nationale des Chartes, no outono de 2017, a convite da diretora Michelle Bubenicek.

O capítulo relativo à recepção de François Guizot no Brasil foi redigido durante minha participação no Projeto de Cooperação Internacional A Circulação Transatlântica do Impresso, dirigido por Márcia Abreu (Unicamp) e Jean-Yves Mollier (UVSQ), com o apoio da Fapesp. O Instituto de Estudos Avançados (IEA-USP) me concedeu a bolsa e o semestre que me faltavam para fechar esses longos anos de peregrinação e de leitura, por meio do programa Pesquisador Sabático-2017. A Paulo Saldiva, diretor da instituição e a todos os funcionários e colegas com os quais me relacionei durante essa temporada, meus sinceros agradecimentos.

Uma pesquisa se faz tanto mais rica quanto estimulante na medida em que ganha a adesão de novos interlocutores. Registro meus agradecimentos a Nuno Medeiros (FCSH-UNL), José Augusto dos Santos Alves (CHC-UNL) e António Castilho Gómez (FFL – Un. de Alcalá). O diálogo com especialistas do tema, mas também com colegas de diferentes campos de investigação, foi fundamental. Imprimo meu reconhecimento à atenção generosa de Sabine Juratic (IHMC/ENS), Yann Sordet, diretor da Bibliothèque Mazarine, Jean-Charles Geslot (UVSQ), Annika Hass (Goethe Universität) e Patricia Sorel (Université Paris-Nanterre). Faço uma menção especial a Laurent Theis, conhecedor profundo do universo guizotiano pelas participações desafiadoras e amigas nos seminários da rue d'Ulm.

A Madame Coste e Stéphane Coste, seu filho, agradeço pelo interesse demonstrado por meu projeto e pela presteza com que abriram os caminhos de pesquisa no fundo patrimonial de François Guizot, depositado no Arquivo Nacional da França. Esse mesmo reconhecimento deve ser registrado a Madame Lartigue, que nos recebeu em Val-Richer de forma muito hospitaleira, e a Jean Bergeret, esse amável anfitrião normando que nos proporcionou tão aprazível conversa durante nossa visita.

O capítulo alemão não seria realizado sem as viagens além-Reno, a começar pela Bibliotheca Albertina, em Leipzig, durante o inverno de 2013. A Matthias Middel (Universität Leipzig) e a Ursula Rautenberg (Friedrich-Alexander Universität) todo o meu reconhecimento pela recepção amigável e calorosa. A viagem de trem de Budapeste a Paris, com paradas em várias cidades e visitas a muitas bibliotecas, produziu em meu espírito uma consciência clara e transformadora sobre a relação entre a geografia e as profundas camadas históricas que repousam sob o solo europeu. Esse processo de formação e sensibilização que se traduz, em parte, nessa tese, sobretudo nas seções dedicadas ao mundo germânico, deve ser compartilhado com Daniel Baric, germanista e eslavista da Sorbonne e Claire Madl, pesquisadora do CEFRES, de Praga. A István Monok, o sábio diretor geral do Arquivo e Biblioteca da Academia de Ciências de Budapeste, devo muitas outras viagens através da grande planície que, de Peste, nos conduz através do *bassin des Carpates*.

Mas há viagens e descobertas que se realizam através dos livros. Nesse aspecto, a presença da comunidade uspiana (dos amigos e dos alunos) tem um valor inestimável. Lincoln Secco é uma inspiração constante, desde os tempos em que palmilhávamos as ruas do velho Centro de São Paulo, à caça dos livros. Sou-lhe grata pelos volumes dedicados e por *aqueles outros* que se escondem nos desvãos de minhas estantes. Plinio Martins Filho encheu minha vida de livros e de novos amigos que concorreram para os possíveis êxitos dessa pesquisa: os bibliófilos Cláudio Giordano e Luís Pio Pedro; Leopoldo Bernucci (University of California-Davis); Thiago Mio Salla, Jean-Pierre Chauvin, José de Paula Ramos Jr. e Ivan Teixeira (*in memoriam*), professores do departamento e *compagnons* da Confraria 17; Ciro Yoshyiasse, de quem tomei alguns volumes emprestados e muita sabedoria; os alunos Felipe Castilho de Lacerda, Vivian Nani Ayres, Carolina Bednarek e Fabiana Marchetti foram pacientes e escudeiros fiéis nessa empreitada. Aliás, expresso minha gratidão a todos os alunos que acompanharam diferentes passagens dessa pesquisa, sob a forma de grupos de leituras, palestras, comentários, notícias e reclamações. À professora Regina Maria Salgado Campos meus agradecimentos pelos conselhos para a tradução das cartas de Guizot. É claro que sem a ajuda auspiciosa de Ricardo Assis, da Negrito Produção Editorial, a edição da tese e, agora, do livro, não teriam ocorrido com o mesmo êxito. *Namastê.*

A presente pesquisa foi submetida a exame como parte dos requisitos para a obtenção do título de livre-docência na Universidade de São Paulo. A banca foi composta pelos professores Benjamin Abdalla Jr. (FFLCH-USP), Lincoln Secco (FFLCH-USP), Dennis de Oliveira (ECA-USP), Tania Regina de Luca (FCL-Unesp) e presidida por Eugenio Bucci (ECA-USP). Enquanto aguardava a realização das provas, o professor Carlos Guilherme Mota leu o trabalho e me brindou com sua boa prosa, alguns livros preciosos e muita erudição. Este extra de um suplente-presente constituiu uma experiência tão importante, que não posso deixar de a registrar na fatura do concurso. Descobri no solo fecundo da universidade, naqueles dias intensos de provas e de arguições, a versão mais eloquente da amizade que abraça de forma irrestrita o conhecimento e a vida docente. Gratidão eterna.

Minha família acreditou até o último minuto que, desta vez, eu levaria o projeto de redação até o fim. Éder e Mateus são o compromisso e a recompensa firmados a cada dia. Amo vocês.

Fontes e Bibliografia

FONTES

MANUSCRITOS

Bibliothèque Thiers, Paris
MS. 686.

Archives Nationales de France
MS. 42AP3; MS. 42AP31; MS. 42AP34; MS. 42API50; MS. 42API51; MS. 42API52; MS. 42AP271; MS. 42AP320; MS. 42AP389; MS. 166MI21.

PERIÓDICOS

A Sentinela do Povo. Rio de Janeiro, 16 de junho de 1849.
A Sentinella do Trono. Typ. do Diario do Rio, de N. L. Vianna. Rio de Janeiro, sábado, 16 de junho de 1849.
Correio da Tarde. Rio de Janeiro, terça-feira, 6 de março de 1849.
____. Rio de Janeiro, segunda-feira, 26 de março de 1849.
____. Rio de Janeiro, segunda-feira, 14 de maio de 1849.
____. Rio de Janeiro, sexta-feira, 18 de maio de 1849.
____. Rio de Janeiro, quarta-feira, 23 de maio de 1849.
____. Rio de Janeiro, terça-feira, 5 de junho de 1849.
Correio Mercantil. Rio de Janeiro, sexta-feira, 16 de março de 1849.
____. Rio de Janeiro, domingo, 3 de junho de 1849.
Journal des Débats Politiques et Littéraires. Paris, 10 janvier, 1849.
____. Paris, 18 janvier, 1849.
____. Paris, 25 janvier, 1849.
La Gazette de France, Paris, 13 janvier, 1849.
L'Ami de la Religion. Journal Ecclésiastique, Politique, Littéraire, tome CXL. Paris, Librairie d'Adrien Le Clerc et Cie., 1849.

L'Année Littéraire. Par Auguste Vittu, n.1, mars, 1849.

L'Assemblée Nationale. Paris, 9 janvier, 1849.

_____. Paris, 10 janvier, 1849.

_____. Paris, 17 janvier, 1849.

La Presse. 18 fevrier, 1849.

L'Echo Rochelais: Feuille d'Annonces Commerciales, Judiciaires et d'Avis Divers. La Rochelle, 16 janvier, 1849.

Le Constitutionnel. Paris, 9 janvier, 1849.

Le Pays. Journal des Volontés de la France. Paris, 13 janvier, 1849.

Le Peuple, Journal de la République Démocratique et Social. Paris, 25 janvier, 1849.

Le Siècle. Paris, 10 janvier, 1849.

New York Evangelist. New York, vol. 20, n. 7, 15 february, 1849.

O Brasil. Rio de Janeiro, Typ. do Brasil, de J. J. da Rocha, sábado, 17 de março de 1849.

O Novo Farol Paulistano. Sábado, 31 de março de 1832.

_____. Sábado, 31 de dezembro de 1836.

Publicador Maranhense. 29 de maio de 1844.

Revue des Deux Mondes. Paris, tome 1, 19ᵉ année, 1ᵉʳ janvier, 1849.

Revue Critique des Livres Nouveaux. Février 1849.

The Edinburgh Review, vol. 89, n. 180, April 1ˢᵗ, 1849.

BIBLIOGRAFIA*

1789 – La Commémoration. Paris, Folio, 1999.

ACTES *du Colloque François Guizot (1974)*. Paris, Société de l'Histoire du Protestantisme Français, 1976.

AGUET, J.-P. "Le Tirage des Quotidiens de Paris sous la Monarchie de Juillet". *Revue Suisse d'Histoire*, n. 10, 1960.

AGULHON, Maurice. *1848. O Aprendizado da República*. São Paulo, Paz e Terra, 1991.

ALLGEMEINE *Deutsche Biographie* (ADB). Leipzig, Duncker & Humblot, 1904, vol. 49.

ALMEIDA, Aluisio de. *A Revolução Liberal de 1842*. Rio de Janeiro, José Olympio, 1944.

ALONSO, Paula (org.). *Construcciones Impresas. Panfletos, Diarios, Revistas en América Latina, 1820-1920*. Buenos Aires, Fondo de Cultura Económica, 2003.

ANDREAS, Bert. *Le Manifeste Communiste de Marx et Engels, Histoire et Bibliographie (1848-1918)*. Milan, Feltrinelli, 1963.

---

* Constam nesse tópico as folhas, panfletos, opúsculos e livros (inclusive as obras de referência) consultados durante a pesquisa. A referenciação não distingue, portanto, fontes impressas não seriadas dos livros e pesquisas acadêmicas compulsados.

AVENEL, Henri. *Histoire de la Presse Française Depuis 1789 Jusqu'à nos Jours. Rapport au Ministère de Commerce (Exposition Universelle de 1900)*. Paris, Ernest Flammarion, 1900.

AYRES, Vivian Nani. *Da Sala de Leitura à Tribuna. Livros e Cultura Jurídica em São Paulo no Século XIX*. São Paulo, Departamento de História, FFLCH-USP, 2018 (Tese de Doutorado).

AZEVEDO, Álvares de. *Cartas de Álvares de Azevedo*. Comentários de Vicente de Azevedo. São Paulo, Academia Paulista de Letras, 1976.

BACHLEITNER, Norbert. *Die literarische Zensur in Österreich von 1751 bis 1848*. Mit Beiträgen von Daniel Syrovy, Petr Píša und Michael Wögerbauer. Wien/Köln/Weimar, Böhlau, 2017.

BALZAC, Honoré de. *La Comédie Humaine*. Tome III: *Les Illusions Perdues*. Paris, Garnier, 2008.

BARBIER, Frédéric. *L'Empire du Livre. Le Livre Imprimé et la Construction de l'Allemagne Contemporaine (1815-1914)*. Préface par Henri-Jean Martin. Paris, Cerf, 1995.

____. *Histoire d'un Livre. La Nef des Fous de Sébastien Brant*. Paris, Éditions des Cendres, 2018.

____. *História do Livro*. São Paulo, Paulistana, 2008.

BARIC, Daniel. *Langue Allemande, Identité Croate. Au Fondement d'un Particularisme Culturel*. Paris, Armand Colin, 2013.

____; COIGNARD, Tristan & VASSOGNE, Gaëlle (org.). *Identités Juives en Europe Centrale. Des Lumières à l'Entre-Deux-Guerres*. Tours, Presses Universitaires François-Rabelais, 2014.

BARNAVE, Joseph. *Introduction à la Révolution Française*. Texte Établi sur le Manuscrit Original et Présenté par Fernand Rude. Paris, A. Colin, 1960.

BELLANGER, Claude; GODECHOT, Jacques; GUIRAL, Pierre & TERROU, Fernand (dir.). *Histoire Générale de la Presse Française*. Tome II: *1815-1871*, Paris, Presses Universitaires de France, 1969.

BENEVOLO, Leonardo. *La Ville dans l'Histoire Européenne*. Paris, Seuil, 1993.

BENOÎT, Louis. *La Physiologie de la Poire*. Paris, Chez Les Libraires de la Place de la Bourse et du Palais Royal, 1832.

BERCHTOLD, Jacques & FRAGONARD, Marie-Madeleine (org.). *La Memoire des Guerres de Religion*, II: *Enjeux Historiques, Enjeux Politiques, 1760-1830*. Genève, Librairie Droz, 2009.

BERGER, Paulo. *A Tipografia no Rio de Janeiro*. Rio de Janeiro, Cia. Industrial de Papel Pirahy, 1984.

BONAPARTE, Louis-Napoléon. *Extinction du Paupérisme*. Paris, Pagnerre, 1844.

BOSI, Alfredo. "Liberalismo *versus* Democracia Social". *Estudos Avançados*, São Paulo, vol. 21, n. 59, pp. 359-363, abr. 2007.

____. *Entre a Literatura e a História*. São Paulo, Editora 34, 2013.

Botrel, Jean-Francois. "Les Libraries Français en Espagne (1840-1920)". *Histoire du Livre et de l'Éditions dans les Pays Ibériques. La Dépendance.* Bordeaux, Presses Universitaires de Bordeaux, 1986.

Bourdieu, Pierre. "Champ Intellectuel et Projet Créateur". *Les Temps Modernes*, n. 246, pp. 865-906, nov. 1966.

____. "Séminaires sur le Concept de Champ, 1972-1975. Introduction de Patrick Champagne". *Actes de la Recherche en Sciences Sociales*, vol. 200, n. 5, pp. 4-37, 2013.

Bowman, Franck Paul. *Le Christ des Barricades.* Paris, Éditions du Cerf, 2016 (1. ed., 1987).

Braudel, Fernand. *La Méditerranée et le Monde Méditerranéan à l'Époque de Philippe II.* Paris, Armand Colin, 1949. [Trad. bras.: *O Mediterrâneo e o Mundo Mediterrâneo na Época de Filipe II.* "Apresentação à Edição Brasileira" de Deaecto, Marisa Midori & Secco, Lincoln. São Paulo, Edusp, 2016]

____. "Prefácio". *In:* Tocqueville, Alexis de. *Lembranças de 1848. As Jornadas Revolucionárias em Paris.* São Paulo, Companhia das Letras, 1991.

____. *L'Identité de la France. Les Hommes et les Choses.* Paris, Les Éditions Arthaud, 1986.

Breza, Eugène. *De la Russomanie dans le Grand-Duché de Posen.* Berlin, [s.ed.], 1836.

____. *Die ausgezeichneten Israeliten aller Jahrhunderte, ihre Portraits und Biographien: erstere lithographiert von den berühmtesten Künstlern in Paris.* Herausgegeben von Eugen Breza/*Illustrations Israélites: Recueil des Portraits des Juifs les Plus Célèbres de tous les Siècles Accompagnés de leur Biographie, Lithographies par les Premiers Artistes de Paris, et Publiés par Eugène Breza.* Ouvrage rédigé en Français et en Allemand en Regard. 1. livraison. Portraits de Mendelssohn, Furtado et Stern. Paris, Impr. de A. Auffray, 1834.

____. *Monsieur le Marquis de Custine en 1844, Lettres Adressées à Mme la Comtesse Joséphine Radolinska.* Leipzig, Librairie Étrangère, 1845.

____. *Notices sur les Familles Illustres et Titrées de la Pologne: Suivies de Trois Planches Coloriées Contenant les Armes des Familles Mentionnées dans ces Notices.* Paris, A. Franck, 1862.

Brockhaus, Heinrich. *Tagebücher. Deutschland 1821 bis 1874.* Herausgegeben von Volker Titel. Erlanger, Filos, 2004.

Broglie, Gabriel de. *Guizot.* Paris, Perrin, 1990.

Brouillons *d'Écrivains. Exposition, Paris, Bibliothèque Nationale de France, 27 févr.-24 juin 2001.* Sous la Direction de Marie Odile Germain et Danièle Thibault. Paris, BnF, 2001.

Cabral, Mariano José. *A Doca do Faial. Projecto e Orçamento de um Porto Artificial na Baía da Cidade da Horta, etc., tudo Coleccionado pelo Redactor do Correio dos Açores.* Lisboa, [s.ed.], 1866.

____. *A Maçonaria e o Jesuitismo. Publicação de um Maçon Católico, Apostólico, Romano, na Loja do Silêncio, ao Vale dos Benedictinos.* Rio de Janeiro, [s.ed.], 1872.

____. *Almanaque Religioso*. Lisboa, [s.ed.], [s.d.].

____. *Flores Literárias*. Ponta Delgada, [s.ed.], 1855.

____. *O Marechal Duque de Saldanha e a Metralha Ingleza nas Aguas da Ilha Terceira*. Lisboa, Typ. da Rua do Arco, 1867.

____. *Portugal Antes e Depois de 1846, ou Apontamentos para a Historia Contemporânea*. Lisboa, Typ. de Silva, 1847.

____. *Resumo da Historia de Portugal até ao Presente Reinado do sr. D. Pedro V, Aprovado para Uso das Escolas de Instrução Primária pelo Conselho Superior de Instrução Pública*. 2. ed. Ponta Delgada, Typ. de M. J. Moraes, 1855.

CAIUTU, Aurelian. *Liberalism under Siege. The Political Thought of the French Doctrinaires*. Oxford, Lexington Books, 2003.

CANDIDO, Antonio. *Literatura e Sociedade. Estudos de Teoria e História Literária*. 8. ed. São Paulo, T. A. Queiroz, 2000.

CAPELLÁN, Gonzalo. "El Concepto Democracia: Momentos, Significados e Imágenes en la 'Larga Duración' (Una Propuesta para la Historia Conceptual en el Mundo Iberoamericano)". *Ariadna Histórica. Lenguajes, Conceptos, Metáforas*, 7 (2018), pp. 101-146.

CARONE, Edgard. *Leituras Marxistas e Outros Estudos*. Organizado por Marisa Midori Deaecto e Lincoln Secco. São Paulo, Xamã, 2004.

CARVALHO, José Murilo de. *A Formação das Almas. O Imaginário da República no Brasil*. São Paulo, Companhia das Letras, 1990.

CARVALHO, Marcus Joaquim Maciel de. "Os Nomes da Revolução: Lideranças Populares na Insurreição Praieira, Recife, 1848-1849". *Revista Brasileira de História*, São Paulo, vol. 23, n. 45, pp. 209-238, 2003.

____. & CÂMARA, Bruno Augusto Dornelas. "A Insurreição Praieira". *Almanack Braziliense*, n. 8, pp. 5-38, nov. 2008.

CASTRO, José da Gama e. *O Federalista, Publicado em Inglez por Hamilton, Madison e Jay, Cidadãos Norte-Americanos e Traduzido em Portuguez*. Rio de Janeiro, [s.ed.], 1840, 3 t.

____. *O Novo Príncipe ou o Espírito dos Governos Monarchicos*. Rio de Janeiro, [s.ed.], 1841.

CASTRO, Renato Barros de & COSTA, Denise. "José de Alencar, Jornalista. O Folhetim Reencontra o Teatro. Crônicas Publicadas no *Correio Mercantil* (1854-1855) e no *Diário do Rio de Janeiro* (1856)". *Via Atlântica*, São Paulo, n. 34, pp. 97-113, dez. 2018.

CHAMBOREDON, Robert (org.). *François Guizot (1787-1874). Passé – Présent*. Paris, L'Harmattan, 2010.

CHAMPAGNY, Franz de. *Du Livre "De la Démocratie en France", de M. Guizot*. Paris, Desoye, 1849.

CHARTIER, Roger. *A Mão do Autor e a Mente do Editor*. Trad. George Schlesinger. São Paulo, Ed. Unesp, 2013.

____. *A Ordem dos Livros*. Brasília, Editora da UNB, 1999 (1. ed. 1992).

____. *Les Origines Culturelles de la Révolution Française*. Paris, Seuil, 2000.

CITELLI, Adilson. *Linguagem e Persuasão*. São Paulo, Ática, 2004.

COGGIOLA, Osvaldo (org.). *A Revolução Francesa e Seu Impacto na América Latina*. São Paulo, Nova Stella/Edusp/CNPq, 1990.

CORRESPONDANCE *Complète de Jean-Jacques Rousseau*, Édition complète des lettres, documents et index par R. A. Leigh, Paris, Fondation Voltaire, 1965-1998, 51 v.

COSTA, João Cruz. *Contribuição à História das Ideias no Brasil*. Rio de Janeiro, José Olympio, 1956.

COSTA, Otavio Barduzzi. "Não Podeis Servir a Deus e a Mammon. Considerações sobre Filosofia do Capitalismo em Walter Benjamin e suas Críticas Sobre a Sociedade Burguesa". *Cadernos Walter Benjamin*, n. 17, pp. 53-76, jul.-dez. 2016.

COURSON, Aurélien de. *Lettres sur le Socialisme*. Paris, Vaton, 1849.

COUSIN, Victor. *Filosofia Popular*. Trad. Mariano José Cabral. Lisboa, [s.ed.], 1848.

[DAIRNVAELL, Georges]. *Profil Politique de M. Guizot: Réfutation du Livre "De la Démocratie en France"*. Par Satan. Paris, G. Dairnvaell, 1849.

DARNTON, Robert. *L'Aventure de l'Encyclopédie (1775-1800). Un Best-seller au Siècle des Lumières*. Préface d'Emmanuel Le Roy Ladurie. Paris, Perrin, 1982.

DEAECTO, Marisa Midori. *O Império dos Livros. Instituições e Práticas de Leituras na São Paulo Oitocentista*. 2. ed. São Paulo, Edusp, 2019.

____. "O Pesadelo do Historiador". *In:* PIRENNE, Henri. *Lembranças do Cativeiro na Alemanha*. São Paulo, Edusp, 2015.

____. & SECCO, Lincoln. "Apresentação à Edição Brasileira". *In:* BRAUDEL, Fernand. *O Mediterrâneo e o Mundo Mediterrâneo na Época de Filipe II*. São Paulo, Edusp, 2016.

____. "A São Paulo de Líbero Badaró". *Notícia Bibliográfica e Histórica*, Campinas, n. 189, pp. 151-178, abril-junho de 2003.

____. "Seditious Books and Ideas of Revolution in Brazil". *In:* SILVA, Ana Cláudia Suriani & VASCONCELOS, Sandra Guardini (org.). *Books and Periodicals in Brazil – A Transatlantic Perspective (1768-1930)*. London, Legenda, 2014, pp. 52-67.

DE LA PRUSSE *et de sa Domination. Sous les Rapports Politiques et Religieux Spécialement dans les Nouvelles Provinces. Par un Inconnu*. Paris, Guilbert, 1842.

DEWITTE, Philippe. "1830-1848. Les Bannis de l'Allemagne". *Hommes et Migrations*, n. 1257 (*Trajectoire d'un Intellectuel Engagé. Hommage à Philippe Dewitte*), pp. 29-33, sept.-oct. 2005.

DEUTZ, Simon. *Arrestation de Madame*. Paris, Chez Les Libraires Associés, 1845.

DICTIONNAIRE *des Ministres des Affaires Étrangères*. Paris, Fayard, 2005.

DICTIONNAIRE *Encyclopédique du Livre*. Sous la direction de Pascal Fouché, Daniel Péchoin, Philippe Schuwer. Paris, Éditions du Cercle de la Librairie, 2005.

DICTIONNAIRE *Flaubert*. Sous la Direction de Gisèle Séginger. Paris, Honoré Champion, 2017.

DOHLNIKOFF, Miriam. *O Pacto Imperial. Origens do Federalismo no Brasil do Século* XIX. São Paulo, Globo, 2005.

DOMERGUE, Lucienne. "Le Livre en Espagne au Temps de la Révolution Française". *Annales Historiques de la Révolution Française*, n. 262, pp. 574-575, 1985.

DOPP, Herman. *La Contrefaçon des Livres Français en Belgique, 1815-1852*. Louvain, Librairie Universitaire, 1932.

"DOSSIER Mazarinades, Nouvelles Approches". *Histoire et Civilisation du Livre. Revue Internationale*. Sous la direction de Yann Sordet, Genève, 2016, tome XII, pp. 6-393.

DROZ, Jacques. "Travaux Récents sur la Révolution de 1848 en Allemagne". *Revue d'Histoire Moderne et Contemporaine*, tome I, n. 2, pp. 145-155, avril-juin 1954.

_____. "L'Origine de la Loi des Trois Classes en Prusse". *Bibliothèque de la Révolution de 1848*, tome II: *Réaction et Suffrage Universel en France et en Allemagne, 1848-1850*, 1963.

DUTOUR, Françoise. "Guizot, entre Oubli et Notoriété dans les Manuels d'Histoire", In: *Guizot, un Parisien dans le Pays D'Auge*. Exposition, Lisieux, Musée d'Art et d'Histoire de Lisieux, 2006.

EDELSTEIN, Melvin. *La Révolution Française et la Naissance de la Démocratie Électorale*. Préface de Michel Vovelle. Traduction de Geneviève Knibiehler. Rennes, Pur, 2014.

ENCREVÉ, Alain. "Guizot et la Démocrate en France". In: CHAMBOREDON, Robert (org.). *Guizot: Passé-Present*. Paris, L'Harmatan, 2010.

ENGELS, Friedrich. *Revolução e Contrarrevolução na Alemanha*. Lisboa, Progresso/ Avante!, 1982, tomo I.

ESPAGNE, Michel. "La Fonction de la Traduction dans les Transferts Culturels Franco--Allemands aux XVIIIᵉ et XIXᵉ Siècles. Le Problème des Traducteurs Germanophones". *Revue d'Histoire Littéraire de la France*, n. 3, pp. 413-427, mai-juin 1997.

_____. "La Notion de Transfert Culturel". *Revue Sciences/Lettres*, n. 1, 2012.

_____. *Les Transferts Culturels Franco-Allemands*. Paris, Presses Universitaires de France, 1999.

_____. "Transferências Culturais e História do Livro". *Livro. Revista do Núcleo de Estudos do Livro e da Edição*. São Paulo, Ateliê Editorial, n. 2, pp. 21-34, 2012.

ESTIVALS, Robert. "Création, Consommation et Production Intellectuelles". *In*: ESCARPIT, Robert. *Le Littéraire et le Social*. Paris, Champs/ Flammarion, [s.d.], pp. 9-42.

FEBVRE, Lucien & MARTIN, Henri-Jean. *O Aparecimento do Livro*. 2. ed. São Paulo, Edusp, 2017.

FEYEL, Gilles. "La Diffusion Nationale des Quotidiens Parisiens en 1832". *Revue d'Histoire Moderne et Contemporaine*, t. XXXIV, jan.-mar. 1987.

FIORIN, José Luiz. *Linguagem e Ideologia*. 5. ed. São Paulo, Ática, 1997.

FLAUBERT, Gustave. *L'Éducation Sentimentale, Histoire d'un Jeune Homme*. Notice et Index de Louis Biernawski. Paris, Louis Conard, 1910.

FRANÇOIS Guizot et la Culture Politique de son Temps. Actes du Colloque de la Fondation Guizot-Val Richer. Paris, Gallimar/Le Seuil, 1991.

FREYRE, Gilberto. *Um Engenheiro Francês no Brasil*. Prefácio de Paul Arbousse-Bastide. Rio de Janeiro, José Olympio, 1960, 2 t.

FOUCAULT, Michel. *Folie et Déraison. Histoire de la Folie à l'Âge Classique*. Paris, Plon, 1961.

____. *História da Loucura na Idade Clássica*. São Paulo, Perspectiva, 1964.

____. "'Qu'est-ce qu'un Auteur?' (Société Française de Philosophie, 22 février 1969; Débat avec M. de Gandillac, L. Goldmann, J. Lacan, J. d'Ormesson, J. Ullmo, J. Wahl)". *Bulletin de la Société Française de Philosophie*, 63e année, n. 3, pp. 73-104, jui.-sep. 1969.

FRIEIRO, Eduardo. *O Diabo na Livraria do Cônego*. 2. ed. Belo Horizonte, Itatiaia, 1981.

GENETTE, Gérard. *Paratextos Editoriais*. 2. ed. Cotia, Ateliê Editorial, 2017.

GERSDORF, E. G. (org.). *Leipziger Repertorium der deutschen und ausländischen Literatur*. Leipzig, T. O. Weigel, 1850.

GODECHOT, Jacques. "L'Expansion de la Déclaration des Droits de l'Homme de 1789 dans le Monde". *Annales Historiques de la Révolution Française*, n. 232, pp. 201-213, 1978.

____. "L'Histoire de la Révolution Française aux États-Unis". *Annales Historiques de la Révolution Française*, n. 254, pp. 633-634, 1983.

____. "Taine Historien de la Révolution Française". *Romantisme*, vol. 11, n. 32, pp. 31-40, 1981.

GOYARD-FABRE, Simone. *O Que É Democracia?* São Paulo, Martins Fontes, 2003.

GRAFINGER, Christine Maria. "La Censure en Autriche". *Mélanges de l'École Française de Rome. Italie et Méditerranée*, tome 121, vol. 2, pp. 371-377, 2009.

GUILHAUMOU, Jacques. *La Langue Politique et la Révolution Française. De l'Événement à la Raison Linguistique*. Ouvrage publié avec le concours du Centre National des Lettres. Paris, Méridiens Klincksieck, 1989.

GUIZOT, François. *A Democracia em França*. Tradução em portuguez por *** [José da Gama e Castro]. Rio de Janeiro, Livraria d' Agostinho Freitas Guimaraes & Cia., 1849.

____. *A Democracia em França*, por Mr. Guizot. Janeiro de 1849. Traduzido do francez. M. S. Gonçalves, Lisboa, Typ. Popular, 1849.

____. *A Democracia em França*. Tradução em portuguez por *** [José da Gama e Castro]. Rio de Janeiro, Livraria de Serafim José Alves, 1849.

____. *Collection des Mémoires Relatifs à la Révolution d'Angleterre*. Paris, Béchet, 1823-1825.

____. *Corneille et son Temps: Étude Littéraire*. Paris, Didier, 1858.

____. *Da Democracia em França*. Janeiro de 1849. Traduzida do francez M. J. Gonçalves. Lisboa, Typ. do Popular, 1849.

____. *Da Democracia em França*. Traducção de Mariano José Cabral. Nova Edição. Lisboa, Typographia de Silva, 1849.

____. *De la Democracia en Francia*. Madrid, Imprenta de la Biblioteca del Siglo, 1849.

____. *De la Democracia en Francia*. México, Tip. de R. Rafael [Rafael Rafael y Vilá], 1849.

____. *De la Democracia en Francia*. Palma, Imprenta Balear, 1849.

____. *De la Democracia en Francia: Enero de 1849.* Traducida y refutada por un Publicista Liberal. Madrid, Imprenta de los Señores Andrés y Díaz, 1849.

____. *De la Democracie en Francia.* Madrid, Centro de Estudios Constitucionales, 1981.

____. *De la Démocratie en France (Janvier 1849).* 3. éd. Bruxelles, Librairie de F. Michel, 1849.

____. *De la Démocratie en France (Janvier 1849).* Bruxelles, J. B. Tarride, 1849.

____. *De la Démocratie en France (Janvier 1849).* Bruxelles, J. Petit, 1849.

____. *De la Démocratie en France (Janvier 1849).* Bruxelles, J.-B. de Mortier, 1849.

____. *De la Démocratie en France (Janvier 1849).* Bruxelles, Kiessling & Cie. Librairies, 1849.

____. *De la Démocratie en France (Janvier 1849).* Bruxelles, Librairie du Panthéon, 1849.

____. *De la Démocratie en France (Janvier 1849).* Bruxelles, Rozez, 1849.

____. *De la Démocratie en France (Janvier 1849).* Bruxelles, Société Typographique Belge, 1849.

____. *De la Démocratie en France (Janvier 1849).* Bruxelles, Wahlen et Compie, 1849.

____. *De la Démocratie en France (Janvier 1849).* Bruxelles, Wouters Frères, 1849.

____. *De la Démocratie en France (Janvier 1849).* Bruxelles/Leipzig, C. Muquardt, 1849.

____. *De la Démocratie en France (Janvier 1849).* Bruxelles/Leipzig, Mayer et Flatau, 1849.

____. *De la Démocratie en France (Janvier 1849).* Hildesheim/New York, G. Olms, 2000.

____. *De la Démocratie en France (Janvier 1849).* La Haye, Imprimerie du Journal de la Haye Van der Meer, 1849.

____. *De la Démocratie en France (Janvier 1849).* Liège, F. Renard & Frères, Libraires, 1849.

____. *De la Démocratie en France (Janvier 1849).* London, F. Horncastle, 1849.

____. *De la Démocratie en France (Janvier 1849).* Maestricht, Bury-Lefebvre, 1849.

____. *De la Démocratie en France (Janvier 1849).* Naples, Chez G. Nobile, 1849.

____. *DE LA DÉMOCRATIE EN FRANCE (JANVIER 1849).* PARIS, VICTOR MASSON, 1849.

____. *DE LA DÉMOCRATIE EN FRANCE PAR M. GUIZOT.* LEIPZIG, BROCKHAUS & AVENARIUS, 1849.

____. *De la Démocratie en France par M. Guizot.* Leipzig, Brockhaus & Avenarius, 1849.

____. *De la Démocratie en France par M. Guizot.* Stockholm, Chez P. A. Norstedt & Fils, 1849.

____. *De la Démocratie en France: (Janvier 1849).* Bruxelles/Livorno/Leipzig, Meline, Cans et Compagnie, 1849.

____. *Della Democrazia in Francia (Gennaio 1849).* Napoli, Stamperia del Fibreno, 1849.

____. *Della Democrazia in Francia: (Gennaio 1849).* Per Francesco Guizot. Versione dal francese. Torino, Gianini e Fiore, 1849.

____. *Democracy in France (January, 1849)*. New York, H. Fertig, 1974.

____. *Democracy in France*. By Monsieur Guizot. London, John Murray, 1849.

____. *Democracy in France*. New York, D. Appleton & Co., 1849.

____. *Demokratiet i Frankrig*. Efter det Franske ved I.C. Magnus. [Kopenhage], Kbh., 1849.

____. *Des Conspirations et de la Justice Politique*. Paris, Librairie Française de Ladvocat, 1821.

____. *Des Moyens de Gouvernement et d'Opposition dans l'État Actuel de la France*. Paris, Ladvocat, 1821.

____. *Dictionnaire Universel des Synonymes de la Langue Française*. Neuvième éd. Paris, Perrin, 1885.

____. *Die Demokratie in Frankreich von Guizot*. Grimma, Verlag-Comptoirs, 1849.

____. *Die Demokratie in Frankreich von Guizot*. Wien, Verlag von Carl Gerold, 1849.

____. *Die Demokratie in Frankreich*. Von M. Guizot. Deutsch von Georg Moritzer. Wien, Druckt und Verlag von Leop. Sommer (vorm. Strauss), 1849.

____. *Die Demokratie*. Für das deutsche Volk im Auszuge bearbeite. Von Ludwig Hahn. Breslau, Verlag von A. Gosohorsky's Buchhandlung (L.F. Maske), 1849.

____. *Discours Académiques. Suivi des Discours Prononcés pour la Distribution des Prix au Concours Général de l'Université et devant Diverses Sociétés Religieuses et de Trois Essais de Philosophie Littéraire et Politique*. Paris, Didier, 1861.

____. *Discurso sobre Tolerancia Religiosa*. Traducido del francés. Rionegro, Imprenta de Manuel Antonio Balcazar, 1828.

____. *Essais sur l'Histoire de la France*. Paris, Charpentier, 1842 (1. ed., Paris, Jean-Louis Brière, 1823).

____. *Histoire des Regimes Représentatifs en Europe*. Paris, Didier, 1851.

____. *Histoire Parlementaire de France. Recueil Complet des Dicours Prononcés dans les Chambres de 1819 a 1848*. Paris, Calmann Lévy, 1863-1864.

____. *Historia de la Civilización en Europa*. 3. ed. Madrid, Alianza Editorial, 1990.

____. "L'Histoire de la Révolution Française aux États-Unis". *Annales Historiques de la Révolution Française*, n. 254, pp. 633-634, 1983.

____. *L'Histoire de France: Depuis les Temps les plus Reculés jusqu'en 1789*. Paris, Hachette, 1873-1876.

____. *La Democrazia in Francia (Gennaio 1849)*. Libera versione dal francese di Carlo Formichi. Napoli, Presso Gaetano Nobile, 1849.

____. *La Democrazia in Francia: (Gennaio 1849)*. Libera versione dal francese di Carlo Formichi. Roma, Libreria Bonifazj, 1849.

____. *La Democrazia in Francia: (Gennaio 1849)*. Versione di L. M. Colla Biografia Dell'Autore. Italia, [s. ed.], 1849.

____. *Lettres à sa Fille Henriette (1836-1874)*. Introduction, Notes et Index par Laurent Theis. Paris, Perrin, 2002.

____. *M. Guizot à ses Amis (Avril 1849)*. Paris, Victor Masson, 1849.

____. *M. Guizot an seine Freunde (Im April 1849)*. Nebst einer Kritik des Uebersetzers. Augsburg, Rieger, 1849.

____. *Méditations et Études Morales*. 5. ed. Paris, Librairie Académique, 1861.

____. *Méditations sur l'Essence de la Religion Chrétienne*. 2. ed. Paris, Michel Lévy, 1866.

____. *Méditations sur la Religion Chrétienne*. Paris, Michel Lévy, 1868.

____. *Mémoires pour Servir à l'Histoire de mon Temps*. 2. ed. Paris, Calmann-Levy, 1858.

____. *Ménandre: Étude Historique et Littéraire sur la Comédie et la Societé Grecques*. Paris, Didier, 1855.

____. *O Demokracyi przez F. Gizota*. [Traduzido por Eugeniusz Breza]. Leszno, nakładem i czcionkami Ernesta Günthera, 1849.

____. *Oeuvres Choisies. Histoire de la Révolution d'Angleterre; Essai sur l'Histoire et sur l'État Actuel de l'Instruction Publique en France; Des Moyens de Gouvernement et d'Opposition dans l'État Actuel de la France*. Bruxelles, Meline, Cans et Cie., 1850.

____. *Om Demokratien i Frankrike: Öfversättning*. Stockholm, Bonnier, 1849.

____. *Om Demokratiet i Frankrig*. Christiania (Oslo), P.T. Malling, 1849.

____. *Over de Volksheerschappij in Frankrijk. (Januarij 1849)*. [Trad. W. R. Boer]. Utrech, L. E. Bosch en Zoon, 1849.

____. *Shakespeare et son Temps. Étude Littéraire*. Paris, Didier, 1858.

____. "Taine Historien de la Révolution Française". *Romantisme*, vol. 11, n. 32, pp. 31-40, 1981.

____. *Theoria do Governo Representativo de M. Guisot. Extractada de suas Obras Políticas por *****. Recife, Typographia de Santos & Companhia, 1845.

____. *Trois Générations (1789-1814-1848)*. Paris, Michel Lévy Frères, 1863.

____. *Ueber die Demokratie in Frankreich (Januar 1849)*. Von Franz Guizot. Leipzig, Dyk, 1849.

____. *Ueber die Demokratie in Frankreich von Guizot*. Aus dem Französischen übersetzt. Zweite Auflage. Berlin und Frankfurt a/O., Druck und Verlag von Trowitzsch und Sohn, 1849.

____. *Ueber die Demokratie in Frankreich von Guizot*. Leipzig, Breitkopf und Härtel, 1849.

____. *Ueber die Demokratie in Frankreich*. Von Guizot. Aus d. Franz. übers. von A. Reclam. Leipzig, H. Matthes, 1849.

____. *Washington*. Présentation et Notes de Laurent Theis. Paris, Perrin, 2017.

HAHN, August. *Bibliothek der Symbole und Glaubensregeln der apostolischkatholischen [in the new ed. der alten] Kirche*. Breslau, [s.ed.], 1842. Second Ed. Revised and Enlarged by His Son, G. Ludwig Hahn. Breslau, [s.ed.], 1877.

HAHN, Ludwig. *Das Unterrichts-Wesen in Frankreich, mit einer Geschichte der Pariser Universität*. Breslau, Verlag von A. Gosohorsky's Buchhandlung (L.F. Maske.), 1848.

____. *Geschichte der Auflösung der Jesuiten-Congregationen in Frankreich im Jahre 1845: nach den besten Materialien und unter Benutzung handschriftlicher Quellen*. Leipzig, Brockhaus und Avenarius, 1846.

____. *Geschichte des preußischen Vaterlandes für die reifere Jugend beiderlei Geschlechts und für das größere gebildete Publikum*. Berlin, Hertz, 1855.

____. *Ludwig Philipps's Fall beleuchtet durch die Ereignisse seines letzten Regierungsjahres*. Berlin, Dümmler, 1848.

HABERMAS, Jürgen. *Mudança Estrutural da Esfera Pública*. São Paulo, Ed. Unesp, 2014.

HALLEWELL, Laurence. *O Livro no Brasil. Sua História*. 2. ed. São Paulo, Edusp, 2012.

HASS, Annika. "Un Libraire Fournisseur de Bibliothèques Européennes: Treuttel & Würtz". *Histoire et Civilisation du Livre*, n. 11, pp. 161-173, 2015.

HATIN, Eugène. *Bibliographie Historique et Critique de la Presse Périodique Française ou Catalogue Systématique et Raisonné de Tous les Écrits Périodiques de Quelque Valeur Publiés ou Ayant Circulé en France depuis l'Origine du Journal jusqu'à nos Jours, Avec Extraits, Notes Historiques, Critiques et Morales, Indication des Prix que les Principaux Journaux ont Atteints dans les Ventes Publiques, etc. Précédé d'un Essai Historique et Statistique sur la Naissance et les Progrès de la Presse Périodique dans les Deux Mondes*. Paris, Firmin Didot, 1866.

HELLEMANS, Jacques. "La Circulation du Livre Bruxellois dans La 'Belgique de l'Orient' (1830-1865)". Conferência proferida na Biblioteca Metropolitana de Bucareste em 20 de outubro de 2017.

____. "O Comércio Internacional da Livraria Belga no Século XIX. O Caso das Reimpressões". *Livro – Revista do Núcleo de Estudos do Livro e da Edição*. São Paulo, Ateliê Editorial, n. 1, pp. 89-98, 2011.

HENRIQUES, Mendo Castro. "Gama e Castro". *Logos*, n. 5, cols. 882-886.

HILL, Christopher. *O Mundo de Ponta-Cabeça*. Tradução, Apresentação e Notas de Renato Janine Ribeiro. São Paulo, Companhia das Letras, 1987.

HISTOIRE de l'Édition Française. Sous la Direction de Roger Chartier et Henri-Jean Martin. Tome 3: *Le Temps des Éditeurs, Du Romantisme à la Belle Époque*. Paris, Fayard/Cercle de la Librairie, 1990.

HISTOIRE de l'Europe Urbaine. Tome II: *De l'Ancien Régime à nos Jours. Expansion et Limite d'un Modèle*. Sous la Direction de Jean-Luc Pinol. Paris, Seuil, 2003.

HOBSBAWM, Eric. *A Era das Revoluções (1789-1848)*. 3. ed. Rio de Janeiro, Paz e Terra, 1981.

____. *Ecos da Marselhesa*. São Paulo, Companhia das Letras, 1996.

HÖFFDING, Harald. *Histoire de la Philosophie Moderne*. 3. ed. Trad. de l'Allemand par P. Bordier. Paris, Félix Alcan, 1924.

HOLANDA, Sérgio Buarque de. *Capítulos de História do Império*. São Paulo, Companhia das Letras, 2010.

____. *História Geral da Civilização Brasileira*. Tomo VI: *Brasil Monárquico: Declínio e Queda do Império*. São Paulo, Difel, 1974.

HOROWITZ, Sarah Esther. *States of Intimacy. Friendship and the Remaking of French Political Elites, 1815-1848*. Berkeley, University of California, 2008 (Tese de Doutorado).

HOWE, Anthony & MORGA, Simon. *Rethinking Nineteenth-Century Liberalism: Richard Cobden Bicentenary Essays*. [s.l.], [s.ed.], 2006.

HUARD, Raymond. "Un Siècle de Publications de la Société d'Histoire de la Révolution de 1848. Politique Éditoriale et Évolution des Thèmes de Recherche". *Revue d'Histoire du XIXᵉ Siècle*, n. 31, 2005.

JACOUTY, Jean-François. "Pierre-Yves Kirschleger, *La Religion de Guizot*, Genève, Labor et Fides, 1999". *Revue d'Histoire du XIXᵉ Siècle*, n. 20-21, 2000.

JAMMES, André. *Libri Vaincu. Enquêtes Policières et Secrets Bibliographiques. Documents Inédits*. Paris, Éditions des Cendres, 2008.

JAUME, Lucien. "Tocqueville et Guizot. L'Amérique et l'Aristocratie (Une Controverse)". *Historia Constitucional*, n. 15, pp. 71-91, 2014.

JAUSS, Hans Robert. "Literaturgeschichte als Provokation der Literaturwissenschaft". *In:* WARNING, Rainer (org.). *Rezeptionsästhetik*. München, Fink, 1979.

JEANBLANC, Helga. *Des Allemands dans l'Industrie et le Commerce du Livre à Paris (1811-1870)*. Paris, CNRS, 1994.

J.-J. ROUSSEAU, Ses Amis et Ses Ennemis, Correspondance publiée par M. G. Streckeisen-Moultou avec une Introduction de M. Jules Levallois et une appréciation critique de M. Sainte-Beuve, Paris, Michel Lévy Frères, 1965, 2 v.

JOBIM, José Luis (org.). *Palavras da Crítica*. Rio de Janeiro, Imago, 1992.

JOHNSON, Douglas. *Guizot. Aspects of French History*. London, Routledge/Kegan Paul, 1963.

JUSTIN, André. *A M. Guizot. Sur le Droit d'Association*. Paris, N. Chaix, 1849.

KALINOWSKI, Isabelle. "Hans-Robert Jauss et l'Esthétique de la Réception". *Revue Germanique Internationale*, n. 8, 1997.

KAMADA, Takayuki. "Fonctionnement de la Technique des Épreuves chez Honoré de Balzac". In: *L'Écrivain et L'Imprimeur*. Textes Réunis par Alain Riffaud. Rennes, Presses Universitaires de Rennes, 2010.

KECSKEMÉTI, Charles. *La Hongrie des Habsbourg (1790-1914)*. Rennes, PUR, 2011.

KIRSCHLEGER, Pierre-Yves. *La Religion de Guizot*. Genève, Labor et Fides, 1999.

KRISTEVA, Julia. "Le Texte Clos". *Langages*, vol. 3, n. 12, pp. 103-125, 1968.

LAELIUS, C. *Mons. Guizot; or, Democracy, Oligarchy and Monoarchy*. London, Charles Fox, 1849.

LAMARTINE, A. de. *História Completa da Revolução Franceza Desde 1789 a 1815 e Precedida de um Resumo da História da França por um Brazileiro*. Rio de Janeiro, Laemmert, 1877.

____. *História dos Girondinos*. Traduzida do Francez por... Publicada por L. C. da C. Lisboa, Typ. de Luiz Correia da Cunha, 1852, 8 vols.

____. *O Presente e o Futuro da República*. Traducção. Porto, Typographia de S. J. Pereira, 1850.

____. *Histoire de la Révolution de 1848*. Paris, Perrotin Libraire-Éditeur, 1849, 2 vols.

L'ANNONCE Faite au Lecteur. La Circulation de l'Information sur les Livres en Europe (16ᵉ-18ᵉ Siècles). Études réunies par Annie Charon, Sabine Juratic et Isabelle Pantin. Louvain, Presses Universitaires de Louvain, 2016.

LE MARÉCHAL *Bugeaud, d'après sa Correspondence Intime et des Documents Inédits, 1784-1849, par le Cte. D'Ideville, Ancien Préfet d'Alger.* Paris, Librairie de Firmin Didot et Cie., 1882, 3 tomes.

LEFEBVRE, Georges. "A. Mathiez. La Vie Chère et le Mouvement Social sous la Terreur". *Annales d'Histoire Économique et Sociale*, vol. 1, n. 1, pp. 141-145, 1929.

LEFILS-BOSCQ, Marie-Claire. *La Librairie Parisienne sous Surveillance (1814-1848). Imprimeurs en Lettres et Libraires sous les Monarchies Constitutionnelles.* Thèse Préparée sous la Direction de M. le Professeur Jean-Yves Mollier. Paris, UVSQ, 2013.

LESAULNIER, C.-M. *Biographie des Neuf Cents Députés à l'Assemblée Nationale.* 2. ed. Paris, Garnier, 1848.

LETESSIER, Fernand. "Un Littérateur Oublié: Pierre-Édouard Alletz (1798-1850). Ses Relations avec Lamartine". *Bulletin de l'Association Guillaume Budé: Lettres d'Humanité*, n. 43, pp. 389-407, décembre 1984.

LETTRES *de François Guizot et de la Princesse de Lieven (1836-1846).* Paris, Mercure de France, 1963-1964, 3 vols.

LIBRI, M. *Le National et le Moniteur. Article Extrait du Journal l'Assemblée Nationale, n° du 14 septembre 1849. Suivi d'une Lettre de M. Libri a M. de la Valette, Rédacteur en Chef de l'Assemblée Nationale.* Paris, Panckoucke, 1850.

LOSURDO, Domenico. *Democracia ou Bonapartismo.* Trad. Luiz Sérgio Henriques. São Paulo/Rio de Janeiro, Ed. Unesp/Ed. UFRJ, 2004.

LUCAS, Alphonse. *Les Clubs et les Clubistes. Histoire Complète Critique et Anecdotique des Clubs et des Comités Électoraux Fondés à Paris depuis la Révolution de 1848.* Paris, Dentu, 1851.

LÜSEBRINK, Hans-Jürgen & REICHARDT, Rolf. *The Bastille. A History of a Symbol of Despotism and Freedom.* Translated by Norbert Schürer. Durham/London, Duke University Press, 1997.

MACHADO, Ubiratan. *História das Livrarias Cariocas.* São Paulo, Edusp, 2012.

MAIOR, Paulo M. Souto. *Nos Caminhos do Ferro: Construções e Manufaturas no Recife (1830-1920).* Recife, CEPE, 2015.

MALLARMÉ, Sthéfane. *Quant au Livre.* Préface de Lucette Finas. Tours, Farago-Léo Scheer, 2003.

MALTEZ, José Adelino. *Ensaio sobre o Problema do Estado.* Lisboa, Academia Internacional da Cultura Portuguesa, 1991, tomo II.

MANEVY, Raymond. *La Presse Française. De Renaudot a Rochefort.* Documentation Recueillie par Gabrielle Manevy. Paris, J. Forêt, 1958.

MANGELSDORF, Edmund. *Das Haus Trowitzsch & Sohn in Berlin. Sein Ursprung und seine Geschichte von 1711 bis 1911.* Berlin, Trowitzsch & Sohn, 1911.

MANGUEL, Alberto. *Uma História da Leitura.* São Paulo, Companhia das Letras, 1999.

MARGRY, Pierre. *De la Démocratie en France. Réponse à M. Guizot.* Paris, J. Laisné, 1849.

_____. *Über die Demokratie in Frankreich. Antwort an Herrn Guizot.* Wiesbaden, Schellenberg, 1849.

Marson, Izabel Andrade. *Revolução Praieira, Resistência Liberal à Hegemonia Conservadora em Pernambuco e no Império (1842-1850)*. São Paulo, Fundação Perseu Abramo, 2009.

____. *O Império do Progresso: A Revolução Praieira em Pernambuco (1842 1855)*. São Paulo, Brasiliense, 1981.

Martín, Jesús A. Martínez. *Lectura y Lectores en el Madrid, del Siglo XIX*. Madrid, Consejo Superior de Investigaciones Científicas, 1991.

Martins Filho, Plinio. *Manual de Editoração e Estilo*. Campinas/São Paulo/Belo Horizonte, Ed. Unicamp/Edusp/Ed. UFMG, 2016.

Marx, Karl. *A Guerra Civil na França*. Seleção de Textos, Tradução e Notas de Rubens Enderle. São Paulo, Boitempo, 2015.

____. *Les Luttes de Classes en France (1848-1850). Suivi de Les Journées de Juin 1848 par Friedrich Engels*. Paris, Éditions Sociales, 1968.

____. *O 18 Brumário de Luís Bonaparte*. Trad. Nélio Schneider. Prólogo de Herbert Marcuse. São Paulo, Boitempo, 2011.

____. & Engels, Friedrich. *Manifeste du Parti Communiste*. En appendice notes sur les premières éditions du *Manifeste* et sur sa diffusion. Traduit de l'italien. Paris, Science Marxiste, 1998.

____. & Engels, Friedrich. *A Ideologia Alemã. Crítica da mais Recente Filosofia Alemã em seus Representantes Feuerbach, B. Bauer e Stirner, e do Socialismo Alemão em seus Diferentes Profetas (1845-1846)*. São Paulo, Boitempo, 2011.

Mattoso, Katia M. de Queirós. *Presença Francesa no Movimento Democrático de 1798*. Salvador, Editora Itapuã, 1969.

McKenzie, D. F. *Bibliografia e Sociologia dos Textos*. Trad. Fernanda Veríssimo. São Paulo, Edusp, 2018 (1. ed. fr., 1999).

Mello, Urbano Sabino Pessoa de. *Apreciação da Revolta Praieira em Pernambuco*. Rio de Janeiro, Typ. do Correio Mercantil de Rodrigues e C., 1849.

Melo, Luis Correia de. *Dicionário de Autores Paulistas*. São Paulo, Comissão do IV Centenário da Cidade de São Paulo, 1954.

Meyer, Marlyse. *Folhetim: Uma História*. São Paulo, Companhia das Letras, 1996.

____. "Sinclair das Ilhas ou os Desterrados na Ilha da Barra: Uma Tradução do Francês 'em Língua Vulgar', Publicada no Rio de Janeiro em 1825 por Silva Porto, um Livreiro Liberal". *Política, Nação e Edição: O Lugar dos Impressos na Construção da Vida Política (Brasil, Europa e América nos Séculos XVIII-XX)*. Org. Eliana de Freitas Dutra & Jean-Yues Mollier. São Paulo, Annablume, 2006, pp. 467-489.

Mignet, F. A. *Historia da Revolução Franceza, Desde 1789 ate 1814*. São Paulo, Empreza Editora de São Paulo de J. Azevedo & Comp., 1889.

Ministère de l'Instruction Publique et des Beaux-Arts. *Catalogue Général des Manuscrits des Bibliothèques Publiques de France. Paris. Bibliothèques de L'Institut. Musée Condé à Chantilly, Bibliothèque Thiers, Musées Jacquemart-André à Paris et à Chaalis*. Paris, Plon, 1928.

Mise en Page et Mise en Texte du Livre Manuscrit. Sous la Direction de Henri-Jean Martin et Jean Vezin. Préface de Jacques Monfrin. Paris, Éditions Cercle de la Librairie-Promodis, 1990.

MOLLIER, Jean-Yves. *L'Argent et les Lettres. Histoire du Capitalisme d'Édition (1880-1920)*. Paris, Fayard, 1988. [Trad. bras.: *O Dinheiro e as Letras*, São Paulo, Edusp, 2010].

MOREL, Marco. *As Transformações dos Espaços Públicos. Imprensa, Atores Políticos e Sociabilidades na Cidade Imperial (1820-1840)*. São Paulo, Hucitec, 2005.

MORNET, Daniel. *Les Origines Intellectuelles de la Révolution Française (1715-1787)*. 4. ed. Paris, Armand Colin, 1947.

_____. "Les Admirateurs Inconnus de la *Nouvelle Héloïse*". *Revue du Mois*, Paris, 1909.

_____. "Os Admiradores Desconhecidos de *Nouvelle Héloïse*". Trad. Geraldo Gerson de Souza. Cotia/São Paulo, Ateliê Editorial/Edições Sesc, no prelo.

MOTA, Carlos Guilherme. *A Ideia de Revolução no Brasil e Outras Histórias*. São Paulo, Globo, 2008.

_____. & LOPEZ, Adriana. *História do Brasil. Uma Interpretação*. 5. ed. Prefácio de Alberto da Costa e Silva. São Paulo, Editora 34, 2016.

NABUCO, Joaquim. *Um Estadista do Império. Sua Vida, Suas Opiniões, Sua Época*. São Paulo/Rio de Janeiro, CEA/Civilização Brasileira, 1936, 2 vols. [1. ed., 1897].

NEATE, Charles. *Dialogues des Morts Politiques. Premier Dialogue. Interlocuteurs: M. Guizot et M. Louis Blanc*. Paris, Garnier Frères, 1849.

_____. *Dialogues des Morts Politiques. Premier Dialogue. Interlocuteurs: M. Guizot et M. Louis Blanc*. Oxford, J. H. Parker, 1848.

_____. *Dialogues des Morts Politiques. Premier Dialogue. Interlocuteurs: M. Guizot et M. Louis Blanc*. Paris, Hachette Livre, 2013.

NEIVA, Saulo. *La France et le Monde Luso-Brésilien. Échanges et Représentations, XVIᵉ-XVIIIᵉ Siècles*. Clermont-Ferrand, Presses Universitaires Blaise Pascal, 2005.

NETTEMENT, Alfred. *Histoire de la Littérature Française sous le Gouvernement de Juillet*. Paris, [s. ed.], 1859, tome 1.

NIQUE, Christian. *Comment l'École Devint une Affaire d'État (1815-1840)*. Paris, Nathan, 1990.

OEHLER, Dolf. *O Velho Mundo Desce aos Infernos. Autoanálise da Modernidade Após os Traumas de Junho de 1848 em Paris*. São Paulo, Companhia das Letras, 1999.

_____. *Terrenos Vulcânicos*. São Paulo, Cosac Naify, 2004.

OLIVEIRA, Vítor Castro de. "O Advento da Democracia nos Modos Burguês e Aristocrático: entre Guizot e Tocqueville". *In:* OLIVEIRA, Camila Aparecida Braga; MOLLO, Helena Miranda & BUARQUE, Virgínia Albuquerque de Castro (org.). *Caderno de Resumos & Anais do 5º Seminário Nacional de História da Historiografia. Biografia & História Intelectual*. Ouro Preto, EdUfop, 2011.

ORTEGA Y GASSET, José. "Guizot y la Historia de la Civilización en Europa" [Prólogo]. *In:* GUIZOT, François. *Historia de la Civilización en Europa*. 3. ed. Madrid, Alianza Editorial, 1990.

PAIVA, Tancredo de Barros. *Acchêgas a um Diccionario de Pseudonymos. Iniciaes, Abreviaturas e Obras Anonymas de Auctores Brasileiros Sobre o Brasil ou no Mesmo Impressas*. Rio de Janeiro, J. Leite e Cia., 1929.

PALAU Y DULCET, Antonio. *Manuel de Librero Hispanoamericano. Bibliografía General Española e Hispanoamericana desde la Invención de la Imprenta Hasta Nuestros Tiempos con el Valor Comercial de los Impressos Escritos*. 2. ed. Barcelona, Librería Palau, 1948-1977, 28 tomos.

PARIS: *Capitale des Livres. Le Monde des Livres et de La Presse à Paris, du Moyen Âge au XXᵉ Siècle*. Sous la direction de Frédéric Barbier. Paris, PUF, 2007.

PARRON, Tamis. "O Império num Panfleto? Justiniano e a Formação do Estado no Brasil do Século XIX". *In*: ROCHA, Justiniano José da. *Ação; Reação; Transação. Duas Palavras Acerca da Atualidade Política do Brasil (1855)*. Estudo introdutório, Notas e Estabelecimento do Texto por Tâmis Parron. São Paulo, Edusp, 2016.

PAVÓN, Dalmacio Negro. "Reflexiones sobre la Democracia". *Razón Española. Revista Bimestral del Pensamiento*, n. 163, ene.-feb. 2014.

PELLISSIER, Pierre. *Émile de Girardin, Prince de la Presse*. Paris, Denoël, 1985.

PINKNEY, David H. *Decisive Years in France, 1840-1847*. Princeton, Princeton University Press, 1986.

PIRE, Jean-Miguel. *Sociologie d'un Volontarisme Culturel Fontadeur. Guizot et le Gouvernement des Esprits (1814-1841)*. Paris, L'Harmattan, 2002.

PORTO, Walter da Costa. *O Voto no Brasil. Da Colônia à Sexta República*. 2. ed. rev. Rio de Janeiro, Topbooks, 2002.

POUTHAS, Charles-Hippolyte. *Guizot Pendant la Restauration. La Préparation de l'Homme d'État, 1814-1830*. Paris, Plon, 1923.

_____. *La Jeunesse de Guizot, 1787-1814*. Paris, F. Alcan, 1936.

_____. *Une Famille de Bourgeoisie Française de Louis XIV à Napoléon*. Paris, F. Alcan, 1934.

PRADO JR., Caio. *Evolução Política do Brasil e Outros Estudos*. 3. ed. São Paulo, Brasiliense, 1961.

PRAROND, Ernest. *De Quelques Écrivains Nouveaux*. Paris, Michel Lévy Frères, 1852.

PRÉFAÇONS *et Contrefaçons Belges (1816-1854): Catalogue Enrichi d'une Préface et de Notes / par J. Culot, Bibliophile Bruxellois*. Bruxelles (8, rue du Commerce), A la Librairie Fernand Miette, 1937.

PROCLAMATION *Annonçant l'Ouverture d'un Crédit de 3 millions au Ministère de l'Intérieur, pour Secourir les Ouvriers de Paris*. Par Jules Sénard. Paris, le 25 juin 1848.

PROUDHON, P.-J. *Théorie de la Propriété*. Paris, Librairie Internationale, 1866 (Oeuvres Posthumes de P.-J. Proudhon).

QUINTAS, Amaro. "O Espírito 'Quarante-Huitard' e a Revolução Praieira". *Revista de História*, vol. 19, n. 40, pp. 303-324, 1959.

_____. *O Sentido Social da Revolução Praieira*. Rio de Janeiro, Civilização Brasileira, 1967.

REISEWITZ, Marianne. "O Impacto do Ideário Iluminista no Brasil. Razão e Livros Sediciosos". *Entre Passado e Futuro – Revista de História Contemporânea*, n. 1, ano 1, pp. 41-57, 2002.

RÉIZOV, B. *L'Historiographie Romantique Française (1815-1830)*. Moscou, Éditions des Langues Étrangères, [s.d.].

RÉVOLUTION de 1848, LA. Exposition Organisée par le Comité National du Centenaire. Paris, Bibliothèque Nationale, 1948.

RIALS, Stéphane. *Le Légitimisme*. Paris, Presses Universitaires de France, 1983 (Que Sais-Je?).

RIBEIRO, José Alcides. "*Correio Mercantil*: Gêneros Jornalísticos, Literários e Muito Mais..." *Revista USP*, n. 65, pp. 131-147, mar.-maio de 2005.

RISPOSTA di um Italiano al Sig. Guizot Sulla Democrazia in Francia. Torino, Cassone, 1849.

ROCHA, Justiniano José da. *Ação; Reação; Transação. Duas Palavras Acerca da Atualidade Política do Brasil (1855)*. Estudo Introdutório, Notas e Estabelecimento do Texto por Tâmis Parron. São Paulo, Edusp, 2016.

_____. *Monarchia – Democracia*. Rio de Janeiro, Typographia de F. de Paula Brito, 1860.

RODRIGUES, José Honório. "Resenha". *Revista de História*, vol. 48, n. 98, 1974.

RODRIGUEZ, Ricardo Vélez. "François Guizot e a sua Influência no Brasil". Disponível em: http://www.ecsbdefesa.com.br/defesa/fts/FGIB.pdf

ROLDÁN, Darío (org.). *Guizot, les Doctrinaires et la Presse. 1820-1830. Actes du Colloque, Le Val-Richer, 23-24 Septembre 1993*. Paris, Fondation Guizot Val--Richer, 1994.

ROSANVALLON, Pierre. *Le Moment Guizot*. Paris, Gallimard, 1985.

_____. "Les Doctrinaires Sont-ils des Libéraux?". *In:* ROLDÁN, Darío (org.). *Guizot, les Doctrinaires et la Presse. 1820-1830. Actes du Colloque, Le Val-Richer, 23-24 septembre 1993*. Paris, Fondation Guizot Val-Richer, 1994.

RÖSSIG, Wolfgang. *Literaturen der Welt in deutscher Übersetzung. Eine Chronologische Bibliographie*. Stuttgart/Weimar, Metzler, 1997.

ROUCHET, J. *La Démocratie, par Courthe. Coup-d'Oeil sur cette Forme de Gouvernement, Précédé de quelques Mots sur la Dernière Brochure de M. Guizot*. Bruxelles, Slingeneyer, 1849.

ROUSSEAU, Jean-Jacques. *Oeuvres de Jean-Jacques Rousseau*. Amsterdam, Marc Michel Rey, 1769, tome III.

ROUSSEAU, Pierre. *Histoire des Techniques et des Inventions*. Paris, Librairie Arthème Fayard, 1958.

SAIS, Lilian Amadei. "Vestes que Falam. A Tecelagem e as Personagens Femininas dos Poemas Homéricos". *Criação & Crítica*, São Paulo, n. 15, pp. 7-19, 2015.

SALIBA, Elias Thomé. *As Utopias Românticas*. São Paulo, Brasiliense, 1991.

SANTORO, Marco. *Storia del Libro Italiano*. 3. ed. Milano, Editrice Bibliografica, 2000.

SCHAPOCHNIK, Nelson. "Pirataria e Mercado Livreiro no Rio de Janeiro: Desiré--Dujardin e a Livraria Belgo-Francesa, 1843-1851". *Revista de História*, n. 174, pp. 299-325, jan.-jun. 2016.

Secco, Lincoln. "O Teatro da Política: Nota sobre *O 18 de Brumário*, de Karl Marx". *Mouro – Revista Marxista*, São Paulo, n. 8, pp. 11-28, dezembro de 2013.

Schmidt, Rudolf. *Deutsche Buchhändler. Deutsche Buchdrucker. Beiträge zu einer Firmengeschichte des deutschen Buchgewerbes*. Berlin, Franz Weber, 1902.

____. *Deutsche Buchhändler. Deutsche Buchdrucker. Beiträge zu einer Firmengeschichte des deutschen Buchgewerbes*. Hildesheim/New York, Georg Olms, 1979.

Schnerb, Robert. *História Geral das Civilizações*. Tomo VI: *O Século XIX. O Apogeu da Civilização Europeia*. Trad. J. Guinsburg. São Paulo, Difel, 1958.

Seignobos, Charles & Rolland, Charles. *Cours d'Histoire. À l'Usage des Écoles Normales Primaires et des Candidats au Brevet Supérieur*. Paris, Armand Colin, 1910.

Silva, Innocencio Francisco da. *Diccionario Bibliographico Portuguez. Estudos de Innocencio Francisco da Silva Aplicaveis a Portugal e Brazil*. Lisboa, Imprensa Nacional, tomos VI (1862) e XVI (1893).

____. *Dicionário Bibliográfico Português*, tomo IV. Lisboa, Imprensa Nacional, 1973.

Silva, Maria Beatriz Nizza da. "História da Leitura Luso-Brasileira. Balanços e Perspectivas". *In:* Abreu, Márcia (org.). *Leitura, História e História da Leitura*. Campinas/São Paulo, Mercado das Letras/Fapesp, 1999, pp. 147-163.

Sodré, Nelson Werneck. *A História da Imprensa no Brasil*. Rio de Janeiro, Civilização Brasileira, 1966 (Retratos do Brasil, 51).

Staël, Madame de. *Considérations sur la Révolution Française*. Oeuvre Présentée et Annotée par Jacques Godechot. Paris, Tallandier, 1983.

Staël, Frau von. *Betrachtungen über die vornehmsten Begebenheiten der Französischen Revolution*. Heindelberg, Mohr & Winter, 1818.

Stephanopoli de Comnène, Nicolau. *Appel aux Électeurs de Paris et des Autres Départements. Mystères, Trahisons, Calomnies et Crimes du Statu Quo Révélés aux Défenseurs de la République*. Paris, Schneider, 1849.

____. *Catéchisme Historique et Politique des Vrais Républicains: Servant de Guide aux Électeurs de la France et à Démasquer les Faux Mirabeau de la Rue de Poitiers, Conjurés avec les Coalisés Étrangers contre la République*. Argenteuil, Picard, 1849.

____. *Guizot Démasqué. Réfutation de ses Derniers Écrits, sa Réputation Usurpée et sa Profession de Foi*. Argenteuil, Picard, 1849.

____. *L'Enfant de la République aux Électeurs de Paris et des Autres Départements. Mystères, Trahisons, Calomnies... de la Rue de Poitiers contre la République, Révélés...* Paris, Schneider, 1849.

____. *L'Enfant de la République aux Électeurs de la France: Sourdes Manœuvres de l'Angleterre*. Argenteuil, Picard, [1849?].

____. *Socialisme Selon la Loi Naturelle et Évangelique, Selon le Progrès Social, et les Républiques le Dix-Neuvième Siècle et ses Réformes*. [s.l.], [s.ed.], 1849.

____. *Vaste Conspiration de la Rue de Poitiers Contre la République et ses Gloires Militaires Dénoncée aux Électeurs de Paris et des Autres Départements*. Argenteuil, Picard, 1849.

____. *Vaste Conspiration de la rue de Poitiers Contre la République et ses Gloires Militaires Dénoncée aux Électeurs de Paris et des Autres Départements*. Paris, Schneider, 1849.

STODDARD, Robert E. "Morphology and the Book from an American Perspective". *Printing History*, n. 17, pp. 2-14, 1987.

TALLET, Frank & ATKIN, Nicholas (ed.). *Religion, Society and Politics in France since 1789*. London, The Hambledon Press, 1991.

TARCUS, Horacio. *Marx en la Argentina. Sus Primeros Lectores Obreros, Intelectuales y Científicos*. Buenos Aires, Siglo XXI, 2013.

THE BRITISH *Catalogue of Books, Published from October 1837 to December 1852: The Date of Publication, Size, Price, Publisher's Name, and Edition, Sampson Low, Son&Co*. London, Sampson Low and Son, 1853.

THEIS, Laurent. *François Guizot*. Paris, Fayard, 2008.

____. "François Guizot et ses Éditeurs. Une Page de l'Histoire du Livre au XIXe Siècle". *Bulletin de la Société de l'Histoire du Protestantisme Français*. Genève/Paris, Droz, 2013, tome 159.

____. *Guizot, la Traversée d'un Siècle*. Paris, CNRS, 2014.

THIERS, Adolphe. *De la Propriété*. Paris, Paulin/Lheureux & Cie. Éditeurs, 1848.

____. *Histoire de la Révolution Française. Accompagnée d'une Histoire de la Révolution de 1355 ou des États Généraux sous le Roi Jean*. Paris, Lecoite et Durey, [1823-1827].

TOCQUEVILLE, Alexis de. *De la Démocratie en Amérique*, 12. ed. Révisée, Corrigée et Augmentée d'un Avertissement et d'un Examen Comparatif de la Démocratie aux États-Unis et en Suisse. Paris, Pagnerre, 1848, 2 tomos.

____. *Lembranças de 1848. As Jornadas Revolucionárias em Paris*. Trad. Modesto Florenzano. Introdução de Renato Janine Ribeiro. Prefácio de Fernand Braudel. São Paulo, Penguin/Companhia das Letras, 2011.

TORGAL, Luís Reis. *Tradicionalismo e Contra-Revolução. O Pensamento e a Acção de José da Gama e Castro*. Coimbra, Universidade de Coimbra, 1973.

TOUROUDE, Georges. *Deux Républicains de Progrès: Eugène et Camille Pelletan*. Paris, L'Harmattan, 1995.

TRANSYLVANIA *in the Eighteenth Century. Aspects of Regional Identity*. Edited by Laura Stanciu et Cosmin Popa-Gorjanu. Cluj Napoca, Mega, 2013.

TROUVÉ, Alain. "L'Arrière-Texte. De l'Auteur au Lecteur". *Poétique*, n. 164, pp. 495-509, 2010.

TUDESCQ, A. J. *L'Élection Présidentielle de Louis Napoléon Bonaparte, 10 Décembre 1848*. Paris, Armand Colin, 1965.

TULARD, J. *Les Révolutions de 1789 à 1851*. Paris, Fayard, 1985.

____.; FAYARD, J.-F. & FIERRO, A. *Histoire et Dictionnaire de la Révolution Française*. Paris, Robert Lafond, 2002.

VENTURA, Roberto. "Leituras de Raynal e a Ilustração na América Latina". *Estudos Avançados*, vol. 2, n. 3, pp. 40-51, 1988.

VÉRON, Louis. *Mémoires d'un Bourgeois de Paris*. Paris, De Gonet, 1853-1855.

VILLALTA, Luiz Carlos. *Reformismo, Censura e Práticas de Leitura. Usos do Livro na América Portuguesa*. Departamento de História, FFLCH-USP, 1999 (Tese de Doutorado).

VOVELLE, Michel. "A Revolução Francesa e seu Eco". *Estudos Avançados*, São Paulo, vol. 3, n. 6, pp. 25-45, 1989.

____. *Combates pela Revolução Francesa*. Bauru, Edusc, 2004.

____. "L'Historiographie de la Révolution Française à la Veille du Bicentenaire". *Estudos Avançados*, São Paulo, vol. 1, n. 1, pp. 61-72, 1987.

WEGGE, H. "Die Stellung der Oeffentlichkeit zur Oktroyierten Verfassung und die preussische Parteibildung 1848-1849". *Historische Studien*, Berlin, 1932, tome 215.

WEILL, Georges. *Le Journal. Origines, Évolution et Rôle de la Presse Périodique*. Avec 8 Planches Hors-texte. Paris, La Renaissance du Livre, 1934.

WELLESLEY, W. *De la France Contemporaine et de ses Divisions Hiérarchiques. Réponse à l'Ouvrage de M. Guizot "De la Démocratie en France"*. Londres, H. Baillière, 1849.

WINOCK, Michel. *As Vozes da Liberdade. Os Escritores Engajados do Século XIX*. Trad. Eloá Jacobina. Rio de Janeiro, Bertrand Brasil, 2006.

ZELDIN, Theodore. *Histoire des Passions Françaises (1848-1945)*. Paris, Seuil, 1994.

2

Lista de Imagens

Lista de Tabelas

Índice de Nomes e Lugares

Aachen 152 n

ABRANTES, Duquesa de (Laure Junot) 90 n

ABREU, Márcia 263 n

ABREU E LIMA, José Inácio de 291 n

ABREU E LIMA, José Inácio Ribeiro de (Padre Roma) 291 n

Açores 166

AGOULT, Marie D' 305

AGUET, J.-P. 216 n

AGUIRRE, Augustín 163, 164

AGULHON, Maurice 56 n, 60-61, 158 n, 202, 204, 208 n, 212 n, 220, 250 n

Albermarle Street 132

ALDERSON, James 46 n

Alemanha (Confederação dos Estados Germânicos) 114, 115, 129, 131, 132 n, 138, 139 n, 142, 146 n, 153, 173, 249 n, 296, 303-304

ALEMBERT, Jean le Rond D' 23

ALENCAR, José de 280

ALFREDO I 54 n

Allerheiligengasse 115

ALLETZ, ÉDOUARD 242

ALLOURY, Louis 226

ALMEIDA, Manuel Antônio de 280

ALONSO, Paula 282 n

Alsácia-Lorena 132 n

ALVES, Serafim José 175, 288

América 22, 28, 31

Amsterdam 199

ANDRADE, Mário de 79 n

ANDREAS, Bert 304 n

ANDRÉS Y DÍAZ 175

ARBOUSSE-BASTIDE, Paul 290 n

Argélia 35 n, 54, 110, 210 n

Argentina 282 n

ARISTÓTELES 67 n

ARMELLINI, Carlo 111

Associação Geral dos Trabalhadores Alemães 304

ATKIN, Nicholas 202 n

AUDIFRET-PASQUIER, Duque de D' (Edme Armand Gaston) 207

AUERSWALD, General (Hans Adolf Erdmann) von 116, 144

AUMALE, Duque D' (Henri d'Orléans) 210 n, 226

AUREVILLE, Jules Amédée Barbey D' 299-300

AUSTIN, John 46 n

AUSTIN, Sarah 44-48, 57-58, 99 n, 101-102, 103 n, 133, 192, 206

Áustria 105, 138, 173, 249

Avignon 245 n

AYRES, Vivian Nani 268 n

AZEVEDO, Aloísio 267 n

AZEVEDO, Álvares de 261-262, 273

AZEVEDO, Vicente de 262 n

BACHLEITNER, Norbert 156 n

BADARÓ, Giovanni Baptista Libero 266 n, 269

Baden 129 n, 142 n

Bahia 291 n

BAILLY-BALLIÈRE, Charles 160

BAINVILLE, Jacques 301 n

BAKUNIN, Mikhaïl 121

BALANCHE, Pierre-Simon 24

BALZAC, Honoré de 80, 83 n, 88, 91, 92, 94 n, 156, 225, 228, 233-234, 235, 302 n, 312

BARANTE, Prosper de 84 n, 87, 258

BARBIER, Frédéric 15, 19, 20 n, 21-23, 28 n, 128, 129, 152 n, 157 n, 215 n

BARBOSA, Perpétuo Januário da Cunha 270 n

BARIC, Daniel 32 n, 147 n

BARNAVE, Antoine 25, 48

BARRETO, J. F. Moniz 279

BARROT, Odilon 208 n, 241, 272, 279

BARTHES, Roland 236

Basileia 21, 152 n

BATTHYÁNY, Lajos 121

BAUDIN, Jean-Baptiste 121

BAUDET-BAUDERVAL, A. 108

BAUER, Bruno 156

BEAUNE 94

BÉCHET, Charles 87

Bélgica 137-141, 152, 174-175

Belin-Mandar 90 n

BELLANGER, Claude 213 n, 216 n

BENEVOLO, Leonardo 132 n

BENJAMIN, Walter 60 n

BENOÎT, Louis 202 n

BENTHAM, Jeremy 46 n

BERGER, Paulo 283 n

Berlim 112, 114, 125, 141, 142 n, 143 n, 145, 147, 149, 152 n, 173, 180, 303

BERLIOZ, Hector 226

BERRY, Duque de (Carlos Fernando de Artois) 14, 84, 265

BERRY, Duquesa de (Carolina das Duas Sicílias) 202 n

BERRYER, Pierre-Antoine 57 n

BERTIN, Armand 207, 226, 231

Bertrand 164

Bessermann 144 n

BEUGNOT, Arthur 257

Biblioteca del Siglo 160-161, 163, 175, 190

Biblioteca de Neuchâtel 199-200

Biblioteca Mário de Andrade 294 n

Biblioteca Nacional da Espanha 159 n, 163 n

Biblioteca Nacional da França 153, 288

Biblioteca Nacional da Polônia (Narodowa) 149

Biblioteca Polonesa de Paris 132, 185

Bibliotheca Pública de Ponta Delgada 166

Bibliothèque Lovenjul 212 n

Bibliothèque Mazarine 316

Bibliothèque Thiers 202 n

Biernawski, Louis 300

BIRAN, Pierre Maine 84 n

BISMARCK, Otto von 146

BLANC, Louis 26, 92, 110, 305

BLUM, Robert 121, 143

BOA VISTA, Conde da (Francisco do Rego Barros) 289, 290

BODIMENT, Gabriel 87

Boêmia 147 n, 154

BOER, W. R. 176

BOLÍVAR, Simón 291 n

BONALD, Visconde de (Louis-Gabriel-Ambroise) 24

BONAPARTE, Luís Napoleão ver Napoleão III

BONAPARTE, Napoleão ver Napoleão I

BONNAT, Joseph 160

BONNIER 157 n

BÖRSENVEREIN 129

BORTELL, Fritz 129

BOSI, Alfredo 294 n

BOSQ, Marie-Claire 91-92, 94 n

BOTREL, Jean-François 161 n

BOURDIEU, Pierre 77

BOWMAN, Franck Paul 61 n

Lübeck 22

Luís Filipe I 26, 28, 53, 55, 57, 63, 87, 88 n, 92, 105, 106, 107, 108, 145, 159, 202 n, 213, 226, 239 n, 240 n, 241, 243, 250, 253, 270, 271-272, 274, 282, 293, 309

Luís XVIII 14

Macaulay, Thomas 46 n, 133

Machado, Ubiratan 273 n

Macedo, Joaquim Manuel de 280

Mackintosh, James 46 n

Madrid 125, 161, 163, 164, 175, 190, 306 n

Maestricht 125, 176

Magreb 210 n

Mahon, Lord (Philip Stanhope) 137

Mallarmé, Sthéfane 75 -76

Malling, P. T. 177

Manevy, Raymond 218 n, 239 n

Manguel, Alberto 89 n

Manheim 142 n

Mansfield, Lord (William Murray) 268

Maquiavel, Nicolau 267, 296

Maradan, Claude François 86

Maranhão 289 n

Margry, Pierre 246, 249 n, 252-253

Marson, Izabel 289-293

Martin, Henri-Jean 80, 87 n, 92 n, 128-129

Martínez, Jesús A. 163-164

Martins Filho, Plinio 41-42 n

Marx, Karl 13, 15, 54 n, 74 n, 103 n, 132, 155, 204 n, 240-241 n, 250-252, 255, 303-305, 307-310

Maske, L. F. 173

Masson, Georges 96

Masson, Victor 31, 47 n, 81 n, 87, 91-102, 104, 125, 140, 163, 176, 236, 256 n, 285

Matthes, H. 173

Mattoso, Katia M. de Queirós 29 n

May, Eduard Gustav 115

Mayer et Flatau 174

Mayer, J. P. 305 N

Mazzini, Giuseppe 105, 111, 158

McKenzie, Donald Francia 33 n, 79, 80 n

Medeiros, Antonio Borges da Camara 166, 195

Medeiros, Nuno 166 n

Melbourne 161

Méline, Cans et Compagnie 139 n, 174, 188

Mello, Jeronimo Martiniano Figueira de 292-293

Mello, Urbano Sabino Pessoa de 292

Melo, Luis Correia de 267 n

Menard, Louis 305

Mengelsdorf, Edmund 152 n

Merck, Heinrich Johann 144 n

Metternich, Klemens von 13, 116, 154, 155, 156, 157, 158, 159, 249, 257

Meulan, Pauline de 83

Mérimée, Prosper 90 n

Mevissen, Gustav von 144 n

México 177, 273 n

Meyer, Siegfried 304 n

Michaelerplatz 117

Michel, F. 174

Michelet, Jules 25, 26, 89, 109, 132, 135

Mickiewicz, Adam 132

Mignet, François 24, 25, 26, 87, 90, 308, 309

Miguel I, d. 295

Milão 112-113

Mill, John Stuart 46 n, 237 n

Milman, Henry Hart 46 n

Minas Gerais 280, 292, 293

Mirabeau, Conde de (Honoré Gabriel Riqueti) 48

Mirbel, Madame (Lizinska) de 208, 242

Mitre, Bartholomé 282 n, 284

Molière (Jean-Baptiste Poquelin) 296

Mollier, Jean-Yves 90 n, 91, 92 n, 95 n, 96 n, 101 n, 126 n, 139 n, 153 n

Monier, Casimir 160

Monnier, Luc 305 n

Montalivet, Conde de (Camille Bachasson) 57 n

SODRÉ, Nelson Werneck 265 n, 279, 280-281 n

SOMMER, Leopold 156, 174, 186

SORDET, Yann 201 n

SOULT, Jean-de-Dieu (Duque da Dalmácia) 210

SOUTO Maior, Paulo M. 290 n

SOUZA, Brigadeiro Luís Antônio de 267

SOUZA, J. A. Soares de 293 n

STAËL, Barão de (Auguste-Louis de Staël--Holstein) 25 n

STAËL, Madame de (Anne-Louise Germaine de Staël-Holstein) 25, 84 n, 87-88, 308, 309

Stamperia del Fibreno 177

STAPFER, Philippe-Albert 83

STENDHAL (Henri-Marie Beyle) 165 n, 236

STERN, Daniel ver d'Agoult, Marie

Stettin 152 n

STODDARD, Robert E. 79

Stralsund 145

STRATEN, Giorgio Van 134 n

STRAUSS, Johann 157 n

Struve 142 n

Stuttgart 129, 152 n

SUARD, Jean-Baptiste-Antoine 14, 83

SUE, Eugène 156

Suécia 157, 177

TAINE, Hippolyte 259

TALLET, Frank 202 n

TALLEYRAND-PÉRIGORD, Charles-Maurice de 14, 55 n, 84, 243, 264

TARCUS, Horacio 304 n

Tarn 210

TARRIDE, J. B. 175

TCHÓRZNICKI, Władysław 119

TERENCIANO Mauro 123

TERROU, Fernand 213 n, 216 n

THEIS, Laurent 34 n, 37-38, 47 n, 64 n, 83 n, 84 n, 86, 88 n, 97, 99, 101, 103 n, 126 n, 133, 134 n, 258 n, 297 n

THEODORO, João 268 n

THIERS, Louis Adolphe 24, 25, 26, 65 n, 133, 145, 149, 160, 164, 202 n, 225, 231, 242, 247-248, 257, 259, 267, 269, 275, 294, 308, 309, 310

THIERRY, Augustin 24, 25, 87, 90

THORBECKE, Johan Rudolf 157

Thunot et Cie. 285 n

TISSOT, Pierre-François 225

TOCQUEVILLE, Alexis de 15-16, 25, 35 n, 57 n, 63 n, 64 n, 65, 133, 153, 164, 242, 250, 254, 255, 294, 305, 308, 310-311, 312

TOMAR, Conde de (António Bernardo da Costa Cabral) 160

TORGAL, Luís Reis 296

Toscana 158

Toulouse 206

TOUROUDE, Georges 246-248 n

Transilvânia 154

Treuttel und Würz 157 n

TRÜBNER, Nicholas 129 n

TUDESCQ, André-Jean 63 n

TULARD, Jean 83 n, 201 n

Turim 125, 158, 177

Turíngia 129 n

Trowitzsch und Sohn (Druck und Verlag von) 149, 173, 180

Typographia Americana 281, 283

Typographia de Santos & Companhia 294 n

Typographia de Silva 177, 195

Typographia do Popular 177, 194

Typographia Imperial e Constitucional de J. Villeneuve e C. 271 n, 295

Typographia Nacional 271 n

Universidade Complutense de Madrid 190

Universidade de Breslau 145

Universidade de Coimbra 267, 295, 296

Universidade de Paris (Sorbonne) 14, 41, 83, 84, 85-86, 89, 145, 252

Universidade de Roma 193

Universidade Humboldt 145

URUGUAI, Visconde do (Paulino Soares de Sousa) 280

Créditos e Fontes das Ilustrações

Os créditos das reproduções de livros e brochuras estão assinalados nas legendas das imagens.

1. ILUSTRAÇÕES 1, 2, 3, 4, 5, 6, 55:
   Archives Nationales de Paris (fotografias de Vivian Nani Ayres)

2. ILUSTRAÇÕES 11, 12, 13, 14:
   Bibliothèque Nationale de Paris

3. ILUSTRAÇÃO 64:
   Fotografia da Autora

4. ILUSTRAÇÕES 15, 16, 17, 18, 19, 20, 21, 22, 23, 24, 25, 26:
   Le Printemps des Peuples (Wikisource)

5. ILUSTRAÇÕES 31, 45:
   Biblioteca Nacional de España (Hemeroteca)

6. ILUSTRAÇÕES 56, 57, 58, 59, 60:
   Histoire Général de la Presse Française

7. ILUSTRAÇÃO 65:
   Fundação Biblioteca Nacional (Hemeroteca Digital)

8. Ilustrações da Capa:

Capa – Eugène Delacroix (1798-1863), *La Liberté Guidant le Peuple*, pitura, 1830. © Museu do Louvre.

Quarta capa – Bertall et Raimbaud, "Le Triomphe pour rire: L'un portant l'autre, l'un prônant l'autre, l'un traînant l'autre, l'un poussant l'autre" ["Um carregando o outro, um defendendo o outro, um arrastando o outro, um empurrando o outro"], *Le Journal Pour Rire*, 2 de dezembro de 1848. Na caricatura o então candidato à presidência Louis-Napoléon Bonaparte (sustentado sobre o ombro de um gigante) recebe o apoio de Victor Hugo (atrás do gigante, sobre a roda, com um cartaz à mão, onde se lê: LUI / LUIT / NIT / FUIT). http://www.lecrayon.net/

Orelha – Detalhe do cartaz de Cham (1818-1879), "Ce qu'on appelle des idées nouvelles en 1848", litografia, 1848. Seis figuras políticas apresentam seus programas para a Revolução. Na imagem selecionada, o líder socialista Proudhon (1809-1865), diante do horror da propriedade, atribui suas ideias a diversos pensadores clássicos, latinos e gregos. © Bibliothèque Nationale de France.

TÍTULO	*História de um Livro* – A Democracia na França, *de François Guizot (1848-1849)*
AUTORA	Marisa Midori Deaecto
EDITOR	Plinio Martins Filho
PRODUÇÃO EDITORIAL	Aline Sato
DIAGRAMAÇÃO	Negrito Produção Editorial
	Camyle Cosentino
CAPA	Marisa Midori Deaecto (concepção)
	Negrito Produção Editorial (arte)
REVISÃO	Plinio Martins Filho
	Carolina Bednarek Sobral
ÍNDICE	Carolina Bednarek Sobral
FORMATO	16 x 23 cm
TIPOLOGIA	Stempel Garamond Lt Std
PAPEL	Pólen Soft 80 g/m^2 (miolo)
	Cartão Supremo 250 g/m^2 (capa)
NÚMERO DE PÁGINAS	368
IMPRESSÃO E ACABAMENTO	Lis Gráfica